高等院校旅游管理专业系列教材

旅游企业人力资源管理

——原理·方法·案例

第二版

赵西萍 黄 越 张宸璐 编著

南开大学出版社

天 津

图书在版编目(CIP)数据

旅游企业人力资源管理:原理·方法·案例 / 赵西萍,黄越,张宸璐编著.—2 版.—天津:南开大学出版社,2014.6(2022.1重印)

高等院校旅游管理专业系列教材
ISBN 978-7-310-04499-3

Ⅰ.①旅… Ⅱ.①赵…②黄…③张… Ⅲ.①旅游企业－人力资源管理－高等学校－教材 Ⅳ.①F590.6

中国版本图书馆 CIP 数据核字(2014)第 099231 号

旅游企业人力资源管理:原理·方法·案例(第二版)
LÜYOU QIYE RENLIZIYUANG GUANLI:YUANLI·FANGFA·ANLI(DI-ER BAN)

南开大学出版社出版发行
出版人:陈　敬
地址:天津市南开区卫津路 94 号　邮政编码:300071
营销部电话:(022)23508339　营销部传真:(022)23508542
https://nkup.nankai.edu.cn

天津市蓟县宏图印务有限公司印刷　全国各地新华书店经销
*
2014 年 6 月第 2 版　2022 年 1 月第 20 次印刷
230×170 毫米　16 开本　21 印张　396 千字
定价:60.00 元

如遇图书印装质量问题,请与本社营销部联系调换,电话:(022)23508339

内容提要

    本教材共分九章内容,从旅游企业发展战略出发,基于组织变革和组织文化等因素来思考旅游企业人力资源管理的问题。涉猎的专题包括旅游企业战略与人力资源管理、人力资源规划、员工招聘甄选、员工培训开发、企业绩效管理、企业薪酬管理与激励机制、企业劳动关系管理及旅游企业人力资源管理的发展趋势等。本教材每章从学习目的开始,到基本原理与方法、案例分析、本章小结、关键术语、复习与思考、实践题,最后以网站链接结束,在表达上力求深入浅出,结合实际。

    本教材适合旅游管理专业本科生、研究生及旅游管理相关从业人员使用及参考。

前　言

　　旅游业已成为当今后工业化社会发展最快的产业之一，旅游业作为经济建设的重要产业越来越受到世界各国和地区政府的高度重视。许多国家特别是发展中国家已把旅游业当作实现当地经济腾飞的重点产业来扶持。

　　国家旅游局 2012 年 10 月最新权威发布：2011 年，我国旅游业保持平稳较快发展。国内旅游市场保持较快增长，入境旅游市场实现平稳增长，出境旅游市场继续快速增长。全年共接待入境游客 1.35 亿人次，实现国际旅游（外汇）收入 484.64 亿美元，分别比上年增长 1.2% 和 5.8%；国内旅游人数 26.41 亿人次，收入 19305.39 亿元人民币，分别比上年增长 13.2% 和 23.6%；中国公民出境人数达到 7025.00 万人次，比上年增长 22.4%；旅游业总收入 2.25 万亿元人民币，比上年增长 20.1%。

　　预计，到 2015 年，我国国内旅游人数将达 33 亿人次，年均增长 10%；入境过夜游客人数达 9000 万人次，年均增长 8%；出境旅游人数 8300 万人次，年均增长 9%。旅游人数的增长也将使得国民旅游消费稳步增长，旅游消费相当于居民消费总量的 10%。旅游业经济效益也将更加明显，旅游业总收入年均增长 12% 以上，旅游业增加值占全国 GDP 的比重将提高到 4.5%，占服务业增加值的比重达到 12%。

　　随着经济全球化、全球市场化、市场信息化、管理人性化和旅游企业竞争的日益激烈，人力资源已成为企业获取竞争优势的主要资源，旅游企业要想在今天的竞争中获得核心能力从而保持持续竞争优势，都迫切需要由传统的人事管理向战略人力资源管理转变。

　　旅游企业提供的是服务产品，向顾客提供面对面的服务。根据旅游企业经营的性质和特点，员工参与生产服务的全过程，因为旅游企业的生产过程和顾客的消费过程是同时进行的，是一体不可分割的。虽然当今科学技术和手段越来越发达，但旅游企业所提供的服务无法被机器或物质生产过程所代替，而且顾客越来越需要体贴入微、富有人情味的个性化服务。因此旅游企业应特别重视人力资源的管理。

　　人力资源管理包括三个基本内容：一是人力资源管理的理念和理论；二是人力资源管理的制度建设；三是人力资源管理的策略和技巧，即如何识人、选人、用人的问题。正因为如此，优异的人力资源管理就成为未来每一个成功企业所必须进行的一项修炼。竞争舞台的改变，竞争对手的成长，游戏规则的变化都要求管理者进一步有效地加强和完善人力资源的管理，也要求我们培养出一大批面向全球化的高级人力资源管理人才。

本教材立足培养学生成为具有国际化的视野，以人为本的理念、市场竞争的理论、创新的意识和勇于实践的精神的新世纪旅游管理人才，目的在于提高学生综合运用人力资源管理的基本原理、理论、方法和借鉴案例去发现、分析、解决旅游企业人力资源管理实际问题的能力。

本教材共分九章内容，从旅游企业发展战略出发，基于组织变革和组织文化等因素来思考旅游企业人力资源管理的问题。涉猎的专题包括旅游企业战略与人力资源管理、旅游企业人力资源规划、招聘甄选、培训开发、绩效管理、薪酬激励制度设计、劳动关系管理及旅游企业人力资源管理的发展趋势等环节的客观规律与方法。探讨旅游企业如何在全球化竞争环境下通过有效地管理人力资源来获取竞争优势。

本教材既可作为高等院校旅游管理专业的本科人力资源管理教材，还可以作为人力资源管理人员的培训教材和参考书。本教材具有以下几个方面的特点：

第一，结构合理。本教材循序渐进、全面系统地介绍了人力资源管理的基本概念、体系、方法与创新等，在结构上体现了逻辑性和系统性。在编排中注重从基础知识到学科研究，从理论到实践，以求符合读者的学习认识过程。

第二，方法科学。本教材采用定性和定量相结合的方法，全面阐述人力资源管理的基本原理，还在有关章节中系统地介绍了分析工具和方法。

第三，内容前瞻。结合 21 世纪市场环境发展的新特点，本教材在许多章节添加了人力资源管理最新发展趋势和旅游企业实践活动中出现的新形式和新特点内容的介绍。增加了跨文化的旅游企业人力资源管理和旅游企业战略性人力资源管理等章节。

第四，形式多样。本教材每章从学习目的开始，到案例分析、本章小结、关键术语、复习与思考、实践题，最后以网站链接结束，在表达上力求深入浅出，以期读者能够在理论学习的基础上，对旅游企业人力资源管理的实际情况有更为直接的、感性的认识。同时，教材中吸收了大量的阅读材料，这些材料或来自经典理论或来自互联网最新的观点，或来自期刊杂志的报道，语言平实，生动有趣。每章之后还配有总结和适量的思考题，巩固学生所学知识，培养其独立思考能力。

本教材由西安交通大学管理学院赵西萍教授担任主编，西北工业大学管理学院黄越博士、西北大学经济管理学院张宸璐博士担任副主编，西安交通大学管理学院博士生汪永星、赵欣、孔方、曲源美、刘倩、望文等参加了部分章节和案例的编写。

在编写的过程中，编者们借鉴和吸收了国内外人力资源管理实践中最新的研究成果和案例，参考了大量教材、著作及论文，在此向原作者表示衷心的感谢。同时，也感谢出版社的专家、编辑及工作人员为本书的顺利出版所付出的辛勤劳动，在此也向他们表示感谢。

由于水平有限，教材难免存在缺点和疏漏，恳请广大读者批评指教，在此深表歉意。

赵西萍

2012 年 10 月于西安交通大学

再版前言

旅游业已成为后工业化社会发展最快的产业之一，越来越受到世界各国和地区政府的高度重视，随着经济全球化、全球市场化、管理人性化和旅游企业竞争的日益激烈，人力资源已成为企业获取竞争优势的主要资源，旅游企业要想在今天的竞争中获得核心能力从而保持持续竞争优势，都迫切需要由传统的人事管理向战略人力资源管理转变。

自2001年该书第一版问世后，经过15次的印刷共计28余万册，受到广大读者的高度关注和很好的评价。本教材是在第一版的基础上修定的，与上一版相比，新版教材立足于适应21世纪旅游管理人才培养的需要，突出以人为本的理念、市场竞争的理论、勇于创新和实践意识的培养。提高他们运用人力资源管理的基本理论、原理和方法去发现、分析和解决旅游企业人力资源管理问题的能力。在内容上突出三个方面：一是人力资源管理的理念和理论；二是人力资源管理的制度建设；三是人力资源管理的策略和技巧，即如何识人、选人、用人的问题。另外，新版教材突出从组织战略管理的理念出发，基于组织变革和组织文化因素来思考旅游企业人力资源管理的问题。将人力资源管理的一般规律与旅游企业人力资源管理活动紧密结合起来，深入、系统地阐述人力资源管理基本理论和方法，及旅游企业如何在全球化环境下通过有效地管理人力资源来取得竞争优势。

本教材具有以下几个方面的特点：

第一，结构系统。本教材循序渐进、全面系统地介绍了人力资源管理的基本概念、体系、方法与创新等，在结构上体现了逻辑性和系统性。在编排中注重从基础知识到学科研究，从理论到实践，以求符合读者的学习认识过程。

第二，方法科学。本教材采用定性和定量相结合的方法，全面阐述人力资源管理的基本原理，还在有关章节中系统地介绍了分析工具和方法。

第三，内容前瞻。结合21世纪市场环境发展的新特点，本教材在许多章节添加了人力资源管理最新发展趋势和旅游企业实践活动中出现的新形式和新特点的介绍。例如增加了跨文化的旅游企业人力资源管理和旅游企业战略性人力资源管理等章节。

第四，形式多样。本教材每章从学习目的和引导案例开始，到案例分析、本章小结、关键术语、复习与思考、实践题、网站链接结束，在表达上力求深入浅出，以期读者能够在理论学习的基础上，对旅游企业人力资源管理的实际情况有更为直接的、感性的认识。同时，教材中吸收了大量的阅读材料，这些材料或来自经典理论或来自互联网最新的观点，或来自期刊杂志的报道，语言平实，生动有趣。每章之后还配有总结和适量的思考题，巩固学生所学知识，培养其独立思考能力。

在编写的过程中，编者们借鉴和吸收了国内外人力资源管理实践中最新的研究成果和案例，参考了大量教材、著作及论文，在此向原作者表示衷心的感谢。由于水平有限，教材难免存在缺点和疏漏，恳请广大读者们批评指教，在此深表歉意。同时，也感谢出版社的专家、编辑及工作人员为本书的顺利出版所付出的辛勤劳动。

目　录

第一章　绪论

【学习目的】
1. 了解旅游企业经营的特征。
2. 了解人力资源及人力资源管理的职能。
3. 了解人力资源管理理论的形成和发展。
4. 了解旅游业发展与人力资源管理的关系。

第一节　旅游与旅游业

现代旅游业的发展起源于第二次世界大战之后，并一直保持着高速度发展的趋势。尤其是进入20世纪90年代以后，全世界每年接待的国际旅游者人数和国际旅游收入的增长速度均超10%，成为当今后工业化社会发展最快的产业之一。旅游业作为经济建设的重要产业越来越受到世界各国和地区政府的高度重视。许多国家特别是发展中国家已把旅游业当作实现当地经济腾飞的重点产业来扶持。

国家旅游局2012年10月最新权威发布：2011年，我国旅游业保持平稳较快发展。国内旅游市场保持较快增长，入境旅游市场实现平稳增长，出境旅游市场继续快速增长。全年共接待入境游客1.35亿人次，实现国际旅游（外汇）收入484.64亿美元，分别比上年增长1.2%和5.8%；国内旅游人数26.41亿人次，收入19305.39亿元人民币，分别比上年增长13.2%和23.6%；中国公民出境人数达到7025.00万人次，比上年增长22.4%；旅游业总收入2.25万亿元人民币，比上年增长20.1%。

一、关于旅游业

旅游业不像农业和工业那样是一个界限分明的独立产业，因为它的产品是由住宿业、旅行业、餐饮业、交通运输业、商业等多项产业共同提供和构成的。几乎旅游目的地的各种产业都与旅游业有关。旅游业不像其他产业那样界限分明正是说明了旅游业的特点，旅游业的产品构成涉及多种有关行业的情况同样也是其特点的反映。尽管这些产业或行业的主要业务和产品有所不同,但在涉及旅游方面,它们都有一个共同之处,就是为旅游活动提供便利,通过提供各自的产品和服务满足旅游者的需要。

(一)关于旅游业的定义问题,人们有着不同的认识

一般认为旅游业就是以旅游资源为凭借,以旅游设施为基础,通过提供旅游服务满足旅游消费者各种需要的综合性行业。由定义不难看出,旅游资源、旅游设施和旅游服务是旅游业经营管理的三大要素。旅游饭店、旅游交通和旅行社构成了旅游业的三大支柱。按照我国目前的情况,旅游业的构成应该包括下列各类企业:旅行社、以饭店为代表的住宿业、餐饮业、交通运输业、游览娱乐行业、旅游用品和纪念品销售行业。各级旅游管理机构、旅游行业组织虽非直接盈利的企业,但他们在促进和扩大商业性经营部门的盈利方面起着重要的支持作用,因而也应纳入旅游业的构成之中。旅游业同时还应包括支持发展旅游的各种旅游组织。

关于旅游业的性质,它是一种经济—文化的产业,是资金密集型产业和劳动密集型的产业。

1. 旅游业的经济性

旅游业是一项高度分散的行业,它由各种大小不同、地点不同、性质不同、组织类型不同、服务范围不同的企业组成,这些企业是以盈利为目的,并进行独立核算的经济组织,由它们构成的旅游业则不可避免地成为一项经济产业。因此,旅游业是具有经济性质的服务行业,经济性是旅游业的根本性质。

2. 旅游业的文化性

从旅游消费者的角度来看,旅游业又是具有文化性质的服务行业,旅游者在旅游过程中可以陶冶情操、丰富文化知识,增长见识。因而旅游者在旅游时付出的费用,本质是文化消费。

综合上述两点,从经济社会发展的总体来看,我们可以说旅游业是一种经济—文化产业。因为一方面在旅游消费中,无论人文景观还是自然景观,主要是满足旅游者文化生活的需要,具有明显的文化性质。但另一方面,旅游景观的开发和旅游设施的建设都需要投资。在商品经济条件下这种投资无论来自政府还是来自企业或部门,都需要进行投入与产出的比较,所以它又具有明显的经济性质。在我国社会主义的初级阶段,旅游服务主要是当作商品来生产和经营的。因此,对我国现阶段旅游业性质的表述,就应当把"文化"和"经济"的次序加以调整,必须说它是一种经济—文化产业。凡为旅游者提供服务的企业或个人,都是旅游商品的生产者和经营者。

3. 旅游业是资金密集型产业和劳动密集型产业

判断某一行业是资金密集型的标准有以下三点:一是企业投入的技术装备的

固定资产和劳动力配合比例的高低，即每个劳动力占有固定资金的多少；二是企业生产经营成本中活的劳动消耗所占比重的大小；三是企业资金或资本有机构成的高低。根据这三条标准，我国涉外饭店每个劳动力所占用的固定资产一般达 2.5 万～5 万美元；涉外餐馆、大型游乐场占 1.5 万～3 万美元；公寓写字楼占 5 万～8 万美元左右。它们的有机构成一般都高于重工业，这些企业的活的劳动消耗比重一般占总成本费用的 7%～8%，但与总收入比较只占 2%～5%，这些企业的兴建时间和投资偿还期较长。所以说，构成旅游业的饭店、涉外餐厅、大型游乐场等，大多数属于资金密集型企业。

劳动密集型企业是指技术设备程度较低，投资少，用人多，产品或服务成本中活的劳动消耗比重大的旅游企业。旅行社企业、中国旅游商店企业和旅游配套企业中的部分旅游产品生产企业，包括部分旅游商品以及旅游副食品和食品原料生产企业，一般都属于劳动密集型企业。

另外，按照产业结构分类，旅游业属于第三产业，或称服务行业，其特点是以劳务的提供取得收入。

（二）旅游企业

旅游资源、旅游设施和旅游服务是旅游业经营管理的三大要素。旅游饭店、旅游交通和旅行社构成了旅游业的三大支柱。按照我国目前的情况，旅游业的构成应该包括下列各类企业：旅行社、以饭店为代表的住宿业、餐饮业、交通运输业、游览娱乐行业、旅游用品和纪念品销售行业。

1. 星级饭店规模与经营

截至 2011 年底，全国纳入星级饭店统计管理系统的星级饭店共计 13513 家，其中有完成了 2011 年财务状况表的填报，并通过省级旅游行政管理部门审核的有 11676 家。在全国 11676 家星级饭店，拥有客房 147.49 万间，床位 258.63 万张；拥有固定资产原值 4587.13 亿元；实现营业收入总额 2314.82 亿元；上缴营业税金 147.84 亿元；全年平均客房出租率为 61.1%。在 11676 家星级饭店中：五星级饭店 615 家，四星级饭店 2148 家，三星级饭店 5473 家，二星级饭店 3276 家，一星级饭店 164 家。

全国 3646 家国有星级饭店，2011 年共实现营业收入 713.09 亿元，上缴营业税金 39.16 亿元。外商和港澳台商投资兴建的 492 家星级饭店，2011 年共实现营业收入 337.46 亿元，上缴营业税金 20.83 亿元。

2. 旅行社规模与经营

到 2011 年末，全国纳入统计范围的旅行社共有 23690 家，比上年末增长 4.0%。全国旅行社资产总额 711.17 亿元，比上年增长 6.8%；各类旅行社共实现营业收入 2871.77 亿元，比上年增长 8.4%；营业税金及附加 13.06 亿元，比上年增长 2.3%。

2011 年，全国旅行社共招徕入境游客 1454.96 万人次、6181.81 万人天，分别比上年增长 7.6%和 34.0%；经旅行社接待的入境游客为 2280.81 万人次、7165.44 万人天，分别比上年下降 5.3%和增长 27.7%。

2011 年，全国旅行社共组织国内过夜游客 13710.75 万人次、35854.01 万人天，分别比上年增长 14.7%和 9.2%；经旅行社接待的国内过夜游客为 16900.50 万人次、33674.13 万人天，分别比上年增长 19.5%和 16.8%。我国公民出境人数达到 7025.00 万人次，比上年增长 22.4%，其中：因公出境人数 613.21 万人次，增长 4.3%；因私出境人数 6411.79 万人次，增长 24.5%。出境第一站按人数排序，列前十位的国家和地区依次是：中国香港、中国澳门、韩国、中国台湾、马来西亚、日本、泰国、美国、柬埔寨、越南。

二、旅游业经营的特点

从旅游业的职能和它的实际作用来看，旅游业也是国民经济中的一个服务行业，但是它与社会上一般服务行业相比在旅游市场和旅游企业经营都有着许多自身的特点。

（一）旅游市场的特点

旅游市场是一种服务市场，销售的是旅游产品。旅游产品不同于一般的商品，它是由旅游资源、旅游设施、旅游服务等多种要素组成的特殊产品，其中既有有形的物质要素，也有无形的非物质要素。由此决定了旅游市场也不同于一般的市场，它具有自身所独有的特点：

1. 旅游市场的交换目的是为了满足人们日益增长的物质文化的需要

旅游市场的供求基本问题是协调各环节的旅游商品供给者之间的关系，使它们在时间上、地区上协调地提供旅游服务，使旅游者的需求充分得到满足。

2. 旅游市场上旅游产品和旅游者的异地性

在一般的市场上，顾客都能够看到商品和服务，当场做出评价决定购买与否。但旅游产品的实物本身是无法在旅游市场上出现的，即产销并不真正见面。比如长城无法运到纽约，富士山也来不了北京，销售旅游产品只能通过模型、图片、文字等说明介绍。旅游者对旅游产品的真正接触只能发生在购买之后的旅游活动中，旅游活动结束后，旅游者才能对旅游产品做出客观的正确评价。

3. 旅游者在旅游市场上购买的产品的无形性

在旅游市场上旅游者购买的主要是旅游资源、设施和服务所提供的效用和利益，而不是有形的实体。

4. 旅游市场具有季节性

旅游市场受自然条件及旅游者闲暇时间等因素的影响，季节性十分明显，有旺季和淡季之分，这就要求旅游经营者采取一些有效的政策和措施，调节旅游客流量，相对缩短淡旺季之间的差距，使旅游业协调发展。

（二）旅游企业经营的特点

1. 综合性

由于旅游业经营者必须为旅游者提供食、住、行、游、购、娱等一体化服务，为了满足旅游者的多重需要，就要由多种不同类型的企业为旅游者提供商品和服务，因而它必须联系到国民经济中其他的行业和部门。它实际上是许多有关行业的综合体，满足旅游者需要的这一业务关系纽带把它们联系到了一起。

2. 依赖性

旅游业的依赖性表现在三个方面：一是要有旅游资源作为依托。二是有赖于国民经济的发展。客源国的经济发展水平决定着旅游者的数量、消费水平和消费频率；接待国的经济发展程度决定着旅游综合接待能力的强弱，并在一定程度上影响服务质量。三是有赖于有关部门和行业的全力合作，协调发展。任何一个相关行业脱节，都会使旅游业经营活动难于正常运转。

3. 敏感性

旅游业的发展必然要受到许多种因素的影响和制约，比如各种自然的、政治的、经济的、社会的因素和旅游业内部各组成部分之间以及与旅游业相关的多种行业、部门之间的协调因素等，都会对旅游业的发展产生影响。另外，旅游业是一种高层次消费，需求弹性大，影响旅游需求的各种因素有微小的变化就会在较大程度上对旅游需求发生作用，使其产生大幅度波动，从而增加了旅游业的不稳定性。

第二节 旅游企业人力资源管理

根据旅游业的性质、特点，旅游企业是提供服务产品的企业，员工参与服务生产过程，向顾客提供面对面、高接触的服务。当今，科学技术越来越发达，但旅游企业所提供的服务无法被机器或物质生产过程所代替，而且顾客越来越需要高接触、体贴入微、富有人情味的个性化服务。旅游企业应特别重视人力资源的管理。

美国罗森帕斯旅游管理公司总裁罗森帕斯曾向"顾客就是上帝"的传统观念挑战，认为"员工第一，顾客第二"（Employees come first, customers second）是企业成功之道。他认为，只有把员工放在第一位，员工才有顾客至上的意识。由此可见，旅游企业人力资源管理，不仅是高质量完成服务过程、实现组织目标的必要保证，也是企业实施服务竞争战略的基础。西方旅游企业人力资源管理的重点，放在激励、安抚员工，挖掘员工潜能上；我国旅游企业人力资源近年的重点，是培训、调整劳动关系和稳定员工队伍，将人力资源管理与企业战略相结合。

一、什么是人力资源

资源是一个经济学术语，它泛指社会财富的源泉，是指能给人们带来新的使用价值和价值的客观存在物。迄今为止，世界上有四大资源：人力资源、自然资源、资本资源、信息资源。一般把资源分为两大类：一是物质资源，一是人力资源。我们通常所说的管理中的"人、财、物"，"人"即人力资源，"财"和"物"均属物质资源。

（一）人力资源的概念

什么是人力资源，学术界尚存在不同的认识和看法。一般认为，人力资源是指能够推动整个经济和社会发展的劳动者的能力，它反映一个国家或地区人口总体所拥有的劳动能力。人力资源包括数量与质量两个方面。

1. 人力资源数量

人力资源数量是指一国或地区拥有劳动能力的人口的数量。包括劳动年龄内就业人口（我国男性 16～60 岁，女性 16～55 岁）、家务劳动人口、正在谋求职业的人口等。

人力资源数量可分为三个经济层次：

第一，理论人力资源，即一国或地区可以利用的全部人力资源；

第二，现实人力资源，即现实国民经济活动可以利用的就业人口和谋求职业人口的总和，也称"经济活动人口"；

第三，直接人力资源，即已经被使用的资源，它表现为就业人口。

2. 人力资源质量

人力资源质量是指一国或地区拥有劳动能力的人口的身体素质、文化素质、思想道德以及素质与专业（职业）劳动技能水平的统一。影响人力资源质量的因素有：人类体质与智能遗传、营养状况、教育状况（国民教育发展水平、成人教育、早期教育）、文化观念以及经济与社会环境等。

（二）人力资源的特征

为了研究人力资源，还需弄清楚人力资源的特征。马克思说过，人本身单纯地作为劳动力存在，也是自然对象，是物，不过是活的、有意识的物。正因为人是这样一种特殊的物质存在，所以这种资源较之于其他物质资源具有自己的鲜明的个性特征。

1. 生成过程的时代性

一个国家的人力资源，在其形成过程中受到时代条件的制约。同时在社会上发挥作用的几代人，生下来就置身于即定的生产力和生产关系之中，当时的社会发展水平从整体上制约着这批人力资源的素质。他们只能在时代为他们提供的条件前提下，努力发挥其作用。

2. 开发对象的能动性

自然资源在其被开发过程中，完全处于被动的地位，人力资源则不同，在被开发的过程中，人有意识、有目的地进行活动，能主动调节与外部的关系，具有能动性。对其能动性调动得如何，直接决定着开发的程度，达到的水平。有的学者将这个特点概括为"可激励性"。可激励的前提还是对象具有能动性。这就要求人们在从事人力资源开发工作时，不能只靠技术性指标的增减和数学公式的推导，还要靠政策去调动人们的积极性。

3. 使用过程的时效性

矿产资源一般都可以长期储存，不采不用，品位不会降低；人力资源则不然，储而不用，才能就会被荒废、退化。无论哪类人，都有其才能发挥的最佳期、最佳年龄段。当然，人依其类别不同，其才能发挥的最佳期也不一样。一般而言，25～45 岁是科技人才的黄金年龄，37 岁为其峰值。人才开发与使用必须及时。开发使用时间不一样，所得效益也不相同。

4. 开发过程的持续性

作为物质资源一般只有一次开发、二次开发，形成产品使用之后，就不存在继续开发问题了。人力资源不同，使用过程同时也是开发过程，而且这种开发过程具有持续性。传统的观念和做法认为，一个人从学校毕业后就进了工作阶段，开发与使用界限分明。这种"干电池"理论目前已经被"蓄电池"理论所代替。后者认为，人工作之后，还需要不断学习，继续充实和提高自己。人类通过自己的知识智力，创造了工具，如机器人、计算机等，使自己的器官得到延伸和扩大，从而增强了自身能力。

5. 闲置过程的消耗性

人力资源与一般物力资源的又一个明显区别是：他们不加以使用，处于闲置状态时，具有消耗性，即为了维持其本身的存在，必须消耗一定数量的其他自然资源，比如粮食、水、能源等。这是活资源用以维持生命所必不可少的消耗。在我们使用这种资源的时候，必须重视这个特点。

6. 组织过程的社会性

人力资源开发的核心，在于提高个体的素质，因为每一个个体素质的提高，必将形成高水平的人力资源质量。但是，在现代社会中，在高度社会化大生产的条件下，个体要通过一定的群体来发挥作用，合理的群体组织结构有助于个体的成长及高效地发挥作用，不合理的群体组织结构则会对个体构成压抑。群体组织结构在很大程度上又取决于社会环境，社会环境构成了人力资源的大背景。它通过群体组织直接或间接地影响人力资源开发。

二、什么是人力资源管理

要理解什么是人力资源管理，我们首先必须明白管理者是干什么的。大多数管理学专家都认为，任何管理者都要执行这样五种基本职能：计划、组织、人事、领导和控制。总的看来，这些职能就代表了我们通常所说的管理过程。每一种管理职能中所内含的特定活动如下所述：

1. 计划：确立目标和标准；制定规则和程序；拟定计划以及进行预测——估计或设想将来有可能会发生什么事情。

2. 组织：给每位下属分配一项特定的任务；设立工作部门；向下属授权；建立权力流动和信息沟通渠道；协调下属之间的工作。

3. 人事：确定什么样的人才能被录用；招聘员工；甄选员工；确定工作绩效标准；给员工支付报酬；进行工作绩效考评；向员工提供建议；对员工实施培训和技能开发。

4. 领导：促使其他人完成他们的工作；维持企业成员的士气；激励下属。

5. 控制：制定像销售定额、质量标准或生产水平一类的标准；对照上述标准检查实际的工作绩效如何；在必要时采取适当的行动。

在本书中，我们将集中探讨这五大职能之一即人事管理职能，若把它与企业的经营战略联系起来则称为人力资源管理。

三、旅游企业人力资源配置的原则

旅游企业人力资源配置指的是将旅游企业人力资源投入到各个局部的工作岗位，使之与物资资源相结合，形成现实的经济活动。旅游企业人力资源的科学配置，是旅游企业人力资源经济活动的核心。从宏观角度说，旅游企业人力资源的配置就是要达到充分就业和合理使用，以形成良好结构，保证旅游企业顺利发展的需要，取得经济的最大效益和自身比较高的使用效率。因此，旅游企业人力资源配置要遵循以下原则：

1. 充分投入原则

旅游企业人力资源配置的基本原则，是将这一资源给予充分的投入和运用，以达到其供给基本上能够被需求所吸收。在旅游企业人力资源处于供不应求和供求平衡状态时，一般来说比较容易达到充分利用。在旅游企业人力资源供过于求的状态下，则应当通过各种措施扩大需求，增加投入，尽量减少人力资源的闲置和浪费。

2. 合理运用原则

旅游企业人力资源的合理使用应当包括员工的潜能发挥、员工社会地位提高，以及有关劳动的各种社会关系的协调等，即有着一定社会效益的内涵。

3. 良性结构原则

搞好旅游企业人力资源的配置，需要调节现有各个局部的人力资源，将追加的人力资源投入到不同方向，以形成良性的人力资源使用结构。在宏观的人力资源处于良性结构的情况下，人力资源状况能够适应社会经济发展的需要，并能有利于旅游企业在较长时间内保持协调，从而取得较大的经济效益。

4. 提高效益原则

提高效益是重要的经济学原则。由于人力资源在经济运动中的重要地位，提高其使用效率尤为重要。一般来说，经济活动中总会存在资源利用不充分的问题，提高经济效益就是要改善这种问题。高效劳动是一种较好的状况，可能接近或者达到充分利用人力资源的程度，而低效劳动、零效劳动、负效劳动显然是人力资源运用很不合理的状况，应当向高效劳动转化。

四、旅游企业人力资源管理的内容

企业人力资源管理与生产、营销、财务管理等一样，同为企业的一项必不可少的基本管理职能。基于这一认识，我们对旅游企业人力资源管理下一个定义：通过不断地获得人力资源，把得到的人力整合到企业中而融为一体，保持和激励他们对本企业的忠诚与积极性，控制他们的工作绩效并作相应的调整，尽量开发他们的潜能，以支持企业目标的实现，这样的一些活动、职能、责任和过程就是微观人力资源管理，具体包括以下几个环节：

（一）获取

企业根据其组织使命、目标与战略，确定了它的职能分工与劳动分工的形式，设计出它的组织结构后，根据部门职能分析并具体制定出每一工作岗位的职务说明书。根据企业内外条件与目标，做出人力资源近期、中期与远期规划。据此进行对所需人员的吸引、招聘、考评、选拔、委派与安置。

（二）整合

整合又叫作一体化，即使招录到的人员不仅在行动上参加到本企业中来，而且在思想上、感情上和心理上与企业认同并融为一体。这包括对员工的培训，介绍企业的宗旨与目标，启发和指引他们接受这些宗旨与目标，协调好企业中的人际和群际关系。

（三）保持与激励

保持与激励指对招聘的人员采取适当措施，使其对工作的条件和环境感到满意，培养和保持工作热情。企业通过设计并执行公平合理的奖酬、福利、保健等制度，建立起激励机制，激发劳动者的内在潜力。

（四）控制与调整

控制与调整包括合理而完整的绩效考评制度的设置与执行，并在此基础上采取适当的措施，如晋升、调迁、解雇、离退、奖励、惩戒等的实行与落实。

（五）开发

开发是指企业为有效地发挥人的才干和提高人的能力而采取的一系列活动。开发活动的主要环节有人才发现、人才培养、人才使用与人才调剂。它包括两个目标：一是提高人力资源的质量；二是提高其活力。具体活动有教育训练、企业发展、提高生活质量等活动。

这五个方面是互相关联的，并且都是为实现企业的既定目标与使命服务的。

五、关于对人管理的哲学——人性的假设

确立什么样的管理思想，制定什么样的管理原则，选择什么样的管理方法，都与对人性的假设有关。所谓人性的假设，就是指管理者对被管理者的需要、劳动态度和工作目的的基本估计，即对劳动者追求什么的基本看法。西方管理学中有四种与管理有关的人性假设："经济人"假设、"社会人"假设、"自我实现人"假设和"复杂人"假设。另外，我国学者提出了"主权人"假设。由于对人性的假设不同，相应的管理措施不同，出现了 X 理论、人际关系理论、Y 理论、权变理论和 W 理论等。

（一）"经济人"假设、X 理论与科学管理

1. "经济人"假设

这是西方管理思想形成初期的一种人性假设。它认为人的一切行为都是为了最大限度地满足自己的私利，人都要争取最大的经济利益。人由经济诱因而引发工作动机，因而人在企业中是被动地受企业操纵、激发和控制的。

2. X 理论

美国工业心理学家麦格雷戈在《企业的人性面》一书中，出于与新理论比较的需要，对以"经济人"假设为基础的传统观点进行了概括，称之为 X 理论。其主要内容为：一般人天生懒惰，厌恶工作，总是尽可能少干工作；多数人都没有雄心大志，无进取心，不愿负责任，而宁愿接受他人指挥和管理；人生来以自我为中心，对企业的要求与目标不关心；人是缺乏理性的，本质上不能自律，但又容易受他人影响。因此，对大多数人必须实行强制、控制、指挥和以惩罚相威胁，

以使之为实现企业目标做出充分的贡献。由这种人性假设所导出的管理方式为：

（1）以经济报酬收买员工的效率和服从，对消极怠工的行为采取严厉的惩罚，以权力或控制体系来保护企业本身和引导员工；

（2）管理的重点是提高劳动生产率，完成工作任务；

（3）制订严格的工作规范，加强规章制度管理；

（4）企业目标的实现程度取决于管理人员对员工的控制。

3. 科学管理

"经济人"假设是西方早期企业管理（包括人事管理）思想和实践的基础。由著名的"科学管理之父"泰勒及其同伴所创造的"科学管理"理论和实践则是全面而具体地将这种人性假设运用于企业人事管理的典型。科学管理理论的主要内容包括：

（1）工作定额原理。即根据工时研究与工作方法研究，制定出标准的操作方法和日工作定额。

（2）第一流员工制。即必须为每项工作挑选第一流的人。由于人具有不同的天赋和才能，因而只要工作对人合适，本人又愿意从事工作，就能成为第一流的员工。人事管理就是要使人的能力与工作的要求相适应，为人寻找最适合的工作，并通过培训和经济激励使之成为第一流的员工。

（3）作业标准化原理。对员工进行训练，使之掌握效率最高的标准作业方法，达到标准日工作定额。

（4）奖励性的计件工资制，亦即有差别的计件工资制。

（5）计划管理职能与执行作业分离的原则。为提高劳动生产率，必须将计划管理职能集中在专门部门，与执行操作活动分开，由专门的管理部门进行定额和操作方法研究，并对实际作业者实施控制。

（6）实行"职能制"。为提高工效，让每一管理者只承担一两种管理职能。每位管理者都拥有对员工的指挥权。

在20世纪初的相当一段时间，"科学管理"理论和方法极大地提高了劳动生产率。据估算，仅实行计件工资制一项，就至少使当时的劳动生产率提高了25%。"科学管理"思想在西方企业管理和人事管理发展中，具有极为重要的指导意义，尽管以其对人性分析失之偏颇的"经济人"假设为基础，忽视人的感情需求，受到过人们激烈的批评，但是，"科学管理"的一些原则和方法作为公认的科学，在现代企业管理和企业的人事管理中仍得以沿用和发展。

（二）"社会人"假设、"霍桑实验"与组织行为理论

1. "社会人"假设

"社会人"的假设认为人不只为经济利益而生存，人也有社会方面的需求。人

在工作中得到的物质利益对于调动其积极性，只具有次要意义。人最重视的是在工作中与周围人的友好相处。良好的人际关系是调动人的工作积极性的决定因素。

2. 霍桑实验

20世纪二三十年代，由哈佛大学的埃尔顿·梅奥教授等人在芝加哥的西方电气公司霍桑工厂进行了一系列人际关系方面的实验性研究。这些实验使人们注意到：社会性需求的满足往往比经济报酬更能激励员工；员工们为解决因竞争失败带来的威胁，会拒绝被安排与他人竞争，并联合起来共同抵抗。根据实验结果，梅奥提出了"社会人理论"，其要点是：人是社会的人，影响人的生产积极性的因素，除物质条件以外，还有社会和心理因素；生产率的提高和降低主要取决于员工的"士气"，而士气则取决于家庭和社会生活，以及企业中人与人之间的关系；企业中存在着某种"非正式群体"，这种无形的组织具有特殊的规范，影响着群体成员的行为；领导者在了解合乎逻辑的行为的同时，还必须了解不合乎逻辑的行为，要善于倾听员工意见，沟通看法，使正式企业的经济需求与非正式组织的社会需求取得平衡。社会人理论主张采取的管理方式为：管理人员将注意的重点放在关心员工、满足员工的需求上；管理人员不能只注重指挥、监督、计划、控制和组织，而更应重视与员工之间的关系，培养和形成员工的归属感及整体感；提倡集体奖励制度，而不主张个人奖励制度；增加管理人员的联络沟通职能。

3. 组织行为理论

在社会人理论基础上，20世纪50年代形成了现代管理支柱之一的组织行为学。其理论要点是：重视人的因素，发挥人的主动精神，挖掘人的潜能；重视研究个人需要，并将满足个人需要与实现企业目标联系起来；重视将正式组织与非正式组织的作用结合起来，为实现企业目标服务；重视领导行为的研究，协调领导与部属的关系；重视对组织设计、组织变革和组织发展的研究。在人的管理方面，组织行为学强调，不仅要依靠一定的规章制度和一定的组织形式，而且要保持组织对其成员的吸引力，激励并保持组织成员的责任感、成就感、事业心、集体精神和高涨的士气。

（三）"自动人"假设、Y理论与工作内满足

1. "自动人"假设

"自动人"亦称"自我实现人"，是美国心理学家马斯洛首先提出的一种人性假设。所谓自我实现是指个人才能得以充分展示和发挥，个人理想与抱负的实现，以及人格趋于完善。这种假设认为自我实现是人的最高层次的需求，只有使每个人都有机会将自己的才能发挥出来，才能最大限度地调动人的积极性。

2. Y理论

麦格雷戈总结并深化了"自动人"假设，结合管理问题，提出了Y理论，认

为：一般人都是勤奋的，只要环境条件合适，人是乐于工作的；人对工作的态度取决于对工作的理解和感觉；人在工作中具有自我指导和自我控制的愿望和能力，外来的控制和惩罚不是驱使人们工作的唯一手段；大多数人都具有相当程度的想象力、独创性和创造力，只要不为外界因素所指使和控制，这种想象力、独创性和创造力就会得到正常发挥；在适当条件下，一般人都主动承担责任；在现代工业条件下，一般人的潜力只利用了一部分。根据 Y 理论，现代组织应采取的管理方式为：尽量使工作富有意义和挑战性，使人们从工作中得到满足和自尊。管理者的主要职责就是要创造一个允许和鼓励每位员工都能从工作中得到内在奖励的工作环境，让员工自我激励，使个人需要与组织目标自然和谐地统一起来。

3. 工作内满足

古典管理理论把员工看成是"经济人"，所以在激励方式上过分强调金钱刺激、物质激励，即在工资报酬、工作条件、福利待遇上下功夫，其关注的焦点是员工工作的外部条件，亦被称为"外在激励"。而"内在激励"关注的焦点不是工作的外部条件，而是工作本身，是工作本身能否使工作人员产生兴趣爱好，满足求知求美的欲望，能否使工作人员在工作中取得成就，发挥个人潜力，满足其自尊和自我实现的需要。显然，内在激励比外在激励更深刻、更持久。近 30 年来，在发达国家中方兴未艾的"工作重新设计"即"工作扩大化、丰富化"，以及企业内的民主参与制度、自我培训计划等，都是通过提高工作生活质量，满足员工的高层次需要，以调动其工作积极性。

（四）"复杂人"假设、超 Y 理论与权变模式

1. "复杂人"假设

"复杂人"假设是针对经济人、社会人、自动人假设的局限性而提出的一种人性假设。它认为人是复杂的，人的差别不仅因人而异，而且同一个人在不同年龄、不同地位、不同时间、不同地点会有不同的行为、动机和需求。根据这一假设形成了超 Y 理论，即权变理论。

2. 超 Y 理论（权变理论）

这种理论认为：人们是怀着多种不同的需要参加工作与组织的，一个人在不同单位、不同部门工作时，其工作动机和个人需要也可能不同。不同的人对管理方式有不同的要求，企业管理方式要根据企业所处的内外条件而随机应变。不存在也没有一套能适合于任何人、任何时期的普遍行之有效的管理模式；一个人的需要能否得以满足，取决于其自身的动机结构及其与所在组织的关系。针对人的这种复杂性，管理对策为：了解组织成员的能力、动机及其差异，及时发现问题，根据差异解决问题。管理者本身要有较大弹性，其行为应能随时改变和调整，以适应不同人的不同情况。

3. 权变模式

权变模式认为不存在一个适应不同环境、不同人员的统一管理模式；而一个企业具体采取什么样的管理模式，要根据不同情况权变解决。这一模式主要观点有：

(1) 组织形式的研究。根据工作性质的不同，有的采取较固定的组织形式效果好，有的则采取灵活、变化的形式效果好。

(2) 领导方式。企业情况不同，领导方式亦应不同。若企业任务不明确、工作混乱，应采取较专权的领导方式，使企业走上有秩序的轨道；若企业任务明确、分工清楚，工作亦有秩序，应更多地采取授权的领导方式，以充分发挥下属的积极性和主动性。

(3) 善于发现员工的个别差异，因人而异地采取灵活多变的管理方式。

总之，西方管理心理学中，从"经济人"的假设，提出了 X 理论；从"社会人"的假设，提出了组织行为理论；从"自动人"的假设提出了 Y 理论；从"复杂人"的假设，提出了超 Y 理论，即权变理论。了解这些有关的人性理论，能使我们把握西方管理学中关于人性观点的演变过程。但要解决怎样看待人的本质和如何看待企业中的员工等问题，需要从事理论研究和实际工作的人员共同努力。人性假设各种关系示意见图 1-1 所示。

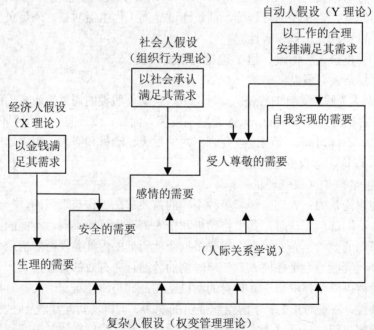

图 1-1 人性假设示意

（五）"主权人"假设、W 理论与主人翁精神

1."主权人"假设

在社会主义制度下，人民当家作主，生产力得到解放。如何把蕴藏在人民群众中的巨大潜力充分发挥出来，加快社会主义建设的步伐呢？中国学者在马列主义指导下，试图吸收和借鉴西方管理学研究工作中的合理部分，开展社会主义制度下的人类行为规律的研究，创造具有中国特色的人力资源管理理论，用来激励人们的积极性。他们在分析了社会主义制度下人的属性的基础上，提出了一种新的行为理论假设——"主权人"假设，并把这一假设及其由此推演出的有关企业组织理论、激励理论等一系列观点，概括地称为 W 理论。

2. W 理论

W 理论的基本观点是：

（1）随着社会生产力的发展以及文化水平的提高，劳动者在改造客观世界的同时，日益表现出争取在企业中当家作主的强烈愿望。

（2）公有制创造了使劳动者从雇佣地位过渡到主人翁地位，即主权人的现实可能性。

（3）主权人的形成是一个过程，不可能在一夜之间形成。

（4）劳动者积极性和创造性的充分发挥，在于劳动者是否由雇佣人过渡到主权人。

（5）当劳动者认为自己仍处于雇佣人地位时，他将主要为自身的利益而劳动；当他认为自己是工作的主人时，他的奋斗目标将从自身的利益转向工作本身。

（6）社会主义企业人力资源管理的重要任务之一就是从各方面创造条件，加快企业全体员工成长为主权人的步伐。

3. 主人翁精神

主权人的观点强调将工作隶属于员工，使员工成为工作的主人，这时产生的责任心和积极性是发自内心的，是持久的、自觉的。劳动者主体能动性、创造性的充分发挥，取决于它自身是不是具有支配自己的活动的自主性或自决权。自主性或自决权的丧失，必然导致创造性的萎缩。就是说，人的能动性、创造性，是建立在人对自己的行为和活动能够自我做主、自我支配的基础上的，而自我做主、自我支配又是出于个性的要求，出于自尊的要求。人离开了自主和自尊，就不可能对自己的活动实行自我支配、自我控制和自我调节，这样，也就谈不上什么能动性和创造性。

现实生活中许多成功企业的经验告诉人们，员工的积极性和创造力，来自他们的主人翁责任感。唤起员工的主人翁责任感，靠的是尊重员工主人翁地位，保证员工当家作主的主人翁权力。

对人性的假设是否全面合理，直接影响到人力资源管理的效果。因此，人性假设就成为人力资源管理的理念基础。

第三节　人力资源管理理论的形成与发展

人力资源管理理论是随着企业管理理论的发展而逐步形成的。国外管理学界认为，世界上第一部系统地论述管理问题的著作是我国春秋末期的《孙子兵法》。自古以来，我国的书籍资料中记述了大量的"人事管理"的原则与方法，如：任人唯贤、唯才是举、知人善任、人尽其才，等等，都与现代人事管理的内容相吻合。

人事管理作为一门独立的学科，形成于20世纪初美国科学管理兴起时期，迄今已有80多年的历史。它是企业职工福利工作的传统与泰勒科学管理方法相结合的产物。随后，工业心理学和行为科学的兴起，对这门学科产生了重大的影响，并使之趋于成熟。

一、科学管理阶段的人事管理

从19世纪末至20世纪初，管理才真正形成为一门科学。这一时期称为科学管理时期，泰勒是科学管理的主要代表人物。

泰勒从1874年开始在一家小型公司里当学徒，随后在末德瓦和伯利恒钢铁公司做工。在6年之内，他从一位普通工人提升为领班、车间工长、车间主任、总机械师直至总工程师。1900年左右，他在伯利恒钢铁公司进行了著名的"搬铁块"实验。他为搬铁块的工人设计了一套标准的动作方式，按照这套标准动作干活，每个工人的平均日产量由原来的12.5英吨提高到了47.5英吨，这就是后来被称之为"时间与动作研究"的基础实验。以后，他又组织进行了"铁锹实验"、"金属切削实验"等一系列的实验。实验证明，企业管理人员不懂得用科学方法来进行管理，不懂得工作程序、劳动节奏和疲劳因素对劳动生产率的影响，而工人缺乏训练、没有正确的操作方法和合用工具，这些都会大大妨碍劳动生产率的提高。就人事管理而言，泰勒主要倡导以下几点：

其一，倡导劳资双方的"合作"。劳资双方为如何分摊利润而争吵并造成彼此敌对和冲突，是因为劳动效率不高、盈余不足，只要双方友好合作，就可以使双方均获益。

其二，倡导管理人员和工人均分工作和责任，责权分明。

其三，提出了工作定额原理。这一原理要求，先是通过工作研究制定出标准的操作方法，然后对全体工人进行训练，让他们掌握这套最优工作法，再据此制定工作定额。

其四，提倡实行一种有差别的、有刺激性的计件工资制度，以鼓励工人完成较高的工作定额。

科学管理提出的"劳动定额"、"工时定额"、"工作流程图"、"计件工资制"等一系列的管理制度与方法奠定了人事管理学科的基础。

科学管理的精髓——"时间与动作研究"（Time & Motion Study）就是以工作效率为目标对各项劳动进行的研究。这一理论目前仍在酒店、餐厅的人事管理中发挥着积极的作用。为了使工作得到简化，从而节省劳动力的支出、降低劳动成本，在同样的劳动时间内完成更多的工作，旅游企业有必要对工作中各重要环节进行时间和动作研究。其含义是将完成某项工作的过程系统化，分解各项动作，消除那些不必要的动作与环节，从而达到节省时间、节省劳动力的目的。时间与动作研究中得到的基本原理同样适用于旅游企业的服务工作。例如，员工的双手要同时开始工作，这样可以增强节律，减少由于重复动作造成的时间损失，工作时双手动作方向相反或对称，这样利于保持身体平衡；一项工作的基础动作尽量精减；员工的动作应在活动半径之内，不要竭力伸长；能用脚代替手的动作，就用脚去做，手脚并用则效果更佳；系列动作要系统安排，以使动作有节奏，通过紧张、松弛和快慢的变化来增强工作效率。

"时间与动作研究"在目前旅游企业尤其是饭店企业的管理中可以广泛运用。从餐厅服务程序到厨房工作环节及工作台的设计，从客房清扫程序到前台业务环节的设计都离不开这一科学管理的基本原理。例如，在餐厅服务中托盘的使用、步伐要求、看台分工等都能减轻服务员的劳动。厨房内部设备的设计和厨具的使用以及冲洗、切配，灶台、成品台的位置都应体现出减少无效劳动的原则。总台的设计中要求行李台靠近大门、以客房状况控制盘为中心设计前台工作等也都体现了科学管理的原理。"时间与动作研究"运用最广、产生实效最明显的是在客房清洁工作程序研究中的运用。客房清洁工作的固定空间、固定工作、固定程序，使得该项工作具有较强的独立性。不仅饭店希望从工作方法的研究中确定最佳工作定额，而且客房服务员也想从研究中获得提高工作效率的启迪，因此国内外饭店都曾进行过工作方法的研究和跟踪调查。

对客房清扫工作进行系统的"时间与动作研究"是在 1948 年，由美国芝加哥一家大饭店和普渡（Purdue）大学共同进行的。研究专家们在实验室中使用计时表和照相机对客房服务员清理客房的过程进行了仔细观察和记录。他们不仅记录了各个动作的时间，而且每个动作都要拍照。例如，服务员从敲门到打开房门用了 5 秒钟，从房门走到窗户、从窗户到床、从床到擦抹家具以至清扫卫生间都进行了研究。最后将记录结果整理好，发现做床用了 302 秒，清理地毯用了 234 秒，擦抹家具用了 248 秒，清理卫生间用了 171 秒，累计清洁一间客房共计 1835 秒，共走了 439 步。然后，这些专家仔细分析和研究服务员的动作和工作程序，简化了工作程序，减少了不必要的动作，总结出了新的工作程序。按照这种方法，客房服务员清理客房的过程由原来的 1835 秒减少到 1218 秒，在不使用新工具设备的前提下，工作时间节省了三分之一，同时服务员所迈步数也由原来的 439 步减少到 148 步。

几分钟看起来是微不足道的，但是要将所节省的时间累计起来，其结果将是惊人的。例如，假设芝加哥这家饭店从每间客房的清扫中节省 10 分钟，那么 1360 间客房就节省了 1360×10＝13600 分钟，一年就节省了 13600÷60×365＝82733 小时。如果服务员工资按每小时 1.8 美元计算，那么 82733×1.8＝148919.40 美元。从时间到效益的转换是令人震惊的。

根据科学管理的基本原则，在酒店客房管理中，清洁车的使用、清洁工具和物品的配备、做床的方法和客房清洁工作遵循的基本原则如"先上后下、先里后外"以及清洁工作的分工都利于节省劳动时间和体力消耗，从而达到提高劳动生产率的目的。

二、行为科学的人事管理

随着生活水平和知识水平的提高，在西方国家，人们对精神生活的要求也日渐提高，单纯地把人看成工具，无限制地压榨工人血汗提高工作效率的管理手段遭到工人阶级的普遍反抗。从而，如何在新的形势下满足工人的心理需求，调动其工作积极性是一个新的课题，行为科学的人事管理为此应运而生。

行为科学学派强调从心理学、社会学的角度去研究管理问题。它重视社会环境、人们之间的相互关系对提高工作效率的影响。行为科学学派认为，生产不仅受到物理、生理的影响，而且受到社会因素、心理因素的影响，不能只重视物理、技术因素，而忽视社会因素、心理因素对生产效率的影响。简单地说，行为科学学派重视人的因素、重视企业中人与人之间的关系，主张用各种方法去调动人的工作积极性。

行为科学基于霍桑试验的支持者梅奥提出的"社会人"假设，梅奥等人在霍桑工厂进行了著名的"照明实验"、"福利实验"、"群体实验"、"谈话实验"，通过这一系列的实验，行为科学学派提出了新的管理措施：

（1）管理人员不能只注意指挥、监督、计划、控制和组织，而更应重视员工之间的关系，培养和形成职工的归属感和整体感。

（2）管理人员不应只注意完成生产任务，而应把注意力放在关心人、满足人的需要上。

（3）在实行奖励时，提倡集体奖励制度，而不主张个人奖励制度。

（4）管理人员的职能还应该增加联络职工与上级管理者的内容，并提倡在不同程度上让职工和下级参与企业决策和管理工作的研究与讨论。

行为科学学派研究的问题范围很广，它包括领导人的培训、群体动力、动机与满意、参与管理、个人与群体关系、行为矫正、敏感性训练、工作扩大化与丰富化、社会技术系统、组织变革、目标管理以及提高工作生活质量等等。

行为科学极大地丰富了现代人事管理学的内容，表现为人事管理领域的扩大。它除了对员工的选用、迁调、待遇、考评、退休等进行研究之外，还注意对人的动机、行为目的加以研究，以求了解员工的心理，激发他们的工作意愿，充分发挥他们的潜力。

行为科学的引进使人事管理由静态管理逐渐发展为动态管理，由以往重视制度以求人事稳定、规章细密难以变动的情况，逐步发展到一方面注意法规，另一方面强调法规具有弹性，以适应管理对象的复杂状况，在所规定的范围内注意个别差异，注意尊重员工自身的意志和愿望，努力使他们的工作成就与其自身的追求及利益相结合。通过合理组织利用人力资源，最大程度地激发员工的劳动积极性，提高工作质量和经济效益。

随着员工生活水平的提高，精神需要的增加，现代旅游业的人事管理也必须适应时代的需要。忽视员工的需求心理，完全采用强制、惩罚的手段，将员工视为工具的管理方式已不适合现代旅游业的需要。企业管理者必须在了解员工社会需求和心理需求的基础上，尊重员工，采取一定的管理手段，激发员工的积极性，提高"士气"，以利于实现企业的经营目标。

三、从人事管理到人力资源管理

人力资源管理与人事管理是两个不同的术语，它代表了在人的管理方面不同的历史阶段的不同特点。人事部门的正式出现，大致在 20 世纪 20 年代。其背景是产业革命促成了工厂系统的生成，不仅给人们提供了众多就业的机会，也给工厂主提供了选取劳动力的机会。这样，如何用较少的人干较多的事，如何提高劳动生产力，就成为人事部门必须考虑的问题。

在"人——生产力——产品"这个链条中，管理者首先本能地趋向于通过更好地使用机器来降低成本。后来发现，改革管理人力资源的方式，开发人的潜在能力，充分发挥人的主观能动作用，是更为重要的手段，并认识到，在一切资源中，人力资源是最为重要的资源。由此可知，从人事管理向人力资源的开发与管理的过渡，是一个前因与后果相互联系的历史演变过程，是难以截然分割的。但是二者的差别也已显示出来，这主要表现在以下四个方面：

（一）人力资源开发与管理的视野更为宽阔

传统的劳动人事工作，考虑的是员工的选拔、使用、考评、报酬、晋升、调动、退休等；人力资源管理打破了工人、职员的界线，统一考虑一个国家或地区的组织中所有体力、脑力劳动者的管理。除考虑"从入到出"这个管理过程外，还考虑不同专业、不同层次、不同类型的人力资源之间如何以适当的比例平衡发展，这种比例是与国家或地区经济社会发展的需要相适应的。

（二）人力资源开发与管理内容更为丰富

传统人事管理部门的功能是招聘新人，填补空缺，即所谓"给适当的人找适当的事，为适当的事找适当的人"，人事相宜之后，就是一系列管理环节督导执行了。人力资源管理不仅具有这种功能，还要担负进行工作设计、规划工作流程、协调工作关系的任务。这是因为传统的人事部门视组织编制为固定不变，只是试图提供所需人力。而随着时代的发展，人们更加关注工作岗位与人的关系以及在岗人员积极性、创造性的发挥。因此，对各种岗位进行重新设计，使工作面更宽，内容更丰富，更具有挑战性就成为一种必然的要求。

（三）人力资源开发与管理更加注重开发人的潜在才能

传统的人事管理以降低成本为宗旨，它是把每一个为其所雇佣的人的工资都打入成本之内的。因此，如何少雇人、多出活是其关心的问题。而人力资源管理则首先把人看作是一种可以开发的资源，认为通过开发和科学管理，可以使其升值，创造出更大的甚至意想不到的价值；其次，它非常关心如何从培训、工作设计与工作协调、职业发展等方面开发人的潜能，因此，这种管理将实现从消极压缩成本到积极开发才能的转化，具有重大意义。

（四）人力资源管理更具有系统性

传统的人事管理在我国是被分割的，如劳资科管企业的工资及员工的调配；人事科管技术人员及科室的调配、晋升；教育科管员工的培训；党委组织部负责各级主管人员的管理。人力资源管理要求将企业现有的全部人员，甚至包括有可能利用的企业外的人力作为统一的系统加以规划，制订恰当的选拔、培养、任用、调配、激励等政策，以达到尽可能利用人的创造力增加企业及社会财富的目的。

总而言之，以往的人事管理者处在幕僚地位，他们只是为领导者提供某些建议，并不参与决策。随着人力资源管理与开发地位的提高，越来越多的人力资源管理部门上升为具有决策职能的业务部门。工作人员的职能，从简单地提供人力到为人力设计安排合适的工作；从只管人，到管理人与工作的关系、人与人的关系、工作与工作的关系；从咨询到决策。它们的差异如表 1-1 所示。

表 1-1　人力资源管理与人事管理差异比较

项目 比较	人事管理	人力资源管理
管理视角	视人为成本	视人为资源
管理活动	多为被动反应	多为主动开发
管理内容	简单	丰富
管理地位	处执行层	处决策层
管理性质	非生产与效益部门	生产与效益部门

四、旅游服务与工作生活质量

卡尔·布莱特（Karl Albrecht）和让·塞莫科（Ron Zemke）在他们的《美国，服务万岁!》（Service America!）一书中指出，在服务行业中，"一些关键事件既可以成全你也可以毁了你"，并且他们认为，他们所谓的"最后四步"正是既可能使企业成功也可能使企业失败的关键所在。例如，在谈到家具零售连锁店时，他们描述了"当一位顾客走进商店却遇到一种令人心情不快的购物环境时，巨大的广告投资是如何付诸东流的"。如果能吸引顾客走进商店的前厅，那么数以千计的广告费支出就可以说是有效的了。而一旦顾客走进了门内，就轮到商店里的人来完成顾客走最后四步时所发生的事情了。在这时，如果顾客遇到的是一位反应迟钝或不愿意讲解各种不同产品优缺点的售货员，或者遇到一位（更为差劲的）干脆毫不客气的售货员，那么商店在此之前所做的所有其他努力就都白费了。服务型组织除了出售服务之外实际上没有什么好卖的，因此对这类组织来说，更为突出的是要唯一性地依赖员工的才能与热情。

人力资源管理在服务型企业中处于关键地位。旅游企业员工的服务质量与员工获得的工作生活质量密不可分。要想使员工发挥最佳工作状态，就要求企业形成一种积极的文化、情感和心理环境，这种环境的形成与否，可以用工作现场的总体工作生活质量来衡量。工作生活质量可以定义为：员工重要的个人需要能够在工作中得到满足的程度。根据专家们的意见，它至少包括以下几个要素：（1）一种值得去做的工作；（2）安全无虑的工作条件；（3）足够的薪资和福利；（4）有保障的就业状态；（5）充分的工作指导；（6）工作绩效反馈；（7）在工作中学习和发展的机会；（8）增长才干的机会；（9）积极的社会环境；（10）公正公平的交往。

在以后的各章节中，你将会看到，人力资源管理者的主要职责就是设计和实施一套制度体系来改善上述的这些要素。因此，一个有效的人力资源管理部门，会有助于创造一种能够激励从事服务型工作的员工积极工作的总体构架——工作生活质量。

五、战略性人力资源管理

战略性人力资源管理是未来旅游企业人力资源管理的趋势，随着经济全球化和竞争的日益激烈，人力资本已成为获取竞争优势的主要资源，任何企业要想在今天的竞争中获得核心能力从而保持持续竞争优势，都迫切需要向战略性人力资源管理转变。正因为如此，战略性人力资源管理就成为未来每一个成功企业所必须进行的一项修炼。

战略性人力资源管理的出现是人力资源管理实践进一步发展和战略管理论的兴起共同作用的结果。战略性人力资源管理最显著的特点就是它与企业战略目标的紧密匹配。战略性人力资源管理包括组织寻求通过人来达成与组织战略目标有关的各个方面。由于人力资本已成为获取竞争优势的主要资源，战略也需要人来执行，所以最高管理层在制定战略时必须认真考虑人的因素，战略性人力资源管理正是组织战略在这方面的整合部分。战略性人力资源管理包括招人、育人、用人、融人、聚人、酬人等一系列人力资源管理实践，是组织战略的重要有机部分。战略性人力资源管理关系到依靠人们实现战略目标的总体方向和依靠核心人力资源去建立竞争优势。所以，人力资源管理战略必须和组织整体战略进行有机的结合，使之成为组织获得成功的催化剂。也就是说，要通过合理的战略性人力资源管理战略，使企业战略目标和员工个人发展目标尽可能相匹配。因此，战略匹配或整合这个概念是战略性人力资源管理的中心概念。人力资源管理战略是规划与活动的集合，它通过人力资源管理部门和直线管理部门的努力来实现企业的战略目标，并以此来提高企业目前的和未来的绩效，以及维持企业持续的竞争优势。人力资源管理战略与企业战略配合，可以帮助企业增加利用市场的机会，提升企业内部竞争优势，帮助企业实现其战略目标。在战略性人力资源管理阶段，人力资源管理被提升到企业战略高度来考虑，并制定远期人力资源规划、近期人力资源规划以及人力资源战略，以配合和保障企业总体战略目标的实现。可见，人力资源战略可以支持组织战略的实现，并且可以帮助制定组织战略。

简而言之，竞争舞台的改变，竞争对手的成长，游戏规则的变化都要求人力资源管理者的进一步完善，也要求我们培养出一大批面向全球化的高级人力资源管理人才。

【案例分析】

麦当劳经理的成长

麦当劳餐厅 1979 年打入法国，在斯特拉斯堡开设了第一家餐厅。短短的 12 年之后，它就扩大成遍及 30 多个城市的由 100 多家餐厅组成的庞大体系。如此的发展速度和规模，必然需要一个相当成熟的中级管理阶层。在麦当劳，这个阶层主要是由年轻人组成的。下面就是麦当劳如何把一个普通毕业生培养成为成熟的管理者的过程。

人才的多样化是麦当劳普通员工的一大特点，这也是刚晋升为该公司人事部主任的年轻的艾蒂安·雷蒙的招聘工作中的指导思想之一。正因为此，麦当劳不同于其他公司。真正毕业于饮食服务学校的只占员工的 30%，而 40% 的员工来自商业学校，其余的则由大学生、工程师、农学家和中学毕业后进修了 2～5 年的人组成。同时，麦当劳公司拥有一支庞大的年轻人才后备军。由 3500 名大学生组成，他们在校上课的同时定期利用部分时间到餐厅打工。这些后备人才将有 50% 的机会成为公司明天的高级管理人员。他们将可以根据麦当劳公司安排的培训计划担任各种职务，并有可能同已开始在公司工作的有文凭的年轻人一起担任餐厅经理。多样化的人才组合与庞大的后备力量使人才的培养和提升有极大的选择性，他们一起成为麦当劳管理阶层的稳固基石，不断将新鲜血液注入到公司中去。

在麦当劳里取得成功的人，都有一个共同的特点：即从零开始，脚踏实地。炸土豆条，做汉堡包，是在公司走向成功的必经之路。当然，这对于那些年轻的、取得了各式文凭、踌躇满志想要大展宏图的人来说，往往是不能接受的。但是，他们必须懂得，脚踏实地从头做起才是在这一行业中成功的必要条件。如果你没有经历过各个阶段的尝试，没有在各个工作岗位上亲自实践过，那么你又如何以管理者的身份对他们进行监督和指导呢？在这里，从收款到炸土豆条直至制作各式冰淇淋，每个岗位上都会造就出未来的餐厅经理。

艾蒂安·雷蒙强调："人们要求我们的合作者做许多事情，但人们也可开开玩笑，气氛是和谐友好的。那些在公司干了 6 个月以上的人后来都成了麦当劳公司的忠诚雇员。"最艰难的时期是初入公司时期。饮食业是艰苦的，在最初的 6 个月中，人员流动率最高，离去的人中，有 80% 的人根本不了解这一行业。应该知道：要听从吩咐，不要计较工作时间。能坚持下来的关键在于协调好家庭生活与餐厅工作的时间。那些更善于分配和利用时间的人，那些对工作投入最多的人是胜利者。而且，他们的牺牲是有价值的，他们中那些有责任感的、有文凭的、独立自主的年轻人，在 25 岁以前，就可能得到许多企业不可能得到的好机会：真正成为一个中小型企业的管理者。

"不想当将军的士兵不是好士兵。"同样的,艾蒂安·雷蒙以这样的一种态度对待公开应聘的每个人,他说:"法国麦当劳公司董事长的位子等着人们去争取……"实际上,公司高级管理职务还都由在法国的美国人担任,不过,在他们的背后,一些法国人已崭露头角。麦当劳公司力求向每位合伙者反复灌输的基本技能是对餐厅的管理。艾蒂安·雷蒙说:"平均在 25 岁左右,一名青年就可以成为一家真正的中小型企业的领导人,管理 100 来人。我们在教会他们当老板……"

法国麦当劳公司实行一种快速晋升的制度:一个刚参加工作的出色的年轻人,可以在 18 个月内当上餐厅经理,可以在 24 个月内当上监督管理员。而且,晋升对每个人是公平合理的,既不作特殊规定,也不设典型的职业模式。每个人主宰自己的命运,适应快、能力强的人能迅速掌握各个阶段的技术,从而更快地得到晋升。这个制度可以避免有人滥竽充数。每个级别的经常性培训,只有有关人员获得一定数量的必要知识,才能顺利通过阶段考试。公平的竞争和优越的机会吸引着大量有文凭的年轻人到此,实现自己的理想。首先,一个有文凭的年轻人要当 4~6 个月的实习助理。在此期间,他们以一个普通班组成员的身份投入到公司各个基层工作岗位,如炸土豆条、收款、烤牛排等。在这些一线工作岗位上,实习助理应当学会保持清洁和最佳服务的方法。并依靠他们最直接的实践来积累实现良好管理的经验,为日后的管理实践做准备。第二个工作岗位则更带有实际负责的性质:二级助理。这时,他们在每天规定的一段时间内负责餐厅工作,与实习助理不同的是,他们要承担一部分管理工作,如订货、计划、排班、统计……他们要在一个小范围内展示他们的管理才能,并在日常实践中摸索经验,协调好他们的小天地。在进入麦当劳 8~14 个月后,有文凭的年轻人将成为一级助理,即经理的左膀右臂。与此同时,他们肩负了更多更重的责任,每个人都要在餐厅中独当一面。他们的管理才能日趋完善。这样,离他们的梦想——晋升为经理,已经不远了。有些人在首次炸土豆条之后不到 18 个月就将达到最后阶段。但是,在达到这梦寐以求的阶段前,他们还需要跨越一个为期 15 天的小阶段。与前面各阶段不同的是,这个阶段本身也是他们盼望已久的:他们可以去芝加哥汉堡包大学进修 15 天。

这是一所名副其实的大学,也是国际培训中心,他们接待来自全世界的企业和餐厅经理,既教授管理一家餐厅所必需的各方面的理论知识,又传授有关的实践经验。麦当劳公司的所有工作人员每年至少可以去一次美国。应该承认的是,这个制度不仅有助于工作人员管理水平的提高,而且成为麦当劳集团在法国乃至全世界范围极富魅力的主要因素之一,吸引了大量有才华的年轻人的加盟。当然,一个有才华的年轻人升至餐厅经理后,麦当劳公司依然为其提供了广阔的发展空间。经过一段时间的努力，他们将晋升为监督管理员，负责三四家餐厅的工作。3年后，监督管理员将升为地区顾问。届时，他将成为总公司派驻其下属的代表，用艾蒂安·雷蒙的话说，成为"麦当劳公司的外交官"。

作为公司下属十余家餐厅的顾问，他们责任重大。他将是公司标准的捍卫者，而一个从炸土豆条做起，经历了各个岗位和阶段的地区顾问，对各方面的管理标准游刃有余。他将是公司哲学的保证人，一个由麦当劳特有的公司哲学创造的高级管理人员，其本人正是麦当劳哲学的保证。作为"麦当劳公司的外交官"，他的主要职责是往返于麦当劳公司与各下属企业，沟通传递信息。同时，地区顾问还肩负着诸如企业培训、提供建议之类的重要使命，成为总公司在这一地区的全权代表。当然，成绩优异的地区顾问依然会得到晋升，终有一天会实现艾蒂安·雷蒙所说的——法国麦当劳公司董事长的位子上坐着的是一个法国的年轻人。

"君子爱财，取之有道。"法国麦当劳公司雇员的取财之道是别具特色的。他们的个人收入水平变动频繁，正如他们实行的快速晋升的制度，每次工作岗位的调整必然导致工资收入的变化。准确估计一个雇员的年薪是很困难的，因为一名雇员的工资级别只在几个月内是有效的，以后将会很快提高。一个刚取得文凭的年轻人，在选择工作时往往将不同企业的招聘工资加以比较，而麦当劳公司的工资调整制度则有着令人怦然心动的魅力，因为在参加工作仅仅 4 个月之后，他们的工资就会提高。工资收入变动的程序是这样的：人们一进入法国麦当劳公司就开始每年领取 11 万～13 万法郎的工资，根据每个人的文凭不同略有差别（这就是根据头 4 个月的工资标准计算的数额）。尔后，人们从第 5 个月开始就每年领取 13 万～15 万法郎的工资（仍根据原有的文凭不同而定）。2 年后，要是一名麦当劳公司的工作人员顺利地当上了经理，那么每年就可以挣到 18 万法郎。如果后来他又顺利地升任监督管理员，那么他的年薪将达到 25 万法郎。当然，除了年薪的增长外，他还能得到各方面的实物好处。比如，根据职务不同提供的专用车。而且，对于麦当劳公司基层至高层的每位雇员来说，还可以白天在公司免费就餐。

最后，麦当劳公司与众不同的重要特点是，如果人们没有预先培养自己的接替者，那么他们在公司里的升迁将不被考虑。麦当劳公司的一项重要规则强调，如果事先未培养出自己的接班人，那么无论谁都不能提级晋升。这就犹如齿轮的转动，每个人都得保证培养他的继承人并为之尽力，因为这关系到他的声誉和前途。这是一项真正实用的原则，可以想象，麦当劳公司因此而成为一个发现培养人才的大课堂。在这里，缺少的绝不会是人才。

资料来源： 根据 http://news.wenzhouglasses.com/html/news/401562.html 整理

评点： 研究表明，成功和有效的员工培训和培养计划，不仅提高了企业员工素质，而且满足了员工自我实现的需要，增加了企业凝聚力。不论是多么优秀的员工，企业都负有进行培训和培养的任务。培训和培养不仅仅局限在新员工的岗前培训，重点应当是企业员工的岗位再培训。这不仅能提高员工完成本职工作的技能和知识，通过对员工其他技能的培训，是对员工潜能的进一步开拓。

综上所述，麦当劳公司在法国的成功，同样也是他们人事制度的成功，企业文化的成功。它们不仅仅为麦当劳公司带来了巨大的经济效益，带来了公司规模的飞速发展，更重要的是，它们为全世界的企业创造了一种新的模式，为全社会培养了一批批真正的管理者。麦当劳公司较好地完成了这一点，从而取得了巨大的经济效益，无疑值得国内企业借鉴。

【本章小结】

人力资源是指能够推动整个经济和社会发展的劳动者的能力，它反映一个国家或地区人口总体所拥有的劳动能力。人力资源包括数量与质量两个方面。通过不断地获得人力资源，把得到的人力整合到企业中而融为一体，保持和激励他们对本企业的忠诚与积极性，控制他们的工作绩效并作相应的调整，尽量开发他们的潜能，以支持企业目标的实现，这样的一些活动、职能、责任和过程就是微观人力资源管理，人力资源管理作为企业管理的一个方面，担负着进行人事匹配、促进企业与员工共同发展的重要任务。

旅游业是以旅游资源为凭借，以旅游设施为基础，通过提供旅游服务满足旅游消费者各种需要的综合性行业。旅游资源、旅游设施和旅游服务是旅游业经营管理的三大要素。旅游饭店、旅游交通和旅行社构成了旅游业的三大支柱。旅游企业人力资源对旅游企业生存和发展有着重要意义。旅游企业人力资源管理是旅游企业中的一项基本管理职能，它不仅是高质量完成服务过程、实现组织目标的必要保证，也是企业实施服务竞争战略的基础。现代旅游企业有效的人力资源管理有其独特性。人力资源在竞争优势方面的作用是人所共知的，但他们也面临前所未有的挑战。我国旅游企业人力资源管理近年的重点，是培训、调整劳动关系和稳定员工队伍，将人力资源管理与企业战略相结合，战略性人力资源管理是未来旅游企业人力资源管理的趋势。

【关键术语】

人力资源（Human resources）

人力资源管理（Human resource management）

"经济人"假设（Hypothesis of economic man）

X 理论（Theory X）

科学管理（Scientific management）

"社会人"假设（Hypothesis of social man）

"霍桑实验"（Hawthorne experiment）

组织行为理论（Organization behavior theory）

"自动人"假设（Hypothesis of automatic man）

Y 理论（Theory Y）

"复杂人"假设（Hypothesis of complex person）

超 Y 理论（Super theory Y）

权变模式（Contingency model）

旅游企业人力资源管理（Tourism human resource management）

【复习与思考】

1. 什么是人力资源？什么是人力资源管理？

2. 人力资源管理应包括哪些环节？各个环节包括哪些内容？

3. 科学管理的主要内容有哪些？

4. 组织行为学的理论要点有哪些？

5. 请简要论述权变理论的主要观点。

6. 人力资源管理理论经过了哪几个主要的发展阶段？人事管理与人力资源管理主要的差异有哪些？

7. 简要论述旅游业的性质和特点。

8. 旅游市场有哪些特点？

9. 简述旅游企业人力资源配置的原则。

10. 为什么说战略性人力资源管理是未来旅游企业人力资源管理的趋势？

【实践题】

1. 找到一家旅游企业，了解这家企业的员工结构情况，努力找出人力资源管理中存在问题的原因，思考可能的解决办法。

2. 了解战略性人力资源管理的新理念，并从书刊、网络或实习等渠道了解具体的战略性人力资源管理实施策略、过程等，并思考其优势、存在的一些问题以及可能的改进措施。

【网络链接】

1. http://www.cnta.com/中华人民共和国国家旅游局

2. http://www.51yala.com/中国旅游网

3. http://www.tourjob.net/中国旅游人才网

第二章　旅游企业人力资源规划

【学习目的】

1. 了解人力资源规划的作用和主要内容。
2. 熟悉人力资源规划的整个流程以及各个环节的重点。
3. 了解人力资源规划制订的一些实践过程。

第一节　人力资源规划概述

人力资源规划是人力资源开发与管理的重要组成部分。人力资源规划是企业为实施其发展战略，实现其目标而对人力资源需求进行预测，并为满足这些需求而进行系统安排的过程。旅游企业人力资源规划，是旅游企业发展战略及年度计划的重要组成部分，是人力资源管理各项工作的依据。制定人力资源规划的主要任务包括下述几个方面：预测旅游企业人力资源供求状况，制定供求平衡的措施；规定各项人力资源管理活动的具体目标、任务、步骤和预算；使各项人力资源管理业务计划保持平衡，并使人力资源规划与旅游企业的其他计划相互衔接。

一、人力资源规划的定义

人力资源规划是充分利用人力资源的一项重要措施，不少学者从不同角度提出了许多定义，例如：

1. 人力资源规划，是将企业的目标转化为达成这些目标的人力需求。
2. 人力资源规划有点像驾驶船只，它要决定到达目的地的航道和速度，并需不断探求新读数并做出必须的调整以达到目的地。
3. 人力资源规划是有系统地预测企业未来的雇员需求。
4. 人力资源规划，是确保企业未来的人力和技术需要得到满足。
5. 人力资源规划是将企业目标和战略转化成人力的需求，通过人力资源管理体系的运作，有效达成量和质、长期和短期的人力供需平衡。

上述定义具有一个共同点,就是人力资源规划是一种战略性和长期性的活动,与企业的目标有着密切的关系。有价值的人力资源规划既具有内部一致性又具有外部一致性。内部一致性,是指招聘、甄选、配置、培训以及绩效考评等人力资源规划的设计应当是彼此配合的。外部一致性,是指人力资源规划应当成为企业总体规划的一个组成部分,这是因为是否进入新的业务领域、是否降低现有业务活动水平等总体规划都有着深刻的劳动力含义,会关系到招聘、培训等人力资源管理活动。

旅游企业人力资源规划,是指为使旅游企业在不断变化的环境中能够稳定的拥有一定质量和必要数量的人力资源,以实现该组织目标而拟定的一套措施,从而使人员需求量和人员拥有量在组织未来的发展过程中相互匹配。这个定义包含四层含义:

(1)一个组织的环境是变化的,这种变化带来了组织对人力资源供需的动态变化。

(2)从组织的目标和任务出发,要求旅游企业人力资源的质量、数量和结构符合特定的要求。

(3)在实现组织目标的同时,也要满足个人的发展。

(4)保证人力资源与未来组织发展各阶段的动态变化相适应。

人力资源规划需要一些要素的配合才能发挥其作用。首先,旅游企业必须有一个目标作为一切活动的基础,并通过这个目标,发展出一套目标体系和经营战略;其次,管理者要对外在劳动市场(即整个劳动供需状况)和内在劳动市场(即旅游企业内部人力的搭配和结构)有充分的了解,才能有效地规划人力资源;再次,人力资源规划必须有高级管理层的支持与参与,以及企业文化的配合才能成功;最后,人力资源规划需要其他人力资源管理活动的配合,并在有效的内部人力资源信息支持下才能收到一定效果。

二、人力资源规划的作用

人力资源规划的作用,是通过规划人力资源管理的各项活动,努力使员工需要与组织需要相吻合,形成高效率-高士气-高效率的良性循环,确保企业总体目标和战略的实现。

旅游企业属于劳动密集型的服务性行业,人在所有资源中起着重中之重的作用。因此,为了达到旅游企业的战略目标与战术目标,必须对人力资源在质量和数量上有所规划。旅游企业通过制定人力资源规划可以起到下列作用:

(一)在人力资源方面确保实现旅游企业的目标

人力资源规划的特点是全面考虑企业的经营战略与文化氛围,在实现企业总体目标的前提下，关注人力资源的引进、保留、提高和流出四个环节，因此能较好地促进目标的整合性，推动企业目标的达成。

（二）明确人力资源工作的内容

人力资源规划在广泛收集内外部信息的基础上，具体规定了人力资源管理需要做哪些工作和事项，可以消除人力资源管理的盲目性、无系统性与混乱性。通过人力资源规划，可以建立有效的内部劳动力市场，并务求使企业的成员能够人尽其才。人力资源规划作为各项人力资源管理活动的基础，是企业人力资源管理的一个蓝图，为这些活动提供了明确的发展方向和评价的依据。

（三）加强人力资源管理的事前控制

通过规划可以及早发现问题，对企业需要的人力资源作适当的储备，对紧缺的人力资源发出引进与培训的预警，使人力资源管理动静结合，有条不紊，并同时有计划地调整人力资源的分布结构。

（四）使管理者与员工对要达到的人力资源开发与管理目标更加清晰

通过制定人力资源规划，可以加强与员工的沟通与交流，使管理层与员工在参与中达成共识，形成良好的氛围，更好地促进目标的完成。

（五）促进人才合理有效的流动

随着市场经济的发展和现代企业制度的建立，劳动力走向市场是必然的。一方面，建立稳定的有效的内部劳动力市场，不仅可以使旅游企业内部人力供给和运作维持适当的流动和稳定，还可以成功地将富余职工有计划地分离出来，逐步走出企业进入外部劳动力市场；另一方面，人力资源规划可以使人才进行合理流动，优化企业的人员结构，最大限度地实现人尽其才，才尽其用，为企业在竞争中充分发挥人才优势提供基础和保证。

三、人力资源规划的内容

旅游企业人力资源规划牵涉一连串的战略性决定，主要包括以下几点：

（一）预警式或反应式的规划

管理者要决定采取预警式的人力资源规划，还是反应式的人力资源规划。即仔细预测未来的人力需要，并有系统地实现、安排这些需要，还是在有需要时才做出反应行动。

（二）规划宽度

管理者要决定采取较狭窄的规划，还是较广泛的规划。一般来说，规划的内容可以集中在员工招聘和甄选上，也可以包括员工招聘、甄选、培训和发展、薪酬制度、人力资源管理信息系统、绩效考评及激励等多方面。详情如图2-1所示。

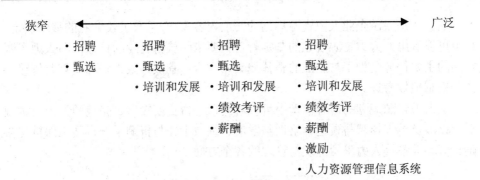

图 2-1　人力资源规划的宽度

图 2-1 列举了规划的涵盖面从窄到宽的四个例子。需要指出的是，该图仅表示人力资源规划宽度这个连续体中的四个点，一个旅游企业的人力资源规划可能位于这个连续体两极之间的任一点上。

（三）正式和非正式规划

管理者要决定采取非正式的人力资源规划还是正式的人力资源规划。非正式的规划是由管理者在头脑中产生构思；正式的规划则以文件和数据作支持。一个电脑化的人力资源管理信息系统，可以帮助旅游企业做出正式的人力资源规划。

（四）与企业的战略性规划方案的联系

人力资源规划方案可以和旅游企业的总体战略性规划方案松散的联合，也可以是完全的整合。事实上，人力资源规划作为人力资源管理活动的第一步，是旅游企业总体战略性规划和人力资源管理的主要桥梁。

（五）规划的灵活性

旅游企业通过规划可以减低不明朗的因素，人力资源规划就是其中的一环。人力资源规划可以是富有灵活性、能预测和应付多项变量的，也可以是因某个特殊情况而设计、应变能力较低的。

图 2-2 是上述五项决定的综合。要注意的是，这些决定不一定是极端的决定，而是五个连续体。有些企业的决定较偏向左，有些较偏向右，有些则居中。

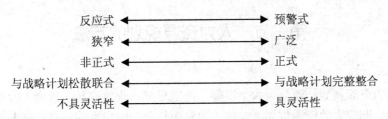

图 2-2　人力资源规划的连续战略决定

　　图2-3是旅游企业人力资源规划的一般内容模型,采取了较偏右的战略决定。从中可以看出,人力资源规划的制定者首先要依赖旅游企业的目标,即人力资源规划的主要任务是为了与企业的整体战略相吻合;其次,人力资源规划要依赖工作分析和绩效考评。

　　从人力资源规划的内容模型中可以看到,一份宽度较广、完整的人力资源规划应该涉及员工招聘与甄选、培训与发展、绩效考评与报酬系统、员工保持与激励、劳动关系等人力资源开发与管理的各个方面。

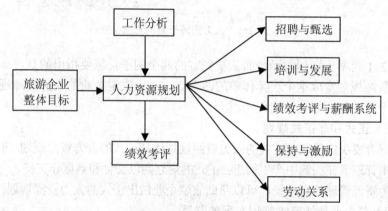

图2-3　旅游企业人力资源规划的内容模型

　　由于企业内外部环境变化的加剧,目前人力资源规划的变化趋势有如下表现:企业正在使其人力资源规划更适于精炼而较短期的战略计划;企业的人力资源规划更注意关键性的环节,以确保人力资源规划的实用性和相关性;企业人力资源规划更注意特殊环节上的数据分析,更加明确地限定人力资源规划的范围;企业更重视将长期人力资源规划中的关键环节转化为一个一个的行动计划,包括年度策略计划,以便更有效地确定每个行动计划的要求和责任,并确定对其效果进行衡量的具体方法。

第二节　人力资源规划的方法

　　人力资源规划一般分为六个步骤:确定目标、收集信息、预测人力资源需求与供给、制定人力资源规划、实施人力资源规划和收集反馈信息。旅游企业人力资源规划的流程模型如图2-4所示。

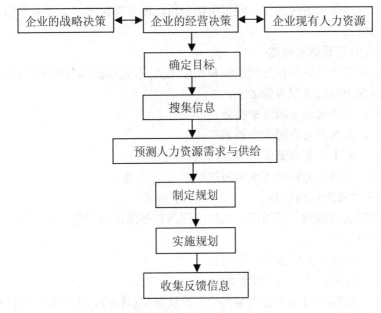

图 2-4　人力资源规划的流程模型

一、确立目标

这是人力资源规划的第一步，主要根据旅游企业的总体目标来制定。旅游企业不同的产品组合、经营规模、特色、档位等都会对从业人员提出不同的要求。弄清企业的战略决策与经营目标，是人力资源规划的前提。

二、收集信息

人力资源规划的信息包括组织内部信息和组织外部环境信息。根据已确定的目标，应该广泛收集旅游企业内部和外部的各种有关信息。内部信息主要包括旅游企业经营战略、组织结构、组织文化、人力资源数量、分布、利用及潜力状况等。外部信息包括宏观经济发展趋势、旅游行业的发展前景、主要竞争对手的动向、劳动力市场的趋势、人口趋势、政府相关政策法规、风俗习惯演变等等。

三、预测人力资源需求与供给

预测是人力资源规划中技术性较强的关键工作，全部人力资源开发、管理、计划都必须根据预测决定。需求预测根据旅游企业的组织结构状况和未来的经营业务水平，对企业的人力资源需求进行估算。供应预测首先对旅游企业现有人力资源使用情况进行分析，然后根据旅游企业内外部人力资源供应的情况，对旅游企业人力资源的供应进行估算。经过供需分析，便可确定旅游企业未来的人力剩余和短缺的情况。

（一）人力资源需求预测

人力资源需求预测包括短期预测和长期预测，总量预测和各个岗位需求预测。人力资源需求预测的典型步骤如下：

步骤一，现实人力资源需求预测。

步骤二，未来人力资源需求预测。

步骤三，未来人力资源流失情况预测。

步骤四，得出人力资源需求预测结果。

（二）人力资源供给预测

人力资源供给预测包括组织内部供给预测和外部供给预测。人力资源供给预测的典型步骤如下：

步骤一，内部人力资源供给预测。

步骤二，外部人力资源供给预测。

步骤三，将组织内部人力资源供给预测数据和组织外部人力资源供给预测数据汇总，得出组织人力资源供给总体数据。

四、制定人力资源规划

制定人力资源规划是比较具体细致的工作。要求在人力资源预测的基础上，制定出具体的适合旅游企业发展的人力资源规划。人力资源规划与经营规划是同步的，也分为长、中、短期规划。要注意总体规划和各项业务计划及各项业务计划之间的衔接和平衡，提出调整供给和需求的具体政策和措施。

人力资源规划应该包括：规划的时间段、计划达到的目标、情景分析、具体内容、制定者、制定时间。

（一）规划时间段

确定规划时间的长短，要具体列出从何时开始，到何时结束。若是长期的人力资源规划，可以长达 5 年以上；若是短期的人力资源规划，如年度人力资源规划，则为 1 年。

（二）规划达到的目标

确定达到的目标要与组织的目标紧密联系起来，最好有具体的数据，同时要简明扼要。

（三）情景分析

目前情景分析：主要是在收集信息的基础上，分析组织目前人力资源的供需状况，进一步指出制订该计划的依据。

未来情景分析：在收集信息的基础上，在计划的时间段内，预测组织未来的人力资源供需状况，进一步指出制订该计划的依据。

（四）规划具体内容

这是人力资源规划的核心部分，主要包括以下几个方面：

1. 项目内容。

2. 执行时间。

3. 负责人。

4. 检查人。

5. 检查日期。

6. 预算。

（五）规划制定者

规划制定者可以是一个人，也可以是一个部门。

（六）规划制定时间

主要指该规划正式确定的日期。

五、实施人力资源规划

人力资源规划的实施，是人力资源规划的实际操作过程，要注意协调好各部门、各环节之间的关系，通过旅游企业各部门的共同合作，经过这一步骤才能实现原先确立的目标。在实施过程中需要注意以下几点：

1. 必须要有专人负责既定方案的实施，要赋予负责人拥有保证人力资源规划方案实现的权利和资源。

2. 要确保不折不扣地按规划执行。

3. 在实施前要做好准备。

4. 实施时要全力以赴。

5. 要有关于实施进展状况的定期报告，以确保规划能够与环境、组织的目标保持一致。

六、收集反馈信息

对人力资源规划执行过程进行监督，分析、评价规划质量，找出不足，给予及时、适当的修正，以保证旅游企业总体目标的实现。

在评价人力资源规划时，一定要公正、客观和准确，同时考虑成本一效益比。而且，要注意在评价时一定要征求部门经理和基层管理者的意见，因为他们是规划的直接受益者。

第三节　人力资源规划的实践

一个有效的人力资源规划主要经过以下几个关键的实践操作步骤：人力资源需求预测、人力资源供给分析、人力资源规划的综合平衡以及人力资源规划方案的制定和人力资源规划的实施与控制。

一、人力资源需求预测

要制定一份既具有前瞻性，又具有实用性的人力资源规划，事前进行人力资源需求预测必不可少。人力资源需求预测是人力资源规划的重要组成部分，预测的内容包括要达到企业目标所需的员工数量和类别，方法可以从经验推断到运用精密的电脑分析。至于具体采取何种方法，要视人力资源规划者的专才、企业组织结构的复杂性、市场因素和外在环境的稳定性等情况而定。在预测时，要考虑一些重要因素，例如企业的目标和战略、生产力或效率的变化、工作设计或结构的改变等。

事实上，人力资源需求预测工作并非像表面看上去那样简单。很多时候，因为所要考虑的因素复杂多变，进行预测时不得不用代替法或者放弃部分的工作，因而所得出的结果往往是一种估计，而决不是绝对正确的结果。正因为如此，人力资源需求预测不仅是一门科学，更是一门艺术。企业必须考虑管理者的技能、预测时间的范围、资料数量和类型、方法的假定、费用、精确度和容易使用等因素，企业须就其本身的情况选取较适合的方法。

人力资源需求预测方法很多，主要分为预测质量的方法和预测数量的方法。下面介绍一些常用的方法。

（一）总体需求结构分析预测法

总体需求结构分析预测法可以用公式（2-1）来表示：

$$NHR = P + C - D \qquad\qquad (2\text{-}1)$$

式中

NHR：指未来一段时间内企业需要的人力资源。

P：指现有的人力资源。

C：指未来一段时间内需要增减的人力资源。如果未来一段时间内由于某项业务的发展需要增加人力资源数量，例如饭店推出新的商务服务项目或其他服务举措，C 就是正的；反之，如果未来一段时间内某项业务萎缩，C 就可能是负的。

D：指由于技术提高或设备改进后节省的人力资源。

例如，某饭店现有员工 300 人，在一年后打算推出特色商务服务，预计需增加 25 人；同时由于计算机管理系统与网络预订等新技术广泛渗透到饭店的整个服务流程中，带来了效率的提高与人力的节约，因此饭店预计可以节省 10 人。现求一年后该饭店的人力资源需求。

根据公式（2-1）；又已知：P＝300；C＝25；D＝10

则　　　NHR（一年后需要的人力资源）＝P＋C－D

$$=300+25-10$$

$$=315（人）$$

因此，根据预计，一年后该饭店的人力资源需求为 315 人。

（二）人力资源成本分析预测法

人力资源成本分析预测法是从成本的角度进行预测，如公式（2-2）所示：

$$NHR=\frac{TB}{(S+BN+W+O)\times(1+a\%\times T)} \tag{2-2}$$

式中

NHR：指未来一段时间内需要的人力资源。

TB：指未来一段时间内人力资源预算总额。

S：指目前每人的平均工资。

BN：指目前每人的平均奖金。

W：指目前每人的平均福利。

O：指目前每人的平均其他支出。

a%：指企业计划每年人力资源增加的平均百分数。

T：指未来一段时间的年限。

例如，某饭店两年后人力资源预算总额是每月 300 万元，目前每人每月的平均工资是 1000 元，平均奖金是 200 元，平均福利是 250 元，平均其他支出是 80 元。饭店计划人力资源平均每年增加 5%。现求该饭店两年后的人力资源需求。

根据公式（2-2）：

已知：TB＝3000000；S＝1000；BN＝200；W＝250；O＝80；a%＝5%；T＝2

$$NHR=\frac{TB}{(S+BN+W+O)\times(1+a\%\times T)}$$

$$=\frac{3000000}{(1000+200+250+80)\times(1+5\%\times2)}$$

$$=1783（人）$$

因此，根据测算，该饭店两年后需要人力资源数量为1783人。

（三）人力资源学习曲线分析预测法

每个人的效率由于个人的经验不同会有所变化，因此可以根据学习时间与相应的效率得出一条学习曲线，更加精确地预测人力资源的需求，如图2-5所示。

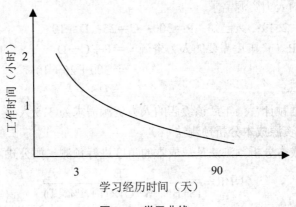

图2-5　学习曲线

图2-5的横轴表示学习所经历的时间，纵轴表示对应某个学习经历时间所达到的工作时间。为了举例说明，其中横轴的单位设定为天，纵轴的单位设定为小时。例如，某饭店客房部的员工在清理客房时，若完成同样的工作任务，只有3天经验的员工需要1个半小时，而有3个月经验的员工只需20分钟，那么后者的效率与前者的效率相比提高的百分比为：

效率提高百分比＝[（学习经历较短者的工作时间－学习经历较长者的工作时间）÷学习经历较短者的工作时间]×100%

＝[（90－20）÷90]×100%

＝77.8%

这样，可以更精确地预测人力资源的需求，但同时应考虑员工的流动与新旧结构。

（四）比例法

旅游企业中各部门的人员数量都有相互配比的大致比例关系。例如，饭店的前台人员、餐厅人员、客房人员、管理人员等人员数量与饭店的规模、档次、经营特色等直接相关，因此可按同等饭店的经验数量与比例确定。如一般情况下，饭店客房部门的员工占饭店员工总人数的20%~30%，餐饮部门的员工占40%~50%；饭店员工总人数与饭店客房数的比例一般在1∶1.5~1∶2左右。饭店管理人员也可按员工总数找到一些经验比例。

另外，也可以根据旅游企业各部门、各工作班组的劳动任务分析其工作量，在制订劳动定额的基础上，按照一定比例来确定定员人数。在饭店中，它主要运用于客房、餐厅、厨房、洗衣房等部门的定员编制。如客房可以根据劳动定额规定每个服务员每天负责多少房间，然后根据这一比例确定整个客房部门的定员编制；餐厅可以根据劳动定额规定每个服务员每天看管几张台面，然后按这一比例编制每个餐厅的定员人数，各餐厅人数相加，即是餐饮部门餐厅服务员的定员人数。

（五）分合性预测法

分合性预测法是一种先分后合的预测方法。先分是指企业要求各个部门根据各自的人员状况、工作岗位与任务等先对本部门将来对人员的需求进行预测，在此基础上，企业人力资源部对各部门预测数据进行综合平衡，从中得出整个企业在计划期内对各种人员的总需求数。

这种方法较能发挥下属各级管理人员在人力资源规划中的作用，但是人力资源部门要给予一定的指导。这种方法较适于中、短期的预测规划。

（六）团体预测法

团体预测法是集结多位专家和管理者的推断而做出的规划，主要方式有德尔菲法（Delphi technique）和名义团体法（Nominal group technique）。

德尔菲法是有步骤地使用专家的意见去解决问题。企业首先须设定要预测的问题，并将之细分为不同的组成部分；再从有关方面搜集相关的资料，并设定不同的分析角度；然后通过中间人整合所有参与专家的意见。在整合过程中，中间人将背景资料和问题，以问卷的形式分别传递给参与的专家，然后将专家所做出的预测整理后，再将这些意见分别传递给参与的专家，让他们重新做预测，如此反复数次直至专家的意见渐趋一致而得出结论。这种方式的特点是故意将专家分开以拓展预测的幅度。

名义团体法则是将专家放在一起讨论，让他们先进行脑力激荡（Brainstorming）以便将所有意见列出，再逐一分析这些意见，并排列出意见的优先次序。

团体预测法的好处是能集思广益，且因为管理者参与分析和决策的程度较高，对决策的投入感和承担也会较强，只是两种方式的团体预测法都颇费时而且昂贵，企业应考虑其实际需要和能力来决定是否采取这种方法。

总之，以上的各种方法并非相互独立，旅游企业可根据自身战略综合运用，有所侧重。

二、人力资源供给分析

旅游企业是国民经济的微观经济组织，其人力资源要素的数量供给，全部取之于社会，来源于社会人力资源。企业人力资源的质量供给的主要部分，也来源于社会人力资源，这是伴随着数量供给而发生的，另有部分质量供给则来源于企业对自己人力资源的开发。因此可以说，社会人力资源的数量与质量，是企业人力资源的供给源。

对于运营中的旅游企业，预测了人力资源需求后，就要决定这些需求是否有供给，及要在何时何地获得供给。在进行人力资源供给分析时，管理者必须考虑内在劳动力市场和外在劳动力市场两项因素。一般来讲，管理者会先分析已有的劳动供给，倘若内在市场未能有足够的供给，就需分析外在劳动市场；也有些时候，管理者会因为希望改变企业文化或需要引进某些专业人才而决定向外招聘。因此，人力资源供给预测首先从内部开始，弄清计划期内现有人力资源能够满足企业经营战略目标的需要到什么程度，这就需要考虑计划期内人员的流动及适应未来工作的能力状况。

（一）人力资源内部供给预测

1. 内部员工流动可能性矩阵表

旅游企业是员工流动率较高的行业，内部员工每年都在流动。了解流动的趋势就可以知道人力资源内部的供给量，具体方法见表 2-1。

表 2-1　员工流动可能性矩阵表

流动率（%）		工作级别（终止时间）									流出率（%）	总量
		A	B	C	D	E	F	G	H	I		
工作级别（起始时间）	A	1.00										1.00
	B	0.15	0.80								0.05	1.00
	C		0.16	0.76	0.04						0.04	1.00
	D		0.01	0.23	0.73						0.03	1.00
	E					0.85	0.05				0.10	1.00
	F					0.25	0.65	0.05			0.05	1.00
	G						0.40	0.50	0.03		0.07	1.00
	H						0.02	0.15	0.75		0.08	1.00
	I								0.20	0.50	0.30	1.00

表 2-1 中，工作级别从 A 到 I。其中 A 最高，I 最低。如果起始时间是前年，终止时间是去年，那么这张矩阵表就是员工流动调查表；如果起始时间是今年，终止时间是明年，其中的数据一般根据调查表的转移率推算得出。

小框中的数字是百分比。例如，AA 为 1 是指在这个时间段内最高工作级别的人员未流动；BB 为 0.8 是指在这个时间段内，这个级别的人员留住 80%，其中 15% 晋升到 A 岗位，5% 流出企业；依此类推。

从矩阵表中，我们可以看出员工流动的趋势。例如，I 岗位上流走的人最多，占 30%；其次是 E 岗位，占 10%；B、D、H 和 I 岗位只有晋升，没有降级；G 和 F 两个岗位晋升比例较大，但有降级。

2. 马科夫（Markov）分析矩阵表

马科夫分析矩阵表与流动可能性矩阵表有相似之处，但前者更清楚一点，从表 2-2 中可以看出，马科夫分析矩阵表的上半部分与流动可能性矩阵表完全相同，只是多了下半部分的现任者应用矩阵。

表 2-2 马科夫分析矩阵表

流动可能性矩阵						
流动率（%）		工作级别（终止时间）				
		A	B	C	D	流出（%）
工作级别（起始时间）	A	0.70	0.10	0.05	0	0.15
	B	0.15	0.60	0.05	0.10	0.10
	C	0	0	0.80	0.05	0.15
	D	0	0	0.05	0.85	0.10
现任者应用矩阵						
	原有员工人数（人）	A	B	C	D	流出人数（人）
A	62	44	6	3	0	9
B	75	11	45	4	8	7
C	50	0	0	40	2	8
D	45	0	0	2	38	5
终止期员工人数（人）	—	55	51	49	48	29

从现任者应用矩阵来看，A 岗位原有员工 62 人到了 AA 便只有 44 人（62×70%＝44 人）；到了 AB 便只有 6 人（62×10%＝6 人）；到了 AC 便只有 3 人（62×5%＝3 人）；流出人数为 9（62×15%＝9 人），以此类推。

根据马科夫分析矩阵表，我们可以很清楚地看出在终止时间时，各工作岗位的人数以及流出的人数。应用马科夫模型进行人力资源供给预测的好处在于它考虑了个人晋升的前景，由于人员转移是推进式的，所以预测过程中也包括了晋升政策的产生。旅游企业中由于对晋升机会感到渺茫而带来的人员流动比较严重，因此这种方法有利于充分考虑内部晋升。但此法尽管广为人们利用，但其准确性及可行性人们并未进行广泛研究。

旅游企业应结合实际，进一步研究马科夫模型的应用方法。

3. 技术调查法

技术调查法是为了追踪员工的工作经验、教育程度、特殊技能等与工作有关的信息而设计的一套系统。企业可以在员工正式聘用之时将资料输入电脑，并于日后不断更新，以便在需要人力资源时随时查用。

运用技术调查法可以知道旅游企业内人力资源供应的状态，主要作用有：

（1）评价目前不同种类员工的供应状况；

（2）确定晋升和换岗的候选人；

（3）确定员工是否需要进行特殊的培训和发展项目；

（4）帮助员工确定职业计划与职业发展途径。

4. 继任卡法

继任卡法就是运用继任卡来分析企业管理人才的供应状态。这是一种最简单有效的方法。

（1）继任卡

典型的继任卡如图 2-6 所示。

A			
B			
C	D		E
C_1	1	D_1	B_1	A_1
C_2	2	D_2	B_2	A_2
C_3	3	D_3	B_3	A_3
C_E	紧急继任者		D_E	B_E

图 2-6　继任卡

图 2-6 的继任卡中，A 填入现任者晋升可能性，可用不同颜色填入不同等级：甲（红色）表示应该立即晋升；乙（黑色）表示随时可以晋升；丙（绿色）表示在 1～3 年内可以晋升；丁（黄色）表示在 3～5 年内可以晋升。

其中 B 填入现任者的职务；C 填入现任者的年龄，这只是为了考虑工作年限；D 填入现任者姓名；E 填入现任者任现职的年限。另外，1、2、3 分别代表三位继任者。其中 C_1、C_2、C_3 分别填入三位继任者的年龄；D_1、D_2、D3 分别填入三位继任者的姓名；B_1、B_2、B_3 分别填入三位继任者的职务；A_1、A_2、A_3 分别填入三位继任者晋升的可能性。

紧急继任者是指在特殊紧急情况下（如现任者突然死亡、现任者突然辞职等）谁是继任者。

（2）继任卡的运用

为了更好地满足管理人员，尤其是高级管理人员的供应，企业可以运用继任卡规划人力资源的供应，这种方式称之为替补图。图 2-7 表示某饭店前厅部替补图的一部分。

乙（黑）			
前厅部经理			
37 岁		吴朝勇	5 年
35 岁	1	周新	大堂经理	乙（黑）
30 岁	2	朱明	大堂副理	丙（绿）
26 岁	3	陈小东	前台主管	丙（绿）
35 岁	紧急继任者	周新	大堂经理

乙（黑）			
大堂经理			
35 岁		周新	2 年
30 岁	1	朱明	大堂副理	乙（黑）
26 岁	2	陈小东	前台主管	乙（黑）
27 岁	3	叶平	前台主管	丙（绿）
30 岁	紧急继任者	朱明	大堂副理

图 2-7　替补图

继任卡的运用应建立在员工资料的基础上，是一种动态的、事前性的内部人力资源供应预测。

（3）继任卡的作用

由于继任卡的制定，企业不会由于某个人离去而使工作受到太大的影响。另外，以组织结构与员工资料为基础的替补图有利于调动员工的积极性。当然，继任卡也可以显示某些员工需要经过一段时间的培训和实践才能晋升，这样有助于员工的提高，并有利于保持晋升员工的高水准。

（二）人力资源外部供应预测

人力资源外部供应预测在某些时候对旅游企业制定人力资源规划更加重要。而且，人力资源外部供应预测受到的影响因素较为广泛且不易控制，因此应引起足够的重视。

1. 劳动力市场

劳动力市场是人力资源外部供应预测的一个重要因素。劳动力市场又称人才交流市场，是指劳动力供应和劳动力需求相互作用的场所。通俗地讲，劳动力市场就是指员工寻找工作、雇主寻找雇员的场所。

劳动力市场根据不同的标准可以划分为不同的种类。例如，根据工种不同，劳动力市场可以分为经理市场、秘书市场、医生市场、推销员市场、服务员市场等等。旅游企业需要的人员可能跨越不同的劳动力市场，涉及经理市场、秘书市场、推销员市场、服务员市场等。

劳动力市场对旅游企业的人力资源供应的预测有十分重要的影响。主要涉及以下方面：

（1）劳动力供应的数量；

（2）劳动力供应的质量；

（3）劳动力对职业的选择；

（4）当地经济发展的现状与前景；

（5）旅游企业提供的工作岗位数量与层次；

（6）旅游企业提供的工作岗位地点、工资、福利等等。

2. 科学技术的发展

当前，科学技术的发展一日千里，电脑技术的发展更使人产生一日三秋之感。科学技术的发展对旅游企业人力资源供应预测主要有以下一些影响：

（1）科学技术的发展使人们从事工作的时间越来越少，闲暇时间越来越多，因此服务行业的劳动力需求量越来越大；

（2）对员工的技能要求提高，尤其是对计算机的操作运用能力。同时，对内部员工的培训也要求企业持续进行，不断更新培训内容；

（3）由于办公室自动化和网络的普及，中层管理人员会适当削减，而有创造力的人员则更显珍贵。

3. 旅游企业的政策法规

旅游企业人力资源供应预测一定不能忽视政府的政策法规。各地政府为了各自经济的发展，为了保护本地劳动力的就业机会，都会颁布一些相关的政策法规，企业应及时进行环境扫描，及早做出反应。

三、人力资源规划的综合平衡

分析过人力资源需求预测和人力资源供给预测之后，旅游企业便可着手制订一连串相互整合的人力资源规划方案，以平衡人力资源供给与需求。

（一）组织需要和个人需要的平衡

人力资源管理所面临的组织需要和个人需要之间的矛盾，主要表现在旅游企业增强组织功能、提高组织效率的目标和个人满足精神与物质需求的目标不一致，这就要求在计划阶段制订相应的措施。表 2-3 列出了协调两者之间目标的人力资源规划手段。

表 2-3　协调目标的人力资源规划手段

企业增强组织功能 提高组织效率目标	人力资源规划手段	个人满足精神与物质 方面需求的目标
发展专业化	职务设计	工作丰富化
精简人员 （精简不适职人员）	不断进行适应新任务的培训	工作保障
稳定骨干 （不希望能干的员工流失）	职业生涯计划	寻求发展 （若本组织无机会则要求调离）
降低成本	生产率计划	提高待遇
保证指挥权威 （有可能惩处下属）	劳工关系计划	受尊重
保持干部队伍的精干	考评计划	人人有公平晋升机会

（二）人力供给与人力需求的平衡

人力供给与人力需求可能出现如下的不平衡：人力不足；人力过剩；两者间的结构性失调，即某些类别人力不足，某些类别人力过剩。出现结构性失调的原因主要是存在所谓人力资源的需求刚性与供给刚性。人力资源的需求及供给刚性就是管理人员对人力资源需求和供给的影响的有限性。例如，旅游企业为了适应竞争，必须加速办公自动化和人员高素质化，而现有人员又难以适应，从外部迅速补充也有一定难度，这时表现出明显的需求、供给刚性。

在平衡人力供给与人力需求方面，通常的做法如图 2-8 所示。

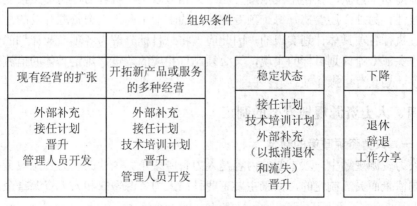

图 2-8　人力供求平衡分析

例如旅游企业在人员短缺时，首先应当考虑在企业内部调剂，因为这样做的风险小、成本低，从内部提拔还可以使员工有盼头；其次，可考虑外部补充、调整提升政策、进行培训和开发、改变配置方案（职务轮换）、任务转包（改变企事业规划），以及改变人员需求（加速自动化）等措施。在人员多余时，主要应利用多种渠道妥善安置，例如可组织专业培训、缩短工作时间、遣散临时用工、对外承包劳务等。

要解决人力资源供求不平衡的问题，可以有不同的做法。学者杜宁顿和贺雷认为，当求过于供时，企业可以考虑下列做法：

（1）改变员工使用率（例如训练、团队运用等）以改变人力资源需求。

（2）使用不同类型的员工去达成企业的目标，例如聘用少数熟练员工或聘请技巧不足的员工，并立即予以训练。

（3）改变企业目标，使之更切实际。因企业目标需要足够的现有和未来人力资源去实现。

当内在劳动市场供过于求时，企业可以考虑以下做法：

（1）计算不同时段出现人力过剩问题的成本。

（2）考虑不同的减员方法和减员成本。

（3）改变员工使用率，计算出重新训练、重新调配的成本。

（4）改变企业目标的可能性，例如企业是否可以开发新市场或进行业务多元化。

（三）人力资源规划中各项专业计划之间的平衡

人力资源规划所涉及的人员补充、培训、安置、使用、晋升、薪资等方面是具有内在联系的，因此在制订各项专业计划时应注意相互之间的平衡与协调。例如人员培训、人员使用以及与激励有关的劳动报酬计划必须相互协调，若人员通过培训提高了素质，在使用及报酬方面却无相应政策，就容易挫伤员工接受培训的积极性。另外，还要搞好每一项专业计划的配套平衡。人力资源开发的总目标是通过执行各项具体计划实现的，因此应当将总目标分解为各项专业计划的分目标，为保证专业计划目标的实现，又必须制订相应的政策，规定具体的措施及步骤，使计划具有可操作性。

四、人力资源规划方案的制定

（一）人力资源政策的制定

人力资源规划中一项重要的内容是人力资源政策。企业的人力资源政策是根据不同情景而灵活制定的，情景主要有两种：人力资源短缺和人力资源富余。

1. 人力资源短缺时的政策制定

当企业人力资源短缺时，应该制订以下政策来弥补人力资源的不足：

（1）把内部一些富余人员安排到一些人员短缺的岗位上去；

（2）培训一些内部员工，使他们能胜任人员短缺但又很重要的岗位；

（3）鼓励员工加班加点；

（4）提高员工的效率；

（5）聘用一些兼职人员；

（6）聘用一些临时的全职员工；

（7）聘用一些正式的员工；

（8）把一部分工作转包给其他公司；

（9）减少工作量；

（10）添置新设备，用设备来减少人员的短缺。

以上的政策，其中（1）、（2）、（3）、（4）是内部挖掘潜力，虽然也要增加一些成本，例如增加工资、奖金、福利等，但相对代价较低，有利于企业的长远发展，是企业首选的政策。

其中的（8）、（9）、（10）属于较消极的政策，不仅代价大，而且不利于企业的发展，不到万不得已，决不轻易使用。

其中的（5）、（6）、（7）属于中策，当内部挖掘潜力已相当充分时，不妨运用一下，但也要谨慎。

2. 人力资源富余时的政策制定

当企业人力资源富余时，应当制定以下政策来克服人力资源的多余：

（1）扩大有效业务量；

（2）培训员工；

（3）提前退休；

（4）降低工资；

（5）减少福利；

（6）鼓励员工辞职；

（7）减少每个人的工作时间；

（8）临时下岗；

（9）辞退员工。

以上的政策，其中（1）、（2）是相当积极的，但许多企业不一定能做到，这是对企业家的一种挑战，可以把人员富余的危机当作一次企业发展的机会。

其中的（9）是十分消极的，但在关键时刻也不得不用，因为这种舍卒保车的措施毕竟可以使企业渡过难关，利于以后发展。

其中的（3）、（4）、（5）、（6）、（7）、（8）均属于中策，在企业中运用最多，也较易起作用。

（二）制定人力资源规划

在确立目标、收集信息、预测人力资源需求和预测人力资源供给的基础上，可以开始制定人力资源规划了。

旅游企业人力资源规划包括两个层次，即总体规划与各项业务计划。人力资源的总体规划是有关计划期内人力资源开发利用的总目标、总政策、实施步骤及总的预算安排。人力资源所属业务计划包括人员招聘计划、人员使用计划、提升计划、培训计划、薪酬计划、劳动关系计划，等等。这些业务计划是总体规划的展开和具体化，每个企业的业务计划各不相同，但典型的业务计划至少应包括以下几个方面：计划的时间段、目标、情景分析、具体内容、制定者和制定时间。

（1）计划的时间段。具体写出从何时开始、至何时结束，若是一份战略性的人力资源计划，可以至三年以上；若是一份年度人力资源计划，则以一年为限。

（2）计划达成的目标。在这里要遵循三个原则：①与旅游企业的目标紧密联系。因为人力资源计划是一种局部性计划，它一定要为企业的目标服务；②具体，不应泛泛而谈，最好有具体数据；③简明扼要。

（3）目前情景分析。主要在收集信息的基础上，分析企业目前人力资源的供需状况，指出制定该计划的依据。

（4）未来情景分析。主要在收集信息的基础上，在计划的时间段内，预测企业未来的人力资源供需状况，进一步指出制定该计划的依据。

（5）具体内容。这是人力资源计划的核心，涉及的方面很多。例如工作分析的启动、新的员工绩效考评系统、改进后的报酬系统、计划中的培训工作、招聘方案，等等。每一方案都包括以下几个方面：具体内容、执行时间、负责人、检查人、检查日期和预算。

（6）计划制定者。计划制定者可以是一个人（例如：人力资源部经理李小民先生），也可以是一个群体（例如：董事会），也可以包含个体与群体。

（7）计划制定时间。主要指该计划正式确定的日期。

五、人力资源规划的实施与控制

实施与控制人力资源规划是最后的十分重要的一环。如果前面的计划定得十分理想，但是在执行过程中出了问题将前功尽弃。

实施与控制人力资源规划主要包括四个步骤：执行、检查、反馈、修正。

（一）执行

执行是最重要的步骤，在执行过程中要注意以下几点：

（1）按计划执行；

（2）在执行前要作好准备工作；

（3）执行时应全力以赴。

（二）检查

检查是不可缺少的步骤，否则可能会出现使执行流于形式，使执行缺少必要的压力，不能掌握第一手信息等问题。

检查者最好是实施者的上级，至少是平级，切忌是实施者本人或实施者下级。

检查前，检查者要列出检查提纲，明确检查目的与检查内容。检查时要根据提纲逐条检查，千万不要随心所欲或敷衍了事。检查后，检查者要及时地、真实地向实施者沟通检查结果，以利于激励实施者，使之以后更好地实施项目。

（三）反馈

反馈是执行人力资源规划各环节中的一个重要步骤。提供反馈，我们可以知道原来计划中的哪些内容是正确的，哪些是错误的，哪些不够全面，哪些比较符合实际情况，哪些需要加强，哪些需要引起注意等重要的信息。

反馈中最重要的一点是保持信息的真实性。由于环境和个体的不同，有许多信息不一定真实，因此去伪存真显得格外重要。

反馈可以由实施者进行，也可以由检查者进行，或者由两者共同进行。

（四）修正

修正是最后一个步骤，谁也不能保证人力资源规划一经制定后就完全正确。因此，根据环境的变化，根据实际情况的需要，根据实施中的反馈信息，及时修正原计划中的一些项目显得十分必要。

一般来说，修正一些小的项目，或修正一些项目中的局部内容，涉及面不会很大。但如果要修正一些大的项目，或要对原规划中的许多项目进行修正，或要对预算作较大的修正，往往需经过最高管理层的首肯。

【案例分析】

香港万达旅游公司的人力资源规划

香港万达旅游公司在制定人力资源总体规划时的指导思想是积极为业务发展服务，激励全体员工的积极性、创造性，更好地完成公司的目标任务。根据这些规划指导思想，各部门制定的具体政策内容非常广泛，甚至涉及员工衣、食、住、行等各个方面。

公司的人力资源规划具有以下特点：

1. 灵活性。在制订具体的人事政策时，必须考虑到公司的经济承担能力，人员编制、工资福利、晋升、奖励、招聘、辞退等各个方面都要根据需要和可能来决定。例如公司总的编制，就是根据业务变化来决定的。做法是每年由各分公司自行确定编制数目，再由人力资源部根据总的业务与成本预测综合审批。

2. 竞争性。在总体规划下的人事政策必须适应竞争的需要，才能留住人才。例如公司下属饭店的员工，工资水平属于同行的中上等，在其他福利待遇、培训教育和工作环境上更优于同行，以适应更多的雇员追求发展和良好的工作环境的就业观点。因此，该饭店员工的平均流动率低于同类饭店。

3. 严肃性。公司制定员工管理人事政策时，必须遵守当地的法律规定。人力资源部有熟悉当地法律规定的人员负责员工的管理，公司与员工相互都必须按劳动合约议定的条款办事，谁违反了谁就得负法律责任。

4. 自主权。人事政策在不违背当地法律规定的前提下，对一些特殊问题可以根据具体情况做出决定，如高于规定标准的各种福利待遇等。

公司制定人力资源规划的程序如图 2-9 所示。

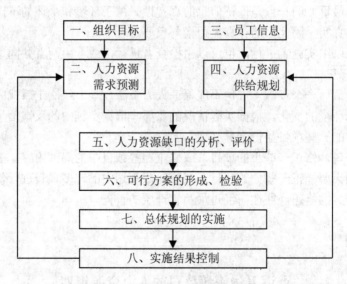

图 2-9 制定人力资源规划程序

其中预测一般是通过利用历史数据和可靠的比例关系，并根据业务变化、生产率变化趋势加以修正而得出的。因此历史数据占有很重要的地位。但是最近出现了这样一件事情。该公司财务部刚有一名员工辞职了，经理要求人力资源部给予补充。但是人力资源部经理要求财务部为需要一名员工提供充分的依据。财务部经理说："你说我将不得不为需要一名员工提供证据，这是什么意思？我的员工中刚刚有一名辞职了，而我现在需要一个人来顶替他。我在这里工作的 6 年间，我这个部门一直有 7 名员工，也许很早以前就这样了。如果过去我们需要他们，那么将来我们肯定也会需要他们。"这是他们争论的开头。

从图 2-9 中可以看出，人力资源规划的第四个要素是供给预测。该企业供给预测是估计现有人员中哪些人将来还能留在企业中。现以公司下属饭店为例，该饭店前台年初共有员工 31 人，其中接待 21 人，领班 4 人，主管 2 人，副经理 2 人，经理 2 人。前台部去年的员工流动矩阵表如表 2-4 所示。

表 2-4 员工流动矩阵表

流动率（%）		终止时间					流出率（%）	总量（%）
		接待	领班	主管	副经理	经理		
起始时间	接待	0.85	0.05				0.10	1.00
	领班		0.75				0.25	1.00
	主管			0.50	0.50			1.00
	副经理			0.50	0.50			1.00
	经理					0.50	0.50	1.00

规划过程的第五个要素是要在数量、组合、技能和技术方面对供需情况进行对比，这种对比使人力资源经理可以确定供需缺口，并评价匹配不当的问题最可能在哪些环节发生。

然后公司通过制定和检验被选方案，实施人力资源总体规划，最后对结果进行反馈和控制。

案例回顾与讨论

1. 该公司人力资源规划的战略性决定有哪些特点？

2. 该公司人力资源规划的需求预测包含了哪些方法？本例中出现的人力资源部和财务部的矛盾反映了需求预测的什么问题？你认为应该如何解决。

3. 你认为供给预测应该包括哪些方面？该公司的供给预测涵盖了哪些方面？

4. 试利用已给条件做出饭店前台员工流动的马科夫矩阵表，并对该饭店的人员流动情况进行分析。

5. 对该饭店制定人员替补计划应采用的方法提一些建议，并分析相应的晋升政策及其激励效果。

【本章小结】

人力资源规划是企业为实施其发展战略，实现其目标而对人力资源需求进行预测，并为满足这些需求而进行系统安排的过程。旅游企业人力资源规划，是旅游企业发展战略及年度计划的重要组成部分，是人力资源管理各项工作的依据。

人力资源规划一般分为六个步骤：确定目标、收集信息、预测人力资源需求与供给、制定人力资源规划、实施人力资源规划和收集反馈信息。各个步骤紧密衔接，共同完成人力资源规划的各项任务，保证企业内外部人力资源的供需平衡并最终保证组织目标的顺利完成。

要制定一份既具有前瞻性，又具有实用性的人力资源规划，事前进行人力资源需求预测必不可少。人力资源需求预测是人力资源规划的重要组成部分，预测的内容包括要达到企业目标所需的员工数量和类别，方法可以从经验推断到运用精密的电脑分析。至于具体采取何种方法，要视人力资源规划者的专才、企业组织结构的复杂性、市场因素和外在环境的稳定性等情况而定。

对于运营中的旅游企业，预测了人力资源需求后，就要决定这些需求是否有供给，及要在何时何地获得供给。在进行人力资源供给分析时，管理者必须考虑内在劳动力市场和外在劳动力市场两项因素。人力资源供给预测首先从内部开始，弄清计划期内现有人力资源能够满足企业经营战略目标的需要到什么程度，而有的时候，人力资源外部供应预测对旅游企业制定人力资源规划也尤为重要。而且，人力资源外部供应预测受到的影响因素较为广泛且不易控制，因此应引起足够的重视。

分析过人力资源需求预测和人力资源供给预测之后，旅游企业便可着手制订一连串相互整合的人力资源规划方案，以平衡人力资源供给与需求。

【关键术语】

人力资源规划（Human resources planning）

人力资源需求预测（Demand forecasting of human resources）

人力资源供给预测（Supply forecasting of human resources）

人力资源供需平衡分析（Analysis of balance between the supply and demand of human resources）

【复习与思考】

1. 旅游企业制定人力资源规划有何重要性？谈谈你对人力资源规划的内容和需要注意的关键点的看法。

2. 旅游企业制定人力资源规划的一般流程是什么，各个环节是如何衔接起来的？

3. 旅游企业预测人力资源需求与供给有几种方法？试分析每种方法的长处与短处。

4. 你认为在旅游企业人力资源规划的实施与控制过程中应注意哪些问题？

【实践题】

1. 选择本地一家饭店，进行实地调研，分析其人力资源规划现状。

2. 以某具体的旅游企业为背景资料，对其进行人力资源规划的设计实践。

3. 选择某一旅游专业领域，对本地该领域人力资源进行供需平衡分析。

【网络链接】

1. http://www.chma.org.cn/中国酒店管理协会

2. http://www.priorityclub.com/洲际饭店集团

第三章　旅游企业工作分析

【学习目的】
1. 了解工作分析的作用。
2. 明确工作分析的意义。
3. 掌握工作分析的内容与方法。
4. 了解职位说明书的一般规格和内容。

第一节　工作分析概述

工作分析起源于泰勒的时间研究。被西方称为"科学管理之父"的泰勒，为了提高工作效率，从 1895 年开始进行时间与动作研究。其后，泰勒的朋友吉尔布雷思夫妇（Frank and Lilliam Gilbreth）也进行了操作动作的研究。到了第一次世界大战期间，美国参加欧战时设立了军队人事分类委员会（Army Committee Classification of Personnel），实施工作分析。从此，"工作分析"一词便开始使用。

旅游企业人力资源开发工作的一个重要方面是使人与工作之间实现最佳匹配，从而做到人适其职、职得其人、人尽其才、才尽其用。要达到这一目的，就要了解各种工作的特点以及能胜任各种工作的人员特点，这就是工作分析的主要内容。工作分析是现代人力资源开发与管理中最基础、也是最核心的一项工作，它决定企业定岗、定编定员、薪酬福利、体系设置、绩效管理、招聘选拔，并影响企业教育培训和职业发展。只有科学、准确的工作分析才能准确刻画出工作岗位的内容、性质等，才能在此基础上建立起任职资格制度和职务等级制度，而这两个制度又是人力资源管理诸制度，如考评制度、薪酬制度、生涯制度、培训制度等的基础。因此，在推行企业科学化人力资源管理的过程中，工作分析不容忽视。

一、工作分析的定义

工作分析，亦称职务分析，是指通过观察和研究，掌握职务的固有性质和组织内职务之间的相互关系，以确定该职务的工作任务和性质，以及工作人员在履行职务上应具有的技术、知识、能力和责任。简言之，工作分析就是确定该项职务的成分和胜任该职务的条件。

工作分析是人力资源管理最基本的工具，它的中心任务就是明确某项工作要做什么，明确每项工作实质内容的过程。具体来说，就是要为旅游企业人力资源管理提供依据，保证事得其人，人事相宜。大多数旅游企业是劳动密集型的企业，为了给旅游者提供高质量的旅游服务，旅游企业一般内部分工较细，岗位职责要求较高，各岗位间强调协作性。这就要求旅游企业要进行更详尽具体的工作分析，只有这样，才能制定更符合实际需要的岗位职责，实现企业目标。

旅游企业在组织体制确定之后与实施人事措施之前，必须对每种工作的工作说明和所需的特殊心理品质及特殊能力加以分析研究，并作书面记载，作为人力资源开发与管理的依据。所以，工作分析也就是对某一工作的内容及有关因素做全面的、系统的、有组织的描写或记载。为了达到这一目标，企业可以利用工作分析公式（The Job Analysis Formula）中确定的七项要素，即：（1）工作主体（Who）；（2）工作内容（What）；（3）工作时间（When）；（4）工作环境（Where）；（5）工作方式（How）；（6）工作原因（Why）；（7）工作关系（For Whom）。

二、工作分析的专业术语

在了解旅游企业岗位分析的内容之前，必须先对其中的一些专业术语作出说明。在进行岗位分析时经常碰到的专业术语如下：

（一）工作要素

工作要素是工作中不能再分解的最小单位。例如，撤掉床单，是客房清洁员工的一个工作要素；打开教室的多媒体设备，是教师工作的一个工作要素。

（二）任务

任务是指工作中达到某一工作目的的要素集合。例如，餐厅值台员为客点菜是一项任务，宾馆预订人员接受预订也是一项任务。

（三）职责

职责是指某人担负的一项或多项相互联系的任务集合。例如，餐厅迎宾员的职责是迎送客人、引领客人就座、接受电话预订等一系列任务。

（四）职位

职位是指一定时期内，组织要求个体所担负的一项或多项相互联系的职责集合。职位也叫岗位，一般来说，职位数与员工数相对应，有多少职位就有多少任职者；有时，一人身兼多职，职位数与员工数可能不对应。例如，某旅游公司办公室主任，同时担负公司的人事调配、文书管理、日常行政事务处理等三项职责。

（五）职务

职务是由一系列近似的或性质相同的职位所构成的。例如，副总经理是一个职务，在酒店中可能需要多个副总经理分管不同业务。根据组织规模的大小及工作的性质，一种职务可以有一个职位，也可以有多个职位。职务与职位不同，一个职位只有一名员工，一个职务则可能有若干名员工。

三、工作分析的作用

工作分析对旅游企业有效地进行人力资源开发起着重要作用。

（一）为制定有效的人力资源规划提供科学依据

每一个部门的工作职务安排和人员配备，都必须有一个合理的计划，并根据发展趋势做出人事预测。工作分析的结果，可以为有效的人力资源规划提供可靠的依据。企业有多少工作岗位，这些岗位目前的人员配备能否达到要求，今后一年或几年内职务和任务将发生哪些变化，人员结构应作哪些相应的调整，人员增减的趋势如何，后备人员的素质应达到什么水平等问题，都可以根据工作分析的结果做出适当的处理和安排。

（二）为选拔和任用合格的人员提供客观标准

旅游企业在选拔和任用人员时，除考虑人员的身体条件之外，还需要考虑人员的年龄、性别、受教育程度、经历、兴趣、人格品质等方面的条件。通过工作分析，能够掌握工作任务的静态与动态特点，提出有关人员的心理、生理、技能、文化和思想等方面的要求，在此基础上，确定选人用人的标准。同时，员工也可以按不同职位的要求找到自己合适的位置，扬长避短发挥最大才能。

（三）为设计人员培训与开发方案提供依据

人力资源管理是对人力加以系统化的组织，其目的是实现人与工作的最佳匹配。要达到这一目的，可以通过科学的人员选拔与任用，尽可能为各种岗位配备适合的人员。然而在实践中，一方面很难使所选用的人在知识、能力、技能、个性特征方面完全达到工作的要求；另一方面，随着旅游企业的发展，工作会发生变化。所以，旅游企业需要对人员进行培训。通过工作分析，我们可以明确从事各项工作所应具备的技能、知识和各种心理条件。因此，依照工作分析的结果，我们可以根据实际工作要求和受训人员的不同情况，有区别、有针对性地设计和制定培训方案。

（四）为岗位评价和薪酬分配提供依据

岗位分析为企业贯彻按劳分配原则，公平合理的支付薪酬提供了可靠的保证。

企业员工薪酬的高低主要取决于其工作的性质，以及技术的繁简及难易程度，工作负荷、责任大小，以及劳动条件等。而工作分析正是从这些基本因素出发，建立起一套完整的岗位绩效评价指标体系和评价标准，在对各个岗位的相对价值进行衡量之后，完成岗位分级等工作。这就有效地保证了岗位、担当本岗位的劳动者与薪酬之间的协调和统一，使企业员工得到公平合理的薪酬。实际上，很多欧美工业化国家的企业普遍实行岗位评价，其最根本最直接的目的，正是为了使企业薪酬制度能确切地反映岗位与劳动报酬之间的对应关系。

（五）提供考评标准并有效地激励员工

工作分析可以为绩效考评提供标准。工作分析明确了各项工作的权、责、利，工作说明是考评的依据，它使考评工作更加合理、准确和客观，从而使建立在考评基础上的激励系统能够更加有效、公平的运作。利用工作分析在培训、职业开发、工资、奖金、人际关系、员工咨询等方面提供的建设性意见，可以全方位地有效激励员工，充分调动员工的积极性。

（六）提高工作效率

工作分析还能够提高工作效率。一方面，由于有明确的工作任务要求，使工作职责分明，目标清楚；另一方面，工作分析找到了最佳的工作程序和操作方法，明确了关键的工作环节和工作要领，使员工更合理地运用技能，分配注意和记忆等心理资源，增强他们的工作满意感，提高工作效率。

（七）完善现代企业制度

现代企业制度是适应社会主义市场经济要求的一种新型的企业制度。它除了具有产权明晰、责任明确、政企分开、管理科学等一些特点外，还是由相互联系、相互制约的一系列制度所组成的一个完整的体系。这些制度包括：企业的法人制度、有限责任制度、组织制度、管理制度等项内容。企业的管理制度覆盖了企业运营的方方面面，包括经营管理的组织模式、岗位责任制、民主管理制度、财务管理制度、薪酬制度、企业文化建设等内容。从广义看，除了财务制度外，上述的其他制度都属于人力资源开发与管理的范畴。但为了便于分析研究，进行专门化管理，往往从人力资源管理中将他们分离出来。具体地说，人力资源管理制度主要包括两大制度：一是人力资源配置的制度；二是员工能力开发的制度。

工作分析的一切结果，最后都与实现人力资源的有效配置和员工能力开发有着不可分割的密切联系。因此，在这一意义上可以说，工作分析是构建现代企业制度的重要前提和基础。

第二节　工作分析的内容和程序

一、工作分析的要素

前面提到的工作分析公式中的七要素（7W），适用于旅游企业中任何职务的分析。

（一）工作主体（Who）

从事某项工作的人必须具备一定的知识、技能、能力、兴趣、体格、行为特点等心理及生理条件，因此工作分析中制定的岗位规范描述了与工作相匹配的重要的个体特征，以此作为人员筛选、任用和调配的基础。

（二）工作内容（What）

工作分析应具体列述员工所做的工作内容。包括所要完成的工作任务、工作职责、工作流程等，每件工作都要用一个动词加以描述。描述体力工作常用的动词有搬运、清洗、整理、运送等；描述智力工作常用动词有计划、分析、检讨等。当然有些工作需要心智与体力的结合才能顺利完成，如销售、作业、购买、修理等。主要有以下几个方面：

1. 工作任务

工作任务即工作应该完成的工作活动是什么。明确、规范工作行为，如工作的中心任务、工作内容、工作的独立性和多样化程度，完成工作的方法和步骤、使用的设备和材料等。

2. 工作责任

工作责任即承担该工作应该负的责任。通过对工作相对重要性的了解，配备相应的权限，保证责任和权利对应。尽可能地用定量的方法来确定责任和权利。工作责任主要包括对原材料和产品的责任、相关设备的责任、对工作程序的责任、对其他相关人员工作的责任、对其他有合作关系的人员的合作责任、对其他人员的安全的责任等。

3. 工作量

工作量即工作强度。目的在于确定标准工作量。如劳动的定额、工作量基准、工作的循环周期等。

4. 工作标准

工作标准即用什么来衡量工作的好坏。确定工作标准可以为考评和薪酬等人力资源管理活动提供判定依据。

（三）工作时间（When）

这是指完成工作的具体时间。如上班时间、是否倒班以及如何倒班等，工作天数及一次轮班的时间间隔等。

（四）工作环境（Where）

工作环境是指工作的物理环境、安全环境和社会环境以及聘用条件等。具体有以下几个方面：

1. 工作的物理环境

工作的物理环境即工作地点的正常的温度、适当的光照度、通风设备、安全措施、建筑条件、地理位置等，以及工作人员处于这样的物理环境下的时间。

2. 工作的安全环境

工作的安全环境即从事本岗位工作的工作者所处工作环境的工作危险性、劳动安全卫生条件、易患的职业病、病患率及其危害程度等。

3. 工作的社会环境

社会环境依赖于工作职位与部门，主要包括工作团体的情况、社会心理气氛、同事相互关系及部门之间的关系、工作地点内外的文化设施、社会工作风俗习惯等。

4. 聘用条件

包括工作时数、薪酬结构、支付工资的办法、福利待遇、该工作在组织中的正式地位、晋升的机会、工作的季节性、参加培训的机会等。

（五）工作方式（How）

工作分析应根据工作任务的内容与性质要求明确完成工作所需的资料、机器设备、材料，确定员工完成工作活动的方法与程序。

（六）工作原因（Why）

工作原因的问题主要是想说明工作性质和其重要性，说明了该岗位设置的依据。它为如何完成工作提供证据。

（七）工作关系（For Whom）

工作关系是确定该项工作的隶属关系，明确工作内容之间的联系和工作中与其他人员的联系。员工一方面要为本职务所面向的对象，也就是顾客服务，这里讲的顾客是指广义的顾客，包括企业内的员工和企业外的客人；另一方面要明确上下级关系，对上级负责。具体如下：

1. 监督指导关系

监督指导关系即隶属关系，包括直属上级、直属下级、该工作制约哪些工作、受哪些工作制约等。

2. 职位升迁关系

职位升迁关系即该工作岗位可以晋升或降级到企业中的哪些岗位，可以与哪些岗位之间进行同级调度等，为员工的职业生涯规划工作提供依据。

3. 工作联系

工作联系即本岗位在具体工作中会与哪些岗位或部门发生工作上的往来，发生联系的目的、方式是什么等。

二、工作分析过程

旅游企业工作分析是一个细致而全面的评价过程，这个过程可以分为四个阶段：准备阶段、调查阶段、分析阶段和总结阶段，这四个阶段相互联系、相互影响，如图 3-1 所示。

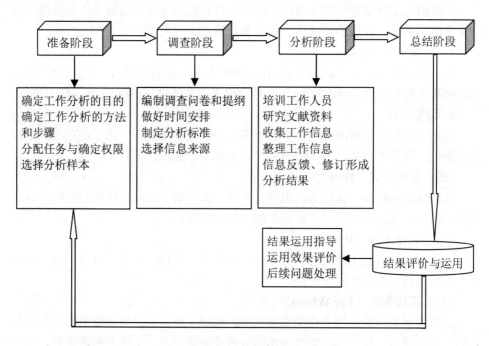

图 3-1　工作分析过程

（一）准备阶段

准备阶段是工作分析的第一阶段，具体工作如下：

1. 明确工作分析所获得的信息将用于何种目的。因为工作分析所获得信息的用途直接决定了需要搜集何种类型的信息，以及使用何种技术来搜集这些信息。

2. 对所分析的工作职务类型、基础资料和工作环境等情况进行初步了解。可以先对能够得到的与工作有关的背景信息做一个大致了解，如组织结构图、工作流程图和工作说明书等。

3. 确定工作分析的方法和步骤。

4. 向工作分析的相关人员宣传、解释。

5. 同与工作分析有关的工作人员建立良好的人际关系，并使他们作好心理准备。

6. 以精简、高效为原则组成工作小组。

7. 根据人员、设备和工作任务等方面的代表性确定调查和分析对象的样本。

8. 把各项工作分解成若干工作要素和环节，确定职务的基本维度。

（二）调查阶段

调查阶段的主要任务是对整个工作过程、工作环境、工作内容和工作人员等主要方面作一个全面的调查，具体工作如下：

1. 编制各种调查问卷和提纲，使调查工作有针对性。

2. 灵活运用访谈、问卷、观察、关键事件法等各种调查方法。

3. 广泛深入地收集有关工作职务特征以及要求的数据资料，尤其应注重人员特征和工作特征方面的情况。

4. 要求被调查的管理人员、员工对各种工作特征的重要性和发生频次评出等级。

（三）分析阶段

分析阶段中十分重要的一环是对有关工作性质、人员特征的调查结果进行深入分析。工作分析并不是简单机械地收集和积累某些工作标准信息，它包含的具体工作如下：

1. 仔细审核已经收集到的各种信息。

2. 创造性地分析、发现有关工作和工作人员的关键成分。

3. 归纳、总结出工作分析的必需材料和要素。

在分析的基础上，提出工作分析报告。

（四）总结阶段

总结阶段的任务主要是根据收集到的信息编制工作说明与岗位规范。

第三节　工作分析的方法

要想得到一份系统、完善的工作分析资料，必须对这项工作进行实际的调查研究，收集到有关该工作足够的信息。收集工作分析信息的工作通常由人力资源管理专家、组织的主管人员和普通员工共同努力和合作来完成。

收集信息的方法有很多种，下面介绍几种主要的方法。

一、问卷法

问卷法是利用已编制的问卷，让有关人员以书面形式回答相关职务问题，从而获取工作相关信息的快速而有效的调查方法。通常，问卷的内容是由工作分析人员编制设计的问题或陈述，这些问题和陈述涉及具体的行为和心理素质，要求被调查者根据这些行为和心理素质对他们工作的重要性以及在工作中出现的频次按给定的方法作答。

问卷法按照适用范围划分可以分为两种：一般工作分析问卷法和指定工作分析问卷法。

（一）一般工作分析问卷法

这种方法适合于旅游企业的各种工作，问卷内容具有普遍性。表 3-1 是一个一般工作分析问卷的例子。

表 3-1　一般工作分析问卷示例

1. 职务名称：
2. 比较适合任此职的性别是： A. 男性；B. 女性；C. 男女均可
3. 最适合此任职的年龄是： A. 20 岁以下；B. 21～30 岁；C. 31～40 岁；D. 41～50 岁；E. 51 岁以上
4. 能胜任此职的文化程度是： A. 初中以下；B. 高中、中专；C. 大专；D. 本科；E. 研究生以上
5. 此职的工作地点是： A. 本地市区；B. 本地郊区；C. 外地市区；D. 外地郊区；E. 其他
6. 此职的工作主要在（指 75%以上时间） A. 在室内；B. 在室外；C. 室内、室外各一半
7. 此职信息来源主要是： A. 书面材料；B. 数字材料；C. 图片材料；D. 模型材料；E. 知觉显示；F. 测量装置； G. 人员

（二）指定工作分析问卷法

这种方法适合于旅游企业中某一种指定的工作，比较强调工作本身的条件和结果，问卷具有特殊性，一张问卷只适合一种工作。表 3-2 是一个指定工作分析问卷的例子。

表 3-2　饭店销售部员工工作分析问卷（部分）

职责	得分（最重要的打 10 分，最不重要的打 0 分）
1. 和重要客人保持联系	
2. 接待好每一位客人	
3. 详细介绍饭店产品	
4. 正确记住各种产品的价格与折扣范围	
5. 拒绝客户不正当的送礼	
6. 掌握必须的销售知识	
7. 参加在职培训	
8. 把客户意见反馈给相关部门	
9. 讲话口齿清楚	
10. 思路清晰	
11. 向经理汇报工作	
12. 每天总结自己的工作	
13. 每天锻炼身体	
14. 和同事保持良好的关系	
15. 不怕吃苦	

问卷法的最大优点是比较规范化、数量化，适于用计算机对结果进行统计分析。并且节省人力与时间，但它的设计比较费工，也不像访谈那样可以双向交流进行沟通，因此，不易了解被调查对象的态度和动机等较深层次的信息。此外，问卷不易引起被调查对象的兴趣，加之被调查对象对该项工作的认真程度不同，文字表达能力也有所差异，所填内容与实际工作往往有一定差距，因此，还需要用其他方法来补充。

二、访谈法

访谈法是与担任有关工作职务的人员一起讨论工作的特点和要求，以取得有关信息的调查研究方法。在工作分析时，可以先查阅和整理有关工作职责的现有资料。在大致了解职务情况的基础上再进行访谈。访谈法主要有三种：

1. 对每个员工进行个人访谈；

2. 对做同种工作的员工群体进行的群体访谈；

3. 对完全了解被分析工作的主管人员进行的主管人员访谈。

群体访谈通常用于大量员工做相同或相近工作的情况，可以以一种迅速而且代价相对较小的方式了解到工作的内容和职责等方面的情况。在进行群体访谈时，应注意遵循的一条基本原则是这些工作承担者的上级主管人员应该在场。如果他们当时不在场，事后也应该单独和这些主管人员谈一谈，听取他们对被分析工作中所包含的任务和职责所持的看法。

访谈法应注意几个问题：

（1）访谈时要设法得到被访问者的充分合作

被访问的对象往往有所猜疑。为此，工作分析者必须受过面谈技巧训练，他必须能与被访谈者建立和谐的关系；他还必须能极简要地向被访谈者说明访谈的目的，使他们确信访谈并不是为了了解他们的工作能力，从而消除他们的抗拒心理和防御行为。

（2）准备调查提纲

为了保证访谈取得成效，访谈中要问的问题应事先拟好，并准备一份调查提纲，这样才能有的放矢，获得有效的信息。

（3）访谈时要注意修正偏差

有时被访谈者会有意无意地歪曲其职务情况。比如，把一件容易的工作说得很难或把一件很难的工作说得比较容易，这就需要通过和多个同职者访谈，将所搜集的资料进行对比来加以校正。

三、观察法

观察法是指在工作现场运用感觉器官或其他工具，通过观察员工的实际工作行为，并用文字或图表形式进行记录来收集工作信息的一种方法。

在应用问卷法、访谈法等工作分析方法时，存在一个较大的问题，即有经验的员工并不总是很了解自己完成工作的方式。许多工作行为已经成为习惯，员工并未意识到工作程序的细节。因此，采用观察法对员工的工作过程进行观察，记录工作行为的各方面特点可以从一定程度上克服这个问题。

使用观察法应注意一些事项：

（1）观察的工作应相对静止，即在一段时间内，工作内容、工作程序、对工作人员的要求不会发生明显的变化；

（2）要注意工作分析行为样本的代表性，有时候，有些行为在观察过程中可能未表现出来；

（3）不适用以智力活动为主的工作，例如管理工作。因为管理工作不是单纯的动作所能观察出来的，其中还包括计划、方案的制定等我们无法直接观察到的思维活动；

（4）观察多个在职者的工作以纠正对单个在职人员观察可能造成的偏差，同时要注意在不同的时间对他们进行观察，因为必须把诸如疲劳等因素考虑进去；

（5）观察前要有详细的观察提纲和行动标准。

观察法也存在一些潜在问题。首先存在的一个问题是，被观察的员工无论是否被观察，工作行为表现一致才能保证观察方法的有效性。但是，在多数情况下，员工的表现并不一致。例如，有些员工喜欢炫耀，在被观察的情况下有出色的表现；而一些人会异常紧张。另外，大多数被观察者认为，被观察时的行为表现与工资的评定有一定的关系，从而尽力而为。这些现象都会影响到主管人员对真实情况的掌握。

观察法的第二个问题是工作量大，所耗人力、物力过多，时间过长。即使对企业各部门有代表性的工作进行观察，往往也需要近一年时间。

四、工作日记法

这种方法是让员工用工作日记的方式记录每天的工作活动，作为工作分析的资料。这种方法要求员工在一段时间内对自己工作中所作的一切进行系统的活动记录。如果这种记录记得很详细，那么经常会揭示一些其他方法无法获得或观察不到的细节。当然，员工可能会夸大某些活动，同时也会对某些活动低调处理。因此，这种方法同样需要员工的认真合作。

五、工作参与法

这种方法是由工作分析人员亲自参加工作活动，体验工作的整个过程，从中获得工作分析的资料。要想对某一工作有一个深刻的了解，最好的方法就是亲自去实践，通过实践，可以细致、深入地体验、了解和分析某种工作所需的各种心理品质和行为模型。所以，从获得工作分析资料的质量方面而言，这种方法比前几种方法效果好。但由于它要求工作分析人员具备从事某项工作的技能和知识，因而有一定局限性。即使有些工作分析人员能够参与一部分工作，也很难像熟练员工那样完成所有工作职责。因此，这种亲自实践法需要分析人员多才多艺，在企业各项服务工作中都拥有丰富的经验。

六、关键事件法

关键事件法是请管理人员和工作人员通过回忆，报告对他们的工作绩效来说比较关键的工作特征和事件，从而获得工作分析资料。

一般来说，工作分析的方法可以分为职务定向方法和行为定向方法。前者相对静态地描述和分析职务的特征，收集各种有关工作描述一类的材料。后者集中于与工作要求相适应的工作行为，属于相对动态的分析。关键事件法就是一种常用的行为定向方法。这种方法要求管理人员、员工以及其他熟悉工作职务的人员记录工作行为中的关键事件——使工作成功或失败的行为特征或事件。

关键事件记录包括几个方面：

（1）导致事件发生的原因和背景；

（2）员工的特别有效或多余的行为；

（3）关键行为的后果；

（4）员工自己能否支配或控制上述后果。

在收集大量事件以后，可以对它们做出分析，并总结出职务的关键特征和行为要求。关键事件法既能获得有关职务的静态信息，也可以了解职务的动态特点。

总之，以上各种方法各有优缺点，就某项工作来说，究竟用何种方法为佳，主要考虑获得完整资料的需要及所付出的代价两方面的因素。

为了搜集到更加完整、准确的工作资料，高效率完成工作分析任务，旅游企业通常也会综合采用几种方法，但都应注意一点，即工作分析的实施需要得到各个部门管理人员的密切配合。在实施之前首先应召集各部门经理开会，将工作分析的基础下放到基层，使上至经理下至基层都给予充分的了解与支持。

第四节　工作分析结果

通过对旅游企业的工作分析，管理者可以获得的主要信息有两个方面：（1）工作本身的信息（工作目的和职责）；（2）从事这一工作员工的信息（员工的技能知识和态度）。工作分析所呈现出来的结果可以由工作描述、资格说明书、职位说明书和职务说明书这四种形式来表达。

一、工作描述

工作描述包括现有工作的所有信息。它主要的作用是要让从事该工作的员工看了以后知道自己具体该如何做，让员工的上级知道如何对员工的工作行为进行指导、管理和评价。工作描述的主要任务如下：

1. 工作名称、职称、工资登记以及直接主管等信息。

2. 工作行为、程序及规范。即员工应该怎样做、按什么样的程序做、要达到什么样的标准和效果。

3. 工作的目的与责任。为什么要做这一工作，意义如何，应该承担哪些责任。

4. 工作的人际环境。包括该工作应接受的领导、监督的性质及范围、工作群体的人数、所必须的人际交往等。

5. 工作的物理环境。包括该工作的场地以及通风、气温等物理环境。

6. 担任该项工作可以获取的资源，如仪器设备、材料和人力等。

工作描述举例如表 3-3 和表 3-4 所示。

表 3-3 ××饭店销售部经理工作描述

职位名称：销售部经理	职位代号：1065－226
部门：销售部	
隶属：饭店总经理	
（一）工作活动和工作程序。通过对下级的管理与监督，实施饭店销售工作的计划、组织、指导和控制，全面指导销售部的各项活动。	
1. 整理和保存常住顾客与 VIP 的销售档案资料，并与 VIP 保持联系；	
2. 与总经理和其他部门一起，实施有助于销售的计划，如员工培训指导计划等，提高业绩水平；	
3. 审查市场方向与主要竞争对手活动资料，确定顾客需求、潜在消费量、价格一览表、折扣率与竞争活动；	
4. 负责与旅行社、社团签订未来使用饭店产品及服务的合同；	
5. 列席每周部门经理会议，报告一周来的销售活动及下周的销售计划，并主持本部门会议；	
6. 就全面的销售事务向总经理做出报告；	
7. 制作每周已确定的预定业务项目报表；	
8. 制作每周销售费用报表，并附加必要说明；	
9. 负责与餐饮部、前台、客房等部门合作，保持业务信息的准确完整；	
10. 负责答复有关销售方面的问询与其他相关工作。	
（二）工作条件和物理环境。75%以上时间在室内工作，一般不受气候影响，但可能受气温影响；湿度适中，无严重噪声，无个人生命或严重受伤危险。有外出要求，一年中有 10%～20%的工作日出差在外；工作地点：本市。	
（三）社会环境。有一名副手，销售部工作人员有 6 人；需要经常交往的部门是前台部、餐饮部、财务部；可以参加企业家俱乐部、员工乐园等各项活动。	
（四）职业条件。每周工作 40 小时，固定假日放假；基本工资每月 1200 元；职位津贴每月 80 元。	

表 3-4 ××饭店西餐厨师长工作描述

职位名称：西餐厨师长	职位代号：1137－118
部门：餐饮部	
隶属：餐饮部经理	

续表

管理：1. 人员：包括厨房杂工在内的所有西餐员工；
2. 设备：厨房中所有固定与可动的设备和烹饪用具。
主要职责：计划、组织与监督饭店内西式食品的制作，包括：
1. 成本核算；
2. 编制菜单；
3. 负责食品原料、厨房设备的采购与预算；
4. 负责食品制作的分量与损耗控制；
5. 控制劳动力的支出；
6. 安排员工的班次；
7. 负责新员工培训；
8. 保持清洁卫生，食品操作和厨房达到卫生标准；
9. 负责厨房的消防工作；
10. 保证所有西餐厨房物料、设备、用具的安全保管。
横向联系：餐厅主管、前台主管和客房部主管。

二、资格说明书

资格说明书又称工作规范，是工作分析结果的另一种表达形式，主要说明任职者需要具备什么样的资格条件及相关素质，规定了从事该工作员工的一般条件，如文化程度、专业技能、工作经验、个性特征、态度兴趣等一切个人特点。也就是说，它规定的应该是可以从事该工作以及在该工作上有一定发展潜力的员工的最低标准和必要条件。

主要表达方法：计分法、文字表达法、图表法。资格说明书举例如表 3-5 所示。

表 3-5　××饭店餐厅服务员资格说明书摘要

职位名称：餐厅服务员　　　　　　部门：餐饮部
职责：
1. 布置餐厅和餐桌，做好开餐前的准备工作；
2. 迎接客人，安排就座，介绍菜肴；
3. 落单、分酒、看台服务；
4. 清理餐桌，做好餐厅清洁卫生工作；
5. 整理和补充餐具。
业务知识：
1. 餐厅摆台知识；

2. 餐厅上菜程序、看台知识及酒水知识；
3. 涉外风俗礼仪、服务心理以及营养卫生知识。
技能要求：
1. 具有独立完成餐厅服务操作程序的能力；
2. 动作敏捷；反应灵活、准确自然；善于领会客人心理，满足客人需求；
3. 口齿清楚、语言得体；
4. 有一定外语功底，尤其应熟悉掌握餐饮英语；
5. 处事应变能力强。
社交技巧：
1. 帮助客人点菜，扩大菜品销售；
2. 帮助客人点酒，推销酒水；
3. 与客人维持良好的关系；
4. 妥善处理客人投诉。

三、职位说明书

职位说明书指用书面的形式对组织中各类职位（岗位）的工作职责、工作权限及对该职位的考评、培训情况进行描述的文件。职位说明书主要说明了任职者应该做什么，如何去做，其工作标准是什么，各项工作内容的时间是多少。它向任职者明确了各自的工作权限，向任职者和管理者提供了对于该职位从哪些方面进行考评的，其标准是什么，由企业内哪个部门来进行考评。职位说明书根据用途不同有各种不同的标准，通常使用的是内部管理用途的职位说明书，内部管理用途的职位说明书一般是下面的有机组成部分构成的。

1. 职位名称。例如，拿人力资源部门的经理来说，以下简称 HRM。职位名称应该写为经理。

2. 部门名称。HRM 的部门名称应该写为人力资源部。

3. 任职人。要写上任职人的名字。并要有任职人签字的地方，以示有效。

4. 直接主管。HRM 的直接主管应该写为分管副总经理。要提供直接主管签字的地方，以示有效性。

5. 任职时间。任职时间也就是生效时间，一般也就是与劳动合同的时间一致。

6. 任职条件。包括学历要求、工作经验要求、特殊技能等等。如 HRM 的特殊技能是指掌握现代人力资源管理运作模式，熟悉国内人力资源管理政策法规及人才市场动态等等。

7. 下属人数。指的是部门内所管辖的人数。

8. 沟通关系。一般分为外部与内部两个层面。如 HRM 的内部沟通有分管副总经理、部门经理与员工。外部沟通有上级主管部门、所在城市人事劳动部门、各主要媒体或招聘网站、各主要培训机构、应聘人员或同行、相关行业协会。

9. 职位设置的目的。如 HRM 的职位目的为：根据公司战略发展需求，设计运用人力资源管理模式和相关激励政策，激发员工潜力，开发人才，实现人力资源开发在行业内具有市场领先者的目标。

10. 行政权限。指的是在公司所拥有的财务权限和行政审批权限等。

11. 工作内容和职责。这是职位说明书重之又重的地方，所耗费的笔墨也最多。包括了职责范围与负责程度、衡量标准等。如 HRM 的职责包括这几方面：组织体系与制度、培训、人事考评与绩效评估、招聘、薪酬激励政策、职位管理、部门管理与建设等等。

12. 能力要求与个性倾向和特征等。属于个性化的东西，应该算是职位的修正要求。

13. 职业生涯发展规划。包括职位关系与理论支持。职位关系又分为直接晋升的职位、相关转换的职位、升迁至此的职位。理论支持是指学习和培训所达到的相关要求。

以上内容也是上面工作分析输出的主要内容，职位说明书就是这些资料的统一归纳和有机结合，并不是资料的堆叠和罗列。职位说明书举例如表 3-6 所示。

表 3-6　人力资源总监职位说明书示例

职位名称	人力资源总监	职位代码		所属部门	
职　系		职等职级		直属上级	总经理
薪酬标准		填写日期		核 准 人	
职位概要： 　　规划、指导、协调公司的人力资源管理与组织建设，最大限度地开发人力资源，促进公司经营目标的实现和长远发展。					
工作内容： 　　全面统筹规划公司的人力资源战略； 　　建立并完善人力资源管理体系，研究、设计人力资源管理模式（包含招聘、绩效、培训、薪酬及员工发展等体系的全面建设），制定和完善人力资源管理制度； 　　向公司高层决策者提供有关人力资源战略、组织建设等方面的建议，并致力于提高公司的综合管理水平； 　　塑造、维护、发展和传播企业文化； 　　组织制定公司人力资源发展的各种规划，并监督各项计划的实施；					

为公司主管以上的管理者进行职业生涯规划设计； 及时处理公司管理过程中的重大人力资源问题； 完成总经理临时交办的各项工作任务。
任职资格： 　教育背景： 　◆人力资源、管理或相关专业本科以上学历。 　培训经历： 　◆受过战略管理、战略人力资源管理、组织变革管理、管理能力开发等方面的培训。 　经　　验： 　◆8年以上相关工作经验，3年以上人力资源总监或人力资源部经理工作经验。 　技能技巧： 　◆对现代企业人力资源管理模式有系统的了解和实践经验积累，对人力资源管理各个职能模块均有较深入的认识，能够指导各个职能模块的工作； 　◆具备现代人力资源管理理念和扎实的理论基础； 　◆熟悉国家、地区及企业关于合同管理、薪酬制度、用人机制、保险福利待遇、培训等方面的法律法规及政策； 　◆熟悉办公软件及相关的人事管理软件； 　◆较好的英文听、说、读、写能力。 　态　　度： 　◆具有战略、策略化思维，有能力建立、整合不同的工作团队； 　◆具有解决复杂问题的能力； 　◆很强的计划性和实施执行的能力； 　◆很强的激励、沟通、协调、团队领导能力，责任心、事业心强。
工作条件： 　工作场所：办公室。 　环境状况：舒适。 　危　险　性：基本无危险，无职业病危险。

四、职务说明书

职务说明书涉及的内容最为全面，包括了职位说明书（对"事"的说明）和资格说明书（对"人"的说明）的内容，全面而复杂。

1. 职务概况（职务名称、编号、所属部门、职务等级、编写日期）。

2. 职责总述（职位设置的目的）。

3. 职责及任务。

4. 权力范围。

5. 所需资格条件。

6. 职业发展道路。

7. 绩效标准。

8. 工作时间。

9. 工作环境和条件。

10. 其他事项。

五、工作分析结果之间的关系

1. 工作描述：最直接、原始、基础的形式；是其他几种形式的基础。

2. 职位说明书：岗位工作的规范化说明，以"事"为中心，对岗位进行全面、详细和深入的说明，为 HR 及其他管理工作提供基础，把组织的总任务和总目标落实到每个具体的岗位和人员上，是目标管理的基础。

3. 资格说明书：在工作描述的基础上对任职资格条件的界定和说明。以"人"为中心，主要说明什么样的人能干好某项工作的问题。为招聘、培训、考评、选拔与任用提供依据。

4. 职务说明书：涉及的范围最为全面，是全面反映与利用工作描述信息的形式，一般来说，工作说明书和资格说明书中的内容都比较简单，而职务说明书既包括对"事"的说明，又包括对做事的"人"的说明。

【案例分析】

案例分析一：南园饭店的困境

南园饭店是一家五星级饭店，于 1994 年初开张。客房部作为宾馆的重要部门之一，主要为宾客提供舒适清洁的房间和优良的服务和安全保障，是主要盈利部门之一。客房部员工牢记"宾客至上，服务第一"的服务宗旨，为顾客提供良好的居住环境和服务。

该饭店实行岗位责任制，客房部早班主管的责任主要有：

1. 向上对值班经理负责。

2. 督导管区内该班次的工作。

3. 掌握客情，核准房间状态。

4. 检查管区内所有房间，对本管区卫生、服务质量和完成效率负责。

5. 查看房间的维修保养事宜，严格控制坏房、维修房的数量。

6. 报告住客遗失和报失等事宜。

7. 严格执行各项工作流程，对违反工作流程的员工做出处理并向上汇报；负责本片员工浮动工资的评核。

8. 按部门要求根据本区实际情况，对下属员工进行不定期的业务、操作培训，不断提高员工的素质、业务水准和操作技能。

9. 负责所管辖片区员工的政治思想工作，掌握好员工的思想动向，关心员工困难，探望患病员工，及时给予帮助。组织有意义的集体活动，建立良好的人际关系和工作气氛。

10. 对所管辖片区计划卫生的安排负完全责任。

11. 处理客人投诉并向部门经理和大堂副理汇报。

12. 定期征询长住客的意见，处理好长住客与服务员的关系。

13. 作好安全消防工作。

14. 解决本区内因工作产生的各种纠纷和内部投诉，重大问题必须立即向部门汇报。

15. 填写工作报告并参加部门例会。

16. 积极向部门提出合理化建议。

另外，该饭店还列出了客房部详细的工作规程和其他规定。例如房间清洁次序、房间卫生操作规程等工作规程，以及礼貌与态度、行走、进房、服务输送、培训等相关规定。现以进房规定为例作说明：

1. 进住房必须在进入前向台班了解房态。

2. 住房和空房没有工作指令不得进房。

3. 办公房在客人非工作时间方可进入清洁。

4. 进房应先敲三次门（每次连续敲击三下，每次应有三秒钟左右的间隔，然后将门缓慢推开，同时报称"客房服务"或"Housekeeping"）。

5. 除总经理外，未经服务中心、内勤通知，不得安排本部门以外的人员和非楼层的住客以及外来人员进入楼层和房间。

案例分析二：丰华旅游企业的工作分析诊断

"李力，我一直想象不出你究竟需要什么样的员工。"丰华旅游企业人力资源部负责人程磊说，"我已经给你提供了四名面试人选，他们好像都还满足工作说明书中规定的要求，但你一个都没有录用。"

"什么工作说明书？"李力答到，"我所关心的是找到能胜任那项工作的人，但是你给我派来的人都无法胜任，而且，我从来没见过什么工作说明书。"

程磊递给李力一份工作说明书，并逐条解释给他听。结果他们发现，要么是工作说明与实际工作不符，要么是它规定以后，实际工作又有了很大变化。程磊决定重新开展工作分析。

企业总经理聘请了一位专家，与程磊一同进行工作分析。他们一起在人力资源办公室浏览了工作说明的所有文件，发现这些说明总体上是完整的，但需要修正。他们参观访问的第一站是外联部。外联部主管华辉与他们打过招呼之后，一起走进办公室。专家表示想看一看该部门的工作说明，并和华先生聊一会儿。在交谈的过程中，发现华先生很熟悉每项工作，并且对工作说明本身了解很多。

"这儿的工作说明是怎样和业绩考评相联系的呢？"专家问道。

"是这样，我只是根据工作说明中规定的项目来评估员工业绩，而这些项目是由具体的工作分析来决定的。用这些项目来评价业绩能使我在工作发生变化导致以前的工作说明不再能够准确反映现有情况时，及时修改工作说明。程磊已经为所有主管制定了培训计划，所以我们了解了工作分析、工作说明和业绩考评之间的关系。我认为这是一个很好的系统。"华先生说。

专家和程磊继续参观了几个部门，发现了类似的情况。程磊似乎与每个主管、经理以及他们拜访的企业的三位中层管理者关系都很好。当他们回到办公室时，专家正考虑他将向总经理提出什么建议。

案例回顾与讨论

案例一

1. 客房部主管的工作说明书应该用什么样的标准格式？

2. 是否应当将以上所列的责任与相关工作规程和规定都写进工作说明书？如果不是，工作说明书应涵盖哪些内容？试编写一份你认为合理的工作说明书。

3. 若对客房部的工作说明书进行修订，你认为应通过什么渠道获取所需信息？

4. 根据以上提供的相关信息和自己的认识，请你编写一份客房部主管的岗位规范。

案例二

1. 工作分析的依据、程序在该企业中如何体现？你有何建议？

2. 工作分析的参与人员应该包括哪些？对本例中的主管华先生的工作分析应怎样进行？由谁参加？

3. 应怎样使用工作说明和岗位规范？它们如何与人力资源管理的各项工作相衔接？结合本例说明。

4. 你如果是这位专家，会提什么建议？

【本章小结】

旅游企业人力资源开发工作的一个重要方面是使人与工作之间实现最佳匹配，从而做到人适其职、职得其人、人尽其才、才尽其用。要达到这一目的，就要了解各种工作的特点以及能胜任各种工作的人员特点，这就是工作分析的主要内容。

工作分析主要是通过观察和研究，掌握职务的固有性质和组织内职务之间的相互关系，以确定该职务的工作任务和性质，以及工作人员在履行职务上应具有的技术、知识、能力和责任。工作分析也就是对某一工作的内容及有关因素做全面的、系统的、有组织的描写或记载。为了达到这一目标，企业可以利用工作分析公式（The Job Analysis Formula）中确定的七项要素，即：（1）工作主体（Who）；（2）工作内容（What）；（3）工作时间（When）；（4）工作环境（Where）；（5）工作方式（How）；（6）工作原因（Why）；（7）工作关系（For Whom）。旅游企业工作分析是一个细致而全面的评价过程，这个过程可以分为四个阶段：准备阶段、调查阶段、分析阶段和总结阶段，这四个阶段相互联系、相互影响。

要想得到一份系统、完善的工作分析资料，必须对这项工作进行实际的调查研究，收集到有关该工作足够的信息。搜集工作分析信息的工作通常由人力资源管理专家、组织的主管人员和普通员工共同努力和合作来完成。常用的工作分析方法有问卷法、访谈法、观察法、工作日记法、工作参与法、关键事件法等。通过工作分析可以得出归纳性较高的职务说明书。职位说明书主要包括两个部分：一是职位描述，主要对职位的工作内容进行概括，包括职位设置的目的、基本职责、组织图、业绩标准、工作权限等内容；二是职位的任职资格要求，主要对任职人员的标准和规范进行概括，包括该职位的行为标准，胜任职位所需的知识、技能、能力、个性特征以及对人员的培训需求等内容。

人与人之间在生理上、个性上都存在着很大的差异，这种差异体现在人对不同的刺激有不同的反应，人的动机类型不同，人以不同的行为方式追求不同的目标，以及人的个性特征也不尽相同。管理学所讲的个体差异，主要是指人与人之间在个性心理特征上的差别。具体地讲，这些差别包括能力差异、性格差异和气质差异。人的这些个体差异对管理工作的有效性有直接的影响，旅游企业管理者如果能够了解与运用个体差异的规律，就可以更加有效地开发人力资源。

【关键术语】

工作分析（Job analysis）

职位说明书（Job description booklet）

【复习与思考】

1. 什么是工作分析？主要有哪些方法？试述各种方法的利弊。

2. 工作分析的要素有哪些？

3. 有人讲：泰勒的工作分析法就目前而言也是最有效的方法。你认为对于旅游企业来说这种说法如何？为什么？

4. 假如你是一个饭店部门经理，你选择什么样的方法进行本部门的工作分析？

5. 试就旅游企业的一些岗位编写职位说明书。

【实践题】

1. 选择本地一家饭店，对其进行实地工作分析，运用书中介绍的一些方法和技巧，对各个关键职位编写职位说明书。

2. 以某具体的旅游企业为背景资料，对其工作分析现状进行归纳分析，并对其职位说明书进行改进。

3. 以某具体的旅游企业人力资源基础为背景资料，结合实地调研对其员工进行个体差异分析。

【网络链接】

1. http://www.tourjob.net/中国旅游人才网

2. http://www.chma.org.cn/中国酒店管理协会

第四章　旅游企业员工招聘与甄选

【学习目的】

1. 掌握员工招聘的原则、流程及途径。
2. 熟悉员工招聘途径、招聘简章及求职申请表的设计。
3. 熟悉非测验技术常见的误差。
4. 熟悉常采用的心理测验方法。
5. 了解信度与效度的概念。
6. 了解员工录用流程。
7. 掌握招聘评估的标准和手段。

第一节　员工招聘概述

旅游企业员工招聘是指旅游企业以企业经营战略规划、人力资源规划和工作分析为基础，识别并确定企业的空缺岗位和员工需求，制定员工招聘政策，决定招聘方式，然后进行员工招聘、甄选、录用、评估等一系列活动的过程，是旅游企业经营成败的关键之一。员工招聘包括招和聘两个主要环节，所谓招即招聘，是旅游企业为吸引更多更好的人员前来应聘而进行的一系列活动，如招聘广告的发布。而聘即从"人—事"两方面出发，甄别选拔出最合适的人来担当某一职位，即甄选。招聘和甄选是完全不同的活动：招聘是指组织确定工作需要，根据需要吸引候选人来填补工作空缺的活动；甄选是从所有来应聘这一职位的候选人中进行选择的活动。

一、员工招聘的原则

市场竞争，归纳为一点是人才的竞争，旅游企业经营战略发展的各个阶段必须要有合格的人才作为支撑点。员工流动的问题是当代企业，尤其是旅游企业普遍面临的问题。旅游企业要想永远留住自己所需要的员工是不现实的，也不是人力资源管理手段所能控制的。有人员流动就有人员招聘，而且旅游企业内部存在着正常的人员退休、人员辞退及人员调动，所以人员招聘工作是旅游企业人力资源管理中经常性的工作。招聘是一项复杂的工作，如果盲目招聘，则员工队伍的素质无法保证，而且造成经济上的损失也是很大的。

旅游企业进行员工招聘的原因一般有以下几种：新成立的旅游企业；现有职位因种种原因发生空缺；旅游企业的业务不断扩大，需要增补人员；调整结构不合理的职工队伍等。无论是何种原因，旅游企业在人员招聘工作中必须符合以下原则：

1. 符合国家的有关法律、政策和本国利益

在招聘中应坚持平等就业、相互选择、公平竞争、禁止未成年人就业、照顾特殊群众、先培训后就业、不得歧视妇女等原则。由于用人单位的原因订立无效劳动合同或违反劳动合同者，旅游企业应承担相应的责任。

2. 努力降低招聘成本，提高招聘的工作效率

这里所指的招聘成本包括：招聘时所花的费用，即招聘费用；因招聘不慎，重新再招聘时所花的费用，即重置成本；因人员离职给企业带来的损失，即机会成本（费用）。

3. 任人唯贤

由于我国人力资源管理工作的指导思想是服务于社会主义现代化建设，其根本任务就在于发现人才和合理地使用人才。因此，任人唯贤仍然是新时期用人标准必须坚持的基本原则。这里，所谓的"贤"就是德、才。我们所要求的"德"是不谋私利，一切以国家和组织的利益为重；我们所要求的"才"是推动社会发展和进步所需要的知识、能力和创造精神。

4. 招聘考试原则

这是坚持任人唯贤原则的重要条件，是确保人员任用质量的一种有效手段。有些发达国家认为"要得到一流的人才，就必须通过公开竞争考试"。考试是对员工的业务水平、工作能力和工作态度的考查。考查成绩的优劣是评价员工的依据，也是促进员工发挥积极性和创造性的重要措施。大多数旅游企业在人员选聘中采用"公开考试招聘，择优聘用"的方法，其已被实践证明是人力资源管理与开发的有效方法，并取得了很好的效果。

5. 量才适用

人们的专长和能力只有与他们的工作要求和职位相一致时，才能得到充分发挥，这就要求旅游企业人力资源管理部门遵照量才适用的原则。所谓量才适用，就是根据每个人的专长和能力、志向与条件，做到才以致用，各得其所，各尽其才。实行这项原则，首先要借助于工作分析，明确各个职位的要求与条件；其次，

还要明确了解个人专长、才能和志向、性格等，只有全面地了解人，才能合理地使用人。能力测验、性格测验、兴趣测验等心理测验有助于我们了解人的专长、才能、志向和性格。

二、员工招聘的流程

员工招聘的过程是发现求职者并根据工作要求对他们进行筛选的过程，这个过程包括通过合理的渠道宣布哪些岗位出现了空缺，并对求职者作出评估，即谁是填补空缺的合适人选。由于需要招聘员工的部门主管真正掌握着填补空缺岗位的人员应具备条件的信息，因而他应该直接参与员工的招聘与甄选。

旅游企业一般的招聘流程如下（如图4-1所示）：

1. 预测人力资源需求

旅游企业应该在人力资源规划与工作分析的基础上，根据工作说明和岗位规范，确定企业具体的岗位用人标准和任用人员的种类及数量。

2. 确定招聘途径

确定是内部选拔还是外部聘用，是员工推荐还是广告招聘，是聘用大中专毕业生还是一般高中毕业生等。

3. 应聘者填写求职申请书

求职申请书是了解应聘者情况最常用的方法。通过求职申请书、旅游企业可以大致了解应聘者的基本条件，并作为对应聘者面试和综合判断的依据。

4. 核查应聘者个人资料

为了进一步了解应聘者的情况，需到应聘者原来所在企业、学校或街道去了解其一贯表现、同事关系、技术熟练程度等，核实应聘者的基本情况。

5. 初次面谈

企业通过与应聘者面对面的接触可以确定应聘者仪表、表达能力等是否符合企业的要求，并能迅速了解应聘者对待遇、工作环境、工作时间的要求以及其经历和学历等大致情况。如果认为初步合格，则要进一步核对应聘者的有关资料进行综合判断。

6. 测试

为了了解应聘者的知识和能力水平，旅游企业要对应聘者进行测试。测试的内容与方式以职务所要求的范围和标准为基础，通过测试达到客观评估的目的。

7. 任用面谈

应聘者被基本确定后，在任用之前还要进行任用面谈，进一步了解其个性、抱负、经验、兴趣、技能等，以考查应聘者对将来从事的工作是否有充分的了解，其兴趣、技能是否适合此项工作，能否长期干下去，有无发展前途等。防止其日后发生工作与理想不相符而感到失望，工作不安心等情况。

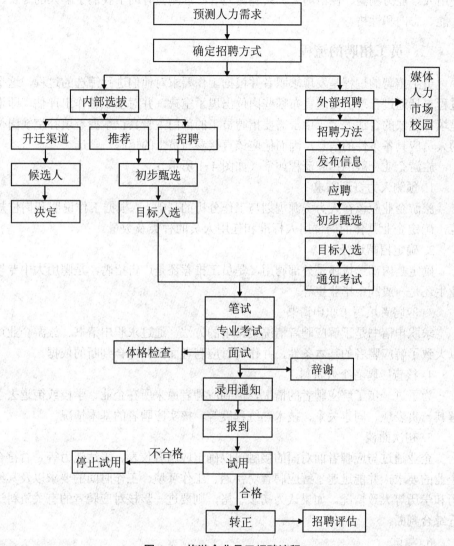

图 4-1　旅游企业员工招聘流程

8. 体格检查

体检是旅游企业招聘与录用工作中决不能忽视的一个环节。比如饭店企业，其各项工作都关系到客人健康，为此要绝对防止传染病患者被录用；其次是尽可能挑选身体健康的员工，减少企业医药费支出；同时要建立健康卡片，为将来防病治病备留资料。而旅行社导游人员由于经常带团出行，对身体要求也比较高。

9. 审查批准

将应聘者的申请书、参考资料、面谈记录、健康卡片统一汇总，由旅游企业高层管理者做最后的批准。

10. 录用报到

通过以上环节，确定录用人员之后，则要颁发录用通知，为了郑重，录用通知应以书面形式为宜。

11. 对未被录用者感谢

对没有被录用的人员发未被录用通知，感谢其对企业的信任，并表达美好祝愿。

12. 招聘评估

招聘工作结束后，旅游企业应该对本次招聘工作进行评估，评估结果是否达到预期水平，招聘成本和收益是否在可控范围内，针对各环节的结果进行反馈并改进。

第二节　员工招聘的方法

员工招聘是招聘活动的一个重要环节，其主要目的在于吸引更多的人前来应聘，使组织有更大的人员选择余地。员工的招聘活动主要包括：招聘计划的制定与审批、招聘途径的选择、应聘人员填写求职申请表或递交个人简历、应聘者资料审查等，本节主要介绍有关招聘途径、招聘简章的设计、求职申请表的设计等内容。

一、员工招聘渠道的选择

旅游企业为空缺岗位招聘新员工，常有内部选拔和外部招聘两种渠道。

（一）内部选拔

当旅游企业内部职位发生空缺时，应首先考虑在现有的企业从业人员中调剂解决。解决不了的再进行外部招聘工作。

1. 内部提升

当旅游企业中有些比较重要岗位（如部门经理、主管、总监等）需要招聘人员时，让企业内部符合条件的员工从一个较低级的岗位晋升到一个较高级的岗位的过程就是内部提升。内部提升的主要优点是：有利于激励员工奋发向上，较易形成稳定的企业文化。

2. 岗位轮换

岗位轮换指暂时的工作岗位变动。它是通过实习或培训的方式，使员工从一个岗位调到另一个岗位以扩展其经验的工作方法。岗位轮换的主要优点是：管理者对新岗位的员工较熟悉，较易形成稳定的企业文化，另外岗位的调换可能会为员工带来新鲜感。

3. 返聘

返聘是指组织将解雇、提前退休、已经退休或下岗待业的员工再召回来工作。返聘的优点是：这些人大多都对组织工作十分熟悉，不需要组织进行过多的培训就可以上岗并且会珍惜再次就业的机会。

内部选拔在旅游企业人员选用中经常发生，当一个岗位需要招聘人员时，管理人员首先应想到的是内部选拔能否解决该问题。由于内部选拔费用低廉，手续简便，人员熟悉，因此招聘少量人员时常常采用此方法，而且效果也不错。

但当企业内部员工不够，或者没有合适人选时，就应该采取其他的形式进行招聘。

（二）外部招聘

外部招聘一般有以下几种形式：

1. 人员推荐

人员推荐一般指由旅游企业内部员工推荐或关系单位主管推荐人选。这种招聘方式的优点是：由于是熟人推荐，所以招聘与应聘双方在事先已有进一步的了解，可节约不少招聘环节和费用。尤其对关键岗位的人员，如专业技术人员、主管人员等，常用此法。缺点是：由于熟人推荐，有时会因碍于情面而影响招聘水平；如果此类录用人员过多，易在企业内部形成裙带关系，给管理带来困难。

2. 职业介绍机构与人才交流市场

职业介绍机构与人才交流中心为旅游企业各类人员招聘提供了方便。

这种方法常在以下几种情况中使用：（1）用人单位对于能否依靠自己的力量招到合适人选没有把握；（2）用人单位只需招聘少量人员，觉得自行设计招聘方案费时费力；（3）用人单位急于填充某一关键岗位的空缺。

采用这种方法招聘人员的主要优点是：应聘者面广，可以有效避免裙带关系的形成，人员选用耗时短。缺点主要是：需要一定费用；对应聘者的情况不够了解；不一定有空缺岗位的合适人选；有些职介机构鱼龙混杂，应聘人员素质低。

在运用这种招聘形式时，要选择信誉较高的机构，要求机构提供尽可能正确而多的信息，并且对应聘者尽可能再测试一次。

3. 招聘洽谈会

人才交流中心或其他人才机构每年都要举办多场人才招聘洽谈会。在洽谈会中，用人旅游企业和应聘者可以直接进行接洽和交流，节省了旅游企业和应聘者的时间。随着人才交流市场的日益完善，洽谈会呈现出向专业方向发展的趋势。比如有中高级人才洽谈会、应届生双向选择会、信息技术人才交流会等。洽谈会由于应聘者集中，旅游企业的选择余地较大。但招聘高级人才还是较为困难。

通过招聘洽谈会，旅游企业招聘人员不仅可以了解当地人力资源的素质和走向，还可以了解同行业其他酒店的人事政策和人力需求情况。但招聘会需要注意以下几个问题：

（1）选择合适的招聘会。首先要明确本酒店需要的是什么类型的人才，然后据此来决定是否参加某种类型的招聘会。在决定之前必须了解某次招聘会的档次如何，要选择与自己企业身份相符、与所要招聘人才的档次相符的招聘会。同时在参会前要了解主办单位的情况，看它是否在媒体上进行了广泛的宣传，是否有其他同类招聘会同时进行。

（2）参加招聘会前要做好相应的准备。设置一个有吸引力的展位，准备好相关的宣传品和登记表格并做好和有关协作方的沟通联系。

4. 校园招聘

每年有大批大专院校及旅游职业学校的应届毕业生，为旅游企业招聘员工提供了大量人选。对于应届生和暑期临时工的招聘可以在校园直接进行。方式主要有招聘张贴、招聘讲座和毕业生分配办公室推荐等。当一批青年人进入企业，会给企业注入活力带来生机。由于他们缺少实际工作经验，故旅游企业需要投资对他们培训。但由于他们年轻，求知欲强，成才快，录用他们，是保证员工队伍稳定和提高服务质量，提高员工素质的有效途径。

5. 传统媒体

在传统媒体上刊登招聘广告可以减少招聘的工作量。广告刊登后，只需在酒店等待应聘者上门即可。传统媒体可利用多种媒体广告，如广播、电视、报纸、杂志和张贴等进行招聘宣传。利用广告发布招聘信息迅速及时，并且可以同时发布多种类别工作岗位的招聘信息。但受广告吸引的应聘者层次不一，负责筛选的人员工作量大，有时可能无法很快找到合适人选，故不适于急于填充的某一关键岗位人员选聘。

借助媒体广告进行招聘，旅游企业必须考虑两个关键问题：媒体广告的选择和招聘广告的设计。

（1）媒体广告的选择。旅游企业在选择广告媒体时，首先要考虑媒体本身承载信息传播的能力，即各种传播媒体的优缺点和使用范围。表4-1是各种媒体广告优缺点和适用范围的比较。

表 4-1　各种媒体广告优缺点和适用范围的比较

类型	优点	缺点	适用范围
报纸	标题短小精悍。广告大小可灵活选择。发行集中于某一特定的地域。各种栏目分类编排,便于积极的求职者查找。	容易被未来可能的求职者所忽视。集中的招聘广告容易导致招聘竞争的出现。发行对象无特定性,酒店不得不为大量无用的读者付费。广告的印刷质量一般较差。	当旅游企业想将招聘限定于某一地区时;当可能的求职者大量集中于某一地区时;当有大量的求职者在翻看报纸,并且希望被雇用时。
杂志	专业杂志会到达特定的职业群体手中。广告大小富有灵活性。广告的印刷质量较高。有较高的编辑声誉。时限较大,求职者可能会将杂志保存起来再次翻看。	发行的地域太广,故在希望将招聘限定在某一特定区域时通常不能使用。广告的预约期较长。	当所招聘的工作承担者较为专业时;当地区限制不是最重要的时候;当与正在进行的其他招聘计划有关联时。
广播电视	不容易被观众忽视,能够比报纸和杂志更好地让那些不是很积极的求职者了解到招聘信息,可以将求职者来源限定在某一特定区域,极富灵活性,比印刷广告能更有效地渲染雇佣气氛,较少因广告集中而引起招聘竞争。	只能传递简短的、不是很复杂的信息,缺乏持久性;求职者不能回头再了解(需求不断的重复播出才能给人留下印象)。商业设计和制作(尤其是电视)不仅耗时而且成本很高;缺乏特定的兴趣选择;为无用的广告接受者付费。	当初与竞争的情况下,没有足够的求职者看你的印刷广告时;当职位空缺有许多种,而在某一特定地区又有足够求职者的时候;当需要迅速扩大影响的时候;当在两周或更短的时间内足以对某一地区展开"闪电轰炸"的时候;当用于引起求职者对印刷广告注意的时候。
现场宣传(招聘现场的宣传资料)	在求职者可能采取某种立即行动的时候,引起他们对旅游企业雇用的兴趣,极富灵活性。	作用有限,要使此种措施见效,必须保证求职者能到招聘现场来。	在一些特殊场合,如为劳动者提供就业交流会、公开招聘会、定期举行的就业服务会上布置的海报、标语、旗帜、视听设备等;或者当求职者访问组织的某一工作地时,向他们散发招聘宣传资料。

（2）招聘广告的设计。在确定了媒体形式后,应进一步选择刊登招聘广告的具体媒体单位。主要考虑:

①媒体的定位:各种具体的传播载体都有其特定的消费群体定位,因此组织

应根据招聘人员的媒体消费特征选择其最可能接触的媒体。

②媒体的相关内容集中度：求职者在选择职位时，往往集中关注传播职位招聘信息量较大的媒体，便于选择比较。因此，旅游企业在选择媒体时，应选择招聘信息相对集中的媒体，尤其是在业界具有一定影响力的媒体。

③多种媒体并用：旅游企业在进行大规模的人员招聘时或是人员招聘难度较大时，可以采用多种招聘方式，力求尽可能地覆盖目标人群接触范围。

好的广告能吸引大量的求职者，同时广告制作也是一次绝好的宣传组织形象的机会，有利于旅游企业树立公共形象，对外宣传组织文化，使求职者容易产生对旅游企业的认同感。

一份好的广告应具备以下内容：

- 使人过目不忘的广告词；
- 说明招聘的岗位、人数、所需的资格条件等；
- 能够起到宣传旅游企业的目的。

招聘广告的设计和构思，可以借鉴西方国家的 AIDA 方法。

- A——Attention，即广告要引人注意，善于利用各种技巧，如报纸的分类广告中，有意留白或为重要的职位进行宣传的广告；
- I——Interest，即开发应聘者对职位的兴趣，这种兴趣可从职位本身去发掘，如未来的发展空间、收入、地理位置等；
- D——Desire，让求职者对空缺职位产生认同感和欲望；
- A——Action，即广告能让人马上采取行动。

6. 网络招聘

网络招聘也称在线招聘或电子招聘，它是指利用互联网络进行的招聘活动，包括招聘信息的发布、求职简历的在线搜集整理、电子视频面试以及在线测评等。旅游企业可以通过委托人才网站、刊登招聘广告、利用 BBS 发布招聘信息、通过公司主页发布招聘信息等途径有效地实施网络招聘。

网络招聘的主要优点是招聘范围广、信息量大、可挑选余地大、应聘人员素质高、招聘效果好、费用低。缺点主要是求职材料太多筛选困难，一些应聘者可能会提供虚假信息欺骗企业，企业对应聘者的资料审查困难，企业的商业安全问题有待保障。

网络招聘不仅仅是将传统的招聘业务移植到网络上，而应是一种全新的、互动的、无地域限制的、具备远程服务功能的招聘渠道。但在当前阶段来看，网络招聘只能作为旅游企业招聘的辅助手段。

7. 人才猎取

对于高级人才和尖端人才，用传统的渠道往往很难获取，但这类人才对旅游企业的作用是非常重要的。通过人才猎取的方式招聘人才可能会更加有效。人才猎取需要付出较高的招聘成本，一般委托"猎头"旅游企业的专业人员来进行，费用原则上是被猎取人才年薪的百分之三十。目前在北京、上海和沿海一些地区"猎头"旅游企业较为普遍。

（三）内部选拔与外部招聘的比较

内部选拔和外部招聘各有利弊，不同酒店填补职位空缺的方式和习惯是不同的。内部选拔和外部招聘是相辅相成的。采取哪种方式，是自家兄弟可靠还是外来的和尚念经，要视酒店具体选拔目的和环境条件来定。如表4-2所示。

表4-2　内部选拔和外部招聘的利弊对比

招聘渠道	利	弊
内部选拔	• 被聘者可以迅速展开工作 • 可提高被聘者的士气 • 有利于保证选拔的正确性 • 可降低招聘的风险和成本 • 有利于激励其他员工的士气、调动工作积极性 • 充分利用内部资源 • 成功的概率高 • 有利于维系成员对组织的忠诚	• 易出现思维和行为定势，缺乏创新性，从而使组织丧失活力 • 易造成"近亲繁殖" • 招致落选者的不满 • 不利于被聘者展开工作 • 易引起内部斗争 • 选择范围有限，组织中最适合的未必是职位最适合的
外部招聘	• 为组织注入新鲜血液 • 有助于突破组织原有的思维定势，有利于组织创新 • 人际关系单纯 • 有利于平息和缓和内部竞争之间的紧张关系 • 方便快捷，培训费用少	• 被聘者需较长的"调整适用期" • 对内部员工造成打击 • 被聘者可能会对组织文化不适应 • 被聘者的实际工作能力与选拔时的评估能力可能存在较大差距

二、招聘简章及求职申请表的设计

（一）招聘简章的设计

旅游企业招聘简章（或招聘启事）是员工招聘的宣传材料，它以广告的方式，向应征对象进行广泛的宣传，达到扩大员工招聘来源与渠道，促进招聘工作顺利开展的目的。同时，招聘简章也是旅游企业对外界社会开展公关宣传推销的一种途径。因此，招聘简章除了在选择传播媒介，运用文选技术等业务细节方面要加以研究与处理外，旅游企业的人事部门对招聘简章的设计与编撰，显得尤为重要。

　　1. 编写员工招聘简章。因受传播媒介刊出篇幅即广告开支成本的限制，要求在富有吸引力的前提下，做到内容清楚、要求明确、文字简洁。

　　2. 旅游企业对社会公开招聘的简章。在旅游业激烈的经营竞争中，也起到宣传、树立企业社会形象的作用。因此，人事部要会同公共关系部，对招聘简章的排版设计作一番推敲，尽量做到版面美观新颖，标题醒目突出，字体大方，使读者从中领略到企业的服务水准，在广大应聘者即未来的员工心目中，建立起对企业良好的第一印象。招聘简章的内容，一般包括：企业介绍、招聘工种或职位、招考要求、甄选方法、录取条件、报考办法、录用待遇等主要方面。

　　3. 企业介绍。招聘简章介绍旅游企业时因受篇幅限制，文字必须简练。介绍要点包括：企业全称、企业性质、坐落地点、经营规模、星级水准（或几类旅行社）等。如果企业是在开业前招聘，还应注明开业日期。

　　4. 招聘职位与招考要求。招聘简章对招聘工种或职位及人数可按部门分类。招考要求可分为基本要求与专业要求两类。对应聘人员的基本要求不外乎是品学兼优、勤奋上进、容貌端正、身体健康等方面；专业要求则包括年龄、性别、学历、实际工作年限、专业水准（技术等级）、外语能力、体格条件（身高、视力）等方面。为了使应聘者便于检索招聘工种或职位，简章中可将招聘工种与招考要求以表格形式公布。

　　5. 甄选方法与录取条件。招聘简章对应聘者必须经过的报名、考试（面试与笔试）甄选以及甄选合格者须经过的体检、政审、合同的签订等企业录用的程序与内容作简要的介绍。

　　6. 报考办法。招聘简章应向应聘者宣布报考手续及报名方式。如果采用书面报名方式，招聘简章中要规定应聘者来函必须详细写明的内容，如本人经历、学历、特长、志愿及本人近期报名照等个人资料情况，以及报名截止日期、资料邮寄的具体地点；如采用目测报名方式，招聘简章则要规定应聘者在约定时间、地点携带本人身份证件、有关学历或技术等级证件、本人近照等办理报名手续。

　　7. 录用待遇。招聘简章对应聘者被考评录用后所享受的待遇的介绍对吸引应聘者起着重要作用。人事部门要如实介绍，不能片面追求招聘来源而对应聘者虚加许愿，否则其效果会适得其反。应聘者被企业录用后的待遇一般包括被录用人员的人事编制、工资福利待遇及培训机会等。

　　以下介绍一则饭店招聘启事（简章）供设计参考，如表 4-3 所示。

表 4-3　华西宾馆招聘启事（简章）

华西宾馆　　　　邀您加盟 共同演绎无限精彩	
华西宾馆是上海市××企业总公司独资兴建和经营的旅游宾馆，位于市中心解放路，环境优雅，交通便利。宾馆主楼 25 层，客房 400 间，拥有两个 300 座位的餐厅，另有会议室与宴会厅可举行 300 人以上的鸡尾酒会及中西宴会，是一座具有现代化设施的四星级宾馆。目前工程建设及筹备工作正在顺利进行中，计划于 1999 年 10 月开业。根据工作需要，经人事局、劳动局同意，决定面向社会公开招聘以下工作人员：	饭店简要说明
1. 宾馆管理人员（经营客房、餐厅、前厅、人事等部门的高、中级管理人员），10 名：35 岁以下，大专以上学历，2 年以上相关工作经验。 　　2. 中、西厨师，中、西厨工，20 名：厨师，45 岁以下，具有等级证书或相当于三级以上水平，3 年以上工作经验；厨工，30 岁以下具有技术培训证书。 　　3. 财会人员，5 名：35 岁以下，大专以上学历，2 年以上相关工作经验。 　　4. 强、弱电工，水工、木工、机修、空调工、司炉工（汽炉），10 名：高中以上学历，40 岁以下，有岗位操作证。 　　5. 外语（英、日）口译、文书人员，4 名：28 岁以下，大专以上学历。 　　6. 服务人员：高中以上学历，22 岁以下，男 1.72 米以上，女 1.60 米以上，形象好。 应聘者要求具有本市市区常住户口。	工作岗位及应聘人员的条件
报名手续： 　　1. 报名人员先来函详细写明本人工作经历、学历、特长及志愿（应聘翻译岗位者需中、外文简历各一份），附一寸近照一张，寄本市解放东路 240 号华西宾馆筹建处人事部收。 　　2. 根据需要，由宾馆人事部发书面通知，预约报名者面洽。接到通知人员需持学历证明和技术等级证书等有关证件，到指定地点面洽。	申请方式
凡审查、考试、体检合格人员，宾馆统一发放录用通知。 　　一经录用，将享受合资酒店待遇。	录取方式及工作待遇

（二）求职申请表的设计

　　求职申请表是招聘工作初选的依据，一张好的求职申请表可以帮助旅游企业减少招聘成本，提高招聘效率，尽快招到理想的人选，所以求职申请表的设计十分关键。

　　通过求职申请表，人事部门可以获得求职者的详细资料，为面试工作做准备，同时也为求职者最终的综合评估提供了客观资料。

　　1. 求职申请表的内容

　　求职申请表内容的设计要根据工作岗位的内容或岗位说明书来定，每一栏目均有一定的目的，不要烦琐重复，着眼于对应聘者初步的了解。通过对求职申请表的审核可以剔除一些明显的不合条件者。

　　设计求职申请表时还要注意有关法律和政策。我国劳动人事法规正在逐步健全，求职申请表的设计要符合这些法规和政策。以美国 1964 年民权法为例，该法明确指出凡种族、肤色、宗教、性别或原国籍等项目不得列入求职申请表。为了实施该法律，美国还成立了平等就业机会委员会。

　　求职申请表的设计应该包括以下内容：

　　（1）个人基本情况

　　年龄、性别、住处、通信地址、电话、婚姻状况、身体状况等。

　　（2）求职岗位情况

　　求职岗位、求职要求（收入待遇、时间、住房等）。

　　（3）工作经历和经验

　　以前的工作单位、职务、时间、工资、离职原因、证明人等。

　　（4）教育培训情况

　　学历、学位、所接受的培训等。

　　（5）生活和家庭情况

　　家庭成员（父母、配偶、小孩等）、兴趣、个性与态度。

　　（6）其他

　　获奖情况、能力证明、未来的目标等。

　　2. 如何甄别简历中的虚假信息

　　（1）分析简历的结构，好的简历一般都比较简练，可以通过分析简历结构了解应聘者组织和沟通能力；

　　（2）对简历中的客观内容进行审查。看是否存在可疑之处，并在疑点处作标注以作为面试时重点提问的内容之一进行询查核对；

　　（3）仔细阅读简历，对应聘岗位要求条件方面存在模糊信息的要加以备注，以便在面试时询问核查，排除不合格应聘者；

　　（4）审查简历中的逻辑性，包括时间、学历、经历等，有存在明显造假的可以马上给予剔除；

　　（5）审查个人以往的业绩和学习成绩以及各种奖励等，可以在面试中进一步核对，也可以通过与该个人以往从事的单位或学校了解情况。

（6）对简历的整体印象。对感觉不可信的和感兴趣的地方进行特别标注以便面试时询问应聘者。

（7）也可以通过让应聘者填写应聘申请表的方式来判断简历与申请表之间是否存在自相矛盾之处。

3. 求职申请表实例

求职申请表实例如表 4-4 所示。

表 4-4　××饭店管理职位申请表

申请职位＿＿＿＿＿＿＿　　　　申请日期＿＿＿＿＿＿＿＿＿　　　　　┌─────┐
　　　　　　　　　　　　　　　　　　　　　　　　　　　　　　　　　　│　　　　　│
个人资料　　　　　　　　　　　　　　　　　　　　　　　　　　　　│　照片　│
　　姓名＿＿＿＿＿＿　性别＿＿＿＿＿　出生年月＿＿＿＿＿＿＿＿＿　│　　　　　│
　　身高＿＿＿＿＿＿　体重＿＿＿＿＿　婚姻状况＿＿＿＿＿＿＿＿＿　└─────┘
　　身份证号码＿＿＿＿＿＿＿＿＿＿＿　身体状况＿＿＿＿＿＿＿

　　住址＿＿＿＿＿＿＿＿＿＿＿＿＿＿＿＿＿＿＿

　　联系电话或传呼＿＿＿＿＿＿＿＿＿＿＿＿＿＿＿

　　最高学历＿＿＿＿＿＿＿＿＿　毕业学校及所学专业＿＿＿＿＿＿＿＿＿＿＿＿＿

　　外语种类＿＿＿＿＿＿＿＿＿　水平＿＿＿＿＿＿＿＿＿＿＿＿＿

　　发生意外情况时通知谁＿＿＿＿＿＿＿＿＿＿

　　地址＿＿＿＿＿＿＿＿＿＿＿＿＿＿＿＿＿＿＿

　　联系电话或传呼＿＿＿＿＿＿＿＿＿＿＿＿＿＿＿

工作经历（先写最后受雇经历）

　　企业＿＿＿＿＿＿＿＿＿＿＿＿＿＿＿＿＿

　　地址＿＿＿＿＿＿＿＿＿＿＿＿＿＿＿＿＿

　　部门＿＿＿＿＿＿　职位＿＿＿＿＿＿　工资＿＿＿＿＿＿　福利＿＿＿＿＿＿

　　经历时间＿＿＿＿＿年＿＿＿＿月至＿＿＿＿年＿＿＿＿月

　　离职原因＿＿＿＿＿＿＿＿＿＿＿＿＿＿＿＿＿

　　上级管理者＿＿＿＿＿＿＿＿＿＿＿＿＿＿＿

　　证明人及联系方式、工作单位＿＿＿＿＿＿＿＿＿＿＿＿＿＿＿＿＿＿＿＿＿

　　主考人评语＿＿＿＿＿＿＿＿＿＿＿＿＿＿＿＿＿

　　企业＿＿＿＿＿＿＿＿＿＿＿＿＿＿＿＿＿

　　地址＿＿＿＿＿＿＿＿＿＿＿＿＿＿＿＿＿

　　部门＿＿＿＿＿＿　职位＿＿＿＿＿＿　工资＿＿＿＿＿＿　福利＿＿＿＿＿＿

　　经历时间＿＿＿＿＿年＿＿＿＿月至＿＿＿＿年＿＿＿＿月

离职原因＿＿＿＿＿＿＿＿＿＿

上级管理者＿＿＿＿＿＿＿＿＿＿＿

证明人及联系方式、工作单位＿＿＿＿＿＿＿＿＿＿＿＿＿＿＿＿

主考人评语＿＿＿＿＿＿＿＿＿＿＿＿＿

家庭关系

姓名	与本人关系	工作单位	职务
＿＿＿＿＿	＿＿＿＿＿	＿＿＿＿＿＿＿	＿＿＿＿
＿＿＿＿＿	＿＿＿＿＿	＿＿＿＿＿＿＿	＿＿＿＿
＿＿＿＿＿	＿＿＿＿＿	＿＿＿＿＿＿＿	＿＿＿＿

你同本企业的职工有亲属关系吗？＿＿＿＿＿ 姓名＿＿＿＿＿

生活情况

你在现住处居住了多久？＿＿＿＿＿在本地区吗？＿＿＿＿＿

你如何来上班？＿＿＿＿＿需要多少时间？＿＿＿＿＿

兴趣

你的爱好有哪些？＿＿＿＿＿＿＿＿＿＿＿＿

其他

你现在有职业吗？＿＿＿＿＿＿＿＿在哪家企业？＿＿＿＿＿＿

你为什么申请来本饭店工作？＿＿＿＿＿＿＿＿

你过去在本饭店工作过吗？＿＿＿＿＿＿＿＿什么岗位？＿＿＿＿

你愿意上夜班吗？＿＿＿＿＿＿你要求多少工资？＿＿＿＿＿＿

你会使用哪些计算机软件？＿＿＿＿＿＿＿＿＿＿＿

你对企业集体保险计划感兴趣吗？＿＿＿＿＿＿＿

如能聘用，何时能到任？＿＿＿＿＿＿＿＿＿

我保证上述所填内容均属事实，虚假陈述应被解雇。

申请人签名＿＿＿＿＿＿＿

简历与求职申请表的比较如表 4-5 所示。

表 4-5　简历与求职申请表的比较

	应聘申请表	个人简历
优点	简单直接 结构完整 省略了某些不必要的内容 易于评估	体现应聘者的个性 成本较低
缺点	限制创造性 成本较高	难以保证信息的真实性 难以评估

三、校园招聘的方法

（一）参加招聘会

应届毕业生的招聘计划一般在 1 月上旬就应确定。如果招聘的是热门专业的学生，在 1 月底之前要与各校的毕业生就业办公室取得联系，让其协助发布招聘信息，并了解当年的毕业分配政策。各校的毕业生分配洽谈会一般会在 2 月或 3 月举行，人事部门可以有选择地参加几次，参加洽谈会的准备工作一定要细致，这关系着招聘工作的成败。

如果希望招聘优秀的毕业生，事先要定出合适的待遇标准。如果标准难以确定，可多了解一些相关的市场行情，如果待遇定得过低，就很难招到优秀的人才。

展位的布置关系到酒店的形象。洽谈会上单位很多，有些可能就是酒店的竞争对手，如果在形象上逊于对方，优秀的人才就可能跑到对手那里。优秀的酒店形象会令应聘者产生好感，使应聘者产生进一步了解酒店的愿望。

招聘人员的态度和招聘技能也很重要，首先招聘者要能给应聘者以信任感，其次招聘者要能在很短的时间内判断出该应聘者是否初步适合酒店需要。在不适合的人面前浪费太多时间，可能会错过优秀人才。

（二）面试

面试是招聘的一个重要环节，应届生的面试与社会招聘有所不同。应届生由于没有工作经历，主要依靠学校骨干课的学习成绩和社会实践活动来评价。

需注意的是，由于学校不同，学习成绩没有可比性，我们可以通过成绩在班级排名来衡量他的真实水平。篡改成绩的现象时有发生，所以毕业生提供的成绩单一般应为原件，如果是复印件或有疑问，可以用电话向学校查询。如果在接收后，发现该生的成绩单有篡改，酒店可以以此为由将学生退回学校。

另外，个别学生提供的社会实践活动材料可能是虚构的或者有不真实的成分，由于面试者不可能一一核实，所以这种现象现在越来越普遍。实际上，面试者采用"步步紧逼"提问法就可判断出是否真实。

比起社会应聘来讲，应届生大多是诚实的，越优秀的毕业生往往越诚实。

（三）毕业设计和实习

应届毕业生的实习一般从 3 月份开始，至 6 月份结束，6 月底进行答辩。有条件的酒店，可以向学校申请将学生的毕业设计放在酒店进行，使学生对酒店有一段适应期，这样在 7 月正式毕业后，可以更快地适应工作。

要注意的是，在酒店实习，一定要保证学生顺利毕业，尽量少安排工作或不安排工作，在考勤上也要适度放松管理，最好能安排技术人员辅导学生完成毕业设计。

（四）派遣

学校一般在 7 月上旬为学生办理离校手续。由于接收手续繁杂，人事部门应协助学生办理手续。手续办理完毕后，毕业生已经正式成为酒店的员工，同时脱离了学生身份，酒店应及时为其办理各种社会保险。

四、网络招聘的方法

随着互联网的迅猛发展，网络招聘近几年也越来越热。在有些旅游企业，网络招聘甚至已经取代了传统的招聘形式，一跃成为旅游企业的主要招聘形式。据经济学者分析，网上招聘之所以热起来，其中很重要的原因在于在线招聘既快速又经济，所以它将会在短短几年内迅速增长。在美国，这个市场的价值高达 300 亿美元。中国目前的招聘专业网站正在逐步发展完善。现在，越来越多的人已经习惯到网上去找工作，尤其是年轻人，更能接受网上觅职这种最先进的求职方式。旅游企业可以在网上公布招聘信息，并在线浏览求职者的信息。一般的旅游企业招聘主管宁愿自己多花点时间多浏览各种招聘网站，尝试着发现一些"隐身"的人才，这种人才有可能会在网站上留下痕迹，但并没有出现在求职版块上。还有一种更为直接的方法，就是自己建一个很吸引人的招聘站点。

对于很多旅游企业来说，通过招聘网站进行招聘在未来一段时间里会显得越来越重要。目前在国内从事网络招聘的专业站点有千余家之多，如何在这些林林总总的网站中选择出最适合本旅游企业招聘的网站，是一个不大不小的问题。从总体上讲，优秀的招聘网站一定具备服务好和功能强两个主要特点。

各大招聘网站情况对比如表 4-6 所示。

具体而言，旅游企业可以从以下四个方面对招聘网站进行考察：

1. 拥有良好的信誉

信誉是招聘网站的生存之本。登录任何一个招聘网站，我们总会看到大量的

表4-6　各大招聘网站情况一览表

网站名称	前程无忧 www.51job.com	中国人才热线 www.cjol.com	智联招聘 www.zhaopin.com	中华英才网 www.chinahr.com	猎聘猎头网 www.lietou.com
公司简介	2004年9月，成为首个、也是目前唯一在美国纳斯达克上市的中国人力资源服务企业，是中国最具影响力的人力资源服务供应商。	1997年成立，服务网络已遍布珠三角、长三角地区。	成立于1997年，是国内最早、最专业的人力资源服务商之一。	成立于1997年，始终是国内领先的招聘网站，是全球领先的在线招聘服务公司。	成立于2000年，隶属于万仕道（北京）管理咨询有限公司。
业务范围	网络招聘、猎头服务、校园招聘、企业内训、人事外包、人事测评、办公室用品及耗材的销售。	网络招聘、猎头服务、企业内训、人事测评。	网络招聘、报纸招聘服务、猎头服务、培训服务、校园招聘服务、"急聘VIP"、人才测评。	网络招聘、校园招聘、人才租赁、猎头服务、企业内训、人事代理。	猎头服务。
招聘企业特点	以知名外企及大中型民营企业为主，在全国各地设立站点19个，招聘企业辐射全国各地。	以深圳地区为主；以IT行业居多。	为众多跨国公司和中国本土企业在全国各地设立站点30个，招聘企业辐射全国各地。	民营企业、私营企业居多；以北京地区为主；IT行业居多。	民营、私营企业；以北京、上海地区为主，偏向地产建筑业及IT行业。
人才特点	人才资料涉及全国各地，范围广，人才资料素质比较高，以白领人士及中高层管理者为主。目前人才库优势：市场营销类、管理类、IT类。	人才库分国内及海外，国内人才库除深圳人才资料较多外，其他地区人才资料比较少。目前人才库优势：生产制造类、市场营销类、IT类。	人才遍及各行各业，为众多跨国公司和中国本土企业提供专业人力资源服务。尤其在IT、快速消费品、工业制造、医疗保健、咨询及金融服务等十几个领域拥有丰富的经验。	以北京地区的人才为主，广东地区的人才很少，人才素质比较高。目前人才库优势：管理类、财务类、IT类。	人才库以北京、上海为主，人才素质较高。主要为高薪高能力人才，避免商品和服务的质量等方面良莠不齐。目前人才库优势：经营管理类、销售类、技术类。

招聘单位信息和应聘人员信息，但这些信息是否及时准确？是否有效？普通的访问者是不得而知的。具有良好信誉的招聘网站会对应聘及招聘信息进行审批和筛选，并及时删除那些过时的信息。信息的真实性和有效性直接影响着网站用户的招聘效率和效果。另外，有信誉的招聘网站不会任意夸大自己拥有的候选人才数量及网站访问量。

旅游企业可以以应聘者的身份查阅网站招聘单位的方式，来审查招聘网站的信誉度。比如可以留意招聘单位的招聘时间和招聘岗位，然后再与该单位人事部门联系，了解招聘的具体情况。如果对方并不知道自己的招聘信息登录到了该招聘网站，或者招聘信息的招聘时间、岗位和人数被莫名地做了修改，则这家招聘网站很难具有良好的信誉。

2. 强大的功能

虽然各人才网站功能目前都大同小异，但某些网站一些个性化设置显得很有活力，其提供的自动搜索功能，为客户刚刊登的职位自动搜索出符合职位要求的人才资料。另外，有些网站还能够提供与旅游企业组织结构完全吻合的旅游企业职位库管理系统、为旅游企业人事部门提供最为方便的职位管理解决方案、招聘广告自动投放管理系统等，可以随时随地利用最多的资源及时发布职位信息，产生及时的广告效果。

有些网站的功能已不仅仅限于网络招聘广告的发布及网络人才数据库的查询，它们还推出了面向客户的网络化招聘管理系统，这种系统可以有效地节省旅游企业招聘人员的时间，提高招聘效率。比如，客户可以通过该系统在网上直接对向旅游企业投递应聘材料的人员进行筛选。

3. 优质的服务

每个旅游企业在招聘方面都有不同的需求，所以招聘网站也不可能仅凭借千篇一律的服务就能满足客户。在客户提出招聘需求时，招聘网站要根据客户的具体情况提供适用的招聘组合，帮助客户用最小的成本产生最好的招聘效果。有些招聘网站会对客户进行满意度调查和定期回访，认真听取客户的意见，从而改进自己的服务。为了更好地服务于客户，有些招聘网站会面向客户提供免费的人力资源管理研讨或培训，使客户在完成招聘任务的同时也提高了自己的专业水平。

4. 网络招聘扩展服务

随着网络技术应用的不断深入，网络招聘这个新的招聘形式也会逐渐走向深入。比如在招聘方面，个别网站已经开通了电子面试或多媒体面试服务。另外，像人才测评、培训、管理咨询等都可以通过在线方式进行，这种招聘扩展服务可以极大地提高旅游企业人事部门的工作效率。

第三节　员工甄选的方法

员工甄选是指组织通过一定的手段，对应聘者进行区分、评估并最终选择合适的录用员工的过程。人力资源管理的一项重要任务是了解人的个体差异，差异经过鉴定与分析之后，才能谋求人与事的密切配合，以求达到"人适其职，职得其人"的目标。这一目标达到了，我们就能使人们选择合乎自己兴趣与能力的工作；使他们的才能与智慧得以充分的发挥；使他们在有利的环境中得到人格的健全发展。同时在社会方面，如果每一种工作都能找到合适的人才去担任，生产效率必然提高，人力资源必然能得到充分的利用。要达到这一目标并不是轻而易举的事，它必须依赖于科学的心理测试方法以及精密的人事甄选程序，以保证测试结果与所选择人员未来的工作业绩相联系。采用恰当的人事甄选方法与程序，对于旅游企业能否招聘到合格员工有着重要意义。

一、员工甄选程序

人员选拔工作是一项复杂而又细致的工作，因为各种工作具有不同的要求，对担当者的才智要求也不尽相同。而不同的应聘人员所具备的才能也有高低之分，每个人所具有的才能特点也各异。在招聘需求确定、招聘实施计划制订及人员招聘流程设计完成后，接下来就要进入人员甄选流程的设计，即确定如何从候选人中挑选合适的人选，并进行相关的工作安排和设计。如图 4-2 所示。

1. 根据简历、申请表以及应聘者所提供的资料进行初步筛选，剔除明显不合格者。

2. 进行初步面试，根据主管经验剔除明显不合格者。

3. 进行心理和能力测试，剔除测试结果明显不合格者。

4. 诊断性面试，根据面试剔除综合素质不合格者。

5. 进行背景资料核实，剔除材料不实和品德不良者。

6. 进行匹配度分析，分析应聘者能力、素质等与所要从事岗位的匹配度，剔除不匹配者。

7. 进行体检，剔除身体不符合要求者。

8. 决策和录用，最终综合考虑应聘者的条件，决定是否录用。

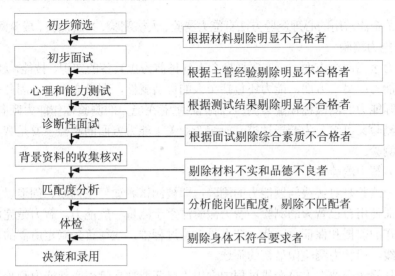

图 4-2　员工甄选的流程设计

二、员工甄选的测验型方法

所谓心理测验是指通过一系列的心理学方法来测量被测试者的智力水平和个性方面差异的一种科学方法。心理测验是一种测量手段，一种标尺，它可以把人心理的某些特征数量化，使之具有客观性、确定性和可比较性。各种测评工具的比较如表 4-7 所示。

表 4-7　各种测评工具的比较

比较指标 测评工具	效度	公平性	实用性	花费 代价	采用 广度	高级管理 人员甄选	基层管理 人员甄选	普通员 工甄选
智力测验	中	中	高	低	多	√	√	×
职业能力测验	中	高	中	低	少	√	×	×
人格品德测验	中	高	低	中	少	√	×	×
情境模拟测评	中	高	低	中	多	√	×	×
观察评定	高	高	低	高	少	×	×	√
诊断面试	低	中	高	中	多	√	√	√
背景分析	高	中	高	低	多	√	√	√

（一）旅游企业常用的心理测验方法

心理测验是判定个别差异的工具，个别差异包括很多方面，并可在不同的目的与不同的情境下研究，这就使测验具有了不同的类别。

旅游企业常用的心理测验方法有能力测验、人格测验、兴趣测验、成就测验等。

1. 能力测验

能力包括两个方面，一方面是指个人到目前为止具备的知识、技能，经验等，即实际能力；另一方面，能力还包括个人的可造就性，即潜在能力。因此有人把测量实际能力的测验称作能力测验，而把测量潜在能力的测验称作能力倾向测验，这两种测验又可细分为若干种类。旅游企业关于能力方面的测验主要是智力测验与技能测验。

（1）智力测验

智力测验是对解决问题能力的测验，即被测试者如何在判断、创造以及逻辑思维方面使用自己智力的测验。智力测验注重于测量一般能力。智力是完成任何一项工作的前提和保证。因此，在人员选拔过程中，往往首先确定所需的最低智力分数线，用智力测验做最初的筛选。

国外旅游企业在人员选拔过程中常用"奥蒂斯独立管理心理能力测验"（The Otis self-administering test of mental ability）。测验集体进行，所花时间很短，适用于筛选不需要很高智力的、级别较低的工作的求职者，如旅游企业中的服务人员、文员、低层管理人员等。这一测验对筛选级别较高的工作的求职者不太有用。该测验包括难易不同的 75 项，主要内容有计算题、空间判断、词汇、句意以及类推判断等。时间为 20～30 分钟，适合对象是高中生或成年人。

对于高级经理人员的挑选，常采用韦克斯勒成人智力量表（WAIS）。这是一种用时很长的个人测验。韦克斯勒成人智力量表测验有两部分组成——语言部分和操作部分。这两部分包括 11 个小测验。语言部分有如下几个小测验：资料、理解、算术、相似性、数字广度和词汇。操作部分包括：数字符号、填图、分组设计、拼图和实物装配。这样可以得到两种智力量度和总分。

（2）技能测试

这是指在一定条件下，用于测试某人掌握的知识或技能所达到的程度。国外旅游企业常使用"差异性测验系统"（The differential aptitude test battery）测试员工。该系统共包括八个组成部分，每部分单独测试一种能力如描述能力、数学计算、抽象能力、空间能力、系统能力、办公室文秘能力以及拼写和讲话能力等。每项测验需要 6～35 分钟，所有试题共需 3 小时 6 分钟。对于旅游企业出纳员、簿记员、秘书及其他工作的申请者可进行简单的学识和技能测验。但是，在使用该项测验时要明确一点，即测验不合格并不意味总体不合格，而只表明需要进一步培训。对旅游企业不同工作、工种，可对申请人进行不同的测验，例如，对于饭店的厨师或帮厨人员可以用食品制作来测验其掌握的烹饪知识与实际操作技能；对于餐厅服务员可以用服务知识和摆台以及看台服务考评其技能；对于酒吧服务员，可用饮料知识、调酒以及收账业务操作测试其学识和技能；对于出纳员及接待员可用普通接待知识、办公器械的操作能力以及找付业务测试其技能。

2. 人格测验

个体行为的差异主要表现在能力与人格两方面。有关能力差异的情形主要靠能力测验来测量。人格测验则在于测量一个人行为适应的多种特质，即其独特的个性。在人员选拔中，人格测验用以辨明一个人的人格特质，以便根据其气质、性格、态度等合理安排工作，充分发挥其主观能动性。从人力资源管理部门的立场上看，他们往往认为人格测验比能力测验更为重要。因为一个人尽管能力上表现优异，但如果他性格异常，仍然难以适应工作。一个人人格若有重大缺陷，他势必难以有效地与他人合作，势必难于适应组织的生活。

人格测验有两大类：一类是自陈法测验，另一类是投射法测验。

（1）自陈法

自陈法就是自我陈述法，它是一种自我评述问卷。这种问卷向受测者呈现涉及到一些具体情境、症候及个人情感等方面的题目，要求受测者根据个人情况，回答每个题目所描述的情况与他们自己的情况是否相符。受测者通过对这些问题的回答表现出他们自己的人格特点。测试题大多采用是非法、选择法。

例如，是非法，要求被试者在"是"、"否"上做选择。题目如下：

● 你喜欢与人配合工作吗？…………………………………………是　　否
● 由于人手紧张，你愿意经常加班吗？…………………………………是　　否

选择法并列两种假设情况，让被试者根据自己的意见圈选其一，例题如下：

● 我有什么意见敢于向上司直接表述。
● 我在上司面前总感到胆怯。

（2）投射法

本人自陈法是一种主观报告，有相当可信度。但在现实条件下，不排除为了迎合招聘人员之所好有违心的答案。而投射法测验是给予被试者某种模棱两可的刺激，要求被试者说出这是什么东西，从而使被试者把自己的思想、愿望、希望和情感投射到这个难以名状的刺激中去，使之带上某种意义。经过专业人员的分析，从中了解被试者的人格特征。

投射法较自陈法发生偏差的可能性小些。投射法的结构使得被试者不知道测验到底在测量些什么，也不知道自己透露了些什么，故其无法故意地制造偏差。在投射法测验中，受试者不能刻意地去描述自己，因此在回答时，即显示了他真正是一个什么样的人。这种测验的问题在于难以建立评价答案的标准。

人格投射测验主要用于临床心理学，用来测量情绪失常的人。不过这种测验在某种程度上也用于评价高级行政职位的求职者。

　　人格测验用于人员选拔的效度是很低的，不如能力测验。但在工作行为方面，人格测验的效度还是好的。如用于选拔经理，特别是在销售方面，人格测验是最有用的测验。在旅游企业这类服务性行业中，人格测验的效度也较一般能力测验为优。故人格测验是一个有价值的择员工具，对于旅游企业中的员工选拔，人格与能力测验是最理想的预测测验。人格测验常用的量表如表4-8所示。

表 4-8　人格测验常用量表

作者	量表
卡特尔	《16 种个性因素问卷（16PF）》
威廉马斯顿博士	DISC 个性测试
矢田部达郎	《矢田部吉尔福特（YG）性格检查》
苏永华	《HR 个性测验》
人事部人事与人才科学研究所	《现代管理者心理测试》

　　3. 兴趣测验

　　兴趣测验即对某人兴趣和爱好的测试。对于旅游企业，兴趣至关重要，例如一位员工对与人打交道不感兴趣，那他就无法成为一名合格的导游人员或服务员。因而在人员选拔中兴趣测验也常常是有用的。人员选拔中应用兴趣测验的基本依据是，如果一个人表现出与某一职业中那些工作出色的人相同的兴趣，那么，此人在这个职业中很有可能得到满足，进而努力工作。如果一个人对某种职业根本不感兴趣，那么此人干这种工作成功的希望就很小。相反，如果工作适合一个人的兴趣，则更有利于他发挥特长，使能力充分体现出来，干好工作。美国康奈尔大学的拉廷博士（Dr. Gerald. W. Latin）在招收餐旅系学生时非常注重学生的兴趣与爱好，他认为：凡是毕业后在餐旅界做出突出贡献者，都有社会活动、权力、对他人职业兴趣测验。常见的职业兴趣测验量表如表4-9所示。

表 4-9　职业兴趣测验常用的测验量表

作者	量表
坎贝尔	《强力坎贝尔兴趣量表（SCII）》
库德	《库德职业兴趣量表（KOIS）》
霍兰德	《职业偏好量表（VPI）》《自我职业选择量表（SDS）》
我国 BEC 编制	《BEC 职业兴趣测验》

　　4. 成就测验

　　成就测验的目的在于测量一个人对某项工作实际上能完成到什么程度。成就测验在人力资源管理上的应用主要有三个方面：（1）挑选有经验、有专长的新员工；（2）考评现职员工工作绩效，以作升迁或调动工作的依据；（3）评估训练计划。

成就测验的内容不外乎考察受测者对某项工作所具有的技能与知识。例如，对厨师烹调技术成就测试，可让厨师做一道菜，然后对选料和配料、操作、出盘、颜色与式样、速度、味道等方面加以测试，考评厨师的烹饪水平与成就。成就测验着重于测验的内容效度（由专家评鉴其内容是否妥当）。关于效度的概念，我们将在本章以后的内容中论述。

成就测验能分辨出哪些人较有能力去执行某项工作，不管他从前的职业是木匠、机械工、工程师或非技巧性的工作，也无论他想升迁或调动，成就测验均能有效地给予帮助。

综上所述，心理测验作为人员选拔工具的最大优点在于，心理测验能改进选拔过程；同时，心理测验比较客观，不易受主观偏见的影响；此外，对心理测验作评价研究终究要比对其他选人方法作评价研究相对容易，因为心理测验的结果有准确的定量。心理测验的另一个优点是：在很短的时间内可以获得很多关于某个人的信息。

（二）测验计划的制定

心理测验具有评估（Assessment）、诊断（Diagnosis）与预测（Prediction）三种功能，是人员选拔的有力工具。欲发挥它的功能，必须制定行之有效的具体计划。制定测验计划的步骤大致如下：

1. 确定测验的范围与目标

各种测验皆有特定的功能与适用范围。因此，在编制测验时，必须先确定测量的目的、功能与对象，以作为测验取材之依据。也就是说，应先调查应用这个测验作为选拔手段的工作性质。一旦工作和工作人员分析进行完毕，就可以着手仔细地选择或设计测量胜任该工作所需行为和能力的测验。值得注意的是，确定测验范围，应考虑多方面因素，诸如：测验所欲测量的行为特质（如能力、兴趣、态度、动机等）、受试者的年龄阶段（如儿童、青年或成人）和生活环境（如是乡村还是城市）等。在上述因素所确定的范围内，从事行为样本的选取，使测验具有一定的适应性，从而发挥其测量与研究的功能。

因为每种测验都有其测量的不同层次，故在确定测量的目的后，应进一步详细分析某种行为特质的构成因素。如智力，可从语言理解、文字流畅、数字、空间、记忆、知觉和推理等因素中选择行为样本，以测量基本心智能力。

2. 搜集有关的资料

测验的范围与目标确定之后，就须搜集有关的资料，决定是使用市场上出售的测验，还是根据工作的需要专门设计一个新的测验。在人员选拔过程中，我们尽量使用已经正式发表的测验。这是因为要编制一个新的测验必须花费一定的钱和较长的时间，而且要花费一定的人力资源。但是，在选用现成测验时也应慎重，因为选用测验的好坏直接关系到我们能否成功地进行人员选拔，这是关系到企业利益与求职者个人前途问题的大事。要想选用一个好的心理测验应注意两点：其一，要详细了解测验所测特性是否与我们所需要的工作特性相符，只有二者相符，该测验才可用。其二，所选用的测验必须有可靠的技术指标，即测验必须有一套精确的标准化过程、一个适当的测验常模、可靠的信度资料和效度资料。

当然使用现成的测验也有不利因素。一个挑选人事部经理的测验可能在某一饭店里有效，而应用到另一饭店时并不能保证一定有效。因为这两个饭店的工作可能有某些微妙的差别。此外，如果某种工作是一种全新的工作，比如操作某些先进复杂的设备，就不大可能有现成的测验能够测量适合这种工作所需的能力了。这时就必须编制和使用新的测验。

若要使用新的心理测验，就必须重新编制。编制测验犹如建造房子，必须事先仔细分析所测行为的构成因素，以作为命题的依据。在此基础上，编写一系列合适的项目或者问题。然后，对这些测验题目进行测定，看其是否能测量到所要测量的内容。也就是说必须对测验的有效性进行鉴定。

3. 施测

测验的施测应由受过专门训练的心理学工作者进行。当然，也可以在这些心理学工作者指导下进行。整个施测工作应严格按照测验手册或说明书进行。测验的情景、程序、指导语、时限更应该符合测验的标准化要求。应牢记，对上述任何一点的亵渎都将导致错误的结论，从而损害用人单位与求职者的利益。

4. 结果统计

测验的结果统计是对测验答卷打分并进行分析，在此基础上挑选出合格人员。测验的结果统计也应由心理学工作者进行；或者在心理学工作者指导下进行。测验的评分要严格按照测验手册中所规定的方法进行。

严格说来，测验的分数（指原始分数）本身并没有什么意义，只有当它与某一个基准标准比较后才有意义。这个基准标准就是常模资料。所谓常模指与为找一个工作而参加测验的人相似的一大组人的一套测验分数。要想对测验结果进行准确的评分，必须有一个可比较的、适当的常模资料。

如果我们用的测验是测量多种特性的复合式测验，在统计测验结果时就有一个分数组合的问题。同一个测验，用于不同工作会有不同的分数组合方式。每种工作应采用的分数组合方式应建立在研究和工作分析的基础上。

最后要强调的一个问题是，在统计测验结果时，测验的使用者要遵守一定的职业道德。在宣布和分析测验结果时要谨慎行事，要考虑对受测者可能产生的影响。在一般情况下，告诉受测者的应是对结果的解释，而不是简单宣布一个分数。同时要保护受测者的利益，如对测验结果保密等。如果发现受测者在能力或人格上存在某种问题，要给以辅导和帮助，并尽可能提供相应的教育和治疗措施，把诊断与矫正结合起来。

三、员工甄选的非测验型方法

（一）面谈法

面谈法也就是我们通常所说的"面试"，是旅游企业员工甄选过程中广泛使用而且直接关系到招聘效果的主要方法之一。所谓面试就是指为了进一步了解申请人的情况，如求职者的能力、人格、态度、兴趣等，确定求职者是否符合工作要求而进行的招聘人员与求职者之间的面对面接触。

旅游企业工作性质决定了面谈工作的重要性。饭店的服务人员、旅行社的导游人员必然要与客人直接打交道，他们的仪表、形象、谈吐往往是企业形象的代表。因此，单凭申请人的申请表或员工推荐往往难以把握员工是否符合旅游企业工作需要。当然，面谈的意义决不在于看一看申请人的外表，更重要的是通过面对面的接触，使企业更加全面、深刻了解申请人，同时，也使申请人进一步了解所申请工作的情况，从而达到工作与人的最佳配合。对于旅游企业来说就是决定最佳申请人的过程。

面谈所起的作用是双向的。通过面谈，用人单位可以观察求职者的言语行为和非言语行为，作为人员选拔的参考资料。同时，应聘者也可以通过面谈了解他将从事的工作的特性及组织情况，从而决定是否接受任用。

1. 面谈的类型

面谈有四种类型：第一种是无计划的面谈；第二种是结构化面谈；第三种是复式及团体面谈；第四种是压力式面谈。

（1）无计划的面谈

无计划面谈是以一种很随便、甚至似乎漫无目的的方式进行的面谈。这种面谈没有正式的提纲，而且在谈话过程中可以任意转换话题。无计划的面谈既无系统，也没有一致性。用无计划的面谈选人时，对申请同一个工作的不同的人所提出的问题可能不同，因此，要对求职者进行比较就相当困难了。

研究表明，分别让五个会谈者与同一个求职者进行半小时的面谈，他们对这个求职者的印象各不相同。每个招聘人员向求职者提出的有关求职者的背景与个性特点等方面的问题也极不相同。正是由于无计划面谈缺乏一致性，因此它不能有效地预测人们在某项工作上能否成功，预测的准确性很低。

无计划面谈后，招聘人员一般要在一张印好的评价表格上立即记下对求职者的印象。要求评价的内容很广泛，从求职者的外表和文化程度，直至求职者的成熟度、干劲、潜力以及与别人合作的能力等。在这样有限的面谈基础上对求职者的这些特点做出评价并非易事。

（2）结构化面谈

结构化面谈对于预测人们是否在某项工作上取得成功具有很高的价值。用这种方法时，事先要针对申请同一个工作的所有人编出一套相同的问题。这种标准化和一致性，使我们有可能对不同的求职者的面谈结果进行比较。因而，面谈中的主观性与招聘人员的个人因素较少，结果的偏差也较小。结构化面谈不允许主持面谈的人自己编问题。

结构化面谈的标准化程度较高，它要求主持面谈的人以一定的方式向求职者提问（所问的问题是事先印好的），并且要把求职者所做的回答记录下来。

结构化面谈为我们提供了一个预测人们是否最终会在某项工作中取得成功的很有效的工具，尽管它还没有完全排除招聘人员的主观偏差。比起无偏差，这些主观偏差会使我们对求职者做出不正确的评价。但是，它所造成的偏差比起无计划的面谈来说已经小得多了。

（3）复式及团体面谈

此种方式效度更高。候选人可能分别与几个人面谈，或同时会见数位面谈者，回答各种问题。同时会见数位面谈者，比较容易依情况或组织结构的紧密性而将大家的意见综合起来预测求职者的工作表现。通常，团体评估中，面谈者各有各的独立见解，通过讨论得到最后的决策。此法主要缺点是费人费时，因此，只可用于选拔较高层地位的领导人。

（4）压力式面谈

这种方法是第二次世界大战中发明的。此法多半是给予求职者一种失败的压力，招聘人员带有攻击性，并不断攻击求职者，使他们产生防御行为，并激怒起来，再观察他们受压力时的应变能力。然后，招聘人员再设法使气氛恢复到原来的平静状态，以恢复对方的自信。同时，可以再观察对方应对的能力。

此法的缺点是：求职者可能愤恨地离开公司，想录用他，他也不干了。另外，这种方法在正常情况下，难以辨明其用途。

由于面谈法使求职者常无法适当地、充分地表现出自己的才华，或采取伪装和说谎态度，招聘人员容易产生主观的偏见，从而影响判断的正确性。因此，在运用面谈法进行人员选拔时，应注意掌握科学的面谈技术。

2. 面谈技术

要运用好面谈技术，应把握好面谈前的准备、面谈开始与面谈过程几个环节：

（1）面谈前准备

①选择合适的面谈地点。面谈地点十分重要，由于申请人对旅游企业的第一印象就是其所看到的物质环境，而且面谈地点应该安静，不受任何打扰。因此面谈房间应该安静、布置雅致，并可放置一些书刊杂志以便缓解紧张的气氛。

②做好资料审阅工作。即对求职者的家庭状况、受教育程度、个人经历、专长、成就等与工作所需条件有关的情况进行分析，以此来决定谈话的重点。同时，面谈前还应定好面谈的方式。

③准备面谈提纲。为了使面谈工作顺利进行，保证面谈效果，旅游企业往往采用结构化面谈的形式，这就要求招聘人员提前准备面谈提纲。一份理想的面谈提纲应包括以下几个方面：面谈开始语；旅游企业经营状况及未来前景介绍；对空缺职位和其要求的描述；与求职者讨论工作资格；与求职者个别讨论工作细节和工作各方面的关系；必要时可对即将进行的面谈、测试及录取等方面进行介绍。

面谈提纲中应该包括一个完整的"面谈提问录"，即从哪些方面，以什么样的方式和提出哪些具体问题。"面谈提问录"是面谈的主线索，它决定着整个面谈程序和面谈效果，对于招聘人员来说，关键是通过申请人对问题的回答，分析和判断申请人的品格、态度以及其他方面情况，从而起到把握申请人的作用。下面以某饭店招聘餐厅服务员时的面谈提问录为例（表4-10），说明"面谈提问录"的问题及目的。

表4-10　××饭店招聘餐厅服务员面试提问录

××饭店招聘餐厅服务员面试提问录	
问题	目的
• 你为什么申请这项工作？	她对在此工作有何感想。
• 你认为一位餐厅服务员的主要职责是什么？	了解她对工作的态度。
• 你认为一名厨师的责任大还是一名餐厅服务员的责任大？	看一看她对厨师工作是否了解。
• 服务员工作失败的主要原因是什么？	她是否认识到了工作中容易出问题的环节。
• 你认为一位合格服务员的最重要条件是什么？	她是否理解该项工作的职责。
• 你的家人如何看待你从事该项工作？	她是否存在家庭困难。
• 你感到服务员之间是否要平等相处？	她对其他服务员的态度及是否能与其他服务员和睦相处。
• 假如一位男性客人对你有侮辱性的举止，你将怎么办？	她是如何处理棘手问题的。
• 你如何看待经常更换工作的服务员？	她是否有更换工作的设想。

• 你认为礼貌服务还是快捷服务更为重要？	她对服务工作的认识是什么。
• 假如让你在厨房呆两天观察烹调工作，你怎么想？	她是否愿意了解她出售的商品。
• 假如你有一位常客经常抱怨某些事情，你将如何对待他？	她是否憎恨抱怨，她将如何处理抱怨。
• 假如你的主管在你的同事和客人面前批评了你，你将怎么办？	她在困境中能否保持冷静。

（2）面谈开始

面谈开始时，要与求职者建立良好的关系，使他不致于紧张。面谈的方式应适时采取动态的、弹性的方式。

（3）面谈过程

面谈进行过程中，要注意以下几点：

①不宜问只答"是"与"否"的问题，问题要富于诱导性；

②求职者答完第一题后，稍候几秒，以供其补充；

③多试几种话题，以引起求职者做答的兴趣；

④同一时间只问一个问题；

⑤问题要清楚且不能有任何正确或不正确的暗示；

⑥态度要表示兴趣感，语句中不表示批评、不耐烦或与求职者争论；

⑦在建立起良好的友谊气氛之前，不宜问太多的私事；

⑧要当耐心的听众，尽量不打断求职者的回答；

⑨控制局面防止偏离主题。话题扯远时，不宜突然扭转回本题；

⑩面谈结束之前要给求职者提问的机会。

从上可见，通过面谈，我们可以获取大量的有关求职者的资料，所以面谈法在人员选拔中得到了广泛的应用。

（二）问卷法

这种方法是把调查所要了解的问题列成明确的表格交给求职者填写回答，回收后进行分析，以获得对所调查的问题的认识。

问卷法简单易行。因此，用问卷法剔除那些明显不适于某项工作的求职者可以使人员选拔工作省时省力。而且在用面谈法选人之前，选用问卷法了解求职者的基本情况，对于确定面谈主题无疑是有用的。

问卷法中，问卷所问问题一般涉及求职者的个人经历、受教育状况、个人的生活习惯、健康状况、人际状况、家庭状况、业余爱好和兴趣、自我印象、价值观、以及他过去的工作状况和工作经历。当然，问卷中所问的问题要根据具体工作的需要设计。因此，为了确定与工作成功相关的背景因素，就须进行大量的研究，以力图使问卷的每一项问题都与未来的工作表现相互关联起来。

问卷中所提的问题可以是让求职者做"是"与"否"回答的问题；也可以是选择题；还可以是让被试者简要叙述的简答题。但是不宜问需要求职者长篇大论的问题，以免使求职者失去做答的兴趣。

问卷法的基本原理是：目前工作上的表现是与过去各种环境中的行为相联系的，同时也与个人的态度、爱好和价值观念相联系。

（三）档案法与调查法

档案法是通过查阅求职者的档案材料，以获得对求职者总体的、初步的认识。这种方法在我国使用的极为广泛。不管哪一个单位录用一个新的职工，事先都要查阅本人档案材料。档案中记录了他从上学起一直到现在的经历、家庭状况、社会关系、兴趣爱好，以及现实表现。所有这些材料对预测他将来的工作情况是很有价值的。当然，它也不是十全十美的，也有不足之处：

（1）档案有一部分是本人填写的，一定有不如实，甚至有隐瞒的地方。

（2）单位组织的鉴定不一定全能反映本人的实际情况，有的偏高，有的偏低。有些单位为了把这个人推出去，在鉴定中的评语就往往写得好些；有些本应写的缺点也就不写了，或者含糊地写一两句。

（3）档案中提供了许多求职者的背景材料，但有些情况，如本人态度、工作能力、价值观、性格等就不能全部反映出来。

调查法是通过对求职者熟悉的人的调查了解，得到有关求职者本人情况的信息。调查的对象往往是求职者以前的领导、同事、亲属以及以前所属的人事部门等。调查的内容主要是求职者的经历、家庭状况、社会关系、兴趣爱好，以及以前的工作、学习表现等。

（四）情景模拟法

这种方法是把求职者置于一个模拟的工作情景中，从而观察和评价他们在模拟工作情景压力下的行为。

利用情景模拟法，可观察到某个职位的求职者在工作压力下是如何进行工作的，或者观察他们适应迅速变化的情景的能力如何。

利用情景模拟法还要对求职者进行心理测验，尤其是智力测验和个性测验，而且还要与求职者进行面谈。但是，求职者在情景模拟中度过的大部分时间是用来模拟解决工作中所遇到的各种问题。

情景模拟包括的内容通常有公文处理、无领导小组讨论、角色扮演，等等。

表 4-11 是情景模拟测试评价表示例。

表 4-11　情景模拟测试评价表

目标职位：

考生姓名：　　　　　　　　　　　　　　　　考　号：

年　　龄：　　　　　　　　　　　　　　　　性　别：

评价指标		公文处理		无领导小组讨论		加权得分
一级指标	二级指标	平均分	权重（%）	平均分	权重（%）	
领导能力	战略规划能力		100		—	
	开拓创新能力		100		—	
调控能力	组织平衡能力		60		40	
	沟通协调能力		—		100	
	监督控制能力		70		30	
决策能力	分析决断能力		100		—	
	信息捕获能力		50		50	
半衡能力	心理承受能力		—		100	
	紧急应变能力		—		100	
	自律自控能力		—		100	
简要评述				评价人签名：		

1. 公文处理

公文处理是情景模拟的一种主要形式。在日常的管理工作中，管理者需要处理大量的公文，即尽快而有效地处理各种便函、要求、问题以及指示。公文处理就是模拟了管理工作中的这种情景。在公文处理中，给予求职者一些公文，这些公文是经理和行政人员日常需要处理的，包括经理和行政人员遇到的各种各样的典型问题和指示。一小时后，看他处理了多少文件，怎么处理的。首先，处理的是否是关键问题；第二，考评他处理问题是否坚决、果断，并使下级可以照办；第三，他有没有发现更深的问题，看没看出各种问题的内在联系。同时，还可以要求他解释为什么这样处理。

除了对求职者处理公文的结果进行考察外，我们还可以考察求职者处理公文的过程。比如，对求职者进行观察，了解他们是如何工作的；他们是否确定了一个有意义的秩序；他们的紧张程度如何。

2. 无领导的小组讨论

所谓无领导的小组讨论就是每 6～12 名求职者组成一个小组，开会讨论实际业务问题。例如，可以告诉他们，他们是某一饭店的客房部经理，所做的工作是要在一定时期内减少客房服务员的离职率。然后向他们提供饭店有关该问题的所有必要的信息，并让他们自己决定如何最好地完成这一任务。每个组不指定组长，也不给他们提供如何讨论的规则和指导。在讨论过程中，定期告诉他们（有时在他们解决了一个问题后立即告诉他们）相关因素的变化情况。在讨论中，可以观察到每个人是如何参加这一讨论的，每个人的领导能力和说服能力如何。

通常，每个小组中会有一名成员，以组长的身份出来负责解决这些问题。这样，这个人的领导能力就得到评价，而小组的其他成员与这个领导者合作的情况以及他们对解决问题的贡献也得到了评价。这种情况相当具有压力，有的求职者比其他人表现得更紧张，他们甚至会非常气恼或放弃小组的努力。不久，哪个求职者在这种压力下能干好工作，哪个求职者则不行，就很明显地表现出来。无领导小组的操作说明如图4-3所示。

准备阶段	具体实施阶段
（1）指导语：要有统一的、明确的指导语，以免在组与组的应聘者之间造成不匹配，失去可比性。	（1）考官给应聘者提供必要的资料、交代问题的背景和讨论的要求，并给应聘者一定时间的准备和思考。
（2）分组：应把以前曾经接受过无领导小组讨论训练或者参加过无领导小组讨论，有此类经验者放在一组，把没有此类经验者放在另一组。	（2）应聘者轮流发言阐述自己观点。
	（3）应聘者交叉辩论，阐明观点。
（3）场地安排：应该使用圆桌而非方桌；场地要宽敞、明亮；整个过程最好用摄像机监测、录像。	（4）考官仔细观察应聘者的各项表现在《情景模拟测试评价表》上打分。
	（5）评价客观公正，以事实为依据。

图4-3 无领导小组的操作说明

3. 角色扮演

角色扮演要求求职者扮演一个特定的角色来处理日常事务，以此观察求职者的多种表现，以便了解其心理素质和潜在能力的一种测试方法。在测评中要强调了解求职者的心理素质，而不要根据他临时的工作意见作出评价，因为临时工作的随机因素很多，不足以反映一个人的真才实学。有时可由招聘人员施加压力，如工作时不合作，或故意破坏，以了解该求职者的各种心理活动以及反映出来的个性特点。

情景模拟法既被用来进行新雇员的选择，也被用来进行人事提升。大部分研究已表明，用情景模拟法选人具有很好的预测价值。用情景模拟法选出来的人要比用其他选人技术选出来的人工作得更好。

通过上述方法进行人员甄选之后，工作还没有结束。模拟并非实际情况，不一定可靠。因此还需要观察求职者在实际工作中的表现。这时可采用试用期的办法，即让求职者在实际工作中试用一段时间。如果求职者能胜任实际工作就正式聘用他；如果不能胜任，就只好请他另谋高就了。实行试用期，一方面作为选人措施的补充手段；另一方面可以用来检验原来的评价对不对、选择是否正确，以证实当时的模拟、评分等方法对不对，从而改进整个选人制度。

四、员工甄选过程中的常见问题

（一）非测验技术的局限性

由于各种心理因素和环境因素的影响，非测验技术往往会带来一些误差，概括起来，主要有以下几种误差：

1. 晕轮效应

晕轮效应是一种社会心理现象，是指个体在社会认知过程中，将对认知对象的某种印象不加分析地扩展到该对象的其他方面去的现象。这种现象在用非测验技术选人时很容易出现。例如，招聘人员可能由于某位求职者眼睛炯炯有神、皮鞋擦得锃亮、指甲剪得干净，而对这位求职者产生好感，而且这些特点可能会给招聘人员留下很好的印象，以致于使招聘人员对具有这些特点的人的其他方面给予很高的评价。那么，具有这些特点的人就比不具有这些特点人更可能被录用。这种现象往往是无意间发生的，对于招聘人员来说是很难克服的。

要克服这种现象，主要是加强对招聘人员的专门训练和教育；也可借助于标准评价量表，增加招聘人员对求职者评价时的分析判断能力。另外，在评分时，要求招聘人员逐项冷静评分，不要操之过急，应逐一思考，不要以笼统的概念以偏概全。

2. 恒长错误

恒长错误是指招聘人员以不同的标准考察不同的求职者，所得考察结果不同。这种差异原因不是求职者的行为表现不同，而是招聘人员对考察标准的理解不同造成的。

3. 制约现象

所谓制约现象就是成语中所说的"爱屋及乌"现象，即当对某人产生特定印象后，对其他与之相似的人也产生这种印象。例如，有人曾对某个人产生过友善的感觉，后来，对在某些方面（如声音、姿势、面貌等方面）类似此人者会不知不觉地产生友善的态度。

4. 偶然现象

偶然现象是把一些现象片面夸大，从而对求职者产生不正确的认识。例如，招聘人员偶然听到某人有某一缺点，以后考察时就受此影响，总认为这个求职者有此种缺点或毛病，这样，其他方面的打分也就相对降低。

5. 情绪影响

招聘人员的情绪状态也可影响对求职者的评判。招聘人员的喜、怒、哀、乐，对求职者的评判可以产生不可思议的影响。

（二）测验技术的效度与信度

甄选过程中所采取的一系列测验手段，尽管经过了科学的分析与设计，但仍然存在着效度与信度问题。

效度指招聘人员真正测试到的品质与想要测试的品质的符合程度；信度则是指一系列测验所得的结果的稳定性与一致性的高低。这两个指标是测验过程中所不容忽视的。

1. 测验的效度

在选拔的过程当中，有效的测验，其结果应该能够正确地预计应聘者将来的工作成绩，即选拔结果与应聘者以后的工作绩效考评得分是密切相关的。这两者之间的相关系数称为效度系数，它的数值越大，说明测验越有效。

（1）效度的种类

效度可分为三种：预测效度、同测效度、内容效度。

①预测效度。预测效度指对所有应聘者都施予某种测验，但并不依其结果决定录用与否，而以其他选拔手段，如申请表、面试等来录用人员。待这些被录用人员工作一段时间以后，对其工作绩效加以考评，然后再将绩效考评的得分与当初的测验结果加以比较，求两者的相关系数。相关系数越大，说明此测验效度越高，可以依其来预测应聘者的潜力。若相关系数很小，或无相关，则说明此测验无法预测人员的工作潜力。用这种方法检验出效度较高的测验方法，便可用于将来对职工的选拔，且多用于能力及潜力测验，效果很好。

②同测效度。同测效度是指对现有的职工实施某种测验，然后将其结果与这些职工的工作表现或工作考评得分加以比较，若两者相关系数很大，则此测验的效度就很高，说明此测验与某项工作密切相关。这种测验效度的特点是省时，可以尽快检验某测验的效度，但在将其应用到录用选拔测验中时，难免会受到其他因素的干扰而无法准确预测应聘者未来的工作潜力。例如，这种效度是根据现有职工的测验得出来的，而现有职工所具备的经验、对企业的了解等，则是应聘者所缺乏的，因此应聘者有可能因缺乏经验而在测验中得不到高分，从而被错误地判断为没有潜力或能力。其实他们若经过实践锻炼与培训，是可能成为称职的工作者的。

③内容效度。内容效度是指测验是否代表了工作绩效的某些重要因素。例如，招聘打字员时，对应聘者的打字速度及准确性进行测验，这种实际操作测验的内容效度是最高的。与前面两种效度不同的是，内容效度不用测验结果与工作绩效考评得分的相关系数来表示，而是凭借招聘人员或测验编制人员的经验来判断。内容效度多应用于知识测验与实际操作测验，而不适用于对能力或潜力的预测。

（2）影响效度的因素

影响效度的因素很多，但主要有以下两个因素：

①测试的长度。如果测试的项目比较多，得到的分数比较高，相关系数可能增加。

②被试者的选择。如果被试者的选择在该团体中不是很典型的，那么该测试所得出的效度也可能不准确。

2. 测验的信度

当应聘者在多次接受同一测验或相关测验时，其得分应该是相同或相近的，因为人的个性、兴趣、技能、能力等素质，在一定时间内是相对稳定的。如果通过某项测验，没有得到相对稳定而一致的结果，那说明测验本身的信度不高。

测验信度的高低，是以对同一人所进行的几次测验结果之间的相关系数来表示的。可信的测验，其信度系数大多是 0.85 以上。由于测验的信度受到多种因素的影响，如测验本身内容的组织与安排；施测者个人的因素，如语音、语调、语速等；被测者情绪、注意力、疲倦程度、健康水平的变化等，都会影响到测验结果的稳定性，因此我们不可能要求测验的信度系数达到 1.00，即几次测验结果完全相同。

（1）信度的种类

测验的信度分为三类：重测信度、对等信度、分半信度。

①重测信度。重测信度指对一组应聘者进行某项测验后，过几天再对他们进行同一测验，两次测验结果之间的相关程度，即为重测信度。一般情况下，这种方法较为有效，但却不适合于受熟练程度影响过大的测验，因为被测者在头一次测验中，可能记住某些东西，从而提高了第二次测验的分数。

②对等信度。对应聘者先后进行两个内容相当的同一测验，如 A 个性测验量表与 B 个性测验量表，然后测出这两次测验结果之间的相关程度，来确定测验的信度。这一方法减少了重测信度中前一次测验对后一次测验的影响，但两次测验间的相互作用，在一定程度上依然存在。

③分半信度。将对同一组应聘者进行的同一测验分为两部分加以考察，这两部分结果之间的相关程度，即为分半信度。这种方法既省时，又避免了前后两次测验间的相互影响。

（2）影响信度的因素

信度的准确与否与误差，特别是与随机误差的关系十分密切，这种误差是各种各样的。比如，被试者的身心健康，参加测试的动机、态度，主试者的专业水平，空气的湿度，测试场地的环境，指导语的差异，题意明确与否，项目的多少等等，都会影响测试的信度，因此为了使心理测试获得有意义的信度，必须严格控制可能影响测试结果的各种主观变量。

在对应聘者进行选拔测验时，应努力做到既可信，又有效。但应注意的是，可信的测验未必有效，而有效的测验必定是可信的。

第四节　员工的录用和招聘评估方法

有效的人力资源录用反馈和评估体系是现代企业人力资源招聘工作的后备保障，也是招聘工作的总结。旅游企业通过建立有效的反馈和评估体系，可以使招聘工作更加有针对性、效率性，更加有利于节省企业人力资源招聘成本，更加有利于旅游企业招聘到更加优秀的适合企业自身发展需要的人员。有效的人力资源录用反馈和评估系统对促进企业高效完成招聘工作，有着非常重要的作用。

一、员工的录用

旅游企业招聘工作的最后一个环节就是录用决策。招聘录用是指旅游企业从招聘甄选阶段筛选出来的候选人中选择符合企业需要的人员，做出录用决策、通知报到、办理入职手续并进行岗前培训的过程。不少旅游企业由于不重视员工录用这个环节，新员工在入职后对企业和本职工作缺乏系统的了解和认识，这不仅对员工适应企业造成了困难，也容易降低员工工作热情和工作效率，从而导致员工的高离职率和企业的招聘成本收益损失。

（一）员工录用的流程

员工录用过程是对通过组织甄选的应聘者进一步评估与测试，对合格者最终做出录用决定的过程，具体流程如下图 4-4 所示：

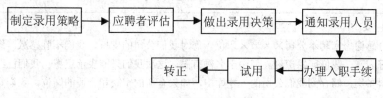

图 4-4　员工录用流程

1. 制定录用策略

录用策略主要包括让优秀的应聘者尽可能多地了解企业的信息，在优秀的候选人和企业之间寻找共同点，提前拟订企业与应聘者在薪酬方面的谈判立场，让候选人感受到企业对他们的重视程度。

2. 应聘者评估

旅游企业招聘人员要对应聘者所提供的材料进行真实性核对，并对其职业经历进行评估，对甄选测验的成绩和结果进行核实和确认。

3. 做出录用决策

旅游企业用人部门根据甄选测验的结果和人力资源部门的录用建议，通过进一步的面试考察后，做出录用决策。因为旅游企业的服务性质，体检合格是影响旅游企业员工录用的重要因素。

4. 通知录用人员

通知有两种：录用通知和辞谢通知。旅游企业在写录用通知时要让被录用者知道企业对他的重视性。而辞谢通知措辞则一定要委婉、亲切，一般是人力资源部经理亲笔签名的辞谢信。这样做会让被拒绝者感到被尊重，同时提升了企业的形象。表 4-12 和表 4-13 分别为录用通知书示例和辞谢通知书示例。

表 4-12　录用通知书示例

××先生/女士：

　　感谢您应聘本公司××××职位。您的学识、经历、能力给我们留下了良好的印象。非常荣幸地通知您，根据考评、审查，您已经被正式录用为本公司员工。请您于×××年××月××日××时来本公司报到。如您在上述时间不方便，请您与×××先生（女士）联系。祝您在新的工作中创造卓越成绩！

　　　　　　　　此致

敬礼

　　　　　　　　　　　　　　　　　　　人力资源部经理（签名）

　　　　　　　　　　　　　　　　　　　　年　　月　　日

表 4-13　辞谢通知书示例

××先生/女士：

　　十分感谢您应聘本公司××××职位。您对我们公司的支持，我们不胜感激。您在应聘时的良好表现，我们印象深刻。但由于名额有限，这次我们只能表示遗憾。我们已经将您的有关资料备案，储存到我们公司的人才库中。如果有新的空缺和合适的岗位，我们定会优先考虑您。

　　非常感谢您能够理解我们的决定。祝您早日找到理想的岗位。

　　　　　　　　此致

敬礼

　　　　　　　　　　　　　　　　　　　人力资源部经理（签名）

　　　　　　　　　　　　　　　　　　　　年　　月　　日

5. 办理入职手续

新员工进入企业后，旅游企业人力部门应该要求其如实填写员工登记表并审查其提供的身份证、毕业证、资格证等相关证件原件，将这些证件的复印件存档。签订劳动合同、建立工资档案等各种入职手续。

6. 试用

旅游企业可以在试用期内进一步深入考察新员工，并根据其试用期考评结果决定是否转正或停止试用，结束劳动合同。

7. 转正

旅游企业在确认新员工试用期符合企业要求后，下达正式录用令，并开始办理正式员工的各种保险和福利项目。

（二）员工录用过程中需要注意的问题

1. 正确分析应聘者提供的信息

旅游企业的招聘人员应该能从应聘者提供的各种信息中准确地分析出其是否胜任相关岗位。主要是对应聘者综合能力、职业道德和品行、潜力、个人社会资源、学习背景和面试表现的分析，以此评价其胜任力特征。

2. 合理设置员工录用标准

旅游企业应根据企业自身特点和能岗匹配的原则，合理地设置录用标准。不是要给企业各岗位挑选"最好"的人才而是最适合的员工。

3. 科学设置招聘流程

一般的招聘工作要进行三轮面试：人力资源部门的初步筛选；业务部门相关业务的考察和测试；招聘职位的负责人和招聘人员参加的测试。每轮测试都会有一定比例的淘汰率，最后再进行匹配度分析。旅游企业应注意遵循这样的顺序进行招聘，如果顺序颠倒，极有可能造成决策错误。

4. 高度重视新员工的文化、价值追求

旅游企业员工流动率很高，能力杰出、业绩优秀的人才流失现象时有发生，除了行业自身的特点，主要是员工对企业文化、价值追求的不认同。因此，为了保障员工忠诚度、降低员工高流动率带来的损失，企业决定录用员工时应该关注员工对企业文化和价值追求的认可程度。

二、招聘的评估

招聘评估是旅游企业招聘过程中必不可少的一个环节。招聘评估通过对录用员工质量的评估来检验企业招聘方法的有效性，从而改进招聘方法，降低招聘成本，提高企业招聘效益。

（一）招聘工作的评估

1. 招聘数量评估

参加招聘的应聘者越多，旅游企业越有可能招聘到优秀人才，招聘工作也就越有效。一般来说，应聘比应至少在 200%以上，岗位越重要，应聘比应越高。

$$应聘比率 = \frac{应聘人员数量}{员工招聘需求数量} \times 100\%$$

2. 招聘质量评估

录用到合适的人才是旅游企业招聘工作的最终目的，员工招聘质量的评估可以采用以下两个比率：

$$录用比率 = \frac{录用员工数量}{应聘人员数量} \times 100\%$$

$$招聘完成比率 = \frac{录用员工数量}{员工招聘需求数量} \times 100\%$$

录用比率越小，相对说明录用者素质越高。招聘完成比率等于或大于 1，说明在数量上全额或超额完成了企业的招聘任务。

3. 招聘成本评估

招聘成本是为旅游企业吸引和确定企业所需内外人力资源而发生的费用，主要包括直接劳务费用、直接业务费用（招聘洽谈会议费、差旅费、广告费、办公费等），间接费用（临时场地使用费、行政管理费等），有些还包括为吸引高校毕业生所预先支付的委培费等。

招聘成本=直接劳务费用+直接业务费用+间接费用+预付费用

（二）甄选工作的评估

1. 甄选时间评估

甄选时间是旅游企业从筛选应聘材料到各种测试完成确定录用候选人的时间。一般来说，岗位越重要，甄选的时就会越长，企业对甄选时间进行评估有利于对甄选流程控制的改进。

2. 甄选成本评估

甄选成本评估是对甄选工作中所发生的一切费用进行审核、统计并参照一定标准进行分析评价的活动。旅游企业进行甄选成本评估时所采用的标准一般为三种：预算标准或目标标准、行业标准和企业历史标准。

3. 甄选质量评估

甄选的质量真正体现在员工被录用后，新员工进入企业后的稳定性、成长性及绩效状况，针对旅游企业自身的特点，以下几个比率可以很好地评估甄选质量：

$$新员工3/6个月内的离职率=\frac{3/6个月内离职的新员工数}{新员工总数}\times100\%$$

$$一定时期内新员工职位晋升率=\frac{晋升新员工数}{新员工总数}\times100\%$$

$$一定时期内新员工业绩优良率=\frac{业绩优良新员工数}{新员工总数}\times100\%$$

新员工 3/6 个月内的离职率越高，说明甄选质量较差。一定时期内新员工职位晋升率、一定时期内新员工业绩优良率越高，说明甄选质量越高。

（三）录用工作的评估

1. 录用总成本及录用成本效用评估

录用成本评估是对录用工作中所发生的一切费用进行审核、统计并参照一定标准进行分析评价的活动。旅游企业进行录用成本评估时所采用的标准一般为三种：预算标准或目标标准、行业标准和企业历史标准。录用总成本效用说明在录用工作中所发生费用的效用。

录用总成本效用=正式录用人数/录用期间的总费用

这个比例较小，则说明企业用在每位被录用人员身上的平均录用成本是较低的。

2. 录用质量评估

录用质量的高低，直接取决于录用工作的执行完成情况，主要表现在新员工的满意度、离职率、业绩等方面。

$$新员工满意度=\frac{对录用工作满意的新员工数}{新员工总数}\times100\%$$

新员工满意度较高说明录用工作做得较好。

【案例分析】

案例分析一：通过适当的招聘方法，选择合格的管理人才
——G 市豪华大饭店案例

G 市豪华大饭店是坐落在 G 市市中心的一家五星级豪华饭店。大饭店的董事长兼总经理方伟先生现在急需物色一位合适的人选，担任饭店前厅部经理，接替刚刚被提升为饭店副总经理的原前厅部经理。

经过考虑，他决定通过广告的方式面向社会公开招聘。拟刊登的广告如下：

G 市豪华大饭店高级职员招聘启示

本市一流的国际饭店联号集团成员之二——G 市豪华大饭店招聘前厅部经理 1 名。该经理将于坐落在 G 市市中心的五星级豪华大饭店任职。

工资与福利：优厚的年薪外加饭店其他福利。

任职要求：年龄在 30 岁以上，有在四星级以上饭店工作的经历，会讲流利的英语，普通话标准。有干劲，有热情，有事业心。能全心全意地管理部门工作，激励员工，为顾客创造一流的服务和优良的环境。

如想了解详细情况或寄送本人简历，请按下列地址联系：

G 市××区××大街 53 号豪华大饭店人力资源部

一星期后，方伟先生收到了人力资源部送来的，经初步面试筛选后的 3 位应聘候选人的简历。

应聘者简历（一）

姓名：乔山   年龄：31 岁

婚姻状况：独身

家庭住址：湖滨路 12 号

电话号码：62851947

学历状况：

1987～1990 年，G 市理工学院上学，取得饭店与餐饮管理专科毕业文凭。

1988 年曾获学院二等奖学金。

工作经历：

1990 年 7～10 月，城市旅馆，饭店管理实习。

1990 年 11 月至 1991 年 11 月，滨海国际饭店（有 600 个床位）见习经理。见习部门有：前厅、客房、餐厅、酒吧、厨房、人事、财务。

1991 年 12 月至 1993 年 1 月，G 市国际饭店（有 200 个床位）前厅部助理经理。主要负责：前厅计算机管理系统的引进和使用。管辖员工 6 人。

1993 年 3 月至 1995 年 10 月，G 市外商俱乐部膳食部经理。主要负责膳食部经费预算分配、员工的招聘和培训、设备的安装和保养、采购和财务控制。

1995 年 10 月至 1998 年 5 月，休闲时光集团公司任兼职顾问，负责该集团的豪华度假中心前厅接待人员的岗前培训。

1998 年 5 月至今，G 市大饭店前厅部经理。主要负责前厅部的日常经营，员工的招聘，财务预算与控制和市场营销。

个人爱好：游泳、网球。

应聘者简历（二）

姓名：李杰　　　　年龄：35 岁

家庭住址：天山路 3 号天山小区

现在受雇单位：G 市塔城饭店

学历和工作经历：

1983~1987 年，南方大学英语系学习并取得大学本科文凭。

毕业后第一个职业是在广东省 A 市的一家家庭旅馆当职员。

1987 年 10 月至 1990 年 5 月，梅杰斯克饭店集团公司前厅实习经理，并曾在深圳、上海等地的连锁饭店工作过。

1990 年 6 月至 1993 年 2 月，G 市阳光旅游企业（有 600 个床位）前厅部接待主管，负责员工培训、预订、接待和收银工作。在此期间，我取得了很好的实际工作经验。

1993 年 2 月至 1996 年 6 月，深圳市海地饭店预订部主管。主要负责饭店市场营销、提高房间利用率方面的工作，同时还担任过饭店大堂经理。

（1996 年 6 月至 1997 年 3 月因病住院。）

1997 年 3 月至今，G 市塔城饭店前厅部经理。该饭店是一座拥有 68 个床位的家庭式饭店。虽然我的职务是前厅部经理，但也负责饭店的客房管理工作。

个人兴趣：象棋、足球。

推荐人：戴莉娜女士，深圳市海地饭店副总经理。

应聘人简历（三）

姓名：吴亮　　　　年龄：43 岁

现从事职业：皇家花园饭店客房销售经理

简历：

1976~1982 年，G 市电力局后勤部工作。

1982~1984 年，G 市电力局招待所经理。

1984 年 9 月至 1987 年 6 月，G 市大学成人教育学院求学，毕业后取得大专文凭。

学习专业：管理工程。

1987 年 7 月至 1990 年 3 月，G 市台湾饭店前厅部助理经理，管辖员工 3 人。

1987 年 12 月我的工作能力被经理发现，提升为预订部经理，一直到 1990 年 3 月离开该饭店。

1990 年 3 月至 1996 年 5 月，回家乡帮助父亲筹建了度假村，然后又筹建了自己的餐厅。1995 年决定返回 G 市。

1996 年 6 月至今，皇家花园饭店前厅、客房销售部经理，管辖员工 8 人，主要负责财务计划、预算、定价、客房推销和会议接待工作。

从 1998 年 9 月开始，我一直在 G 市理工学院兼职学习，攻读本科学位。

个人兴趣：旅行和音乐。

推荐人：林志文先生，皇家花园饭店总经理。

方总看了三人的资料，觉得乔山的工作经验与其他两位相比略为逊色一些而且曾经有过一段膳食部经理的经历，对前厅部的工作帮助不大。而吴亮是从基层做起，一步步干到现在的职位，因此工作经验丰富；但学历方面要较其他两位欠缺一些，尽管他现在又在攻读本科学位。而且年龄偏大，对于前厅部繁忙的工作来说，实在让人担心。李杰学历在三人当中最高，而且毕业于著名的南方大学。毕业后在梅杰斯克饭店集团公司工作过，这个饭店集团在饭店业享有很高的声誉。年龄也适当，正是年富力强的时候。有推荐人，资料应该比较可靠。从各方面来看李杰是最佳人选。

对于人事部赵经理提出的关于李杰人有点圆滑的疑问，王总认为人圆滑点，更易共事。

于是李杰被录用了。一年后，他的工作并不如期望的那么好，而且与下属及同事相处得并不愉快，引起管理层的抱怨。显然李杰对此职位并不胜任。

案例回顾与讨论

1. 饭店通过广告招聘管理人员有哪些有利条件和不利因素？
2. 该饭店招聘广告的内容和形式是否符合饭店招聘要求？
3. 从 3 个人的简历中，反映出候选人的哪些优势和劣势？
4. 总经理方伟在选人时存在什么问题？应如何克服？

案例分析二：酒店招聘如何创新
——杭州开元名都大酒店

酒店在招聘人才时，为了避免录取不适合的应聘者，一般都会在聘用前进行测试。若招聘失误，让不适合的人进入酒店，他不但无法贡献自己，还会影响酒店整体的员工绩效，间接或直接地损害酒店的对外形象。因此，有效地挑选人才，已成为酒店管理者的一个重要课题。

根据所招聘岗位的特点，在面试中有选择地应用一些科学的测评工具，如心理测试、气质和性格测评、案例分析、情景模拟、团队讨论等。这些测评得到的结果不能作为最后录用与否的绝对依据，但可作为录用决策的参考信息。杭州开元名都大酒店举行的数场别开生面的招聘会显示了其独具匠心的创新招聘策略。通过这些创新的评量式、游戏式的招聘方式，吸引了更多优秀人才的参与，让应聘人员感受到了酒店招聘方浓郁的企业文化和深厚的文化底蕴。

让招聘成为互动性的活动

互动性会使求职者和招聘者之间的直接沟通机会大为增加。为什么不让应聘者参加一个简单的测验，以确定他们是否了解该职位或拥有从事该职位所需的技能？

以下是开元名都大酒店在招聘销售人员时的实地活动：数十名应聘者排成一排，让其每人拿出 1～20 元间的任意零钱，拿在手上，在接下来的三分钟（视人数多少一般 50 人），见人就换（用强劲的背景音乐如《命运》等），在音乐停止时请应聘者坐下来。招聘人员提问：请问有多少人赚了？赚了多少？有多少人赔了？赔了多少？

在这个活动中，需要阐明的是：你有什么样的想法就会有什么样的结果。因为在这个活动中一定会有人赚到了钱，也一定会有人亏钱。体验是：因为大家在参与之前一般不会多想，完全是凭潜意识在玩游戏，从中可以看出应聘者对人生心态的各异。这不仅仅是让其对赚钱观念的体验，还可以悟到建立人际关系、组织协调、激励队员，等等。

模拟管理与创新策划

应聘者均有机会以一个公关部经理的身份来运作一家豪华五星级酒店的开业策划，要设计一套崭新的营销策略，来吸引众人眼球。许多精彩的创新思路脱颖而出，有多名优秀选手通过该活动最终加入"开元名都"，走向公关部管理人员的岗位。这就是"开元名都"的策略竞赛，主要考察各应聘人员对酒店运作、战略制定与实施、市场开拓和培育、服务创新及市场变化的综合分析和随机应变能力。这些虚拟的策划活动不但为应聘者提供了全方位运作一家酒店营销的经历，也为招聘经理提供了一个发现和招聘优秀人才的渠道。

环境和氛围的营造

应聘人员面试时，"开元名都"的招聘人员都与应聘者握手和微笑，这可以帮助应聘者放松心情，让其在面试中充分发挥，毕竟，酒店大多数岗位都与"现场表现"无关，也并不要求所有的员工都在陌生人面前表现自如。接下来，对应聘职位的介绍和对招聘目的的重申，可以在选择应聘者的同时，帮助应聘者判断这家酒店是否适合自己的发展。

在面试房间的布置方面，尽可能地营造一种平等、融洽的氛围，例如，用圆桌代替方桌；在位置的安排上，与应聘者保持一定的角度，而不是面对面等，这样都可以减少应聘者的压力。

同时，"开元名都"的招聘方针是让应聘者也参与到面试工作中来，招聘方的工作方式和态度，对应聘者做出是否加入酒店的决定产生了重大的影响。

建立必要的人才储备库

在招聘实践中，常会发现一些条件不错且适合酒店需要的人才，因为岗位编制、酒店阶段发展计划等因素限制无法现时录用，但确定在将来某个时期需要这方面的人才。作为人力资源部门，应及时将这类人才的信息纳入酒店的人才储备库（包括个人资料、面试小组意见、评价等），不定期地与之保持联系，一旦出现岗位空缺或酒店发展需要，即可招入麾下，既提高招聘了速度也降低了招聘成本。

众所周知，"选人"是人力资源管理"选人、育人、用人、待人、留人"的五大职能之首，是人力资源管理的第一步，如果起点的质量不高，那么不仅后续的人力资源管理工作会事倍功半，更会影响到酒店决策的执行。作为承担着"选人"职能的招聘部门，在埋头于招聘的同时，也要抬头看看别人是怎么做的，借鉴国内外企业的成功经验，吸收精华为我所用，探索出适合本企业的有效的招聘方法，提高招聘的效用。

（资料来源：中国酒店招聘网）

案例回顾与讨论

1. 如何让招聘活动成为互动性的活动？
2. 旅游企业招聘活动的创新途径有哪些？

【本章小结】

旅游企业员工招聘是指旅游企业以企业经营战略规划、人力资源规划和工作分析为基础，识别并确定企业的空缺岗位和员工需求，制定员工招聘政策，决定招聘方式，然后进行员工招聘、甄选、录用、评估等一系列活动的过程。招聘和甄选是完全不同的活动：招聘是指组织确定工作需要，根据需要吸引候选人来填补工作空缺的活动；甄选是从所有来应聘这一职位的候选人中进行选择的活动。员工招聘是招聘活动的一个重要环节，其主要目的在于吸引更多的人前来应聘，使组织有更大的人员选择余地。招聘方式分为内部选拔和外部招聘两种。当旅游企业内部职位发生空缺时，应首先考虑在现有的企业从业人员中调剂解决，解决不了的再进行外部招聘工作。内部选拔又分为内部提升和内部调用两种形式。外部招聘一般有以下几种形式：人员推荐、职业介绍机构与人才交流市场、求职者登记、高校应届毕业生、公开招聘、网络招聘等。员工甄选是指组织通过一定的手段，对应聘者进行区分、评估并最终选择合适的录用员工的过程。员工甄选的非测验型方法有面谈法、问卷法、档案与调查法、情景模拟法等，测验型方法主要是心理测验。企业在员工甄选过程中要注意信度和效度问题。招聘录用是指旅游企业从招聘甄选阶段筛选出来的候选人中选择符合企业需要的人员，做出录用决策、通知报到、办理入职手续并进行岗前培训的过程。招聘评估通过对录用员工质量的评估来检验企业招聘方法的有效性，从而改进招聘方法，降低招聘成本，提高企业招聘效益。

【关键术语】

招聘（Recruitment）

甄选（Selection）

内部招聘（Inner recruitment）

外部招聘（External recruitment）

员工申请表（Employee requisition）

内部提升（Promotion From Within，PFW）

职业介绍所（Employment agency）

网络招聘（Network recruitment）

结构化面试（Structured interview）

心理测验（Psychological test）

信度（Reliability）

效度（Validity）

招聘评估（Recruitment evaluation）

【复习与思考】

1. 旅游企业招聘员工的途径主要有哪些？各有何利弊？

2. 什么是面谈法？旅游企业招聘人员在进行面谈时应注意什么？

3. 什么是情景模拟法？举例说明一种情景模拟测试的形式。

4. 非测验技术产生的主要误差有哪些？

5. 请你设计一份招聘饭店客房经理的面试提纲。

6. 什么是测验的效度与信度？影响效度与信度的因素分别是什么？

7. 请你为一个旅游企业设计招聘评估方案和报告。

【实践题】

1. 选择本地区 2 家旅游企业，对比分析其不同的招聘方式。

2. 选择一家旅游企业，为其设计几套招聘方案，选择出最优方案进行招聘评估。

【网站链接】

1. 登录中华英才网 http://www.chinahr.com 查看招聘信息，了解招聘方式。

2. 登录中国人力资源网 http://www.hr.com.cn 了解招聘常识，扩展招聘知识。

第五章　旅游企业员工培训与开发

【学习目的】
1. 了解员工培训与开发、教育等概念的区别与联系。.
2. 熟悉员工培训的特点与规律。
3. 掌握员工培训的内容与方法。
4. 熟悉员工职业生涯管理的实践。
5. 了解我国旅游职业经理人的发展。

第一节　员工培训与开发概述

培训是指企业有计划地实施有助于员工学习与工作相关的胜任能力活动。这些胜任能力包括知识、技能或对工作绩效起关键作用的行为。培训的目的就在于让员工掌握培训项目中强调的知识、技能和行为，并将这些知识、技能和行为应用于日常工作中。大多旅游企业都不太重视对员工培训和发展的投资，只是在出现企业经营环境发生重大变化，或是人员流动等问题时才会运用培训来解决当前困难。其实，员工培训是旅游企业能否持续发展的关键，也是旅游业成功的重要因素。

一、员工培训与开发的概念

员工培训与开发是组织为实现经营目标和员工个人发展目标而有计划地组织员工进行学习和训练以改善员工工作态度、增加员工知识、提高员工技能、激发员工创造潜能，进而保证员工能够按照预期标准或水平完成所承担或将要承担的工作任务的人力资源管理活动。

有的学者将培训与开发作为两种不同的概念来理解，他们认为培训更多的是一种具有短期目标的行为，目的是使员工掌握当前所需的知识和技能；而开发则更多的是一种具有长期目标的行为，目的是使员工掌握将来所需的知识和技能，以应对将来工作所提出的要求。本书中将培训与开发结合起来，既着眼于组织眼前绩效的改进，又在战略角度上关注组织和个人的长远发展。培训与开发的异同点如表 5-1 所示。

表 5-1　培训与开发的异同点

项目		培训	开发
相同点		• 根本目的在于提高人力资源质量和工作绩效水平 • 对象是企业员工 • 是有计划、连续的工作	
不同点	目标	着眼于短期技能和知识的提高，强调短期目标	着眼于未来知识和能力的提高，强调长期目标
	关注焦点	现在	将来
	与当前工作的相关性	高	低
	持续时间	短，具有集中性和阶段性	长，具有分散性和长期性
	范围	窄	宽
	工作经验的运用程度	高	低
	收益	近期内见效	是人力资本投资，在未来取得收益

二、员工培训与开发的特点和原则

　　旅游企业员工培训既不同于一般意义上的学校普通教育（参见表 5-2），又有别于其他行业的培训，不了解其特点和规律，就无法真正达到培训的目标。下面先讨论旅游企业的总体培训特点，然后以旅游企业中具有代表性的饭店与旅行社为例进一步讨论旅游企业员工培训特点。

表 5-2　培训和教育的区别

项目	教育	培训
形式	由社会及政府提供的	由企业或社会提供
内容	系统的知识与技能	针对性的知识技能态度
范围	较广	较窄
目的	着重于个人长远发展	着重企业近期需要
时间	较长（以月计算）	较短（以天、小时计算）
功能	发展通才	发展专才
基础	以个人为主	以工作为主
年龄	各年龄段都有	成年人

（一）员工培训的特点

饭店、旅行社的工作较之其他行业，有着自身的特点。概括起来主要有经济性、涉外性、服务性和季节性等。而它的培训具有思想性、针对性、多样性、标准化、重外语、季节性等特点。

1. 思想性

由于饭店、旅行社工作的涉外性和分散性，结合实际情况，经常性的利用多种培训方式对员工进行思想教育、职业道德教育和外事纪律教育以及心理素质教育，是提高员工素质、保障工作顺利进行的不可或缺的部分。

2. 针对性

针对性的核心是实用性。饭店、旅行社员工培训的针对性主要体现在三个方面：

（1）根据员工需要和岗位需要进行培训。如饭店前台接待人员、餐厅服务员、客房服务员，他们的岗位不同，职能不同，工作内容不同，其培训需求也不同。对于旅行社导游的外语培训，不可能再上语法课，而应传授运用外语于导游讲解的技巧、技能；导游业务培训则一般侧重于案例分析、处理特殊问题的方法以及补充有关的业务知识。培训的内容要紧密结合实际，注意与他们各自承担工作的相关性。

（2）要学以致用。员工参加培训学习的目的是为了增加知识，提高技能，学习以后立即用于工作实践。比如，岗前培训是为了培训对象能适应本职工作，而在岗培训是围绕提高本职业务能力而补充有关的知识技能。因此，员工的培训过程与内容要与其实际工作相互渗透，有机结合，使员工通过培训，确实能将所学的知识技能及时运用于工作，转化为生产力，使工作出现新的起色。

3. 多样性

饭店、旅行社的工作特点决定了对于不同的培训对象、不同的工作内容，要分为不同层次和采取不同的方法进行培训。培训活动不是一个封闭的系统，而是呈动态开放性的，这就决定了培训工作应有多样性的特点。多样性体现在多层次、多形式、多渠道等方面：

（1）多层次。饭店、旅行社员工培训，并不是特指某些人，而是对不同层次的人都应该进行培训，即全方位、全员性培训。员工不同的职务、年龄构成、知识结构和专业技术等级决定了不同的工作内容和要求。因此，要划分不同层次和采纳不同的方法进行培训。例如，对于基层员工，虽然主要应侧重于培训其业务技能、技巧，改善服务态度，增强其能力，但同时也可学习基本的管理知识；对较高层次的管理人员的培训，课程设置要以提高他们的系统理论知识和全面的管理能力为重点。

（2）多形式。多样性的培训内容决定了不可能采用单一的培训形式，培训可以按不同标准划分为不同形式。例如，根据培训时间来划分：有中长期培训、短期培训和速成培训等；根据培训方式来划分：有全脱产培训、半脱产培训、业余学习等；根据培训性质来划分：有岗前培训、在岗培训、转岗培训、岗位培训、技术等级培训、晋升培训等。

（3）多渠道。多渠道培训是指饭店、旅行社不应局限于自身力量，要广开门路和渠道，进行形式多样化的培训。如内部培训、参加讲座培训班、到有关院校进修、委托旅游院校进行骨干强化培训和出国培训等。

4. 标准化

标准化是饭店培训工作有别于其他一些行业的一个显著特点。无数事实证明，凡是管理工作卓有成效的企业都很重视管理规范和服务标准的基础性建设。饭店的经营管理要真正上水准，就需要用高标准来实施 。

饭店培训工作的标准化是指：

（1）制定工作标准。工作标准包括工作职责、工作程序、工作规则等几部分内容。为了提高服务质量，保护宾客的合法权益，国家旅游局于1997年公布了星级饭店优质服务的10条要求。这实际上也是饭店树立行业新风、对客人实行优质服务基本标准的外化体现。这些标准既是饭店开展优质服务监督、检查、评比的主要内容，也是培训员工的主要依据之一。

（2）严格按照工作规程实施培训。饭店的服务质量需要有一个准确的标准。然而服务质量是通过一定的服务形式表现出来的，有形式但没有实物，所以无法量化。这就容易产生一种模糊的概念，似乎服务质量的标准是不确定的。解决这一困难的办法是实施工作规程。工作规程是以描述性的语言规定服务过程的内容、顺序、规格和标准程序。它是服务规范的根本保证，是饭店服务工作的准则和法规。工作规程的具体实施及饭店服务质量能否保证，在很大程度上取决于饭店员工的素质水平如何。因此，严格按照工作规程标准对饭店员工实施培训，就十分必要了。通过规范化的培训，使员工明白服务标准的内涵，由强制性养成到自觉性养成，从而在工作中按照受训的标准进行规范服务，以达到宾客满意，全面提高饭店经营管理水平和服务质量的效果。标准化培训是饭店培训工作中运用的一种主要手段。

5. 重外语

这一点是由饭店、旅行社的涉外性决定的。许多旅行社、星级饭店的服务对象主要是外国宾客，而语言是员工与宾客沟通的桥梁，因此员工的外语水平直接影响到能否为宾客提供满意的服务。比如饭店前台接待直接与宾客打交道，提供面对面的服务，如果听不懂客人的话，抑或就是听懂一些，也不善表达自己的意愿，无法进行双向交流，则会严重影响服务质量。对于旅行社培训工作来说，导游外语培训是在大学外语专业教育基础上的高层次专业培训，其他专业的外语培训也是接近或达到大专外语水平的培训。

6. 季节性

旅游接待工作一般有淡、平、旺季，这种接待工作的季节性又因不同国家与地区的旅游者而有前后参差。如日本旅游者，每年都有几次相对固定的观光浪潮，如岁末撞钟、八月修学团、十月旅游高峰等。这就给饭店、旅行社的培训工作带来了比较突出的季节性特点。

（二）员工培训原则

员工培训实质上是被培训员工的学习过程。因此，要想提高培训的效率，就必须了解人类的学习规律。心理学界多年来对人类的学习规律进行了大量的科学研究，提出了一些理论和原则，可以应用在培训活动中。在具体的培训过程中应注意以下原则：

1. 目标订立原则

培训目标的高低也会影响学习积极性和学习效率。除了在培训之前进行有关学习目的和意义的教育之外，应尽可能让员工真正地参与制定培训目标，使其对目标产生更强的责任感。同时，目标应该明确具体、易于检查，使员工经过一定的努力能够达到。总的培训目标可以分成若干个子目标，还可以分成长期和短期目标。此外，应使培训目标与实际工作任务紧密联系在一起。

2. 教学指导原则

在培训时，注意指导员工掌握利用各种资源的能力。教学应由易到难，随时对学习错误进行分析，指导员工做出正确的反应。同时，应该重视员工在年龄、性别、能力、兴趣、个性和态度等方面的个体差异，尽可能采取因人而异的培训方法和教学程序，使每个员工都能达到自己最好的技能水平。

3. 反馈原则

反馈是指员工获得有关自己完成学习任务情况的信息。这种信息一般都包含在任务里。就像打靶一样，射击后，靶上的枪眼就可以提供结果的反馈信息。如果只练习而不了解练习结果，缺少反馈，学习就不会有很大长进。反馈的内容既可以是学习的定量化结果，也可以是定性的反馈。心理学研究证明，把反馈与有效的学习目标结合在一起，比反馈本身的作用大得多。这就是说，在信息反馈时，应该随时对照原订目标，订立新的目标。

4. 强化原则

强化是指当某一行为出现后，若得到奖励（称为积极强化），则增强这一行为出现的可能性；若得到惩罚（称为消极强化），则会减弱这一行为出现的可能性。

总之，任何事件，凡是改变行为发生概率的，均称为强化。

一般而言，奖励对学习效果的影响要比惩罚好。因为惩罚会导致焦虑及愤怒，以致于影响学习情绪，进而影响学习的效果。在使用强化时，必须了解人们的动机系统与对惩罚的态度，否则强化起不到应有的作用。

5. 转移原则

培训效果的转移，是指培训中所掌握的知识、技能或态度能够在今后的工作中得到利用的程度，这也是对培训方案的效果的评价。迁移可以是正迁移，即促进今后的工作；也可以是负迁移，即干扰今后的工作。可以通过采取一些方法来增强正迁移的效果，其中包括：使培训与工作尽可能相似；提供有关培训任务和技能的各种实例；明确任务的重要特征和一般原则；对今后工作中表现出的所学到的技能和行为及时给予奖励；把培训设计得更具有可应有性，等等。

三、员工培训的基本规律

培训作为教育的一种形式，在实践中具有很强的艺术性。员工培训中存在着一定的规律和原则，充分认识这些因素有利于培训的实施。

1. 成人学习的基本规律

与国民教育要遵从儿童学习规律和青少年学习规律不同，员工培训应立足于成人学习的基本规律。成人学习，从心理机制上说，在学习过程开始时，成人头脑中并不是一片空白。在学习过程中必定要受原有的知识和经验的影响，要立足于调动过去的经验积累以激发联想、比较、思考等心理过程来接受和理解现在的学习内容。这种以往的知识和经验背景对成人学习无疑具有双重意义，从积极的方面来说，原有知识和经验有助于对现有学习内容的理解和把握；消极的方面则可能使原有的知识和经验成为进一步学习的障碍。这种障碍主要表现为成人对学习内容的选择、对学习对象所渗透的观点的接受，必定要受学习者现有价值观念的制约，一旦学习内容与学习者所持有的既有价值观发生冲突，则不管所要学习的内容是否科学、是否有很好的社会功效，或多或少都会作出心理抵抗。研究成人学习机制，就是要最大限度地扩大成人原有知识和经验对当前学习的积极作用而削弱其消极作用。为此，克服学习中的各种心理抵抗是提高成人学习效率和效果的重要环节。

从总体上说，成人学习一般要遵循这样的规律：

第一阶段激发起对过去的经历的回忆，让学习者回头想想自己以前做了些什么，是在什么情况下运用什么方法做的；

第二阶段启发学习者对这些经历进行反思，检讨这些经历的成功与失败之所在，看看他们以前做得怎么样；

第三阶段引导他们着力去发现他们自己还缺少哪些引导成功的理论、方法和工具，确定他们自己应该学习些什么，即所谓明确学习目标；

第四阶段进入学习理论、技巧、方法和工具的过程；

第五阶段将新学的内容进行模拟运用，包括练习、实验、写学习报告或论文等等。

顺序地经过这样几个阶段之后，才能说完成了一个简单的学习过程。而实际的学习，则需经上述五个阶段的不断循环、提高才能实现。从这一规律中显而易见，成人学习与其说是由教师、培训者教会他们学习，还不如说是他们自己学会如何学习，自己在对以往经验的反思和领悟中学习。

这样，从事成人教育或员工培训就必须了解被培训对象的特性，必须知道他们过去所从事的工作及其所取得的经验。违背成人学习规律的员工培训，单纯照搬中小学"填鸭式"、"满堂灌"的教学，不发挥学习者自身的学习主动性、积极性，往往是事倍功半、无多大学习效果。

2. 整体差异性规律

同一旅游企业的员工在能力上存在着较大的差异。这些差异往往是由员工不同的知识结构、文化程度、性格特征、品质修养以及直接环境所导致。心理学研究发现，员工学习能力的差异处于一种教学中的正态分布，如图 5-1 所示。也就是说，100 位参加学习的员工中，50 位处于中等水平，各有 15 位略高于平均值和低于平均值，10 位能力最强、成绩优异，10 位能力差、成绩处于下等。

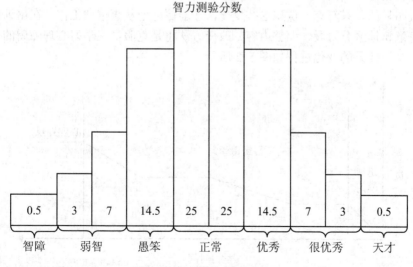

图 5-1　学习能力的整体差异

认识这一规律，要求主管人员因材施教，因人而异。要放弃使所有员工经过培训都达到同等优良水平的不切实际的幻想，当员工没有达到理想目标时不至于失望过大。培训要满足不同人员素质的要求，就要正视员工群体差异性的现实，区分员工的不同特点，如能力差异和心理差异，根据不同的表达能力、操作能力、记忆力、心理素质等采用灵活多样的培训方法，进一步强化总结培训效果。

3. 学习效果的阶段性变化规律

心理学研究发现员工在接受培训期间，学习效果有着明显的阶段性变化：

（1）迅速学习阶段。员工在接受培训的最初阶段，当积极性被调动起来之后，会对内容有浓厚的兴趣，对新知识的好奇心会驱使员工主动思考，创造性地采用各种方法来掌握知识和技术。因此，学习效果很好，学习进展速度快。但是，这短暂的时间过去之后，则是一个缓慢的过程。

（2）缓慢学习阶段。当员工初步掌握了该项工作之后，其学习兴趣与积极性会锐减，学习进展十分缓慢，相对达到一个稳定的时期。在这一阶段，员工的培训效果始终在提高，但速度较第一阶段相差甚大。当然，不同心理素质的员工在这一阶段的表现有别，意志坚定者会持之以恒，总以创新的方法和较高的热情迎难而上，其学习效果远优于其他员工。个别意志薄弱者会对培训产生厌恶情绪，甚至放弃培训机会。

（3）心理界限。经过较长时间的缓慢进程，员工对该项内容的学习会处于饱和状态，效果将不理想。

尽管根据培训内容的不同，这些阶段的时间跨度和变化有别，但是，阶段性是比较明显的。只有充分认识这些变化，才能更好地从事培训工作。在培训过程中，有意识地区分阶段、调整内容、改变方法将是克服员工学习心理障碍的有效方法。学习效果的变化过程如图 5-2 所示。

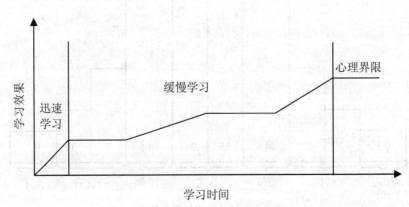

图 5-2　学习效果的阶段性变化规律

4. 分散性培训优于集中培训规律

心理学研究证实，任何兴趣和注意力的集中都有一定的时间界限。超过这一限度，学习效果会明显下降。在员工培训过程中，特别是针对在职培训，要注意培训的时间及节奏安排。将某项培训内容分几个阶段短时间学习，其效果远远优于集中一天甚至几天的学习。因为，时间的延长就意味着兴趣的降低和精力的分散。

例如，在饭店餐饮部服务员的入门培训过程中，将餐饮服务分为摆台、看台、传菜、撤台、迎客与送客、仪表与行为以及餐厅设备的保管等步骤，制定培训计划，每天用一个小时左右时间，新员工就能比较扎实地掌握餐饮服务工作。相反，如果集中一个星期，天天学习这些内容，则效果不会理想。

5. 以考评促培训规律

考评是对一段时期内培训效果的总结和评估。在一个培训中，经常考评员工的学习效果是激励员工学习和提高学习兴趣的方法和措施。因为考评给员工造成一定的心理压力，员工会把考评结果同晋升、奖惩、自尊等方面影响不自觉地加以联系，用外在的环境压力迫使其努力学习。事实上，任何一项学习的效果都会受到考评的影响。妥善安排考评的内容、时间、次数以及结果的处理会加深对所学知识的理解、掌握和吸收。考评还有利于评价培训效果，便于发现不足，强化薄弱环节，终止错误。

四、把握员工培训的总体趋势

1. 员工培训成为人力资源开发的重要方式

在知识经济时代，企业竞争力的强弱，越来越取决于员工素质的高低。在技术更新速度越来越快的现代社会里，员工素质也越来越成为一个变数。而员工素质的提高，需要员工掌握新技术、树立新观念，增强职业竞争力，且离不开在实际操作中提高，更离不开职业技能和态度培训。任何一个优秀的、有远大眼光的企业，都是舍得投资、下力气开展员工培训的。发达国家企业员工培训的费用一般要占其工资总额的 2%～10%，正是这种高投资的员工培训支撑了世界一流企业的迅速成长和其资金的高回报率。我国许多企业在 21 世纪必将进入高速发展时期，就必须高度重视人力资源开发，加速员工工作生涯发展，充分发掘每一个员工的创造潜力，不断提高其工作技能、促进其态度转变。现代企业都是创新型企业，而企业创新的根源在于员工尤其是技术人员和管理人员的创新能力。这种与职业、工作有关的创新能力决不会是天生的，只能不断地在结合工作的学习和培训中获得。因而员工培训应该具有一定的超前性和开发性，通过某种有利于激发创造性的培训环境，刺激员工的创新冲动，开发出员工潜在的创造力。这样，员工培训就成为企业人力资源开发的重要方式，培训目标就要定位于造就一批与企业战略目标相对应的优良员工队伍。为成功地激发出员工的创造性，并能帮助员工准确地认识自己的潜力和后劲之所在，培训者本身就必须具备极高的诱导、启发、挖掘员工创新能力的技巧，其角色就必须实现从传统意义上"传道、授业、解惑"的教师到现代的指导员工职业生涯发展的"教练"、咨询专家的转变。

2. 从学历教育转向技能、观念培训

随着整个国民教育体系布局的完善和优化，也随着企业分离办学校等社会职能，企业员工培训将不再可能以学历教育为主。依照国际惯例，我国的员工培训必须从学历教育转向技能培训（包括操作技能和管理技能两大方面的培训）和观念培训（包括岗位责任观念培训、组织归属感培训和企业价值观念培训），使员工培训直接为企业总体经济效益的增长和整体技术水平的提高作贡献，使员工培训直接融入企业生产经营活动之中。这样，培训才具有较高的投资效益，培训投资才能真正转化为能给企业带来丰厚利润的资本。

员工培训是为了开发人力资源，所谓人力资源当然只能是对企业生产经营工作有直接推动作用的人。这样，员工培训的内容就必须明显偏重于技术业务培训、职业意识培训、创新精神培训，系统的、结构化的文化学习不能再作为员工培训的内容。这里的原因，一是因为企业培训投入要计入成本，必须讲求经济效益，突出培训的经济功能，而不能使培训立足于无直接经济价值的单纯文化学习；二是文化学习的周期较长，其目标不是短期培训所能达到的，而且以员工培训这样的方式也难以保证文化学习的质量（成人学历教育的质量普遍不及正规高校就是明证）；三是随着整个国民科学文化素质的提高，企业所录用的人员在文化素质上是具备一定水准的。

3. 从社会化教育转向企业个性培训

在计划经济时代，全国各级各类学校教育在很大程度上是整齐划一的，企业员工培训院校也承担了大量属于政府培养未来公民尤其是教育青少年的功能。各个企业的员工培训没有自己的特色，从实际结果来说纯粹是一种"粗放式"的培训，确实是"广种薄收"——培训虽做得不少，但实际收效甚微。适应市场经济条件下经济增长方式的转变，企业培训也必须经历从"粗放"到"集约"的转变，将有限的培训资源用于最急需的培训项目上。各个企业、每个企业不同时期最急需的培训项目自然不会是统一的，因而企业培训必须个性化。每个企业的培训必须依其独特的技术工艺、管理风格、企业形象和发展战略，开展具有独特内容和方式的培训。每一企业培训什么、怎样培训，都是很难从其他企业或社会上"克隆"来的，只能依靠本企业有关管理人员和培训人员认真研究本企业的特殊要求、熟悉本企业的独特个性，精心开发和设计紧密切合本企业实际的培训课程，才能使培训真正收到有的放矢、"一把钥匙开一把锁"的效果。

4. 从个体学习到团队学习

传统的课堂式的教学几乎是纯知识的学习，其方式也大多是在一位老师的讲授下，一群学生通过听课、做作业、背诵等个体学习方式来掌握所学内容，而很少运用到经验和智慧学习。这种学习因其内容与员工工作实际相距较远，所学知识绝大部分缺乏操作性、没有明确的针对性，因而这种学习对于提高工作技能、转变工作态度总会给人以"隔靴搔痒"的感觉。

与此不同，员工培训不能再一味沿袭个体学习方式，而必须更多地采用团队学习模式。因为员工要更好地工作，当然离不开增加知识，但更需要提高技能、增长经验。而技能和经验显然是不能从课堂上学到的。所以员工培训在很多情况下，要靠工作群体或工作团队成员之间的相互交流、相互切磋、取长补短，来实现经验和智慧共享。这些经验和智慧是各类员工在长期工作中经历了许多成功和失败、顺利和挫折换来的，凝结着员工们多年的心血和汗水。掌握这些经验和智慧，对于他人少走弯路、提高工作的效率和效能，是极为宝贵的。这些经验和智慧对工作所起的作用，无疑也是书本知识无法相比的。

现代员工培训在很大程度上就是要给员工创造一个能有效激发员工学习的情景，培训的作用，也就是把来自不同岗位的员工集合到一个特定的学习情景中，引导大家运用"头脑风暴"法、情景模拟、案例研究等方法进行广泛而深入的交流、研讨，激活创新思维，以团队式工作方式开发出仅仅靠单个人的学习无论如何也不可能产生出来的提高企业绩效的新见解、新发明、新创意。培训教师在这样的学习情景中，更像是一个主持人，规定团队学习任务，引导团队学习过程，由学员自己去总结出学习成果，而很少像传统的教师那样，把自己凌驾于学员之上，直接给出学习结论，从而也就限制了学员的思维。

5. 在知识和技能培训之上加强员工良好心理品质的培养

在当前和今后相当长的一段时间里，加强对员工心理品质的培养是比提高员工技能要重要得多、复杂得多的培训任务，而只有做好了这一项工作，员工培训才是真正到位的，才是真正为企业发展建立了最大的、也是其他工作难以替代的功勋了。因为我们大家都知道，管事容易管人难，而管人之难，莫过于理顺人心、盘旺人气。而人心不顺、人气不旺的企业，是绝对搞不好、起码是搞不活的。

第二节　员工培训与开发的流程

培训活动的整个过程按时间顺序可以大致分为培训需求分析、制定培训计划、实施培训活动、进行培训效果评估。

　　培训流程如图 5-3 所示。

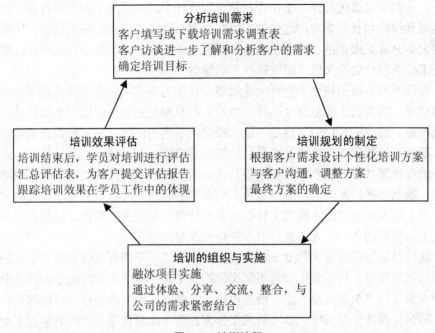

图 5-3　培训流程

一、分析培训需求

　　培训需求分析就是采用科学的方法弄清谁最需要培训、为什么要培训、培训什么等问题，并进行深入探索研究的过程。培训需求分析是确定培训目标、设计培训计划、有效实施培训的前提，是现代培训活动的首要环节，是进行培训评估的基础，是使培训工作准确、及时和有效的重要保证。麦吉和塞耶早在 1961 年就提出将需求培训分析分为组织分析、任务分析和人员分析的三步体系。

　　● 　组织分析主要对组织目标、组织资源、组织氛围和组织所处的环境等因素进行系统分析，准确找出组织存在的问题，并确定培训是否是解决这些问题的有效途径及组织最需要的培训类型。

　　● 　任务分析是针对某种特定的任务或工作，通过收集有关的任务信息，针对其难易程度、变化或稳定程度等特征，确定完成任务需要对员工进行哪方面及哪种程度的培训。

　　● 　人员分析以任务分析为基础，主要分析员工个体在工作绩效、知识、技能和能力等方面的差距，在此基础上确定谁需要和应该接受培训以及培训内容。

培训需求的可能性　　　　　　　培训需求的现实性

培训需求的"压力点"　　　　　　需求分析的结果

· 新员工进入

· 职位变动

· 顾客要求　　　　　　　　　　· 是否需要培训

· 引入新技术　　　　　　　　　· 在哪些方面需要培训

· 生产新产品　　　　　　　　　· 企业培训的内容是什么

· 企业或个人绩效不佳 → 组织分析　战略分析　人员分析 → · 哪些人需要培训及需要什么样的培训

· 企业未来的发展

· 新的工作岗位

· 高的绩效标准

图 5-4　员工培训需求示意图

（一）培训需求分析的内容

　　培训需求分析的内容可以从培训需求的层次、培训需求对象、培训需求阶段三个方面来划分。首先从培训需求的层次方面可以分别从组织、战略和员工层次进行培训需求的分析。根据要培训对象的不同可以从新员工培训需求和在职员工培训需求进行分析。根据培训阶段进行培训需求分析，可以从目前培训需求和未来培训需求来分析需要培训的内容。

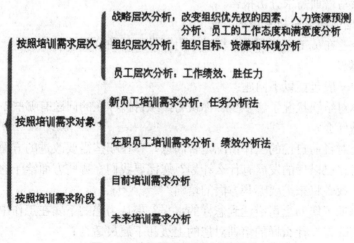

按照培训需求层次
- 战略层次分析：改变组织优先权的因素、人力资源预测分析、员工的工作态度和满意度分析
- 组织层次分析：组织目标、资源和环境分析
- 员工层次分析：工作绩效、胜任力

按照培训需求对象
- 新员工培训需求分析：任务分析法
- 在职员工培训需求分析：绩效分析法

按照培训需求阶段
- 目前培训需求分析
- 未来培训需求分析

图 5-5　培训需求分析的主要内容

（二）培训需求分析的流程

1. 做好培训前期的准备工作

（1）建立员工背景档案；

（2）同各部门人员保持密切联系；

（3）向主管领导反映情况；

（4）准备培训需求调查。

2. 制定培训需求调查计划

（1）培训需求调查工作的行动计划；

（2）确定培训需求调查工作的目标；

（3）选择合适的培训需求调查工作；

（4）确定培训需求调查的内容。

3. 实施培训需求调查工作

（1）提出培训需求动议或愿望；

（2）调查、申报、汇总需求动议；

（3）分析培训需求；

（4）汇总培训需求意见，确认培训需求。

4. 分析与输出培训需求结果

（1）对培训需求调查信息进行归类、整理；

（2）对培训需求进行分析、总结；

（3）撰写培训需求分析报告。

（三）培训需求分析常用的方法

旅游企业在员工培训需求分析时常用到以下几种分析方法：

1. 面谈法

面谈中一般包括以下问题：

（1）你对组织状况了解多少？你认为组织目前存在的问题有哪些？最急需解决的问题是什么？

（2）您对目前自己的工作情况是否满意？存在哪些需要改进的方面，应如何改进？您对自己以后的发展有什么计划？您需要我们在哪些方面给予您帮助？您认为您目前或者将来需要哪些方面的培训？

（3）您期望您的上司应达到怎样的水平？您认为您的下属在工作中有哪些不足，应如何改善？什么样的培训对您的上级和下属最适合？

（4）您对以前的培训如何评价（内容、效果、费用）？您认为组织应该在培训方面注意哪些问题或者需要做哪些方面的改进？

2. 重点团队分析法

3. 工作任务分析法
4. 观察法（如表 5-3、5-4 所示）
5. 问卷调查法（如表 5-5 所示）

这五种培训需求分析常用方法的优缺点，如表 5-6 所述。

表 5-3 观察分析的主要内容

观察范围或对象	项目	观察结果评价
企业整体状况	企业整体风貌 企业领导风范 企业改革创新精神 员工风气	
部门工作状况	工作纪律状况 工作流程执行情况 管理者工作能力及方法 部门凝聚力 工作效率	
员工情况	工作积极性、主动性 工作技能 团队精神 工作情绪 安全意识 工作中损耗情况 时间安排的合理性	

表 5-4 员工调查观察项目及评价表

观察对象：	地点：		时间：	
观察项目	很好	好	一般	差
工作熟练程度				
工作情绪				
合作态度				
服务态度				
工作中的损耗情况				
工作中的安全意识				
工作效率				

观察对象：　　　　　地点：　　　　　　　　时间：				
观察项目	很好	好	一般	差
工作完成质量				
工作纪律遵守情况				
团队意识				
创新能力				
工作方法是否得当				
时间安排的合理性				
领导组织能力				
语言表达能力				
发现问题解决问题能力				
团队中的影响力				

表 5-5　培训需求调查问卷（面向员工）

您好！为了适应企业发展和员工发展的需要，更有效地开展培训工作，需要您的积极参与和大力支持。请您根据实际情况配合我们完成这份调查问卷。请您在相应的项目上，对您认为的评价的等级的空格内打对号。谢谢您参与！

调查项目	非常符合	基本符合	不太符合	不符合
1. 您对企业发展的目标非常了解				
2. 您对部门的职能非常了解				
3. 您对自己岗位的工作要求非常了解				
4. 您的工作技能非常熟练				
5. 您当前的工作表现非常好				
6. 您的上司工作很出色				
7. 您认为培训对企业发展很重要				
8. 您认为企业经营者需要培训				
9. 您认为自己非常需要培训				
10. 公司以前的培训效果非常好				
1. 当前您工作中最大的问题是什么？				
2. 为了弥补不足，当前您最需要的培训是什么？				
3. 您对未来个人发展有什么计划？				
4. 您认为公司在培训方面还存在哪些问题？您的建议是什么？				

表 5-6　各种培训需求分析方法的优缺点比较

方法	优点	缺点
面谈法	有利于发现培训需求的具体问题及产生的原因和能解决的办法，得到员工的信任和支持。	耗费时间，分析难度大，需要高水平的访谈专家。
重点团队分析法	花费时间和费用较少，讨论得到的信息更有价值，易激发小组成员使命感和责任感。	对协调员和讨论组织者要求高。
工作任务分析法	结论可信度高。	花费时间和费用较多。
观察法	对工作有直接了解。	需要高水平的观察者。 结果受观察者主观偏见影响。
问卷调查法	发放简便，节省时间和成本，资料来源广泛。	调查结果间接，无法调查真实性，问卷设计和分析难度大。

二、培训规划的制定

培训规划是在培训需求分析的基础上，从企业总体发展战略的全局出发，根据企业各种培训资源的配置情况，对计划期内的培训目标、对象、内容、培训的规模和时间、培训评估的标准、负责培训的机构和人员、培训师的指派、培训费用的运算等一系列工作所做出的统一安排。

（一）培训规划的内容

1. 培训的目的：从企业角度讲，培训的最终目的是通过提升员工的能力实现员工与企业的同步成长。例如：勤俭、务实、高产，紧贴企业经营管理，落实各项标准，提高员工岗位技能就是培训的最终目的。

2. 培训的原则：如效益的原则、与实际相结合的原则、可行性原则等等。

3. 培训需求。

4. 6W1H，即 why，培训的目标；what，培训的内容；whom，培训对象；who，培训师和培训组织者；when，培训时间；where，培训地点及培训设备；how，培训形式和方式。

5. 培训考评方式。

6. 计划变更或者调整方式。

7. 培训费用的预算。

8. 签发人或审批人。

（二）培训的目标

培训的目标是指培训活动所要达到的目的，从受训者角度理解就是指在培训活动结束后应掌握什么内容。

在设置具体的培训目标时，一般应包括三个构成要素。

1. 内容要素：即企业期望员工做什么（绩效）。内容要素主要分为三大类：一是知识的传授；二是技能的培养；三是态度的改变。

2. 标准要素：即企业期望员工以什么样的标准来做这件事情。标准要素要具体清楚，如"在 10 分钟内完成任务"比"迅速完成任务"这一标准更清楚具体。

3. 条件要素：即在什么条件下要达到这样的标准。

（三）培训教师及地点的选择

培训教师选择有多种方式，一般认为有外部渠道和内部渠道两种方式，每种方式的优缺点及开发途径如表 5-7 所述。

表 5-7　培训教师选择渠道的优越点及开发途径

渠道	优点	缺点	开发途径
外部渠道	• 选择范围大，可获取高质量的培训资源。 • 培训者比较专业，具有丰富经验。 • 没有什么束缚，可以带来新的观点。 • 与企业没有直接关系，员工容易接受。	• 费用比较高。 • 对企业不了解，培训内容可能不实用，针对性不强。 • 企业与其之间缺乏了解，加大了培训风险。	• 从大中专院校聘请教师。 • 聘请专职的培训师。 • 从顾问公司聘请培训顾问。 • 聘请本专业的专家学者。 • 在网络上寻找并联系教师。
内部渠道	• 对企业情况比较了解，培训有针对性。 • 责任心比较强。 • 费用比较低。 • 与培训对象认识，可以和受训人员进行更好的交流。	• 可能缺乏培训经验。 • 受企业影响较大，思路可能没有创新。 • 员工对培训者接受程度可能比较低。	• 部门经理、管理者。 • 技能好的师傅。

培训地点一般分为现场培训场所和非现场培训场所。现场培训场所主要在工作车间、办公室或会议室内进行，适用于在岗培训、自修计划和技能操作训练等。非现场培训场所主要指教室和专门的培训基地，主要适用于脱岗培训。

培训资料及设备的方式也是多种多样，具体如表 5-8 所列。

表 5-8　常用的培训资料与设施

资料	设施
培训教材、培训说明、讨论资料、测试资料、培训评估表、记录本等	黑板或白板、白纸板、幻灯机、投影机、粉笔或白板笔、照相器材、录音录像器材、音响器材、麦克风、座位名牌、多媒体网络终端

（四）培训计划的制定

1. 根据培训需求分析的结果汇总培训意见。（培训部）

2. 根据重要程度排列培训需求，并依据所能收集到的培训资源制定初步的培训方案、预算。（培训部）

3. 培训需求、培训方式、培训预算等进行审批。（管理者）

4. 组织企业内部进行的培训内容，尤其是培训师的确定，并联系外派培训工作。（培训部）

5. 对与内部培训有关的场地、设备、工具、食宿、交通予以落实。（后勤部）

6. 根据确认的培训时间编制培训次序表，并告知相关部门、岗位。（培训部）

表 5-9 到表 5-11 为培训计划表格示例。

表 5-9　年度/月/季度培训计划表（简单）

部门	培训项目	培训课程	培训人数	培训时间	培训地点	讲师	预算费用	主办单位

表 5-10　年度轮岗培训计划表

受训者	派出部门	接收部门	培训目标	培训内容	培训者	时间安排	培训方法	备注

表 5-11　年度在职培训计划表

培训班名称		本年度办班数		培训地点		班主任人选		
培训目的								
培训对象		培训人数		培训时间	自　　月　　日起至　　月　　日止 共　　个月（　周）另　　天			
培训目标								
培训科目	科目名称	授课时间	讲师姓名	教材大纲	教材来源	备注		
培训方式	1. 上课与实习同时进行：每日上课　　小时，实习　　小时 2. 上课与实习分期举行：上课　　周（月）每日　　小时 3. 全部培训时间在工厂实习，每日　　小时 4. 讲习方式：每日上课　　小时，晚间学术座谈会，讨论有关内容或技术问题，每周　　小时							

	周次	培训内容摘要	备注
培训进度	第一周		
	第二周		
	第三周		

三、培训的组织与实施

（一）前期准备工作

1. 确认并通知学员；

2. 后勤准备；

3. 确认培训时间；

4. 相关资料的准备；

5. 确认理想的培训师。

（二）培训实施阶段

1. 课前工作：准备茶水，播放音乐；学员签到；学员入座；课程及讲师介绍；学员心态引导、宣布课堂纪律。

2. 培训开场白：培训主题；培训者自我介绍；后勤安排和管理规则介绍；培训课程简要介绍；破冰活动；学员自我介绍。

3. 培训器材的维护和保管。

（三）知识或技能的传授

需要注意的问题：学员的课堂反应及讲师的表现，及时与讲师沟通、协调；协助上课、休息时间的控制；做好上课记录、摄影和录像。

（四）对学习进行回顾和总结

（五）培训后的工作

向培训师致谢；做问卷调查；颁发结业证书；清理、检查设备；培训效果评估。

四、培训效果评估

培训评估是指运用科学的理论、方法和程序，对培训工作的全过程及其效果进行系统评估的过程。

（一）培训评估的内容

1. 学员的学习结果：一是培训结束时对学习成绩进行检验，主要考察所学知识和技能的掌握情况；二是培训结束后考察培训对学员回到岗位后的工作是否产生作用，主要考察工作态度、工作方法和工作业绩有无改善和提高。

2. 培训讲师教学情况：培训前后进行评估，训前采用试讲或审查教材等方法，训后采用访谈、问卷调查等方法。评估主要考虑以下几方面：课程内容是否符合培训目标的要求，课程的形式是否被学员接受，培训方法是否适当，讲师的语言表达如何，课程还需要进行哪些改进，等等。

3. 培训的组织管理情况：培训时间安排是否合适，培训场所的环境如何，培训时用的设备或器材准备如何，学员的生活和娱乐安排如何，等等。

4. 培训后组织取得的效益：一是核对培训费用的预算是否超支；二是计算培训的投入产出比，检查办班的效率和效益；三是培训直接取得的经济效益或收入等。

（二）培训效果评估的指标

1. 认知成果（学习层面）：对有关知识和技能的掌握，通过考试进行；对于在职培训的内容，通过现场操作进行；对于专业性岗位知识的学习，通过提出改善方案等方法进行。

2. 技能成果（行为层面）：包括培训后技能的获得及技能在工作中的运用两种情况，可以采用观察法、问卷调查法、访谈法等方法进行评估。

3. 情感成果（反应层面）：包括态度和动机在内的成果。包括对培训组织情况的反应（时间、环境、设施、服务等）；对培训教师的反应（能力、教学方式、教学内容等）；对自我投入状况、积极性、学习内容等的反应，一般都是通过调查问卷、观察和访谈的方式进行评估。

4. 绩效成果（结果层面）：培训后工作绩效的提高，例如人员流动率的下降、产量增加、事故率下降、服务水平提高、合格率提高等。

$$投资回报率（结果层面）（ROI）= \frac{培训货币收益}{培训成本} \times 100\%$$

$$投资净回报率 = \frac{培训项目收益 - 培训项目成本}{培训成本} \times 100\%$$

第三节　员工培训的内容与方法

一、员工培训的内容

旅游企业员工培训是全员培训，其目的是达到全员素质的总体提高。因此，培训的内容应该根据不同对象、不同时期的具体情况加以安排。在培训内容上强调学用结合、按需施教，核心是学习的内容与工作需要相结合。

（一）现有员工培训的内容

1. 旅游企业职工道德培训

（1）职业道德认识、情感、意志和信念。职业道德认识是指人们对职业道德现象的感知、理解与接受的程度。旅游企业职业道德培训教育的首要任务是加强员工对本职工作的道德认识，在服务工作中形成正确的道德观念，逐步确立自己对客观事物的主观态度和行为准则。

职业道德情感是指在道德认识的基础上所产生的对事物的爱憎、好恶、亲疏的态度，它对道德行为起着巨大的推动与调节作用。旅游企业职业道德情感培训教育就是要增强员工对职业活动中各项内容的正确认识，增强员工的责任感与使命感。

职业道德意志是坚持某种道德行为的毅力。它来源于一定的道德认识和道德情感，又要靠长期的实践工作磨练才能逐步完成，它是调节职业道德行为的支持力量。

职业道德信念是人们对道德义务的真诚信仰和强烈的责任感。它是职业活动的最高标准，是道德精神的重要组成部分。

（2）职业道德行为与习惯。职业道德行为是指人们在相互关系中采取的有意识的、经过选择的、能进行道德评价的行为。职业道德习惯是指人们对被强制性灌输的道德认识、道德情感、道德意志、道德信念和道德行为采取积极认同的态度，转化为下意识的、自觉的理念和行为。

旅游企业职业道德培训就是要通过加强道德认识、增强道德情感和信念、磨练意志，从而使所有员工在本职工作中追求高尚的行为，并且能形成长期的职业习惯，将职业道德规范自觉地运用到本职工作中去。

例如，饭店职业道德中一项重要内容——服务态度的养成与运用。服务态度可以表现为饭店服务人员按规定向客人提供的服务内容和服务人员的态度。服务内容是实质性的，包括服务人员主动向客人提供规定的服务项目和发自内心的良好服务，使客人得到享受。服务态度是使客人在感官上、精神上感受到的亲切感，这种体验不是抽象的，而往往要通过服务人员的礼节礼仪作为媒介，通过表情、语言和神态等来表示。良好的服务态度是饭店职业道德在工作中的直观反映。

2. 知识的培训

员工的素质是知识、能力和政治素质的综合反映。知识的培训对素质的提高起着潜移默化的作用，特别是有关旅游和旅游企业的基本知识，更进一步地制约着服务质量的提高。知识培训是对受训员工按照岗位需要进行的专业知识和相关知识的教育，不一定面面俱到，也不应漫无边际。由于培训对象不同，知识培训的深度、广度和难度应有所区别。对管理人员的知识培训要求有一定的理论深度，要进行职业专门知识、管理知识和政策法规知识等方面的培训。对服务人员的知识培训重点在于掌握本岗位所需的基本知识。如重要客源国的政治、经济、历史、地理和民俗、旅游心理、本地旅游资源和交通、商业情况、饭店礼貌、礼仪以及政策法规知识等。

3. 能力的培训

知识培训是饭店培训的基础，而能力培训是饭店培训的核心、重点。对旅游企业从业人员能力的培养应注重理论联系实际。比如对旅游企业从业人员能力的培训可以通过角色扮演法、案例分析法、情景培训法、集中研讨法和反复的模拟练习、实际操作等形式进行，使其在不同的位置更加深刻地体验他人的心理感受，进而提高其处事能力与应变能力。

4. 操作技能方面的培训

旅游企业的服务工作是技能性和技巧性很强的工作。因此，操作技能的培训是员工培训的一项主要内容。例如，对饭店前厅部接待人员的外语会话能力和谈话技巧的培训，问讯、接待、处理投诉技巧的培训；餐厅服务员领位、看台、摆台、上菜、撤盘的培训；商务中心文员的电脑打字培训等。

操作技能的培训既是基础性培训，又是长久的培训，不是可以一劳永逸的培训方式。即有集中培训，也有贯穿于实践过程的实时培训，以求不断让员工掌握最新工作方法，提高工作能力与效率。

（二）新员工培训的内容

1. 企业文化培训

企业文化是企业组织成员共有的行为模式、信仰和价值观。为了使新员工了解和融入企业文化，企业应安排新员工接受企业文化培训。这种培训可以简单分为以下几个层面：

（1）精神层次。采用参观、观看录像带和讲授等培训方式，使新员工认识企业的目的、宗旨、哲学、精神、作风和道德标准。

（2）制度层次。采用讲授、讨论、解释员工守则和角色扮演等培训方式，使新员工熟悉企业规章制度、奖惩制度、考评制度、福利制度和待人接物态度。

（3）物质层次。了解企业内外环境，包括建筑物、部门和单位的地点和性质，以及企业的设备、品牌、声誉、标志和制服等，采用的培训方式有：带领新员工参观、听取讲授和讨论以上所列的相关事宜等。

2. 业务培训

业务培训是指认识企业的工作过程、部门的工作流程和员工自己岗位的职务。培训方法有参观、听取讲授、进行个案分析、模拟训练和角色扮演等。

除了上述的培训外，企业会指派一名"导师"协助新员工融入企业和部门，熟悉自己的工作岗位。导师可以是员工的直属上司，也可以是其他有经验的员工，以师带徒的形式，给予新员工具体、细致、有系统的指导和辅导。

二、员工培训的方法

根据旅游企业的实际状况和培训项目、培训对象的具体情况，选择灵活的培训方式，是保证培训取得预期成效的重要条件。究竟选择何种较为理想的培训方式，要综合考虑培训方法的效果、费用与侧重点，以提高素质为目的来加以考虑。

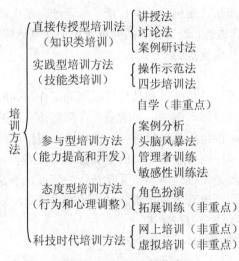

图 5-6　培训方法的分类

（一）知识性理论培训方法

这是受训者用较多的时间接受知识性理论的训练，是为增加知识和提高管理理论为目的的培训方法。主要分为：

1. 讲授法

讲授法是传统教育方法之一，也是目前最常用的培训方法。即由培训者对员工用讲授形式传播知识的一种方法，目的是使员工提高思维能力，获得社会知识，增强求知欲望，培养学习兴趣。

讲授法的长处是时间集中，讲课不易受干扰，传授的知识比较全面、系统、容易传输，且成本比较低。但由于讲授法主要采取单向沟通的方式，缺乏反馈和练习，容易显得枯燥。

为了提高讲授法的培训效果，应该注意以下几个方面：

（1）尽可能发挥投影仪、录像机、幻灯机等多种形式的传播教具，将教学内容形象化、立体化，激发员工的学习兴趣；

（2）提倡启发式教学，在授课过程中充分利用提问技巧，保留一定的时间与员工沟通，以引起和集中兴趣，活跃气氛；

（3）语言要精炼，注意系统性和逻辑性，做到有条不紊、清晰易懂；

（4）注意理论联系实际。培养员工分析问题和理解问题的能力。

2. 讨论法

讨论法是由培训者提出讨论题，设定一定的限制条件，组织和引导员工开展讨论并给予指导，最终得出正确结论的培训方法。采用讨论法是成人教育的特色之一，对专业培训颇有益处：

（1）能促使员工开拓思维能力，容易活跃气氛。通过调动员工的积极性，便于把问题引向一定的深度，并集中大家的智慧提出解决问题的方法；

（2）通过员工的参与可及时了解员工对课程内容的兴趣和理解程度；

（3）讨论法能相对集中一段时间，起到在同样的时空中多培训一些人的作用。

但另一方面，讨论法也有一些弊端：

（1）课堂有时不易控制，很容易在讨论中跑题，结果可能与培训者的初衷相去甚远；

（2）由于员工之间的差异性，在讨论发言中有可能出现不易引起其他人兴趣的情况。

因此，在采用讨论法时，应注意以下几点：

（1）应确定好讨论的主题，并紧紧围绕这一主题进行；

（2）培训者的水平与讨论的效果好坏关系密切，培训者要认真负责，具有较强的组织能力、引导性与总结性，并具有敏锐的现场观察能力与应变能力。

3. 案例研讨法

案例研讨法就是把在实际生活中已经发生过并记录下来的案例提供给员工进行剖析、研究，在讨论的基础上提出自己的见解，并要求有鲜明的论点和较为充分的论据。

案例讨论法的突出特点是注重启发和挖掘员工的分析、判断和决策能力，促使其运用新知识、新方法思考问题，达到借鉴经验教训、分析前因后果、提高处理问题的能力。案例研讨法是在静态中通过案例分析，使员工进入模拟的角色，适用对象多为中层以上的管理者。采用案例研讨法应注意几个问题：

（1）培训者要事先准备好案例材料，并注重案例的典型性、普遍性、实用性，不要在课堂上现编现想现讲，以免影响效果。

（2）案例讨论法不像定量方法那样存在着单一的解法，而往往有许多种解法。这是由管理问题的特点所决定的，难以求得唯一的最优解。正因如此，宜于充分利用讨论的形式，是受训者畅所欲言，集思广益。既不要轻易地以某种解法作为最权威的唯一最优解，也不要争议讨论了半天，没有任何归纳总结，最后不了了之。

4. 角色扮演法

角色扮演法是让员工模拟实际情景，扮演各种角色进行训练的一种方法。这是一种趣味性很强的培训方法。培训者将员工在工作中存在的有代表性的问题总结提炼，让员工扮演某个与自己工作有关的角色，使其体验所扮演角色的感受与行为，从而改进和提高自己职位上表现出的态度与行为。角色扮演法的适用对象一般为管理人员、服务员。

角色扮演法产生实效的关键在于角色互换和展开讨论。员工由于职位的不同，对工作的态度和感受、看待问题和提出的要求也就不一样。角色扮演法对于缩小相互间的差距，增进对对方情况的了解和沟通是有效的。例如，让饭店客房服务员、餐饮服务员及前厅服务员扮演客人时，就能更加深刻地体验客人的心理感受，认识到不良工作方法的害处。此外，角色互换还能消除员工之间及员工与管理者之间的某种隔阂。实践证明，角色扮演法是饭店融趣味性和实用性为一体的培训方法。

但角色扮演的效果好坏主要取决于培训者的水平。如果培训者能做出及时适当的反馈和强化，则效果相当理想，而且学习效果转移到工作情景中去的程度也高。角色扮演的培训费用较高，主要原因是这种培训只能以小组进行，人均费用会提高。

（二）实践指导性培训方法

这是员工用较多时间接受实际操作的训练，主要以提高能力、技能为目的的培训方法。

1. 操作示范法

操作示范法是为了使员工了解和掌握工作的程序以及正确的操作方法，在工作现场或模拟的工作环境中利用实际使用的设备及材料进行边演练操作边讲解的一种培训方法。操作示范法要求培训者认真准备，按照规定的程序和标准来训练。培训师在授课过程中不仅要口头指导，而且更多更重要的是必须亲自动手示范、辅导、纠正，这样，才有可能达到操作示范法的目的。

为了搞好操作示范，就要求培训者认真备课和进行充分的物质准备。操作示范法的基本程序是讲授，先由培训者在培训现场向学员讲解操作理论和技术规范；二是示范工作程序，按照岗位规定的标准、程序进行示范表演。为了使这种示范表演的每个环节都清晰可辨，可以合理分解示范工作步骤，对于其中的重点和难点可以反复强调示范。

2. 四步培训法

四步培训法是指把一项培训活动分为四个步骤，从而达到培训目标的方法。其特点是实践性强，培训者应用起来简便易行，员工容易掌握。如果培训目标是为了提高员工的能力、技能，这种方法最为有效，四步培训法的步骤包括：

（1）讲解。讲述工作情况，解说操作要点，了解员工对该工作的认识，说明掌握操作要点的重要性，提高员工对培训的兴趣。讲解要有耐心，要清楚、完整，使用简洁术语，即员工能够当时就理解和接受的用语。

（2）示范。用实例说明、示范工作程序。一次示范一个操作程序或要点，并注意示范操作程序中的各个环节动作。在示范中，要注意几点：时间把握应适当；进行一次完整的操作过程示范后，重点内容可反复示范；示范的动作不要太多，以免超过员工一次性接受的能力范围。在反复示范过程中，可随时提问，以检验他们的理解领会程度。在此基础上，对示范操作做要点小节。

（3）实习。当员工认为已经初步理解了培训人员的讲解，并能够按操作程序完成时，可让员工自己实习操作。在员工实习时，培训者应注意观察，随时注意纠偏，尤其是操作的正确要领和关键细节，要反复提醒、反复询问。

（4）辅导巩固。在员工已初步理解领会和基本掌握正确的操作要领后，培训者要注意巩固员工已取得的学习成果。对员工逐步减少辅导，鼓励其独立上岗操作，并耐心解答提问，经常检查，确保操作要领的完全领会和正确熟练的运用。

三、员工培训转移效果的评价

员工培训的转移是培训中最重要的步骤，也是许多培训项目忽视的步骤。员工培训效果的转移是指把培训的效果转移到工作实践中去，即工作效率提高多少、工作绩效改善多少等，这和培训目标息息相关。因此，正确评价培训的转移效果是最终衡量一次培训是否有效的关键。

评价培训的转移效果要注意以下几点：

1. 要取得相关职能部门的支持。

2. 评价工具要有效性高。

3. 要有时间性。有的培训效果立竿见影，例如知识和技术上的培训，可以在培训后立刻显现出来；而有的培训效果要在一段时间后才能有效，例如行为和态度的转变，或企业总体目标的达成。

4. 要真实。即使有的培训结果无转移，也要真实反映，这样才能吸取教训，以利于以后的改进。

由于培训的基本目的是使学员实现系统的行为变化，因此，只是在培训后进行成绩测定，不能全面地评价培训的真正作用和转移效果，用评价设计可以克服这一缺点。评价设计是指通过科学的设计，建立一定的条件，进行对有关培训转移效果的评价。较常用的方法有以下几种：

（一）时间序列评价法

这种方法是将时间因素列入考虑范围，背后的假设是：员工不管是否接受培训，本身也可能在改变。因此，旅游企业应对受训者在受训前和受训后作多次衡量，记录不同参考点的数据，以便比较。只要发现受训前的变化和受训后的变化出现显著差异，便能证明培训是有效的，如图 5-7 所示。

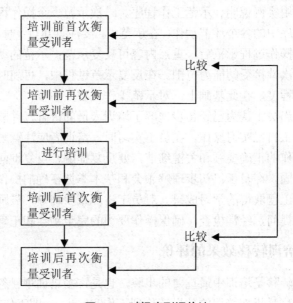

图 5-7　时间序列评价法

（二）培训前后控制法

有时候改变是全面的，即受训员工在改变，没有接受训练的员工也在改变，因此改变不一定来自培训。因此，方案的设计将员工分成两组，这两组是以随机抽样选出来的，以证明两组原先并无特定差异。一组为控制组，一组为试验组，只有试验组接受培训。在培训结束后，再对两组进行衡量，比较衡量结果。当只有试验组改变而控制组没有改变时，才能证明受训员工的改变来自于培训效果的转移。如图 5-8 所示。

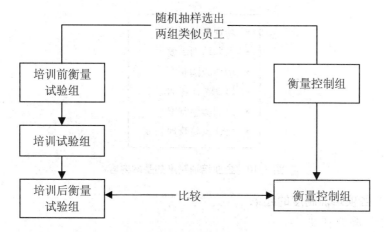

图 5-8　培训前后控制法

（三）训练后控制

由于衡量方法或内容本身有限制,导致接受衡量的员工在接受第一次衡量后,会加强他们应付类似衡量的能力。为避免产生这种不良后果,企业应在培训后进行衡量。接受衡量的对象仍分为试验组和控制组。当接受过培训的试验组的表现比没有接受培训的控制组的表现好时,就证明培训有效。如图 5-9 所示。

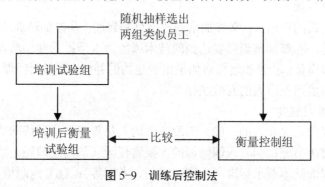

图 5-9　训练后控制法

四、培训制度的建立与推行

（一）培训制度的内涵及构成

企业培训制度即能够影响与作用于培训系统及其活动的各种法律、规章、制度和政策的总合,主要包括培训的法律和规章、培训的具体制度和政策两方面。

一般来说包括培训服务制度、入职培训制度、培训激励制度、培训考评评估制度、培训奖惩制度和培训风险管理制度等六种基本制度。除此之外还有培训实施管理制度、培训档案管理制度、培训资金管理制度等。

```
• 培训服务制度
• 入职培训制度
• 培训激励制度
• 培训考评评估制度
• 培训奖惩制度
• 培训风险管理制度
```

图 5-10　企业培训制度的基本内容

（二）各项培训制度的起草

1. 培训服务制度

包括培训服务制度和培训服务协议条款两部分。

（1）培训服务制度条款

①员工正式参加培训前，根据个人和组织需要向培训管理部门或部门经理提出的申请；

②在培训申请被批准后要履行的培训服务协议签订手续；

③培训服务协议签订后方可参加培训。

（2）协议条款

①参加培训的申请人；②参加培训的项目和目的；③参加培训的时间、地点、费用和形式等；④参加培训后要达到的技术或能力水平；⑤参加培训后要在企业服务的时间和岗位；⑥参加培训后如果出现违约的补偿；⑦部门经理人员的意见；⑧参加人员与培训批准人的有效法律签署。

2. 入职培训制度

（1）培训的意义和目的；（2）需要参加的人员界定；（3）特殊情况不能参加入职培训的解决措施；（4）入职培训的主要责任区（部门经理还是培训组织者）；（5）入职培训的基本要求标准（内容、时间、考评等）；（6）入职培训的方法。

3. 培训激励制度

（1）完善的岗位任职资格要求；（2）公平、公正、客观的业绩考评标准；（3）公平竞争的晋升规定；（4）以能力和业绩为导向的分配原则。

4. 培训考评评估制度

（1）被考评评估的对象；（2）考评评估的执行组织（培训管理者或部门经理）；（3）考评的标准区分；（4）考评的主要方式；（5）考评的评分标准；（6）考评结果的签署确认；（7）考评结果的备案；（8）考评结果的证明（发放证书等）；（9）考评结果的使用。

5. 培训奖惩制度

（1）制度制定的目的；（2）制度的执行组织和程序；（3）奖惩对象说明；（4）奖惩标准；（5）奖惩的执行方式和方法。

6. 培训风险管理制度

（1）企业根据《劳动法》与员工建立相对稳定的劳动关系；

（2）根据具体的培训活动情况考虑与受训者签订培训合同，从而明确双方的权利义务和违约责任；

（3）在培训前，企业要与受训者签订培训合同，明确企业和受训者各自负担的成本、受训者的服务期限、保密协议和违约补偿等相关事项；

（4）根据"利益获得原则"，即谁投资谁受益，投资与受益成正比关系，考虑培训成本的分摊与补偿。

第四节　员工的职业生涯管理

一、职业生涯管理概述

（一）职业生涯的定义

鉴于现代职业生涯的多元和多变的特点，学者们对职业生涯定义了比较宽泛的概念。沙特列将职业生涯定义为：一个人在工作、生活中所经历的职业和职位的总称。麦克法兰德认为职业生涯是指一个人根据理想的长期目标所形成的一系列工作选择以及相关的教育和训练活动，是有计划的发展历程。萨帕强调职业生涯是生活中各种事件的演进方向和历程，是综合人一生中的各种职业和生活角色，由此表现出独特的自我发展组型；也是人从青春期到退休后一连串有酬或无酬职位的综合，甚至包括了副业、家庭和公民的角色。韦伯斯特认为，职业生涯是个人一生的职业、社会和人际关系的总称，即个人终生发展的历程。

我们可以将职业生涯理解为一个人从参加工作到退出工作的整个过程，由时间、范围和深度三个方面构成。时间，指的是人在职业生涯中所处不同的时间段，如职业初期、职业中期、职业后期等；范围，指的是从事过的职业的数量；深度，指的是在同一职业上所到达的高度，它往往与头衔相联系。

（二）职业生涯的发展阶段——职业经历理论

每个人的职业都要经过几个阶段，因此，必须了解这种职业周期的重要性。职业周期之所以重要，是因为一个人所处的职业阶段将会影响其知识水平以及对于各种职业的偏好程度。一个人经历的主要职业阶段包括：

1. 成长阶段

成长阶段大体上可以界定为从一个人出生到 14 岁左右这一年龄阶段上。在这一阶段，个人通过对家庭成员、朋友以及老师的认同以及与他们之间的相互作用，逐渐建立起自我的概念。在这一阶段的一开始，角色扮演是极为重要的。在这一时期，儿童将尝试各种不同的行为方式，而这使得他们形成了人们如何对不同的行为做出反应的印象，并且帮助他们建立起一个独特的自我概念或个性。到这一阶段结束的时候，进入青春期的青少年（这些人在这个时候已经形成了对他们的兴趣和年龄的某些基本看法）就开始对各种可选择的职业进行某种现实性的思考了。

2. 探索阶段

探索阶段大约发生于一个人刚涉足工作到 25 岁之间的这一年龄段上。在这一时期中，个人将认真地探索各种可能的职业选择。他们试图将自己的职业选择与他们对职业的了解以及通过学校教育、休闲活动和业余工作等途径中所获得的个人兴趣和年龄匹配起来。在这一阶段的开始时期，他们往往做出一些带有试验性质的较为广泛的职业选择，试图通过变换不同的工作或工作单位而选定自己一生将从事的职业。这是年轻人就业初期试探职业生涯的必然趋势。处于这个年龄阶段的员工希望经常调换不同工作的愿望十分强烈，如在本单位得不到满足，则往往会跳槽，因此跳槽率高。从旅游企业的角度来说，应该了解就业初期青年人的这一特点，给予选择职业方面的引导，并努力为他们提供多种工作，特别是具有挑战性又能引起他们兴趣的工作机会和他们自我探索的机会。然而，随着个人对所选择职业以及自我的进一步了解，他们的这种最初选择往往会被重新界定。到这一阶段结束时，他们已经选定一个比较恰当的职业，并作好开始工作的准备。

人们在这一阶段上以及以后的职业阶段上，需要完成的最重要的任务是对自己的年龄和天资形成一种现实性的评价。类似地，处于这一阶段的人还必须根据来自各种职业选择的可靠信息做出相应的教育决策。

3. 确立与发展阶段

这一阶段大约发生在一个人的 25～44 岁之间。它是大多数人工作生命中的核心部分。有些时候，个人在这期间（通常是希望在这一阶段的早期）能够找到合适的职业并随之全力以赴地投入到有助于自己在此职业中取得永久发展的各种活动之中。人们通常愿意（尤其在专业领域）早早地就将自己锁定在某一已经选定的职业上。然而，在大多数情况下，在这一阶段人们仍然在不断地尝试与自己最初的职业选择所不同的各种努力和理想。

这一阶段本身又由三个子阶段构成：

（1）尝试子阶段

大约发生于一个人的25～30岁这一年龄段中。在这一阶段，个人确定当前所选择的职业是否适合自己，如果不适合，他或她就会准备进行一些变化。

（2）稳定子阶段

到了30～40岁这一年龄段的时候，人们就进入了稳定阶段。在这一阶段，人们往往已经定下了较为坚定的职业目标，并制定较为明确的职业计划来确定自己晋升的潜力、工作调换的必要性以及为实现这些目标需要开展哪些教育活动，等等。

（3）职业中期危机子阶段

在30多岁和40多岁之间的某个时段上，人们会进入一个职业中期危机阶段。在这一阶段，人们往往会根据自己最初的理想和目标对自己的职业进步情况做一次重要的重新评价。他们可能会发现，自己并没有朝着自己所梦想的目标靠近，或者已经完成了他们自己所预定的任务之后才发现，自己过去的梦想并不是自己所想要的全部东西。在这一时期，人们还有可能会思考，工作和职业在自己的全部生活中到底占多大的重要性。通常情况下，在这一阶段的人们第一次不得不面对一个艰难的抉择，即判定自己到底需要什么、什么目标是可以达到的，以及为了达到这一目标自己需要做出多大的牺牲。

4. 维持阶段

这一阶段的年龄一般在45～60岁之间。处于这一阶段的员工，当然尚有出成果和发展的可能，但相对来说，他们对成就和发展的期望减弱，希望维持或保留自己已取得的地位和成就的愿望则加强；同时，他们也希望更新自己专业领域的知识或技能，以免遭裁员，或者便于在被裁员时另谋其他出路。大多数处于这一阶段的员工，都有自己的计划，一方面希望再出一些成果，但更多的则注意更新自己的知识和技能或学习其他领域的知识技能。从组织的角度看，则更要关心并提供有利于他们更新知识、技能或学习其他新领域知识、技能的机会。

5. 下降阶段

这一职业阶段的年龄一般指60岁以后的员工。我国一般男性员工的退休年龄在60岁左右，在西方，例如在北美则一般在65岁左右。在这一阶段，许多人都不得不面对这样一种前景：接受权力和责任减少的现实，学会接受一种新角色，学会成为年轻人的良师益友。再接下去，就是几乎每个人都不可避免地要面对的退休，这时，人们所面临的选择就是如何去打发原来用在工作上的时间。

（三）职业生涯管理

1. 职业生涯管理的内涵

职业生涯管理是指组织根据自身的发展目标，结合员工的能力、兴趣、价值观等，确定双方都能接受的职业生涯目标，并通过培训、工作轮换、丰富工作经验等一系列措施，逐步实现员工职业生涯目标的过程。职业生涯管理包含两重含义：一是组织针对个人和组织发展需要所实施的职业生涯管理，称为组织职业生涯管理；二是个人为自己的职业生涯发展而实施的管理，称为个人职业生涯管理。个人职业生涯管理与组织职业生涯管理的和谐发展是职业生涯管理有效的关键。

2. 员工职业生涯管理的意义

企业开展员工的职业生涯规划与管理工作主要就是为了满足企业对人才的需求，提高员工的忠诚度和凝聚力，留住有价值的员工，而且要能使员工认识到自身的价值和不足，明确自身的职业发展目标，制定职业发展计划，更好地发挥自己的知识和技能，以达到企业和员工共同提高核心竞争力的目标。具体目标是：

（1）员工的企业化

一般来说，员工的企业化即员工在一个企业中完成其社会化、成为合格员工的过程。人力资源管理学者对于个人初入一个组织的被接纳与塑造成为合格员工的过程即组织化过程，给予了高度的重视。在这一过程中，个人要实现对职业的适应、企业文化的适应和职业心理的转换，企业则要把没有职业经历或者有其他单位职业经历的新招聘人员，塑造成为基本符合本企业需要的员工，即在本企业中被认同，能够完成企业工作，具有职业特征的合格员工。

（2）协调企业与员工的关系

任何企业，都是由从上到下各层级的一个个员工所组成，企业与员工之间的协调至关重要。协调企业和员工的关系，一般说即是承认员工个人对利益和目标追求，这能够使员工的个人能力和潜能得到较大的发挥，使他们努力为企业完成生产经营任务，达到"双赢"的目标。推行职业生涯规划，正是协调企业与员工关系，对员工产生巨大的激励作用并使企业目标和员工目标达到统一的重要途径。

（3）提供员工发展机会

人力资源是一种能动性的资源，发挥其能力和潜能至关重要。通过职业生涯规划，可以使企业更加了解员工的职业素质，从而"人尽其才"发挥其作用。尊重员工、尊重员工的利益诉求，也是现代企业管理的理念。在企业正常发展的情况下，实行职业生涯规划和管理措施，尽量考虑员工的个人意愿，为员工提供职业发展机会，也是企业发挥员工工作能动性的重要手段。

（4）促进企业目标的实现

企业实行职业生涯规划与管理的根本目的，有利于一般员工主人翁精神的形成，提高执行力，创建学习型组织，进而提高企业的效益和对外部环境变化的应变能力。

二、个人职业生涯规划方法

目前世界上大约有 20000 多种职业，由此衍生出来的职位就更是不计其数了。据职业专家研究发现，在这些职业中，有 50 种职业由 50% 的劳动者在从事；有 250 多种由 86% 的劳动者在从事；有 1000 多种由 95% 的劳动者在从事；而其余约 19000 种职业是从这 1000 多种职业派生演变而来的。面对如此多的职业，我们不可能像搜索自己想看的电视节目一样去一一尝试，那么如何在最短的时间里选择适合我们自己发展的职业呢？

（一）个人职业生涯管理的步骤

个人职业生涯管理是个人为了满足自己的职业发展需要进行的自我职业生涯的规划、实施、评估和调整等活动。图 5-11 为个人职业管理的步骤。

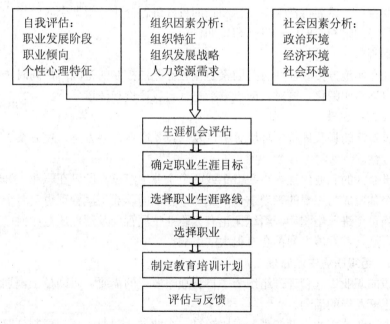

图 5-11　个人职业管理的步骤

1. 自我评估

员工个人自我评价主要是对自己的兴趣爱好、气质、个性特征、知识、技能、能力、素质、职业价值观等的认识。

2. 组织与社会环境分析

组织与社会环境分析是对自己所处的环境的分析，以确定自己是否适应组织环境或者社会环境的变化以及怎样来调整自己以适应组织和社会的需要。

短期的规划比较注重组织环境的分析，长期的规划要更多地注重社会环境的分析。

3. 职业生涯机会的评估

生涯机会的评估包括对长期的机会和短期的机会的评估。通过对社会环境的分析，结合本人的具体情况，评估有哪些长期的发展机会；通过对组织环境的分析，评估组织内有哪些短期的发展机会。通过职业生涯机会的评估可以确定职业和职业发展目标。

4. 职业生涯目标的确定

职业生涯目标的确定包括人生目标、长期目标、中期目标与短期目标的确定，它们分别与人生规划、长期规划、中期规划和短期规划相对应。一般，我们首先要根据个人的专业、性格、气质和价值观以及社会的发展趋势确定自己的人生目标和长期目标，然后再把人生目标和长期目标进行分化，根据个人的经历和所处的组织环境制定相应的中期目标和短期目标。

5. 职业评估

个人在实施方案时往往有些因素是在自己无法控制的范围内，同时一些不明确因素也逐渐明朗化。这时，应该重新进行自我评价和环境分析。

6. 反馈、调整

通过重新的自我评价和环境分析，及时调整职业发展方案，使方案更合理、更具可行性。

由于个人的职业生涯很少在一个或两个企业中渡过，所以在职业生涯管理过程中，个体应成为主要的管理主体。当然，组织的职业生涯管理也会对个体产生影响。当员工进入组织后，组织无论有无职业生涯管理及管理质量如何，对个体的职业发展及其发展方向都会有很大的影响。

（二）组织职业生涯管理

组织的职业生涯管理是组织为了自身战略发展的需要，协助员工规划和实现其职业生涯发展的活动。

西方企业的职业生涯管理开展比较早，企业导入职业生涯管理制度取得明显效果。Gutteridge 于 1986 年比较系统地概括了西方的组织职业生涯方法，如表 5-12 所示。

表 5-12　**Gutteridge 提出的组织生涯发展活动领域包含项目**

1. 员工自我评估	生涯规划研习会、工作手册、电脑软件。
2. 潜能评估程序	晋升预测、评估中心。
3. 内部劳动市场资讯的交换	生涯资讯手册、资源中心。

续表

4. 个人资讯与生涯对话	员工与主管，HR 人员或专门的生涯咨询师的个人咨询与生涯对话。
5. 职位适配系统	职缺公告，技能审核或盘查，安排职位或接班人计划。
6. 发展方案	内部与外部方案或研讨会，学费补助，职位轮调，工作丰富化，导师制。

　　我国企业在组织职业生涯管理方面的工作还显得比较薄弱。2002 年国内学者龙立荣、方俐洛、凌文辁发现我国组织职业生涯管理的结构主要体现在四个纬度，如下表 5-13 所示。

表 5-13　我国职业生涯管理的结构

1. 晋升公平	提升表现好者，按成绩能力提拔，提供公平竞争标准，有明确的晋升标准，公开考察。
2. 注重培训	定期或者不定期培训、提供学习经费、条件、资料，鼓励在职培训等。
3. 组织自我认知活动	帮助选择职业、工作成绩反馈，变化工作岗位，指出优缺点。
4. 职业发展信息沟通	提供晋升信息，提供职位空缺信息，提供锻炼机会等。

　　从组织角度，为了使员工能够不断地满足组织的要求，组织的工作主要是提供组织的职业需求信息及职业提升路线或策略，了解自己的资源储备，并有针对性地开发组织内部的人力资源。组织职业生涯管理的基本环节如下：

　　1. 确定企业未来的人员需求，提供内部劳动力市场信息

　　企业应根据发展战略寻找并确定未来的人力资源需求，并提供内部劳动力市场职业信息。主要采取以下方法：（1）公布工作空缺信息；（2）介绍职业阶梯或职业通路，包括垂直或水平方向发展的阶梯，这些路径的制定主要是按职业过去发展规律和管理者主观判断。为了使职业通路不断满足组织变化的需要，对职业通路要常作修订，另外，还要适当考虑跨职能部门的安排。（3）建立职业资源中心，内容涉及公司情况、政策、职业规划自我学习指南和自我学习磁带等。为了主动地获取组织人力资源信息，组织还可设立技能档案。档案中主要记录员工的教育、工作史、任职资格、取得的成就，有时还包括职业目标的信息，如工作喜好、工作目标、个人自我评价信息、发展机会和目标安排等。

　　2. 成立潜能评价中心

　　潜能评价中心主要用于专业人员、管理者、技术人员提升的可能性评价。有时，个人对自己的评价不一定客观，如何科学地诊断个人的潜能，是组织的核心问题。组织中常用的方法有：（1）评价中心：用于确定管理者候选人，并为其职

业发展规划制定和设计培训内容。（2）心理测验：运用心理学测验工具对个人职业潜能、兴趣、价值观等测查。（3）替换或继任规划：主要是确定主要管理部门中管理者新老交替人选。

3. 实施职业生涯发展计划

为了使组织能跟上时代发展的步伐，使组织中的人员具有组织所必须具备的竞争力而实施的人才培养措施。具体包括：（1）工作轮换，使员工在不同岗位上积累经验，为提升或工作丰富化打基础。这种措施既可是对专业人员的培养，也可作为高级管理人员的培训。（2）利用公司内、外人力资源发展项目对员工进行培训，如承担学费的学位教育，管理指导和建立师徒指导关系系统等。（3）参加有关学术或非学术的研讨会。（4）专门对管理者培训或实行双重职业计划（管理方面和专业方向）。

三、旅游企业职业生涯管理的实践

旅游企业的员工职业生涯管理涉及人力资源管理的各个功能板块，渗透于员工在企业中的各个发展阶段。我们就旅游企业职业生涯管理的几个关键问题进行讨论。

（一）实施职业生涯规划的员工范围

我国旅游企业大部分制定了一系列包括员工手册、与企业发展战略相结合的人力资源规划等在内的人力资源管理制度，但员工职业生涯管理对绝大多数的旅游企业依然是一片空白。对于旅游集团、星级饭店这样的大中型组织，它们所需要的技能是多种多样且不断提高的，它们可以提供长期的就业，并在员工的职业生涯管理方面起到积极的作用。而对于小型企业，如众多的旅行社，则应更多地侧重于员工就业能力的培养。从组织内部来讲，在指导员工职业生涯规划和管理时应按照循序渐进的原则，可先在对职业生涯管理高敏感的人群里建立，如饭店、旅行社、景区里的技术人员、营销人员、管理人员以及企业渴望留住的新进人员（如部分大学生），在积累了一定经验，取得初步成效以后，扩展到企业的全体员工。

（二）员工职业计划

近年来，西方一些开拓型的企业在人力资源管理与开发中出现了一种新的功能和新的方法——职业计划。企业越来越多地强调为员工提供帮助并提供机会，以使他们不仅能够形成较为现实的职业目标而且能够实现这一目标。

职业计划包含两个方面的意思：第一，组织中的绝大多数员工，其中包括受过良好教育的员工，都有从自己现在和未来的工作中得到成长、发展和获得满意的强烈愿望和要求。为了实现这种愿望和要求，他们不断地追求理想的职业，并希望在自己的职业生涯中得到顺利的成长和发展，从而制定了自己成长、发展和不断地追求满意的职业计划；第二，在广大员工希望得到不断成长、发展的强烈要求的推动下，企业人力资源开发部门为了了解员工个人成长和发展的方向及兴趣，为了不断地增强他们的满意感，并使其能与企业组织的发展和需要统一协调起来，因而开发了一个新功能——职业计划。从企业组织的角度来看，人力资源开发部门制定协调员工个人成长和发展与组织需求和发展的计划就称为职业计划或职业管理。而员工个人有关自己希望从职业生涯的经历中不断得到成长和发展的计划，就称为个人职业计划。一般来说，一个企业组织会对个人的职业计划提出指导，而员工也希望在听取组织的意见下制定职业计划。

职业计划一般包括如下几个方面的内容：

1. 员工对自己的能力、兴趣，以及职业发展的要求和目标进行分析和评估

以前，不少员工，特别是文化知识水平较低的员工在寻找工作时，没有认真地对自己的能力、兴趣，以及自己职业发展的要求和目标进行分析和评估，而盲目地寻找工作或就业。我们称这种人为"人生随波逐流者"。然而，也有不少员工，特别是经过良好教育的员工，无论是在经济发展状况较好、就业较容易的时期，还是在经济萧条、难于就业的情况下，都重视寻找既具有挑战性自己又有兴趣的工作，即使是暂时未能如愿，他们也会按自己已定的发展要求和目标不断而又有计划地去追求。这种追求是基于对自己的能力、兴趣、人生发展需求和目标进行科学的分析和评价之上的。对自己上述方面的分析和评价不是一劳永逸的事情，而是较长时期地进行自我解剖、自我分析的不断往返的过程。根据西方有关研究人员研究调查的情况，每个员工，特别是刚踏进工作岗位的员工，可以对自己提出一系列的问题，以便从对这些问题的回答中分析自己的能力、需求、爱好，以提出符合自己的能力、需求、爱好和人生发展需要的职业计划。

2. 组织对员工个人能力和潜能的评估

企业组织能否正确评价每个员工个人的能力和潜能是人力资源计划制定和实施的关键。它对组织合理地开发、引用人才和个人职业计划目标的实现都有极其重要的作用。企业组织对员工个人能力与潜力进行评估的方法有很多，例如：

（1）从招聘员工的过程中收集有关的信息资料。这些信息资料包括能力测试、员工填写的有关教育、工作经历的表格以及人才信息库中的有关资料。

（2）收集有关目前工作岗位上员工表现方面的信息资料，包括工作绩效考评资料、员工晋升、推荐或工资提级等方面的情况。

就企业组织来讲，大都通过对员工工作的绩效考评这一传统的方法来对员工的能力和潜力进行评估。当然，这种传统的方法是建立在"从过去的表现可以看到目前的表现，而从过去和目前的表现则可以预测出未来的表现"的传统观念基础上的。其实，这种方法存在着很多问题，甚至会造成很多失误。第一，工作绩

效考评不可能真正地评估出一个人的能力和潜力。因为在工作绩效考评中往往会因评估人的偏爱或歧视以及考评体系的局限而造成效度或信度低。第二，即使通过工作评价，发现某些员工在目前自己的工作岗位上干得不错，也无法确认他具有能力和潜力去从事更高或更复杂的工作。同样，也不能说明，某些在目前工作上干得不理想的员工就不能胜任更高级更复杂的工作。因此，这种传统的考评方法已受到了严峻的挑战。

西方许多企业组织从 20 世纪 70 年代起，逐渐采取更为科学的"心理测试和评价中心"的方法来测评员工的能力和潜力，这两种方法已在西方得到了广泛的采用。西方国家的许多大企业组织都设有自己的一个能力和潜力测评中心，都有一支经过特别培训的测评人员队伍，通过员工自我评估以及测评中心的测评，能较确切地测评出员工的能力和潜力，对员工制定自己切实可行的职业计划具有重要的作用。

3. 企业组织提供在本组织内公平竞争的机会

从员工的角度讲，要想制定切实可行的职业发展计划，就必须获得组织内有关职务选择、职务变动和空缺的工作岗位等方面的信息。同样，从企业组织的角度来说，为了使员工的个人职业计划目标定得实际并有助于其目标的实现，必须注意公平地将有关员工职业发展方向、职业发展途径以及有关职位候选人在技能、知识等方面的要求利用企业内部报刊、公告或口头传达等形式及时地传递给广大的员工，以便对该职位感兴趣、又符合自己职业发展的员工进行公平的竞争。职业发展就是员工能有逻辑性地从一个工作岗位转移到另一个更高、更复杂、对其更有吸引力的工作岗位上去。

企业员工职业发展途径，或职务变动或升迁的方法是从低级到高级逐步上升，如：饭店前厅接待——领班——主管——大堂经理——前厅经理等。而现代的职业发展计划的职务升迁则打破了这种阶梯式的传统方法，它既允许有能力有潜力的年资较浅的员工进行跳跃式的升迁，也允许横向性的升迁。当然，空缺的岗位总比要求职业发展、职位升迁的人少。因此，从组织角度来说，不能只依赖于空缺的岗位，而要创造更多的岗位或新的职位，让更多的员工的职业计划目标得以实现。另一方面，要严格地根据公平竞争的原则、公平合理的测评方法选拔人才。

4. 提供职业咨询

企业组织的人力资源开发部，以及各级管理人员要切实关心每个员工的职业需要和目标的可行性，并要给予他们各方面的咨询，以便使每个员工的职业计划目标切实可行，并得以实现。从咨询人员来说，要搞好咨询或指导，就要切实的了解，正确地从各方面的信息资料分析中对员工的技能和潜能做出正确的评价，并在此基础上，对他们的职业计划目标实现的道路或途径提出建议或指导。在西方企业员工职业计划咨询中，员工往往会向其上司或人力资源开发部门的人员进行咨询，提出类似于下面所列的一些问题：

（1）我现在掌握了哪些技能？我的技能水平如何？我如何去发展和学习新的技能？发展与学习哪方面的新的技能为最可行、最好？

（2）我在目前工作岗位上真正的需要是什么？如何才能在目前的工作岗位上既达到使上司满意，又使自己满意的程度？

（3）根据我目前的知识与技能，我是否可以或可能从事更高一级的工作？

（4）我下一步朝哪一个职位发展为好？如何去实现这个目标？

（5）我的计划目标定得是否符合本组织的情况？如要在本组织实现我的职业计划目标，应接受哪方面的培训？

当然，各级管理人员和人力资源开发部门的工作人员，作为企业员工制定职业计划并实现其目标的咨询人员，应协助员工回答上述的一系列问题。在咨询过程中，要在对过去技能和潜力进行正确评估的基础上，根据本组织的实际要求和可能，协助其制定出切实可行的职业计划，并对其职业计划目标的实现途径进行具体的指导和必要的支持。

（三）员工职业生涯的分阶段管理

由于旅游企业职业生涯管理主要针对在职员工，所以我们将职业生涯管理的对象分为职业生涯早期阶段（20～30 岁）、职业生涯中期阶段（30～50 岁）、职业生涯后期阶段（50 岁至退休）。员工个人生命特征的不同，不同阶段员工面临的职业生涯发展任务也不同。表 5-14 是华安盛道管理咨询公司执行经理邓成华对员工在职业生涯不同阶段个人和组织面临的任务的观点。

表 5-14　员工职业生涯不同发展阶段个人和组织面临的任务

职业生涯发展阶段	个人任务	企业任务
早期阶段	1. 进入企业学会工作。 2. 学会独立，并寻找职业锚。 3. 完成向成年人的过渡。	1. 对新员工进行上岗引导和岗位配置。 2. 提供一个富有挑战性的工作。 3. 为员工提供较为现实的未来工作展望及未来工作描述。 4. 对新员工严格要求，并开展职业生涯规划活动。 5. 开展以职业发展为导向的工作绩效评价，提供阶段性工作轮换和职业道路。

续表

中期阶段	1. 保持积极进取的精神和乐观的心态。 2. 面临新的职业与职业角色选择决策。 3. 成为一名良师，担负起言传身教的责任。 4. 维护职业工作、家庭生活和自我发展三者之间的均衡。	1. 落实好内部晋升计划，促进员工职业生涯朝向顶峰发展。 2. 提供良好的教育培训计划，针对职业生涯中期危机，进行有效预防、改进和补救。
后期阶段	1. 承认竞争力和进取心的下降，学会接受和发展新角色。 2. 学会和接受权力、责任和中心地位的下降。 3. 学会如何应付"空巢"问题。 4. 回顾自己的整个职业生涯，着手退休准备。	1. 发挥员工的潜能和余热，并帮助员工顺利度过职业生涯后期。 2. 企业向处于职业生涯后期的员工提供适应退休生活的计划。 3. 采取多种措施，做好员工退休后的生活安排。

【案例分析】

案例分析一：新竹饭店的新员工培训问题

新竹饭店于 1998 年 5 月 1 日开业，是一家中美合资五星级饭店。外方培训部经理 Laurie 与培训部其他成员确定了新员工的培训方案，对新员工展开五日针对性培训。实施过程如下：

第一天由培训部经理向员工介绍饭店概况、建筑分布、组织结构、部门职责等内容，使新员工对饭店有一个整体了解，并使他们在顾客询问相关情况时知道如何回答。培训方式主要是讲解，使用的材料主要是白板和组织结构图。讲解之后带领他们参观饭店，中午在员工餐厅共进午餐。下午讲解饭店各项规章制度，并对与他们密切相关的内容，比如工作纪律、工作服装、工资福利等作重点讲解。辅助工具主要是员工手册。

第二天是关于服务技巧的培训。培训讲师向员工讲解饭店的两条基本客户服务标准——"微笑与帮助"。通过角色扮演并不断实时反馈、总结，加深了新员工对如何微笑，如何最大限度地向客人提供帮助、满足客人需要的理解。在总结时，培训讲师向大家介绍了以前总结出来的满足客人要求的五个步骤，希望大家牢记在心。最后讲解饭店防火安全条例。

第三天早上是接受交流技巧培训。内容包括员工如何弄清楚并确认客人提出的要求，以及他们必须学会倾听的原因等。下午，对将接触电话的员工进行电话礼仪培训。例如，如何让客人在电话中稍等，如何询问客人，如何重复信息以确认正确理解了客人的意思等。Laurie 在美国任培训部经理时培训内容不包括电话礼仪，但他认为在这里是必要的。他说："由于语言与习惯上的差异，在新员工与客人有大量接触之前，让他们从一开始就学会正确的做事是很重要的。"

第四天安排了阶段性复习。内容包括更多的角色扮演和一次笔试。每个人都通过了考试，但试后对考试结果没有任何提及，大家只是知道都通过了。下午对女员工进行化妆培训。员工自备化妆品。在美国，化妆课是可选的，但 Laurie 认为在这里，每个新员工都应该参加。

第五天员工来到以后将要工作的部门，由主管对他们进行具体培训。

在培训中，Laurie 发现人们习惯通过记忆学习。针对记忆性事实的提问，一般回答没有问题。但情景分析、角色扮演就有一定难度。因为相当一部分人对这种培训方式不太适应。Laurie 说他希望在培训中实践，因为这是一个"安全"的地方，在培训中犯错误比在客人面前犯错误要好得多。但新员工似乎总是担心犯错误，或被当作分析的错误典型，显得很笨。Laurie 觉得很奇怪，为什么他们显得这么内向。

新员工进入各部门以后，培训主要由部门主管负责。但许多主管没有动力花费精力与时间对其进行培训，其他员工更没有责任与动力培训，而且会嫌新员工笨手笨脚，不如自己来做。新员工在这种环境中，学习效率明显偏低，延长了新员工独立上岗之前的过渡期，且增加了入店初期的员工流动率。

案例分析二：华兴旅游集团公司的职业发展问题

华兴旅游集团公司下属梨苑饭店的两名部门负责人李先生和王先生一边喝着咖啡，一边讨论着共同关心的员工混日子问题。王先生是前厅部经理，李先生是销售部副经理。

王先生说："我开始有一点灰心了。4 年前我到这家公司时，觉得确实能在这里找到满意的工作，现在我不这么确信了。每次我跟总经理讨论今后的几年我将在哪里时，他只是坚持说有各种可能，我要听到的不只是这句话。所以我干脆也不再和他谈论这个问题了。我想知道，如果我继续干好工作，可能得到什么具体的机会。我不能确定是否要把我的职业定在这项工作上。我知道在过去的 2 年里，已经取消了几个管理层，但是可能会有更好的机会增加我在其他领域的知识。这毕竟是一个大的集团公司。"

李先生回答到："我遇到了同样的麻烦。他总是告诉我说'你正在从事一项极重要的工作，我们希望你继续留在公司。'我也希望知道我经过适当的培训可以获得什么样的发展。"

一周后，饭店总经理刘总让王先生到办公室来一下。"你的辞职信使我大惑不解。"刘总开始说道："我知道阳光旅游公司将得到一名优秀的人才，但我们这里确实需要你。"

"这一点我想过很多了，但是对我来说，在这里好象一点前途都没有。"

刘总惊奇的反问到："为什么这么说呢？"

王先生回答说："我上面的职位接下来应该是你的，而你只有 39 岁，我认为你不会很快就离开。"

"实际上我不久就要离开。这是得知你要辞职我大为震惊的原因。我想我将在明年 6 月份调到集团总部办公室。此外，本公司有几个与这里具有不同挑战性的子公司，无论在中层还是高层管理方面都经常需要能胜任的人。"

"是吗？我去年听说总公司下属新世界饭店有个很具吸引力的空缺，但是等到我去核实时，该职位已经被填补了。直到我们在公司文件中读到任职者，才知道其他公司中曾有过的机会。"

"现在说的这些都离题了。怎样做才能使你改变想法呢？"

"我想现在我不会改变自己的想法，因为我已经告诉阳光旅游公司我将加入他们的行列。"

一周后，刘总决定找李先生谈一谈。有一点紧张的李先生被秘书领进总经理办公室。因为他还没有作好去留的最后决定。在办公室里，他遇见了人力资源部经理黄女士和刘总。刘总站起来和他握手，并请他坐下，十分客气。

刘总说："我将使这次会谈简单而惬意。你可能已经听说了，黄经理将被派往新开的一家分公司任人力资源部经理。为了做好人员变动的准备，我们想把你调来做他的助理以便获得一些交叉培训的经验。"

"为什么选我？我从来没有在人力资源领域工作过。"

刘总说："我们对你进行了认真的观察，我已经亲自审查了你的资格条件。从公司的立场看，我们认为你能干好这项工作。我们需要来自公司内其他部门、并能给人力资源部门带来新前景的人。"

刘总希望李经理和黄经理就这一想法讨论一下，然后他说他必须去参加一个会议，在跟李经理握手时，他说："我们愿意协调你从销售部调出，并使之顺利地通过每个人，因为我知道你参加了那里的一些重要项目。黄经理在你和他谈过之后将给我一个时间安排。"

李经理今年 32 岁，已在这里工作了 7 年了。他在大学所获得的工商管理学位的主干课程包括旅游管理和人力资源管理，他认为这可能是他被挑选的原因之一。但是他只从事过销售工作，无论是在饭店还是在旅行社，他根本不想被调到人力资源部工作。

案例分析三：什么促使了美娜湖度假村的成功？

美娜湖是一个位于 L 市、拥有 30 间客房的度假村。美娜湖度假村拥有并经营着 3 家娱乐公司（美娜公司、金块公司和宝岛公司），每年都会吸引 300 万左右的游客。由于 L 市还有其他 89 家旅游企业，再加上 L 市还有几家国际性娱乐集团公司，因此，娱乐业的市场竞争非常激烈，美娜湖度假村是一家非常成功的企业，在过去几年中，公司投资者的投资回报率每年都达到 22%，是 L 市比较知名的旅游企业。美娜湖度假村始终保持着 98.6% 的入住率，而当地其他旅游企业则为 90%。

美娜湖度假村成功的关键在哪呢？它主要是以高质量的服务来赢得顾客的回头率。宝岛公司 45% 的收入和美娜公司 5% 的收入来源于客房出租。回头客在美娜湖度假村经营成功中起到至关重要的作用，公司认为客户服务的关键在于员工的热诚。

除招聘最好的员工外，公司还为员工营造良好的工作环境，并让其从事感兴趣的工作，同时美娜湖度假村还将员工的培训放在公司经营的首要位置。为了开发自己的人力资源（包括培训），公司研究了 20 多家包括旅游企业和生产型企业在内的企业人力资源管理活动，探索员工的成功行为、无效行为，以拟定培训基准。研究结果使公司认识到培训的重要性，因此，公司每年用于培训的支出大约为 100 万元。美娜湖度假村之所以如此重视员工培训，不仅是为了提高员工的专业技能，而且是为员工在美娜湖的职业生涯发展做准备。例如，通过培训使员工掌握职业成功所必需的关键技术和战略，以此来取悦客户。公司还制定了工作说明书，详细说明了每项工作的职责和最低任职资格要求，这种说明书不仅能满足员工选择感兴趣的职业的需要，还为员工提供了 L 市 5 亿元的在建旅游项目的需求岗位信息。此外，美娜湖公司还投资于提高雇员非工作时间里的生活质量的培训上，培训课程从如何贴墙纸到营养学以及个人理财，无所不包。美娜湖度假村确信通过这些培训，雇员能更好地安排业余时间，以促使他们能够全心全意地完成公司的本职工作。

除了员工的培训外，公司的经理人员也要求接受培训。这种培训教会经理如何营造一个适宜的工作环境。对经理培训的重点在于：经理们不仅要告诉员工做些什么，而且还要让员工知道为什么要做。这一切都使美娜湖度假村中的人际关系非常融洽。美娜湖度假村的成功经验表明：培训对商业企业的工作效率和竞争力起着重要的作用。美娜湖度假村的培训通过让员工学习所需知识、技能，并激励他们与公司一起发展，使公司能够提供让顾客满意的服务，使公司在同行业中保持并赢得一定的市场份额和能力，由此获得竞争优势。并且还将培训与公司其他的人力资源管理活动如招聘、遴选、工作设计、职业生涯管理等结合起来，从公司的战略经营角度出发，开展员工培训，以使其更为有效。

案例回顾与讨论

案例一

1. 新员工培训的方法与内容是否得当？你有何建议？

2. 谁应负责员工培训？试从最高管理层、人力资源部门、直属上司、员工四个方面分析。

案例二

1. 这家旅游集团公司的职业发展计划有何弊端？

2. 职业发展途径除了升迁之外还有哪些表现方式？结合本例讨论如何综合利用各种方式以便为员工创造更多的机会？

3. 职业计划包括哪几层涵义？本例中刘总决定给李经理调动工作，为什么李经理并不情愿？

案例三

什么促使了美娜湖度假村的成功？

【本章小结】

培训是指企业有计划地实施有助于员工学习与工作相关的胜任能力活动。这些胜任能力包括知识、技能或对工作绩效起关键作用的行为。培训的流程主要是分析培训需求、确定培训目标、设计培训方案、实施培训项目、培训效果评估、规划未来培训。旅游企业员工培训是全员培训，其目的是达到全员素质的总体提高。因此，培训的内容应该根据不同对象、不同时期的具体情况加以安排。培训内容包括对旅游企业职工道德、知识、能力、操作技能的培训。根据旅游企业的实际状况和培训项目、培训对象的具体情况，选择灵活的培训方式，是保证培训取得预期成效的重要条件。主要包括：知识性理论培训方法，是受训者用较多的时间接受知识性理论的训练，是为增加知识和提高管理理论为目的的培训方法，如讲授法、案例研讨法、角色扮演法等；实践指导性培训方法，这是员工用较多时间接受实际操作的训练，主要以提高能力、技能为目的的培训方法，如操作示范法、四步培训法等。职业生涯管理是指组织根据自身的发展目标，结合员工的能力、兴趣、价值观等，确定双方都能接受的职业生涯目标，并通过培训、工作轮换、丰富工作经验等一系列措施，逐步实现员工职业生涯目标的过程。职业生涯管理包含两重含义：一是组织针对个人和组织发展需要所实施的职业生涯管理，称为组织职业生涯管理；二是个人为自己的职业生涯发展而实施的管理，称为个人职业生涯管理。个人职业生涯管理与组织职业生涯管理的和谐发展是职业生涯管理有效的关键。

【关键术语】

培训（Training）

需求评估（Needs assessment）

人员分析（Person analysis）

任务分析（Task analysis）

学习动机（Motivation to learn）

素质（Competency）

角色扮演（Role plays）

多媒体培训（Multimedia training）

网络学习（E-learning）

远程学习（Distance learning）

职业生涯管理（Career management）

【复习与思考】

1. 员工培训在人力资源开发与管理中的作用是什么？

2. 人员培训应遵循哪些原则？旅游企业主要的培训形式有哪些？

3. 请你结合实际，说说如何克服员工培训与开发过程中的误区？

4. 请你从理论与实践两方面来谈谈人力资源开发与旅游企业效益之间的关系。

5. 员工职业生涯管理的意义？企业如何进行职业生涯管理？

【实践题】

1. 如果要求你进行一次饭店新近员工的定向培训，你将如何操作？请列出详细的培训计划。

2. 为自己设计一套职业生涯规划，列出具体过程，并分析其可行性。

【网站链接】

1. 登录中国人力资源开发网，http://www.chinahrd.net，参阅培训发展相关案例，下载相关使用工具。

2. 登录麦当劳中文官方网站 http://www.mcdonalds.com.cn，了解其员工培训与发展计划和麦当劳中国汉堡大学的具体信息。

第六章 旅游企业绩效管理

【学习目的】
1. 掌握绩效考评与绩效管理的概念。
2. 掌握旅游企业绩效考评常用的方法。
3. 熟悉绩效考评的内容及程序。
4. 了解绩效考评的标准。
5. 了解旅游企业在绩效考评过程中的问题与困难及改善方法。

第一节 绩效管理概述

一、绩效及绩效管理

（一）绩效的定义

具体来讲，"绩"指业绩（工作的成绩、效益等），体现的是一种结果；"效"指效率、效用，体现的是一种过程。例如同样是达到一百万的盈利目的，有的公司用 100 个员工，有的则用 50 个员工，其效率是大大不同的。又如，同样为达到一百万的盈利目的，有的公司用了一年的时间，有的则用了 10 个月的时间，产生的效果是完全不同的。

（二）绩效管理

绩效管理是指对组织流程中影响雇员绩效的各种因素所进行的管理。因此，绩效管理过程可能包括以下几个方面：目标设定、雇员甄选与配置、绩效评价、薪酬、培训与开发以及雇员职业生涯规划——也就是说可能会对雇员的绩效产生影响的人力资源管理流程中的所有模块。

绩效管理的定义：绩效管理是指通过设定组织目标，运用一系列的管理手段对组织运行效率和结果进行控制与掌握的过程，包括长期绩效管理与短期绩效管理。长期绩效管理主要是通过战略规划系统来完成；短期绩效管理主要是通过经营计划与经营检讨、工作总结来完成（如图6-1）。

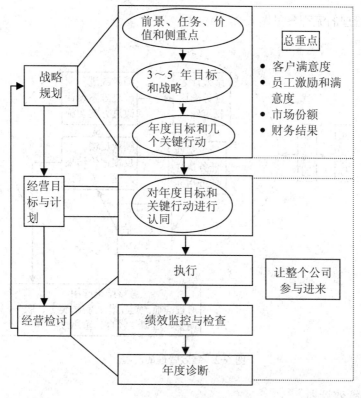

图 6-1　绩效管理

　　无论从组织的角度，还是从管理者和员工的角度，绩效管理都能给我们带来益处。第一绩效管理能为物质激励（工资调整、奖金分配）、人员调配和日常精神激励提供依据与评判标准，有效地激励员工。第二，通过绩效计划的制定、绩效考评和反馈工作，改进和提高管理者的管理能力和成效，促进被考评者工作绩效的改进，最终实现组织整体绩效的提升，使绩效管理成为管理者有效的管理手段。第三，通过层层目标分解，绩效管理成为保证组织战略目标实现的重要手段。

二、绩效管理的流程

绩效管理的流程参见图 6-2。

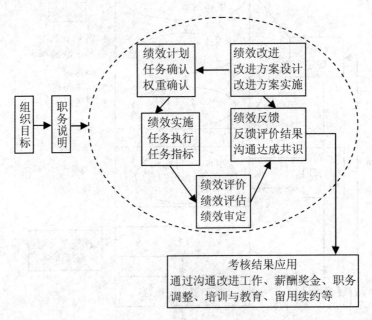

图 6-2　绩效管理的流程

（一）绩效计划

绩效管理的第一个环节是绩效计划，它是绩效管理过程的起点。企业战略要付诸实施，必须先将战略分解为具体的任务或目标，落实到各个岗位上。然后再对各个岗位进行相应的工作分析、人员资格条件分析以及职位说明。这些步骤完成之后，管理者就该与员工一起根据本岗位的工作目标和工作职责来讨论，搞清楚在绩效计划周期内员工应该做什么工作、做到什么程度，何时应做完以及员工权力大小和决策权限等。

（二）绩效实施

制定了绩效计划之后，员工就开始按照计划开始工作。在工作的过程中，管理者要对员工的工作进行指导和监督，对发现的问题及时予以解决，并随时根据实际情况对绩效计划进行调整。绩效计划不是在制定之后就一成不变的，随着工作的开展会不断调整。在整个绩效期间内，需要管理者不断地对员工进行指导和反馈，即进行持续的绩效沟通。

（三）绩效评价

绩效评价是一个按事先确定的工作目标及其衡量标准，考察员工实际完成的绩效的过程。绩效评价可以根据具体情况和实际需要进行月度、季度、半年度和年度考评评价。考评期开始时签订的绩效合同或协议一般都规定了绩效目标和绩效衡量标准。绩效合同是进行评价的依据，一般包括：工作目的的描述、员工认可的工作目标及其衡量标准等。在绩效实施过程中收集到的能够说明员工绩效表现的数据和事实，可以作为判断员工是否达到绩效指标要求的证据。

（四）绩效反馈

绩效管理的过程不是为员工打出一个绩效考评分数就结束了，管理人员还需要与员工进行一次甚至多次面对面的交谈，以达到反馈与沟通的目的。通过绩效反馈与面谈，使员工了解自己的绩效、了解上级对自己的期望，认识自己有待改进的方面；与此同时，员工也可以提出自己在完成绩效目标中遇到的困难，请求上级的指导和理解。

（五）绩效改进

绩效改进是绩效管理过程的一个重要环节。传统绩效考评的目的是通过对员工的工作业绩进行评估，将评估结果作为确定员工薪酬、奖惩、晋升或降级的依据。而现代绩效管理的目的不限于此，员工能力的不断提高以及绩效的持续改进和发展才是其根本目的。所以，绩效改进工作的成功与否，是绩效管理过程是否发挥效果的关键。

（六）绩效考评结果应用

当绩效考评完成后，评估结果并不应该束之高阁，而是要与相应的其他人力资源管理环节相衔接。其结果主要可以用于以下方面：（1）招聘和甄选；（2）薪酬及奖金的分配；（3）职务调整；（4）培训与开发。

三、绩效管理的目的

（一）绩效管理可以保证企业愿景目标的实现

绩效管理是人力资源管理的核心工作。通过对组织、个人的工作绩效的管理和评估，提高个人的工作能力和工作绩效，从而提高组织整体的工作效能，完善人力资源管理机制，最终实现企业愿景目标。

（二）绩效管理促进组织和个人绩效改善的途径

通过规范化的关键绩效、工作目标设定、沟通、绩效审查与反馈工作，改进和提高管理人员的管理能力和成效，促进被考评者工作方法和绩效的提升，最终实现组织整体工作方法和工作绩效的提升。

（三）绩效管理是各方利益分配的评判标准

正式的综合考评结果作为物质激励（工资调整、奖金分配）和人员调整（人员晋升、降职调职）的依据或阶段的考评结果作为日常精神激励的评判标准。

第二节 绩效管理的基本原理——激励理论

一、需要层次理论与激励

（一）需要层次理论

早期最著名的激励理论之一——需要层次理论是由美国心理学家亚伯拉罕·马斯洛（Abrahan H. Maslow）在 1943 年首次提出，这一理论把人的需要归纳为五大基本需要，并按照其重要性和发生先后次序排列成五个层次。如图 6-3 所示。

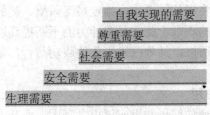

自我实现的需要
尊重需要
社会需要
安全需要
生理需要

图 6-3 马斯洛的需要层次理论

1. 生理需要：包括衣、食、住、性、用和其他的身体需要。
2. 安全需要：保护自己免受生理和心理的伤害的需要。
3. 社会需要：包括爱、归属、接纳和友谊。
4. 尊重需要：内部尊重因素，如自尊、自主和成就；外部尊重因素，如地位、认可和关注。
5. 自我实现的需要（Self-actualization）：一种追求个人能力极限的内驱力，包括成长、发挥自己的潜能和自我实现。

马斯洛认为个体需要按需要层次的阶梯前进，当任何低一级的需要基本上得到满足后，高一级的需要就成为主导需要。只有那些未满足的需要才具有激励作用，所以，按照马斯洛的需要理论，如果你要激励某个人，你必须知道他现在处于需要层次的哪个水平上，然后去满足这些需要及更高层次的需要。

在马斯洛看来，人类价值体系中有两类不同的需要，称之为低级需要和高级需要，这两类需要在关系上一般表现为：

第一，生理需要和安全需要是低级需要，社会需要、尊重需要和自我实现需要是高级需要。只有基础层次的需要满足之后，高层次的需要才会出现。即五个层次逐级上升，当第一层次需要相对满足之后，追求高一层次的需要才成为人继续前进的动力。

第二，行为选择是由人的优势需要所支配的。即每一时期内总有一种需要占支配地位。因此，等级也不是绝对固定的，有种种例外情况。

第三，任何一种层次需要并不因为下一个高层次需要的满足而消失。各层次之间相互依赖与重叠，即使高层次需要满足后，低层次的需要仍然存在，只是对行为影响的比重减轻而已。

第四，某种需要满足了，激励作用就减弱。

第五，五种需要都得到满足的人叫作基本满足的人，我们可以期望这种人具有最充分、最旺盛的创造力。

（二）需要层次理论在旅游企业管理中的运用

旅游企业是劳动密集型的企业，而且从业人员大多数是中青年员工，企业的很多产品的销售需要员工与客人面对面完成。客人的满意是企业的生命线，它依赖于员工的勤奋与热情。旅游企业运用激励时要充分了解和针对员工的需要，如表 6-1 所示。

表 6-1　旅游企业需要层次的应用举例

需　要	表现形式	应　用
生理需要	衣、食、住、行、用	工资、福利、工作环境
安全需要	免受伤害	用工合同、职业保障、意外事故的防止
社会需要	友谊、团体的接纳、组织认同	竞赛评比、良好的企业文化
尊重需要	地位、名誉、权力、责任	相对工资
自我实现需要	有挑战性的工作、能表现和开发自身个性的环境	人与工作的匹配

1. 生理需要

满足员工生理需要即关注员工衣、食、住、行等基本需要。工资和福利是满足这些需要的基本形式，它可以使员工能购买到他们需要的物品，大多数饭店针对行业工作连续性、高强度的特点，从员工的生理需要出发，一般都设有清洁卫生的员工餐厅供员工免费用餐，倒班宿舍供员工休息。满足员工基本生理需要可以保证员工有充足的精力完成工作。

2. 安全需要

旅游企业中以饭店为例，涉及的安全因素主要有防火、防盗和劳动保护，防火、防盗是饭店企业对客服务工作的重要部分，饭店投入了先进的监控系统及训练有素的保安队伍，起到了很好的作用。此外，饭店还可以通过培训员工学会自防自救，并配备相应的劳动保护设施来实现员工的安全需要。

在激励员工方面，旅游企业可以从员工更深一层的人身安全和职业安全角度考虑。例如，为员工提供医疗保险是满足员工人身安全的一个方面，现在很少有企业为员工支付大部分医疗费用，看病、吃药成了普通员工的担心，如果企业为员工办理医疗保险，在饭店内设有医务所，做到小病不出门，同时享受廉价药品，员工生理需要得到保障，比起不能提供这项保险的企业来讲，旅游企业的这项措施就是激励。类似的还有意外伤害保险等，由于员工的年龄、家庭、负担不同，企业可以建立灵活福利制度供员工选择或以保险作为奖励激励员工都是很好的办法。

用工保障制度可满足员工职业安全的需要。旅游企业员工流动率很大，饭店如此，旅行社也如此。流动率大，一方面是旅游企业众多，为人才流动提供了空间。此外，也有员工自身素质和企业管理不善的原因，在这种情况下，如果哪个企业能注重发展员工的才能，同时提供完善的保障，那他就具有吸引力。

3. 社会需要

社会需要属于个人对情感和归属的需要。爱、交往、情意对于个人来说有两个方面：付出自己的和接受别人的。绝大多数人都希望伙伴之间、同事之间的关系融洽。如果一个人长期处于团体之外，便会产生一种孤独感，精神上不免受到压抑。

社会需要对于一个满足了基本需要的人来说最为强烈，得不到满足可能影响人的心理健康。因此，保持企业很好的人际关系不能简单就事论事，尤其是旅游企业，员工的热情和勤奋都是企业产品的重要组成部分，就更应重视情感和爱的因素。企业应以创造和谐的工作气氛为重要内容，可以通过采用团体活动满足员工的社会需要。

旅游企业组织各种各样的团体活动，如篮球赛、歌咏比赛、郊游等，这些活动发展了员工个人兴趣，增加员工结识朋友的机会，同时为员工创造良好的企业氛围，利于部门间工作的合作，是一条很好的激励途径。此外，企业的互助金制度、教育培训制度、协商制度，都是从员工需要出发非常有效的激励办法。

4. 尊重的需要

对于相对成熟的员工，采用协商方式，减少管理者的干预，充分理解员工的自尊，发挥员工自主性，让员工通过主动参与完成工作，能够满足员工的成就感。过多的干涉有时反而会适得其反。企业可以通过人事考评、晋升、表彰、选拔进修等方式使员工得到关注和认可。

5. 自我实现的需要

在旅游企业中有自我实现需要的员工多是一些在工作中具备相关的知识，有一定的经验的员工，这些员工有着强烈的发挥自身潜能，实现理想，获得有挑战性工作的愿望。企业通过让其负责一个独立部门的工作或承担一项能发展其能力的重任，可以满足其自我实现的需要。有的饭店经营多年常会遇到由于发展机会不足导致人员流失的问题，通过成立管理公司、输出管理人才的办法既满足员工的自我实现的需要，又为饭店留住人才，是一个不错的双赢策略。

二、双因素理论及其应用

（一）双因素理论基本内容

激励—保健理论由心理学家弗雷德里克·赫兹伯格（Frederick Herzberg）提出。它的重点在于试图说明为什么员工会重视与工作有关的成果。赫兹伯格认为员工与工作的关系是一种基本关系，员工对工作的态度，在很大程度上将决定其成败。他调查了这样一个问题：人们想从工作中得到什么。他让人们详细描述他们感到工作异常好和异常坏时的情形。这些回答被制成表并加以分类。赫兹伯格所做的 12 个调查中影响工作态度的因素如图 6-4 所示。

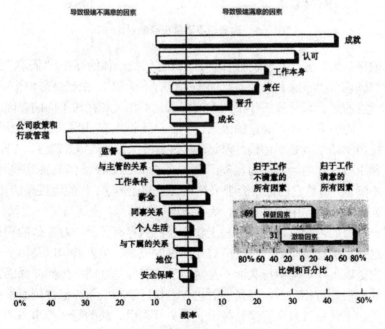

图 6-4　满意因素与不满意因素

从经过分类的回答中，赫兹伯格总结出，人们对工作满意时的回答和对工作不满意时的回答大相径庭。某些特征总是与工作满意有关（图右边的因素），而其他因素与工作不满意有关（图左边的因素）。内部因素，如工作富有成就感、工作成绩得到认可、工作本身、责任大小、晋升、成长等，看起来与工作满意有关。当被调查者对工作满意时，他们倾向于把这些特征归于自己，而当他们不满意时，他们倾向于抱怨外部因素，如公司政策及行政管理、监督者、与主管的关系和工作条件等。

赫兹伯格认为，统计资料表明满意的对立面不是不满意，不像通常人们认为的那样。消除工作中的不满意因素并不必然带来工作满意。如图6-5所示。

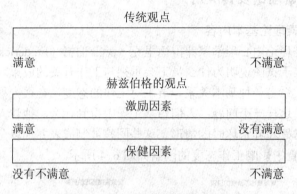

图6-5　满意与不满意观点的对比

赫兹伯格认为，这一发现表明了一个二元连续统一体的存在："满意"的对立面是"没有满意"，"不满意"的对立面是"没有不满意"。根据赫兹伯格的观点，带来工作满意的因素和导致工作不满意的因素是不相关和截然不同的。因此，管理者若努力消除带来工作不满意的因素，可能会带来平静，却不一定有激励作用，他们能安抚员工却不能激励他们。因此，赫兹伯格把公司政策、监督、人际关系、工作环境和工资这样的因素称为保健因素（Hygiene factors）。当具备这些因素时，员工没有不满意，但是它们也不会带来满意。这些因素与工作的消极感情相联系。如果管理人员想在工作中激励他人，就要强调工作本身，强调与工作成就、认可、责任和晋升有关的内容，这些因素与工作本身的内容有关又与对工作的积极感情有联系。这些积极感情与个人过去所曾经历过的成就、被人赏识以及担负过的责任有关，它是以工作环境中持久而不是短暂的成就为基础的。虽然激励因素通常与对工作的积极感情相联系，但是有时也与消极感情相联系。保健因素很少与积极感情有关，不具备时只会带来精神沮丧、离开组织、缺勤等一类事态。

（二）双因素理论的应用

按照双因素理论，成就、承认、工作本身、责任、晋升、成长都是激励因素，重视这些因素可以激励员工。以成长为例，假日集团的培训体系运行得非常成功，集团为员工设计涵盖饭店各个层次的培训方案，每个员工从进入饭店起就有一本培训证书，其中记录了参加培训的课程，已经具有的任职资格。证书体现了员工的能力和价值，很多员工拿着假日的证书在其他饭店都能找到很好的工作。这一制度满足了员工成长、获得承认的需要，起到了极大的激励作用，员工努力工作，积极参加各类培训提高技艺。

此外，导致员工不满意的因素主要是公司管理监督与主管的关系等，所以，有些旅游企业运用多种渠道增加与员工沟通机会，如生日聚会、建议箱等。应用双因素理论时要注意考虑外部情境因素、员工的素质等各体差异，结合情境、员工素质来辨别哪些因素导致员工的满意，哪些因素导致员工不满意。

三、期望理论及其应用

（一）期望理论的内容

维克多·弗隆姆（Victor Vroom）的期望理论是广泛被人们接受的一种对激励的解释。与赫茨伯格等人的理论不同之处在于，它没有就哪些因素激励人们提出特殊见解，而是展示了工作激励中个人间的差异是什么。期望理论只跟选择行为有关，就是说，人通常总有好几种行动方案供他们抉择。他们根据对这些方案所抱的期望而从其中选出一个。具体而言，当员工认为努力会带来良好的绩效评价时，并且良好的绩效评价会带来组织奖励，如奖金、加薪或晋升能够满足员工的个人目标，就会受到激励进而付出更大的努力。根据弗隆姆的理论，期望值与效价的乘积决定激励的强度，如式（6-1）所示：

$$M（激励强度）= E（期望值）× V（效价） \qquad (6-1)$$

如果效价和期望值等于零，则激励强度即动力也等于零。十分希望得到却无机会得到的成果在大多数情况下是不能激励人的。

其中：

E（期望值）指继某一特定行为之后必定有某一特定结果。这种相信的程度决定行为与结果之间的联系。如一个度假村实行计件工资，高效率可能带来高收益也可能带来不合群。一名服务员一天清洁 18 间 Check-Out 房的的概率是 20%，而一天清洁 12 间 CheckK-Out 客房的概率是 95%，那么尽管高效率工作可能带来高收益，但它的概率低，即实现的可能不大，所以高效率工作的期望值就低。

V（效价）是个人对于某一特定后果如何感觉的一种量度。效价可以是正值，也可能是负值，取决于后果所造成的影响如何，以及个人对此有什么感觉。员工可以期望诸如丰厚的薪酬、晋升以及受到同事们的赏识等，这一类结果的效价是正的，而跟同事发生冲突以及受到领导的责备这类结果的效价往往是负的。如上例，如果这名服务员对"不合群"的效价是负，而对"合群"的效价是正，那么这名服务员就可能放弃高效率的工作，因为放弃高效率不但避免了与同事的冲突，又能因遵守群体规范而"合群"。

（二）期望理论的应用

应用期望理论实现激励员工要着眼于解决 3 种关系，如图 6-6 所示。

a   b   c

个人努力 → 个人绩效 → 组织奖励 → 个人目标

a 表示努力—绩效关系，b 表示绩效—奖励关系，c 表示奖励—个人目标关系

图 6-6　期望理论

1. 努力—绩效关系：个人认为通过一定努力会带来一定绩效的可能性。

2. 绩效—奖励关系：个人相信一定水平的绩效会带来所希望的奖励结果的程度。

3. 奖励—个人目标关系：组织奖励满足个人目标或需要的程度以及这些潜在的奖励对个人的吸引力。

那么使员工的激励水平达到最大化就必须解决三个问题。

第一，在绩效评估中要体现出员工付出的努力，大多数组织忽略这一点，因为组织的绩效评估体系的设计可能是为了评估一些非绩效因素，如忠诚感、创造性或勇气，更多的努力并不一定带来更高的绩效评估结果。所以旅游企业在设计评估体系时要与绩效结合。此外，员工的感觉也影响努力—绩效的关系。员工可能认为他的上司不喜欢他（这种知觉有可能是对的，也有可能是错的），不管他如何努力，他也会预期得到一个不好的评估结果，也会影响有效激励，解决办法之一是进行有效沟通。

第二，对于好的绩效要奖励。如果员工认为绩效—奖励的关系不明确，就难达到激励的目的。有的旅游企业的员工薪酬是基于资历、合作性，这样做某种程度会弱化员工的努力，而绩效评估结果若基于上司个人好恶则更会降低激励水平。

第三，奖励对员工具有吸引力。员工努力工作以期获得晋升，但得到的却是加薪；员工希望得到一个比较有趣和具有挑战性的工作，但得到的仅仅是几句表扬的话，这些都不能很好地激励员工。根据每个员工的个人需要设置奖励十分必要，认为所有员工都想得到"同样的东西"，而忽视差别化奖励的激励效果是错误的。

四、强化理论与员工行为

强化理论是一种行为主义观点，认为强化塑造行为。强化理论家把行为看成是由环境引起的，认为人们不必关心内部认知活动，控制行为的因素是外部强化物，行为结果之后如果能马上跟随一个反应，则会提高行为被重复的可能性。强化理论忽视了人的内部状态，仅仅关注一个人采取一定行为时会出现什么结果。因为强化理论没有考虑引发行为的因素，所以严格地说，它不是一种激励理论。但是它确实对控制行为的因素提供了有力的分析工具，正因如此，人们一般把它当作一种激励理论来讨论。

（一）强化理论塑造行为的方法

行为塑造通过系统地强化每一连续步骤而使个体越来越趋近理想的反应。对于一名长期迟到半小时上班的员工，如果他此次上班迟到了 20 分钟，我们就应强化这种进步。当反应越来越接近期望的行为时，强化也不断提高。

强化理论塑造行为有四种方法：积极强化、消极强化、惩罚和忽视。当一种反应伴随着愉快事件时，称之为积极强化，如，管理者称赞员工工作干得好。当一种反应伴随着中止或逃离不愉快事件时，称之为消极强化，如饭店不允许员工走饭店的客用通道，并且在门口有检查人员，那么员工每天上班就不走客用通道，因为员工学会了绕开走可以避免不愉快。惩罚是指为了减少不良行为的不愉快手段，员工因为无故旷工被扣发当月的岗位津贴，是一个例子。消除任何能够维持行为的强化物则称为忽视，如当某个员工积极改进工作，使餐厅碗碟破损率下降，但是餐厅领班并没有理会这一变化，不久就发现，碗碟破损率又上升了，不被强化的行为就倾向于消失。

积极强化和消极强化都导致了学习，他们强化了反应，增加了其重复的可能性。表扬增强了做好工作的行为，因为表扬是令人愉快的。而员工绕开走，也避免了不愉快的行为结果。惩罚和忽视也导致了学习，但它们是削弱了行为，并减少了其发生的频率。无论是积极强化还是消极强化，作为行为塑造的工具都有着深刻的影响。

（二）强化程序的类型

强化程序分为两种类型：连续强化和间断强化。

连续强化指每一次理想行为出现时，都给予强化，如，当客房清洁经常质量不合格的员工，每次工作有进步时，主管都会表扬他这种好行为。

间断强化指不对每一次理想行为给予强化。但为了使行为能够重复，要保证强化次数是充分的。老虎机的原理能说明，赌场中即使人们知道不可能总有回报，但仍然会继续赌下去。由于间断强化中个体更倾向于不愿意放弃活动，所以它的实践意义很大。表 6-2 就间断强化的四种类型在旅游企业中的应用做了举例说明。

表 6-2　旅游企业应用间断强化应用举例

强化类型	特　征	应用举例
固定时距	隔一定的固定时间强化。	每月或每周固定时间拿到奖金；每年定期的表彰先进。
可变时距	隔一定的时间强化，但时间不固定。	规定每月根据 4 次抽查质量的结果评定当月主管的奖金，以此使主管重视质量。
固定比率	个体反应达到了一定数目后，给予奖励。	客房计件奖励。
可变比率	奖励根据个人行为的变化。	如果销售员根据谈成的业务量计酬，那么与客户交谈的次数便是一个变数。

（三）强化程序与行为

连续强化程序容易导致过早的满足感，此时，强化物一旦消失，行为倾向于迅速减少，所以连续强化方式适合于新出现的不稳定的或低频率的反应。与之对应，间断强化程序不容易产生过早的满足感，因为它并不是每一次反应之后都有强化，这种方式适用于稳定的或高频的反应。

在间断强化程序中可变程序比固定程序更能导致更高的绩效水平，因为可变时距方式会产生更高的反应机率和更稳定一致的行为，体现出绩效与奖励之间的高相关性。组织中的大多数员工以固定时距的强化方式得到报酬，但是这种方式并未清楚明确绩效和奖励之间的清晰联系，相反，可变程序中包括的不确定性的因素则更容易被员工注意。

强化作为一种激励方式被广泛使用。强化对行为有重大影响，但它不是唯一的一种影响因素。还应考虑情感、态度、期望和其他已知的会对人的行为产生影响的认知变量。

五、综合激励模式

激励模式有很多种，但至今没有一个完善的激励模式。双因素理论实际上只是侧重于工作满足感的理论，弗隆姆的期望模型也未能就满足感与工作绩效之间的关系做出说明。波特和劳勒改进和扩展了前人的模型后建立了一个新的激励模型来说明满足感与绩效之间的关系。波特和劳勒是从激励并不等于满足或绩效这一假定出发的。激励、满足和绩效是三种截然不同的概念，它们之间的关系与传统上的假定不一样。在实质上，他认为，与其说满足感是工作绩效的原因，不如说是工作绩效的结果；也就是说，工作绩效导致满足感。不同的绩效决定不同的奖酬；不同的奖酬又在员工中产生不同的满足感。图 6-7 所示是一个理解激励、满足感与绩效三者之间的关系的模型。

1. 奖励的价值（方框 1）

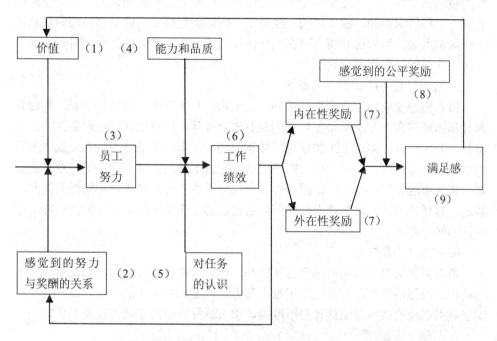

图 6-7　激励、满足感与绩效关系模型

每个人都希望从工作中得到数量不等的各种奖酬：同事们的友谊、晋升、因功绩而加薪、成就感等。对某个员工来说，可能很想获得同事们的友谊，这种奖酬对其有很高的吸引力。奖酬的价值反映个人的需要满足的状态。一个饿汉（有着生理需要）对食物的价值会比刚吃饱了的人更看重。

2. 感觉到的努力与奖酬的关系（方框 2）

指一个人希望付出一定的努力能带来一定数量的奖酬。假设一位服务员想通过自己的努力从工作很辛苦经常加班的一线部门调到工作时间规律、相对轻松的二线部门，但是饭店最近并不在进行调动，而且即使二线部门有缺额，补充人员也只能靠别的能力，如关系、运气等。在这种情况下，这个员工就会觉得努力与奖酬的关系不大。

3. 努力（方框 3）

指一个人在任何一种情况下所花费的精力的大小，即尽力的程度。某员工可能在工作时花了不少时间和精力（努力），而绩效考评可能令人失望。努力的大小取决于奖酬的价值与感觉到的二者间的相互作用。

4. 能力和品质（方框4）

按照波特和劳勒的观点，努力（激励）并不直接导致绩效，例如，人的智力、手的技巧和个性品质，这些都能影响完成任务的能力。一般都认为，这类特点相对独立于环境的。如，前文讲的一线员工，他可能把打字、速记等技巧带到新的工作岗位上来。尽管这些能力可在工作岗位上通过实践学会或提高，可是大部分人在工作开始以前就学会它了。

5. 对自己任务的认识（方框5）

指人们想要成功完成的哪些活动。在饭店，一些管理人员认为干好工作得到晋升和加薪的有效办法是要在自己的专业出类拔萃，如餐饮部的经理要在菜点及服务上非常在行。如果上级领导也这样认为的话，那他在增进自己专业能力上下的功夫就不会白费。但如果饭店的领导认为提拔下属的主要标准不是专业技能而是丰富的市场经验，那么一位拼命提高专业技术的管理人员也许不能得到提升。总之，对任务的认识说的是人们如何确定自己的工作范围以及如何确定做好工作所做的努力方向。

6. 绩效（方框6）

绩效不仅取决于人们所尽努力的大小，而且取决于自身能力，以及对的任务的认识。换句话说，即使员工尽了很大努力，可是如果工作能力差，或者对在组织中取得成功的做事方法估计得不准确，那么最终取得的绩效可能是很低的。

7. 奖酬（方框7）

奖酬即希望获得的成果。起初，波特和劳勒在他们的模型里，只列了一项单一的奖酬变量。不过，实验性的测试表明，这个变量应当更精确地分为外在性奖酬和内在性奖酬两项。外在性奖酬是组织授予的，包括诸如上下级关系、工作条件、薪酬、地位、以及额外福利等这些与工作有关的奖酬，即赫茨伯格所说的保健因素。内在性奖酬则是受个人自己所控制的，包括成就感、因工作干得好而感到的自我欣赏、工作本身、责任和个人成长等，也就是赫茨伯格所说的激励因素。内在性和外在性两类奖酬都是人们希望得到的，然而，研究工作表明，内在性奖酬会比外在性奖酬产生更高的工作满足感。内在性奖酬可以由组织通过工作的重新设计来提高。如果工作设计能提供足够的多样性、反馈、自主和挑战性，使员工觉得他们工作得很好，那么，他们就会体验到内在性的奖酬。要是工作设计得不当，没能具备这些特点，那么，优良绩效与内在性奖酬之间就没有什么关系了。所以，绩效与内在性奖酬之间的关系取决于工作责任的性质。

8. 感觉到的公平奖励（方框8）

人们觉得一定水平的绩效所应得到的奖酬的数量，就是他所感觉到的公平奖酬。在大多数职业中，对于一个按照要求的标准完成了任务的人，应该得到多少奖酬是不成文的。这类奖酬可能包括给他配备一名私人秘书、给专用办公室、拨给专用小汽车、赋予带挑战性的工作、上级的器重和常识、发给年终奖金等。这些看法是以个人对工作要求的感受、工作对个人的要求，以及个人对公司所作贡献为基础的。在实质上，这些看法反映出个人感到在某一工作取得优异成绩后理应获得的公平的奖酬。

9. 满足感（方框 9）

满足感和激励不是一回事。满足感是一种个人的内心状态。人们所估计的奖酬超过实际所得奖酬越多，就越不满足。满足感之所以重要有两个理由。第一，这个模型指出，满足感只是部分地决定于实际到手的奖酬。它还决定于组织对一定水平的绩效应付给的奖酬。第二，这个模型承认，满足感依赖于绩效的程度，高于绩效依赖于满足感的程度。只有通过一个反馈的环道（回到奖酬的价值），满足感才能影响绩效。

第三节　绩效考评指标的设计方法

一、绩效考评指标特点

对大部分企业来说，如果能够有效地考评、评价员工的绩效，则不仅要掌握个别员工对公司的贡献与不足，更可在整体上为人力资源的管理提供决定性的考评资料，由于绩效考评体系并非孤立的、完全固定的，因而会受多种因素的影响，与多种因素相互作用，所以称之为绩效考评系统。

旅游人力资源绩效考评指标描述的是员工工作成功的具体方面，指标的设计应包含"行为指标"和"成果指标"。成果指标，重在业绩的改进和提升，要求全部量化；行为指标包含员工工作岗位所要求的核心技能和企业的价值观的体现，侧重在长期表现，大多为定性判别。

1. 指标是基于工作而非基于工作者

绩效考评指标应该根据工作本身来建立，而不管谁在做这项工作。每项工作的绩效考评指标应该只是一套，而非针对每个工作的人各订一套。

绩效考评指标和目标不同。目标考评应该针对个人，目标的典型特征是必须具有挑战性。因此主管在领导和指挥很多人从事相同的某项工作时，应该制定出一套工作标准，并对每位下属设定不同的目标，这些目标应当以每一个人的经验、技术以及过去的工作而有所不同。

2. 指标是可以达到的

绩效评估的项目是在部门或员工个人的控制范围内，而且是通过部门或个人的努力可以达到的。

3. 指标是可以为人所知的

绩效考评指标对主管及员工而言，都应该是清楚明了的。如果员工对绩效考评指标概念不清，则事先不能确定努力方向。如果主管不清楚绩效考评指标体系，则无从衡量员工表现之优劣。

4. 指标是经过协商而制定的

主管与员工都应该同意该指标确属公平合理，这在激励员工时非常重要。员工认为这是自己参与制定的指标，自己有责任遵循该指标工作，达不到指标而受相应的惩戒时也不会有诸多抱怨。

5. 指标要尽可能具体而且可以衡量

绩效评估的项目最好能用数据表示，一般属于现象或态度的部分，因为抽象而不够具体，就无法客观衡量比较。有句管理名言说："凡是无法衡量的，就无法控制。"

6. 指标有时间的限制

绩效考评资料必须定期迅速而且方便取得，否则某些评估将失去时效，而没有多大的价值了。

7. 指标必须有意义

绩效考评项目是配合企业的目标来制定的，所采用的资料也应该是一般例行工作中可以取得的，而不应该是特别准备的。

8. 指标是可以改变的

因为绩效考评指标须经同意并且可行，有必要时就应定期评估并予以改变。也就是说，绩效考评指标可以因新方法之引进，或因新设备之添置，或因其他工作要素有了变化而变动。绩效考评的指标体系具有完整性、协调性和比例性三个特征：

所谓完整性，就是各种指标相互补充，扬长避短，共同构成一个完整的整体，完整性反映了指标体系的配套性特征。

所谓协调性，是指各种指标之间在相关的质的规定方面的衔接，相互一致协调发展，它反映了指标体系的统一性和和谐性。协调性有两种形式：一种是相关性的协调，例如定性指标、同类别尺度指标。另一种是延伸性的协调。

所谓比例性，是指各种指标之间存在一定数量的比例关系，它反映了指标体系的统一性和配比性。

二、绩效考评指标的分类

1. 按照考评指标层次分类

按照指标层次分一级指标、二级指标和三级指标，或分为宏观指标、中观指标和微观指标。指标层次不宜过多，一般分为两级。例如：员工素质是考评的一级指标，二级指标可细化为思想素质和业务素质，业务素质又可细化为学识水平与业务能力。

2. 按照指标内容分类

按照指标内容可以分为基础指标和具体指标。

（1）基础指标

基础指标的内容为德、能、勤、绩。

德就是思想道德素质、心理素质、职业道德素质等。例如，饭店服务员是否遵守饭店规定的规章制度，是否能坚守岗位、认真履行服务员角色应承担的职责，是否关心顾客、急他人之所急。

能就是一个人分析和解决问题的能力以及独立工作的能力，包括学识水平（知识水平、学历）、工作能力（特殊能力、管理能力）和身体能力（年龄和健康状况）。

勤是指工作态度，包括事业心、出勤率、服务态度等。"勤"包括形式和内涵两方面，考评过程中两者结合。形式是指出勤率；内涵是指通过出勤率反映出的内在的事业心、工作态度等。

绩就是工作实绩或实际贡献。员工的绩主要用工作数量与质量来度量，如产量、消耗、合格率等硬指标来判断；管理者的绩，运用多种指标进行综合分析，既可以用工作成果的实际数量和质量进行直接评价，也可以用影响工作成果的潜在因素进行间接分析（如人际关系改善、领导者威望提高等）。

（2）具体指标

具体指标是结合旅游企业具体岗位来确定具体职责。

3. 按指标性质分类

按指标性质可分为过程性指标和结果性指标。

（1）过程性指标。考察员工工作产出过程的指标，例如服务态度、服务潜力等。这样的考评主观性强，难以客观衡量，可增强考评的全面公正性。

（2）结果性指标。考察员工工作产出的结果的指标，如产量、销售额、利润、成本、顾客满意度等。这样的考评有利于增强考评的客观性。

4. 按照指标的重要程度分类

按指标的重要程度可分为普通指标和关键绩效指标（KPI）。

普通指标是指用来衡量公司员工普通适用性的指标，如出勤率、缺勤率等。

KPI 员工绩效指标中的关键指标，是衡量员工绩效实施效果的主要依据。

三、绩效考评指标确定的原则

为每个员工设置绩效考评指标时，要遵循以下原则：

1. 绩效指标必须与旅游企业战略相符合，并能促进旅游企业财务业绩和运作效率；

2. 绩效指标必须具有明确的业务计划及目标；

3. 绩效指标必须能够影响被考评者，同时能测量和具有明确评价标准；

4. 设置绩效指标时必须充分考虑其结果如何与个人收益挂钩。

有学者将确定指标时必须遵守的原则确定为 SMART 原则：

S（Specific）："具体的"。指标应切中目标，适度细化，随情境变化。

M（Measurable）："可度量的"。指标应该能够数量化、行为化，数据或信息具有可得性。

A（Attainable）："可实现的"。在付出了努力的情况下可以实现主观判断，即指标在适度的时限内实现。

R（Realistic）："现实的"。指被确定的指标可被证明，可被观察。

T（Time-bound）"有时限的"。指标需使用时间单位，使用过程中关注效率。

四、基于顾客维度的绩效考评指标设计方法

随着旅游业的发展，旅游市场的竞争逐渐加剧，我国旅游企业迫切需要引入能够引导其管理变革执行力的系统。本节在前文论述的基础上，根据旅游业的特征，基于顾客维度进行绩效考评指标的设计。

（一）基于顾客维度分析旅游企业战略设定

旅游企业的顾客即"游客"，顾客维度即是以游客的眼光看待旅游企业的经营活动，使旅游企业对为顾客提供什么样价值的服务有一个清晰准确的认识。基于顾客维度分析旅游企业战略目标的设定与成功取决于战略实施的关键驱动要素，即稳定的规模化游客流。

1. 目标游客确定

稳定的规模化游客流首先取决于目标游客的准确定位。因为不同类型的游客具有不同的旅游动机与旅游价值，因此对于旅游产品或服务有着不同的偏好，如旅游高端市场的客户往往关注于旅游吸引物的特色、内涵、创新，关注于旅游过程中的心理体验、旅游环境、旅游服务设施、旅游活动、解说服务和旅游景点等。而旅游低端市场的客户则更加关注于旅游吸引物与旅游服务的价格。显然，目标游客的正确定位将决定旅游企业战略的"精确制导"。

2. 顾客核心成果的度量

顾客核心成果是企业在客户、市场方面要获得的最终成果，对旅游企业而言，一般包括游客满意度、市场份额、老游客保有率、新游客增加率及游客利润率等指标，其中游客满意度是游客流的关键，决定了老游客保有率、新游客增加率和游客利润率，而老游客保有率和新游客增加率则决定市场份额。旅游企业可通过对以上指标的度量，确定基于顾客维度分析的旅游企业战略目标的关键业绩指标（KPI）。

3. 顾客价值主张的确定

顾客价值主张一般取决于产品与服务特征、顾客关系、形象及商誉。对旅游企业而言，产品和服务特征要求旅游企业不断改进产品及服务的质量，规范价格行为，改善服务性能、特色与内涵，不断满足游客真实需求；顾客关系要求旅游企业在吃、住、行、游、娱、购等方面严格旅游合同，及时察觉游客在旅游过程中对旅游安排、旅游景点、旅游设施、游览内容、旅游购物、旅游餐饮、住宿等方面的感觉，完善旅游售后服务；而形象与商誉除了取决于旅游企业的产品与服务特征之外，还和企业在品牌与形象方面的建设有关。显然，正确认识和了解游客价值主张是实现稳定的规模化游客流的保证。

（二）基于顾客维度分析旅游企业绩效考评指标的设计

1. 鱼刺图战略分解法

鱼刺图是由日本管理大师石川馨提出的，又名石川图。鱼刺图战略分解法就是在企业绩效管理方案设计过程中应用鱼刺图工具进行企业战略目标分解的一种方法，针对战略目标寻找关键成功因素（KFS），继而确定公司级关键绩效指标（KPI），再由公司级 KPI 分解到部门级 KPI、每个岗位的 KPI，使 KPI 形成一个因果关系网络，共同支持战略目标的实现。在鱼刺图中，鱼头表示为"战略目标重点"，大鱼刺表示为"主关键成功因素"小鱼刺表示为"次关键成功因素"，次关键成功因素是对主关键成功因素的进一步分解。而关键成功因素是对企业的成功起关键作用的某个战略要素的定性描述，是满足业务重点所需的策略手段，是制定关键绩效指标的依据。

2. 鱼刺图战略分解法下的旅游企业"战略制导"目标

根据鱼刺图分解法，从顾客维度，构建旅游企业绩效管理系统。首先，必须明确定位旅游企业的战略目标，即"鱼头"；在此基础上，找出能保证其战略目标实现的主关键驱动因素，即"大鱼刺"，并进一步分解出次要关键成功因素，即"小鱼刺"；最后，提取出反映个体／组织关键业绩贡献的评价依据和指标，即旅游企业关键绩效指标（KPI）。具体情况如表 6-3 所示。

表 6-3　基于顾客维度分析旅游企业"战略制导"目标分解示意表

指标维度	战略目标重点	主关键成功因素	次关键成功因素	关键绩效指标
顾客	稳定规模化的游客流	游客满意度	可接触性（实际设施、设备、人员与文字材料等）	旅游景观吸引度：景观特色、观赏价值、资源丰富
				旅游景区形象良好度：景区文化、服务理念、员工形象、接待地居民的热情程度
				基础设施完善度：交通可进入性、食宿娱购设施的完备、公共设施（休息、厕所、引导标志物等）的完备
			可靠性（可靠和准确地履行服务承诺的能力）	服务方式
				服务态度
				服务效率
			响应性（愿意帮助顾客并提供相应的服务）	咨询服务
				帮助、救助游客的态度与能力
			保证性（使顾客感到可以信赖和信任）	设施的足够安全率
				员工知识和服务技能的足够率
			移情性（关心顾客，给顾客以人情味的对待）	人性化的服务能力
			价格与价值共识	公平、合理的旅游服务的性价比
		市场份额	竞争者数量	旅游市场中旅游经营者的数量
				某类企业占旅游经营者的百分比
			企业经济实力	旅游人次数和旅游人天数
				旅游总收入
			营销历史	经营旅游业务的时间
			现实的营销努力	市场营销费用
				市场营销有效性
				顾客对市场营销反应弹性
		获得可盈利顾客能力	老客户数量	老客户签约率与业务成长率
			新客户数量	新客户开发率与增加率
			潜在客户数量及其转化	潜在客户转播率
			顾客忠诚度	顾客忠诚度
			顾客创利数额	顾客利润率
		企业品牌与商誉	旅游企业品牌的打造	旅游企业品牌知名度
				旅游企业品牌美誉度
			旅游企业形象的塑造	旅游企业形象综合指数

表6-3内容表明，旅游企业"战略制导"的最终成果，即"鱼头"，可定位为实现稳定的规模化的游客流，而促成该成果的主关键驱动因素，即"大鱼刺"，主要包括游客满意度、市场份额、获得可盈利顾客能力和旅游企业品牌与商誉，由此进一步分解出的次关键因素，即"小鱼刺"，具体表现为，对游客满意度的测度，从游客"期望"和"感知"两个方面取决于六大因素，即可接触性、可靠性、响应性、保证性、移情性和价格与价值共识；市场份额取决于旅游市场竞争者数量、旅游企业经济实力、营销历史和现实的营销努力程度；可盈利顾客能力的获得主要取决于新老客户的数量、潜在客户数量及转化以及顾客忠诚度和创利数额；旅游企业品牌和商誉则关键取决于企业品牌的打造和形象的塑造。在此基础上，围绕公司的战略目标和实现目标的关键驱动因素（KSF），提取出具有可操作性和可测量性的关键绩效指标（KPI），如旅游景观吸引度、基础设施完善度、实际市场和相对市场容量及价值的占有率，老客户的保有率、新客户的增加率、潜在客户的转化率、旅游企业品牌的知名度和美誉度、旅游企业形象的综合指数等，使企业各部门员工明白企业的要求以及自己应该做的，最终实现企业组织结构的集成化，提高企业效率。

3. 旅游企业关键绩效指标（KPI）的提取

关键绩效指标（KPI）是管理中"计划—执行—评价"中"评价"不可分割的一部分，是反映个体/组织关键业绩贡献的评价依据和指标，其指标内容最终取决于公司的战略目标。公司战略目标是长期的、指导性的、概括性的，而各岗位的关键绩效指标却是针对岗位而设置，着眼于考评当年的工作绩效，内容丰富，具有可衡量性。当关键绩效指标构成公司战略目标的有效组成部分或支持体系时，它所衡量的岗位便以实现公司战略目标的相关部分作为自身的主要职责；如果关键绩效指标与公司的战略目标脱离，则它所衡量的岗位的努力方向也将与公司战略目标的实现产生分歧。因此，关键绩效指标是对真正驱动公司战略目标实现的具体因素的发掘，是公司战略对每个岗位工作绩效要求的具体体现。

随着旅游市场竞争的加剧，旅游企业寻求生存的唯一优势在于如何提升组织经营绩效以达成战略目标。游客作为旅游活动的主体和核心要素，从顾客维度分析、构建旅游企业的绩效管理系统，有利于旅游企业战略目标的"精确制导"和旅游企业关键绩效指标的有效建立。

然而，在实施上述指标时，旅游企业还应具备一些主、客观的必要条件，如薪酬等激励回报机制的支持、内部流程的优化、组织架构、岗位职责与任职资格体系的支持及内部人员的支持与配合等。

第四节　绩效考评的方法

一、相对标准法

所谓相对标准，指通过对员工进行相互比较和研究分析而确定的一个相对的评价标准，以此作为员工绩效考评的依据。

相对标准在不同的考评群体中往往有差别，而且无法使用相对标准法对单独一个人进行评判，需通过相对标准层或称比较层，即对员工进行相互比较，进行考评。

相对标准法包括以下三种类型：

1. 排序法

排序法又分为直接排序法和交替排序法两种。

在直接排序法中，考评人员按绩效表现，从好到坏的顺序依次给员工排序，这种绩效表现既可以是整体绩效，也可以是某项特定工作的绩效。这种方法适合于规模较小、人员较少的旅游企业。对于规模较大的企业，由于员工数量比较多，以这种方法区分员工绩效就比较困难，尤其是对那些绩效中等的员工。这时主管可采用交替排序法。

交替排序法，是在直接排队法的基础上作了一些变动而得来的。它分以下几个步骤进行。首先，考评人员把最好的员工放在名单的最上面，把最差的员工放在最下面；然后在剩下的员工中挑选最好的员工列在第一名下面，再挑选表现最差的列在最后一名员工之上。这样从最好和从最差两个方向不断进行排列，直到所有员工都被列入。

2. 两两比较法

两两比较法指在某一业绩标准的基础上，如全面表现、工作质量或接受新事物的能力等，把每一员工都与其他员工相比较来判断谁更好，并记录每一个员工和任何其他员工比较时被认为最好的次数，根据次数的高低给员工排序。两两比较法可以以表 6-4 形象地表示。这种方法较之于排序法的优点在于，考虑了每一个员工与其他员工绩效的比较，更加客观。

排序法与两两比较法有一个共同的问题：在排序中每个人排位是唯一的。这意味着任何两个员工的表现必能分出先后，但事实上这是不可能的。通常某些员工的表现差不多，难分好坏，用这两种方法不能很好地反映员工的业绩状况。

表6-4　两两比较法

员工 对比员工	A	B	C	D	E
A	—	较差	较好	较差	较好
B	较好	—	较好	较差	较好
C	较差	较差	—	较差	较好
D	较好	较好	较好	—	较好
E	较差	较差	较差	较差	—
较好的次数	2	1	3	0	4
排序（从好到坏）	3	4	2	5	1

3. 强制分配法

按照这种方法，考评人员可以把员工划分为几个等级，每一个等级规定一定人数。例如，只允许主管把10%的员工列入"优秀"，另外10%列为"差"，然后再把一定比例的员工列为"较好"，"一般"和"较差"。

在采用这种方法时，员工的绩效可能不适于分配进设定的等级。比如绝大部分员工的绩效都比较好，一定要把30%的员工归入"较差"或"差"等就不尽合理。

相对标准法的一个明显的缺点是考评人员必须对员工进行互相比较。在旅游企业的管理中，一个人管辖下的所有员工都做同样的工作是不可能的。因此要公平客观并自始至终地运用这些方法，即使有可能也是非常困难的。

二、绝对标准法

按照绝对标准法，考评人员可以对每位员工作出考评而不用与其他员工的工作比较。一般说来，我们可以通过三种常用方法把绝对标准结合到考评过程中去。

1. 关键事件法

按照这种方法，主管或负责考评的其他管理人员把员工工作中发生的好的及不好的事情像记日记那样记录下来。这些事情经过汇总后就能反映员工的全面表现。根据这些可以对员工进行考评。采用这种考评法时，必须对从上次考评到本次考评这一整段时间内发生的每件事情及时作好记录，包括正反两方面的事迹，使考评尽可能公平正确。关键事件法一般有三个基本步骤：（1）当有关键事件发生时，将其填在要事记录表中；（2）摘要评分；（3）与员工进行考评面谈。表6-5给出一个要事记录表的样本。

表 6-5　要事记录表样本

说明：根据下列各项指标填写员工好的和差的工作事件		
员工姓名		
项　　目	日　　期	观察到的事件
遵从上级指导		
工作质量		
提出建议		
主管签名	日期	

2. 打分检查法

由主管和其他熟悉员工工作的人制订员工各项工作检查表，并根据员工实际工作情况对员工的每项工作进行打分，从分数的高低可以看出该项工作的完成状况。员工工作检查表样表如表 6-6 所示。

表 6-6　员工工作检查样表

说明：对照员工具体情况，对其每一项工作检查并打分。			
员工姓名：			
项目	标准	得分	说明
1. 工作结束关闭设备	2.0	2.0	
2. 保持工作区的清洁	4.0	1.5	
3. 一次备齐工作用品	3.0	1.5	
⋮	⋮	⋮	
主管签名：	日期：		

3. 硬性选择法

员工工作的好坏可以通过许多方面、许多因素反映出来。硬性选择法首先要求考评人员对反映员工工作状况的因素选择一个合理的评价标准。根据这些标准对照员工实际状况，可以对员工的工作作出一个评价。许多旅游企业在考评时就采用这种方法。衡量员工工作的因素有多有少，但确定这些考评因素时，关键要考虑那些对员工工作的影响重大的因素。硬性选择法具体模式如表 6-7 所示。

表 6-7　采用硬性选择法的考评样表

员工姓名:					
考评因素	考 评 标 准				考评结果（优、良、中、可、差）
	优	良	中	可	差	
工作知识	掌握工作的所有知识	掌握工作的几乎所有知识	掌握工作的基本知识	了解工作的一般知识	工作知识很少	
工作质量	非常准确并且有条理	很少出差错	工作一般能符合要求	工作经常不符合要求	工作很少达到质量要求	
说明: 选择影响员工工作的关键因素作为考评因素					

三、目标管理法

目标管理法（Management By Objectives，MBO）的实质就是考评人员与员工共同讨论和制定员工在一定考评期内所需要达到的绩效目标，同时还要确定实现这些目标的方法及步骤。目标经过贯彻执行后，到规定的考评期末由双方共同对照原定目标来测算实际绩效，找出成绩和不足，然后再制定下一个考评期的绩效目标，如此不断循环下去。实施 MBO 有六个步骤：

第一步：管理者确定企业下一个评价期所应达到的目标。这些目标常用营业额、利润、竞争地位或企业内人际关系来表示。

第二步：说明该企业状况。谁在哪个部门？每个人都在干什么？回答了这些问题后，管理者要审议每个人过去的工作，并注意对每个人能寄托什么希望。

第三步：管理者为参与者逐一确定下一个考评期的目标。做法是：

（1）要求每个员工列出根据自我实际情况为下一年度所定的目标，并确定日期共同进行讨论。

（2）管理者根据对员工基本素质、工作表现和潜能的了解，拟出希望员工下一年度达到的目标。

（3）在一定的范围内，召集有关人员共同审议这两个目标的清单，力求使两个目标基本吻合，然后一起确定员工在下一年度应达到的目标。

（4）自己随时准备帮助员工实现目标。

如何制定切实可行的目标呢？应该弄清楚员工心里追求的是什么，准确抓住多种潜在的因素，制定出员工心悦诚服并愿为之奋斗的富有魅力的目标。这就要求：一是要找员工恳谈，从中了解工作内容、工作障碍、各种希望、意见等，必要时，也可包括员工的个人生活问题。二是目标设置要科学合理。如果目标设置过高，让员工感觉可望而不可及，就会丧失信心；如果目标设置过低，让员工感觉低估了自己的能力，同样也会因意义不大而没有信心。

第四步：设计年度目标工作单，帮助员工制定具体措施去实现这些预期目标。这种工作单一般分为三部分：

（1）目标的确定。

（2）为实现目标应采取的措施。

（3）分段评价实现目标进展情况的方法。

作为管理层人员，为员工制定工作目标，这是关键的环节，但更重要的是要帮助员工找出、制定实现目标的具体措施。这就需要：一是反复指向工作目标，促使员工对实现预期目标的具体措施进行认真考虑；二是帮助员工考虑有没有与以往不同的具体措施，而且这些做法是否有可能在现实工作中加以实施；三是了解员工过去的做法，并将自己的想法归纳起来；四是询问员工的想法并发表自己的意见；五是将各种意见进行研究，再选择出切实可行的具体措施予以实施。

第五步：在考评期内，应经常地关注和不断检查每个员工的目标是否能够达到。尤其需要重点检查的，一是此人究竟是否在朝着既定的目标努力；二是到每次分段检查时，此人离目标还有多远；三是经过若干时间的实践，有哪些目标需要修改；四是从已有的情况分析，此人还需要哪些帮助方能实现目标。

但要注意，检查归检查，并不是要越俎代疱。权限是每个人的权力范围，在这个权力范围所应承担的责任和义务。每个人都有自己的职责范围。上司去办下属的事情，等于向别人宣布他不行，不需要他干了，这样做也就是忽略了那个人存在的价值。其实并非每个人都精明干练到足以在别人的权限范围内包办一切的地步，即使是上司也是如此。很多人只是自我感觉良好而已，如果将工作全部交给他，作为领导不但会忙得"焦头烂额"，事实上，也不一定能像原本做这个工作的人那样干得出色，甚至还有可能降低工作效率，影响工作质量。明智的做法是给员工以支持，使其增强信心。可以在暗中观察，如果发现执行过程中有困难.可以及时提供必要的帮助。

第六步：当目标管理循环即将结束时，需要每一个员工对照目标清单，准备一份简要的绩效说明书，对照目标衡量成果，并为制订下次考评的新目标和实现这些目标策略做准备。MBO 考评范例如表 6-8 所示。

MBO 是当今世界上较为流行的一种管理方法，具有目标明确、民主性、培养性等特点，即考评双方共同制定的明确的目标会对考评对象产生牵引力，执行过程往往由下级自主进行。MBO 法因而也是在旅游企业中运用较多的考评方法，无需上级时时加以督导。在目标制定和执行过程中融合了个人培养的因素。当然，目标管理法的实施中也存在一些问题，主要是重结果，轻行为，因人而易地设定目标易出现"其乐不均"，整个过程费时费力等。

表 6-8　**MBO 考评样表**

员工姓名：		考评时间段：		考评主管：	
考评目标	测后标准	目标实现状况		实现目标方法	
		目标要求	实现状况		
服务质量	顾客赞扬次数	2 次	由 1 次增加到 3 次	提高外语口语水平	
团队精神	与同事争执次数	1 次	由 2 次减至不再发生	提高自我控制能力	
工作纪律	迟到次数	不再发生	仍然迟到一次	改变交通工具或提早上班出发时间	
⋮	⋮	⋮	⋮	⋮	

四、直接指标法

直接指标法，就是把员工的各项工作和工作表现用数量直接表示出来。例如，对一名验收员，可根据他验收的不合格产品的实际数字来进行考评。这要与货物入帐后退货数字的记录作比较，或者可根据他由于没有按照工作程序及时向采购部门报告而造成库存短缺的次数考评。

直接指标法的考评标准可以是多种能反映员工工作状况的定量性指标如出勤率、遭客人投诉次数、器皿损坏个数、酒水销售杯（瓶）数等，当员工的工作成果完全量化为指数时，评价孰优孰劣也就有了依据。

第五节　绩效考评结果的应用

一、绩效考评信息的回应

在整个考评过程结束后，旅游企业的人事部门要继续通过各方面的信息反馈，对员工考评的结果进行检验与考评，这是确保考评工作能取得预期效果的必要步骤。人事部可以从被考评员工本人及其所在部门的上司与同事等各方面收集反馈信息，并认真地分析这些信息，从中获得对考评工作在组织准备、实施过程、效果反应等多方面的意见或要求，便于今后不断改进考评工作，达到更完满的结果。

为了使人事部门能客观公正地对员工进行评价，在处理绩效考评结果时要注意以下几点：

1. 量化考评项目

考评内容与结果包括定量与定性两个方面。定量考评内容及结果因为可以进行分项与综合的评价计算，因而可以进行多方面的比较，尤其是定量考评内容与结果便于采用计算机技术进行编程、考评数据处理、结果的储存及统计分析，因此定量考评要优于定性考评，而且量化的结果也便于人事部门更有效地对员工作出评价。

在量化考评项目时，要对这些项目赋予不同的评价等级，常用的等级划分有三级、五级、七级等。以五级评价等级为例，常见的赋值方法如表6-9所示。人事部门可以采用这些方法将考评内容进行量化。

表6-9　五级评价项目赋值区

等级	优	良	中	可	差
等差非对称赋值	5	4	3	2	1
等差对称赋值	2	1	0	−1	−2
累进对称赋值	3	1	0	−1	−3
不对称非等差赋值	2	1	0	−2	−4

2. 综合同一项目的不同考评结果

由若干人对一名员工的同一考评项目进行评价时，得出的结果往往不一致。为了综合这些意见，可采用算术平均法或加权平均法。

3. 对不同项目的考评结果加以综合

考评的目标、对象不同，需要重点考查的项目也不同。例如对于组织能力这一因素，用于管理层的考评时其重要性要大于用于对操作层的考评。绩效考评结果用于员工任用、加薪、提升等人事决策时，不同考评因素的重要度也不同。例如，晋升时，主要看能力；奖励时，主要看贡献。因此需要对各个考评项目或指标分配不同的权数。确定各考评项目权数的主要依据是考评目的，被评对象的阶层及具体职务。表6-10给出一个企业员工提薪时有关考评因素权数的范例。

对考评效果的评价，可通过对下列问题的答案来检验。

（1）通过考评发现员工总体的工作效率和服务质量是否有所提高？每个员工的才能是否都能得到充分发挥？是否做到了"人尽其才"？员工士气如何？

（2）通过考评，发现哪些问题是值得旅游企业人事部门及各有关部门引起注意的？员工的工作差错率是否有所降低？对考评结果较差的员工，考评后的工作表现是否呈现改进趋势，他们的工作热情如何？

（3）通过考评，每个员工对企业的总目标，对本部门的工作目标以及本人的进步方向是否有更进一步的认识与理解？

表 6-10　考评因素权数分配样表

	因素	管理层	中间指导层	操作层
成绩	工作数量	25	20	—
	工作质量	25	10	—
	小　计	50	30	—
态度	纪律性	—	8	20
	协作性	—	8	20
	积极性	10	12	20
	责任性	10	12	20
	小　计	20	40	80
能力	知识技能	4	8	10
	判断能力	6	5	10
	筹划能力	5	5	—
	交涉能力	5	5	—
	指挥管理能力	10	7	—
	小计	30	30	20
合　　计		100	100	100

二、绩效考评的内在矛盾和困难

尽管绩效考评对旅游企业有着十分重要的意义，但在实际运用中，存在着种种矛盾与困难，使绩效考评执行得不到位，只是流于形式，不够公正客观，从而影响员工积极性。这些矛盾与困难主要表现在以下几个方面：

1. 绩效考评过程的先天不足

（1）绩效考评过程涉及大量信息的浓缩和分析，故工作量较大。

首先，考评人员必须仔细观察员工的行为和工作成果，一次次存入短期记忆库。由于考评是一个相对较长的阶段性工作，短期记忆必须被浓缩存入长期记忆库或付诸文字记录。当需要作出判断时，相关信息从记忆库中被调出来，然后将它与绩效标准作比较。

其次，绩效考评的完成是建立在从记忆库调出的汇总信息和考评者有意或无意附加上的其他信息的基础上的。这样，我们就能发现绩效考评过程的先天不足：人的记忆总是不客观的、靠不住的，尤其是一段相当长的时间内的记忆。即使有文字记录的信息，信息也可能早被扭曲，考评中的偏差是很难避免的。

（2）在许多旅游企业中，没有制定出合理的考评步骤，有时仅把考评当作整顿纪律的一种方式。考评工作也不能定期或经常性地进行，使得主管无法及时得到员工工作实际状况的信息，而员工也无法得到来自主管的改进工作的合理指导与建议。

（3）对考评结果不采取措施。在一些旅游企业中，考评人员可能制订了考评步骤并填写了各种考评表，但对考评结果却不加以分析利用或不能采取相应的措施。要保证考评中得到的各种资料发挥作用，只有对它们加以利用。考评工作不能做完就弃置一边，到下次考评时再说，而可以在两次考评之间做跟踪监督、辅导以及商讨等工作，使员工不断改进工作。这样的绩效考评才真正有意义。

2. 绩效考评中的失误

考评人员在绩效考评过程中，难免会有主观上的判断，从而会使考评结果产生偏差。

（1）晕轮效应误差。考评人在对被考评人绩效考评时，把绩效中的某一方面甚至与工作绩效无关的某一方面看得过重，而影响了整体绩效的考评。晕轮效应会导致过高评价或过低评价。例如，小秦比较会处理人际关系，谈吐彬彬有礼，考评人对她有好感，就认为她各方面能力都强；相反，小何平时不修边幅、上班经常迟到，考评人就会对他产生工作极不负责的强烈印象。其实，小何在工作中创造力很强，工作实际成效并不比小秦差。

（2）近因误差。一般说来，人们对近期发生的事情印象比较深刻，而对远期发生的事情印象比较淡薄。在绩效考评时往往会出现这样的情况，考评人对被考评人某一阶段的工作绩效进行考评时，往往只注重近期的表现和成绩，以近期印象来代替被考评人在整个考评期的绩效表现情况，因而造成考评误差。有的被考评人往往会利用这种近因误差效应。如，在一年中的前半年工作马马虎虎，等到最后的几个月才开始表现较好，照样能够得到好的评价。

（3）感情效应误差。人是有感情的，而且不可避免地把感情带入所从事的任何一种活动中，绩效考评也不例外。考评人可能随着他对被考评人的感情好坏程度自觉或不自觉地对被考评人的绩效考评偏高或偏低。为了避免感情效应造成被考评人绩效考评的误差，考评人一定要克服绩效考评中的个人情感因素，努力站在公平客观的立场上，力求公正。

（4）暗示效应误差。暗示是人们一种特殊的心理现象，是人们通过语言、行为或某种事物提示别人，使其接受或照办而引起的迅速的心理反应。考评人在领导者或权威人士的暗示下，很容易接受他们的看法，而改变自己原来的看法，这样就可能造成绩效考评的暗示效应。例如，在企业评选"先进工作者"时，首先企业领导会对员工们谈谈评选的重要意义，之后他们往往会有意无意地提到："大家工作都很努力，尤其是某某，特别具有敬业精神，在本职岗位上勤勤恳恳，做出了不平凡的成绩……"之类的话，这样，似乎不再需要选举，某某就被"任命"为"先进工作者"了。在考评中，暗示效应引起的误差是难免的。为了防止这种误差，在考评中，领导者或权威人士的发言应放在最后，这样他们的讲话就难以起到暗示作用了。

（5）偏见误差。由于考评人员对被考评者的某种偏见，影响对其工作实绩的考评造成的误差就被称为是偏见误差。例如考评人是技术工程出身的，往往不自觉地认为文科出身的销售人员不学无术，只会"耍耍嘴皮子"而已，那么他在考评时对文科出身的销售员的评价就不会太高；而企业要提拔公关经理时，也会倾向于选拔文科出身的员工，认为他们往往有较强的沟通能力，而认为理科出身的员工笨嘴拙舌、不善辞令，这样，他们就忽视了考察员工本身的能力。事实上，理科出身的某位员工可能比文科出身的候选人更能言善辩，善于协调各种关系，但由于人事部门的偏见，使他错失了这一职位。这就是惯性思维——偏见造成的误差。

3. 绩效考评标准固有的问题

（1）绩效考评很难考评创意的价值。例如，为了迎合继将到来的旅游旺季，旅行社准备新增一些特色旅游线路，并派专人负责这项工作，包括具有创意性的旅游线路的设计，与交通部门、目的地饭店、景点等部门的联系协调，以使游客旅游活动能顺利进行。同时对导游人员进行培训，提高他们的外语水平、接待技术、相关知识水平。结果该季销售额较往年同期大幅度上升。这时很难区别这一结果哪些来自于旅游新线路的设计、协调人员的创意性工作，哪些源于导游人员的业务水平的提高。

（2）绩效考评很难评估团队工作中的个人价值。在一个相互协作的团队中，一项工作成果的取得是团队共同努力的结果，这时，评估个人贡献的大小就比较困难。比如一个大型宴会的成功与销售人员的宣传，人事部门的人员调派（当餐饮部人员紧张时，需要其他部门人员的协助）及餐饮部从主管到服务人员，从酒吧、西餐厅到厨房等各个成员、各个部门的配合，这时很难评价他们哪一个人贡献更大一点。

（3）绩效考评的标准往往忽略了外在因素。在两个员工同样努力工作的情况下，也会由于种种个人无法控制的外在因素的影响导致绩效截然不同。比如对饭店服务员来说，客人的表扬或投诉是绩效考评时的一条很重要的标准。但水平相似的两个服务员，如果一人遇到的是十分挑剔的客人，而另一人的客人十分随和，两人的工作绩效会有较大差别。

4. 受评员工对考评的漠不关心

主管的偏见可使员工成为牺牲品。由于主管的主观成见或员工间无意中造成的小差错，都可以产生绩效考评的错误。就员工本身而言，多数人认为绩效考评过程不够严密，往往自己表现好的一面难被主管发现。因此他们常认为中等评价，如"普通"、"尚可"、"合乎要求"等，只不过是应付了事、令人泄气的评语。因而员工可能会在考评过程中采取不服务或不合作的态度，拒绝提供有关的考评资料，使考评不能顺利进行。

三、绩效考评的改善方法

由于受考评中各种因素的影响，信度和效度再高的考评体系也会大打折扣。因此，应采用一些措施，使考评有效性最大化。改善绩效考评常见的方法如下：

1. 克服对绩效考评的"先天性心理障碍"。这种先天性心理障碍可能是因为一次失败使用的经验，使被考评者对绩效考评的功能有疑，也可能是因为对实施绩效考评的一些前提认识不清所致。为了克服这些负面影响，在员工进入组织前的指导性培训阶段，即应告知绩效考评的有关制度和程序；明确考评目的，究竟是为了评定绩效、为了确定培训对象、为了调整薪资、还是为了提高员工的素质水平；关于实施绩效考评的一些先天限制也要提出来，避免错估与不当期望，使员工能够有正确的心理准备，这样执行的失败率必大为降低。

2. 根据具体的考评目标和工作内容，拟定考评标准。这些标准要和工作相关，并有客观的信息作为考评依据。

3. 依不同的工作岗位和业务性质，确定各部门、各类人员的考评时间安排。

4. 设定绩效考评适用且切实可行的实施程序。整个考评过程应包括收集情报，比较考评结果与所设定的标准，此外更重要的是员工要能接受并认为是公平的，并因而能进一步制订一套改进计划。

5. 确定考评执行人员，并对他们进行考评目的、工作内容、技术方法等方面的专业训练，从而减少考评误差。

6. 建立正规的、公开的反馈制度（如考评结果的公布等），让员工（包括考评对象本人）了解考评的程序和方法，知道考评的结果。

7. 请员工进行自我评估，以减少与主管的摩擦。员工的绩效目标与绩效标准的达成、绩效考评的组织，均以"员工参与"为前提。自我评估是相当好的一种方法。因为员工参与，就是一种承诺，有了承诺，员工自然会较多地投入到绩效考评中。员工如能根据原先参与设定的绩效标准自我评估，就能更客观与体谅地接受考评结果，减少主管的压力。

【案例分析】

案例分析一：严格考绩，赏罚分明——新世纪酒店绩效考评制度的试行

陈平是新世纪酒店客房部经理。在饭店管理层例会上，他曾多次向总经理和其他部门经理提出建议：在饭店内对员工的工作绩效实行考评制度，因为他曾在一个服务质量差、工作效率低和员工士气低的部门工作过一段时间。

饭店总经理经研究决定采纳他的建议，并请他负责组成一个小组，开展这项工作。陈平首先进行了深入调查，然后向饭店董事会提出实施方案。在经过小组调查，三次开会研究后，陈平最后写出了考评实施方案，呈送董事会。董事会经过讨论接受了他的实施方案，并决定先在饭店的某个部门试行，然后根据试行反馈的情况，再决定是否在全饭店员工中广泛推广。因为陈平是工作小组的负责人和这个建议的倡导者，所以总经理建议此项工作首先在他工作的客房部进行试点。

一个周一的早晨，陈平收到了饭店人事部经理安丽送来的一份备忘录并附一表格。

新世纪酒店备忘录
收件人：客房部经理
发件人：人事部经理
主题：员工绩效考评

根据饭店董事会的决定，员工绩效考评工作首先在你部门试行。现附上考评实施意见和为你部门员工特制的考评表，请你阅后发你部门员工填写，并于下月末之前交回人事部。

谢谢合作！

接着，陈平召开了客房部副经理和各楼层主管会议讨论此事，向他们说明了自己的意图和安排。然后向每个员工发放考评表，要求他们在 10 天内填写好。

两天后，陈平收到了三名员工填好的自我考评表和人事部转来的他们的基本情况，其内容如下：

员工基本情况（1）
姓名：张明
职务：客房部副经理
个人简历：

　　张明两年前毕业于西南理工学院饭店与公共设施管理专业，并取得了学士学位。毕业后在来本饭店之前，他曾在田园渡假村工作了6个月。由于他认为自己不适应那里的管理方式，便辞职来到本饭店，工作至今已有18个月。

　　在试用期内，他担任客房部楼层主管，一年前，被提升为客房部副经理。饭店客房部员工流动率较高，常常使工作受到影响。正是由于员工的流动，张明才被提升到他目前承担的职位上。

　　工作情况：

　　张明个人工作努力，有很好的工作动机和雄心。他年仅23岁，但已经能够出色地胜任目前的管理工作。他对工作投入了极大的热情，但与各楼层主管曾发生过数次冲突，使得客房部经理不得不出面去解决问题。这些冲突和矛盾绝大部分由于张明工作主观武断，常常要求员工的工作时间与他一样长，工作量与他一样多。

　　员工基本情况（2）

　　姓名：李慧芬

　　职务：客房部楼层高级主管

　　个人简历：

　　李慧芬在本饭店已工作10年。这期间她从客房清洁员提升为楼层高级主管。她这个职务是去年客房部进行机构调整时被任命的，当时她38岁。

　　工作情况：

　　李慧芬有出色的客房操作技术，但不善于培训新到岗的员工，使他们达到应有的操作标准。作为饭店的清洁工和楼层主管，她感到自己已是最有资历培训新员工的人。最近，客房部副经理告诉她应该努力成为一个够格的培训者，这便引起了她与副经理的争吵。之后，她决定今后不再介入员工的培训工作。很明显，目前她不太适应新的管理职位，需要帮助和提高。

　　员工基本情况（3）

　　姓名：王霞

　　职务：客房部楼层主管

　　个人简历：

　　王霞在本饭店担任楼层主管已有三年。她是从本市一所学院取得了饭店和餐饮管理大专文凭后来到本饭店的。

　　工作情况：

　　王霞是本饭店中一名很出色的员工，但最近发现她对自己的工作不很满意。

她手下的客房清洁员反映她近来对工作不积极。在去年客房部机构调整中，她没有得到提升，特别是在看到张明得到很快提升后，她的情绪便十分低落。

员工自我考评表（保密）

姓名：张明

第一项：（此项由员工根据本人的工作职责填写）

1. 简述你本年所做的工作和所担负的主要责任

作为客房部副经理，我的责任是督促各楼层主管的工作，告诉他们最佳的工作方法，检查他们的工作效果，纠正他们工作中的错误。我还协助客房部经理做了费用预算、员工雇用、计算员工工资、检查工作质量等方面的工作。

2. 简述本年你的主要成绩和贡献

（1）制定了各楼层主管的工作程序；

（2）制定了全体新员工的综合性培训计划；

（3）调整了楼层主管的班次，使每班的工作员工减少一个，从而降低了劳动成本。

3. 简述你在担任现职中为达到预定目标而遇到的困难，并提出克服困难的办法

（1）主要的困难是如何采取更适当的方法激励员工，使他们士气高涨，更加努力工作。

（2）我的目标是尽力提高客房服务质量和标准，但由于员工士气低、缺勤率高和流动量大，要实现这一目标十分困难。

（3）如果加强工作纪律，严格管理制度，实行工作考评和激励，这些问题是可以得到解决的。

4. 你认为你现在的职位能否充分发挥你的智慧和能力？如果尚未，你的何种能力可以得到更好的发挥？把你安排在何种职位上才能够更好地发挥你的特长和能力

我感到在目前的职位上还没有完全发挥我的作用。我可以做更多的工作，特别是做更多部门的管理工作。我希望能承担更多的员工管理工作，如员工招聘、培训等。

5. 简述你的职业雄心和理想

我希望成为客房部经理，而后成为饭店总经理。

（说明：当你填完第一项后，请把该表交给你的直接上级。）

员工自我考评表（保密）

姓名：李慧芬

第一项：（此项由员工根据本人的工作职责填写）

1. 简述本年你所做的工作和所担负的主要责任

这是我担任楼层高级主管的第一年。在这一年中，我进行了新楼层主管试用期内的培训工作，为新的客房清洁员建立了培训计划和制度。

2. 简述本年你的主要成绩和贡献。

我的主要成绩是通过对员工的培训，保持了客房部的服务质量和标准。我还参与了制定新楼层主管和新的客房清洁员的工作程序。

3. 简述你在担任现职中为达到预定目标而遇到的困难，并提出克服困难的办法

有时我感到我的工作与客房部副经理的工作有所重叠，特别是在新员工培训方面。我想我应脱离这项工作。

4. 你认为你现在的职位能否充分发挥你的智慧和能力？如果尚未，你的何种能力可以得到更好的发挥？把你安排在何种职位上才能够更好地发挥你的特长和能力？

当我被允许用自己的方式去工作时；我喜欢新员工的培训工作。目前我认为在我的工作中能够发挥自己的能力。

5. 简述你的职业雄心和理想

我希望有一天能成为客房部副经理。

（说明：当你填完第一项后，请把该表交给你的直接上级。）

员工自我考评表（保密）

姓名：王霞

第一项：（此项由员工根据本人的工作职责填写）

1. 简述本年你所做的工作和所担负的主要责任

（1）安排客房清洁员的工作；

（2）检查房间状况；

（3）协助客房部经理进行本楼层 6 间客房的装修改造工作，包括：讨论待装修房间的色调、布局和使用何种家具及软件等等。

2. 简述本年你的主要成绩和贡献

我的工作成绩与过去三年相同。

3. 简述你在担任现职中为达到预定目标而遇到的困难，并提出克服困难的办法

我的工作已经非常程序化。

4. 你认为你现在的职位能否充分发挥你的智慧和能力？如果尚未，你的何种能力可以得到更好的发挥？把你安排在何种职位上才能够更好地发挥你的特长和能力？

尚未发挥我的能力，我希望能担负更多的责任。

5. 简述你的职业雄心和理想

将来能成为客房部经理。

（说明：当你填完第一项后，请把该表交给你的直接上级。）

陈平仔细阅读了上述三人的材料后，打算做两件事：一是完善本部门的考评计划，制定出更有针对性的考评表；二是为了更好地激励员工，计划利用员工自评结果和人事部送来的评价资料，作为三人在本年度工作调整的依据；三是对客房部员工进行一次有关绩效考评的短期培训，以使员工明确绩效考评的含义、目的、作用、类型、主要内容和基本方法。

案例分析二：天龙航空食品公司的绩效考评

罗芸在天龙航空食品公司担任地区经理快一年了。她分管的10家供应站，每站有1名主任，负责向一定范围内的客户销售和服务。天龙公司不仅服务于航空公司，也向成批订购盒装中、西餐的单位提供所需食品。天龙公司雇请所有需要的厨房工作人员，采购全部原料，并按客户要求的规格，烹制订购的食品。供应站主任要负责订计划，编预算，监控分管指定客户的销售服务员等活动。

罗芸上任的头一年，主要是巡视各供应站，了解业务情况，熟悉各站的所有工作人员。通过巡视，她收获不少，也增加了自信。罗芸手下的10名主任中资历最老的是马伯兰。他只念过一年大专，后来就进了天龙，从厨房带班长干起，三年多前当上了如今这个供应站主任。

近一年的接触，罗芸了解了老马的长处和缺点。老马很善于和他重视的人，包括他的部下和客户们搞好关系，他的客户都是"铁杆"，三年来没一个转向天龙的对手去订货的，他招来的部下，经过他指点培养，有好几位已被提升，当上其他地区的经理了。不过他的不良饮食习惯给他带来严重的健康问题，身体过胖心血管病加胆囊结石，使他这一年里请了三个月病假。其实医生早给过他警告，他置若罔闻。再则，他太爱表现自己，做了一点小事，也要来电话向罗芸表功。他给罗芸打电话的次数，超过另9位主任的电话数总和。罗芸觉得过去共过事的人没有一人是这样的。

由于营业扩展，已盛传要给罗芸添一名副手。老马已公开说过，站主任中他资格最老，他觉得这地区副经理非他莫属。但罗芸觉得老马若来当她的副手，真叫她受不了，两人管理风格太悬殊；再说，老马的行为准会激怒地区和公司的工作人员。正好年终考绩要到了。公正地讲，老马这一年的工作，总的来说，是干得挺不错的。天龙的年度考绩表总体评分是 10 级制，10 分是最优；7～9 分属良，虽然程度有所不同；5～6 分合格、中等；3～4 分是较差门 1～2 分最差。罗芸不知道该评老马几分。评高了，他就更认为该提升他；太低了，他准会吵着说对他不公平。老马自我感觉良好，觉得跟别的主任比，他是鹤立鸡群。他性格开放豪迈，爱去造访客户，也爱跟手下人打成一片，他最得意的是指导部下某种新操作方法，卷起袖子亲自下厨，示范手艺。

跟罗芸谈过几次后，他就知道罗芸讨厌他事无巨细，老打电话表功，有时一天两三次，不过他还是想让她知道自己干的每项成绩。他也知道罗芸对他不听医生劝告，饮食无节制的看法。他为自己学历不高但成绩斐然而自豪，觉得这副经理就该提他，而这只是他实现更大抱负的过程中的又一台阶而已。

考虑再三后，罗芸给老马考绩总体分评了个 6 分。她觉得这是有充足理由的；因为他不注意卫生，病假三个来月。她知道这分数远低于老马的期望，但她要用充分说理来坚持自己评的分。然后她开始考虑给老马各考评维度的分项分数，并准备怎样跟老马面谈，向他传达所给的考绩结果。

（资料来源：根据实际案例修改）

案例回顾与讨论

案例一

1. 新世纪酒店原有的员工工作变动晋升的依据是什么？存在什么问题？

2. 试行的绩效考评制度有什么特点？

3. 针对陈平的工作和绩效考评表的设计你有什么看法与建议？

4. 从员工自评意见及人事部的材料中，可以发现员工工作存在什么问题？你认为客房部员工培训计划中应包括哪些内容？

案例二

1. 你认为罗芸给马伯兰的考绩是用的什么方法？

2. 罗芸对老马绩效的考评合理吗？老马不服气有令人信服的理由吗？

3. 天龙公司的考绩制度有什么地方需要改进？你建议该公司应做哪些改革？

【本章小结】

绩效管理是指通过设定组织目标，运用一系列的管理手段对组织运行效率和结果进行控制与掌握的过程，包括长期绩效管理与短期绩效管理。长期绩效管理主要是通过战略规划系统来完成；短期绩效管理主要是通过经营计划与经营检讨、工作总结来完成。绩效管理的流程包括准备工作阶段、设计实施阶段、考评汇总阶段、反馈改进阶段。绩效考评包括员工素质评价和业绩评价两个方面。素质评价涉及评价对象的性格、知识、技术、能力、适应性等方面的情况。而业绩评定一般又包括工作态度评定和工作完成情况的评定。工作态度评定是对员工进行工作时的态度所作的评定，它与工作完成情况的评定相互关联，但二者的评定结果也可能不一致。工作完成情况评定是业绩考评最基本的核心内容，它一般要从工作的最终结果（工作的质与量）和工作的执行过程两个方面进行分析。

旅游人力资源绩效考评指标描述的是员工工作成功的具体方面。指标是基于工作而非基于工作者；指标是可以达到的；指标是可以为人所知的；指标是经过协商而制定的；指标要尽可能具体而且可以衡量；指标有时间的限制；指标必须有意义；指标是可以改变的。绩效考评的方法有相对标准法、绝对标准法、目标管理法、直接指标法。其中相对标准法包括排序法、两两比较法、强制分配法。绝对标准法包括关键事件法、打分检查分、硬性选择法。在整个考评过程结束后，旅游企业的人事部门要继续通过各方面的信息反馈，对员工考评的结果进行检验与考评，这是确保考评工作能取得预期效果的必要步骤。

【关键术语】

绩效管理（Performance management）

绩效管理体系（Performance management system）

强制分布法（Forced distribution method）

绩效管理模型（Performance management model）

关键事件法（Critical incident method）

目标管理法（Management by objectives）

直接指标法（Direct index method）

绩效考评（Performance appraisal）

绩效考评指标（Performance appraisal index）

绩效考评方法（performance appraisal method）

排序法（Ranking method）

【复习与思考】

　　1. 什么是绩效管理？绩效管理包括哪几个环节？

　　2. 什么是绩效考评？旅游企业为什么要进行绩效考评？

　　3. 绩效考评的内容包括哪些方面？

　　4. 旅游企业进行绩效考评时常用的方法有哪些？如何运用？

　　5. 绩效考评中常见的矛盾有哪些？举例说明晕轮效应。

　　6. 如何克服绩效考评常见的困难？

【实践题】

　　1. 请选择所在地区的一家旅游企业，根据该旅游企业的实际情况，设计一套绩效考评的程序与办法。

　　2. 选择两家旅游企业，分析它们的绩效管理及绩效考评的不同之处。

【网站链接】

　　1. www.chhr.net 中国人力资源管理网

　　2. www.hr.com.cn 中国人力资源网

第七章　旅游企业薪酬设计与管理

【学习目的】
1. 理解薪酬的含义、薪酬管理的意义及作用。
2. 了解薪酬管理的原则与内容。
3. 掌握薪酬制度的策略性选择，了解影响薪酬制度的因素。
4. 掌握职务分析的方法。
5. 掌握员工福利制度的设计。
6. 熟悉薪酬管理的评价方法。

第一节　薪酬管理概述

一、薪酬的含义

（一）工作报酬

工作报酬又被称为劳动报酬或简称为报酬，它是指受到雇用而为一定组织工作的正式或非正式员工（雇员），从该组织中所获得的各种对他有价值的东西。换言之，报酬就是作为个人劳动回报而得到的各种类型的酬劳。报酬的词意与平衡、补偿、弥补等词义相似，暗含有交换之意。工作报酬活动实质上是一种劳动力使用（为组织工作）与经济利益和非经济利益的价值交换活动，即员工为组织（或雇主）付出时间、学识、体力、智力、经验、技能，做出绩效与奉献，组织付给相应的经济和非经济利益回报和酬劳。人们平时在工资、奖金、福利等工作报酬分配时强调的"各尽所能，按劳分配""按绩效计酬，按贡献分配"等原则，都是从某个侧面强调一种等价交换的交换本性。

工作报酬体系所包括的各种工作报酬形式，如图7-1所示。

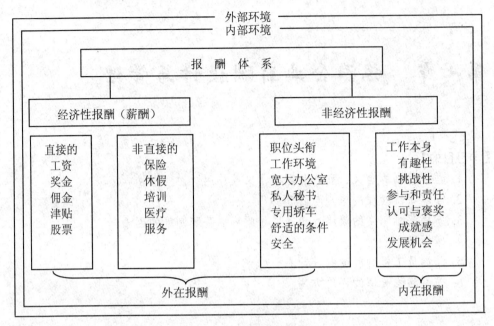

图 7-1   工作报酬体系的构成

由图 7-1 可见，工作报酬主要可分为经济性报酬和非经济性报酬两大类，经济性报酬是指能够直接或间接地以金钱形式来衡量和表现的与经济有关的各类报酬。其中，前者称为直接经济报酬，主要包括工资、奖金、津贴、股票等；后者称为间接经济报酬，主要包括各种福利、保险、休假、培训、医疗和服务等。非经济性报酬是指难以用金钱形式来衡量和表现，员工个人对工作或工作环境在心理上或物质上的满足感。工作的总报酬可以为雇员提供货币收益、非货币收益和相关性收益（安全、地位、挑战性工作、晋升机会等），企业等用人单位工作报酬管理中最敏感、最重要、受员工关注度最高的是经济货币收益部分——经济性报酬部分，它也是本书讨论的重点。

（二）薪酬的概念与构成

薪酬是指雇员作为雇佣关系的一方，通过劳动或工作换来的各种直接或间接的货币收入，即上述图 7-1 工作报酬中的直接和间接的经济性报酬的总和。具体而言，薪酬乃是各种具体工资、福利（与服务）之和。这里所讲的工资是指用人单位以工资、薪水、奖金、佣金、红利、股票等名义或形式支付给员工的报酬部分；福利则是指用人单位以保险、休假、医疗、培训、服务等形式或名义支付给员工的间接货币报酬部分。薪酬的构成参见图 7-2。

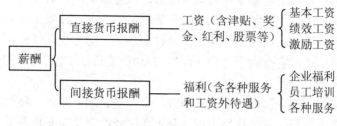

图 7-2 薪酬的构成

薪酬与报酬（或工作报酬）经常被人们混用或替代使用，造成了很多混乱，需要特别澄清。实际上，人们在报酬的使用中有广义与狭义之分：广义的报酬即工作报酬，涵盖了经济性和非经济性的全部报酬；狭义的报酬仅涵盖了上述工作的经济性报酬部分，即各种工资福利和服务部分。而薪酬即是指代狭义的报酬，一般是指雇员为雇主劳动或工作交换来的各种工资和福利之和。

从不同的视角看薪酬会具有不同的看法和观点。就社会观点而言，薪酬差别是衡量人们经济地位和社会公平性的重要标准。就雇员观点而言，薪酬是自己所付出的劳动和提供服务的回报或交换，是对个人人力资本使用的报偿，是个人经济收入和经济安全的主要来源，也是维持个人和家庭生活水平、社交愉快的重要决定因素之一。就股东和管理者而言，薪酬关系到企业的财务状况和股东的利益，薪酬作为总成本一部分的劳动力成本，是企业的一项主要费用；薪酬是影响员工工作态度、行为、方式和绩效的重要因素。因此，薪酬决策与薪酬管理是影响企业生产能力和效益，影响员工士气和积极性，影响企业竞争优势的源泉之一。

（三）薪酬的基本形式

企业的总薪酬包括以现金直接支付的工资和间接以货币支付的福利两个部分，有基本工资、绩效工资、激励工资、津贴以及福利和服务在内的几种基本形式：

1. 基本工资

基本工资是用人单位或雇主为员工所承担或完成的工作，而定期支付的固定数额的基本现金薪酬。基本工资是劳动者在一定组织中就业就能定期拿到的固定数额的劳动报酬，它的常见形式为小时工资、月薪和年薪等。基本工资一般是根据员工所从事的工作或所拥有技能的价值而确定（如职位薪资制、技能薪资制），基本工资是员工从雇主方获得的较为稳定的现金性经济报酬，它既为员工提供了基本生活保障，又往往是其他可变薪酬计划的主要依据之一。

2. 绩效工资

绩效工资是组织对员工已经取得的成就和过去工作行为的认可，在其原有基本工资之外另行增加的定期支付的固定数额的现金薪酬。绩效工资实质上是员工的基本工资随着其组织业绩的变化而调整或增加的部分，绩效工资与员工在组织中的长期表现和努力的成果相挂钩，是一种增加员工稳定收入部分，不会带来收入风险的薪酬形式，它有利于"稳住人"，调动员工长期工作的积极性。

3. 激励工资

激励工资又叫可变薪酬、浮动薪酬或奖金，是薪酬体系中与绩效直接挂钩的部分，即工资中随着员工工作努力程度和工作绩效的变化而变化的部分。由于激励工资的核心是运用了"分成"的机制，所以对员工有很强的激励性。与激励工资挂钩的绩效可以是员工个人绩效，也可以是员工所在团队或整个组绩效，还可以是个体、群体与组织绩效的某种组合。

激励工资有短期和长期之分。短期激励工资通常建立在非常具体、短期就能比较衡量的绩效目标的基础之上的，如月奖金、季奖金即是。长期激励工资则把重点放在员工的多年努力的成果上，旨在把员工利益与企业的长期利益"捆在一起"，鼓励员工努力实现跨年度或多年度的长期绩效目标，促使"雇员们将像主人那样去工作"。微软、宝洁、沃尔玛等公司的员工所拥有的股票权，许多企业的高管和高级专家所获得的股份或红利都属于长期激励工资范畴。

4. 津贴

津贴又被称为附加薪酬，它实际上是对特殊工作条件的补偿性价值，通常与基本工资一起计发。

5. 福利

福利是指企业等用人单位为员工提供的除金钱之外的各种物质待遇，它多以保险、服务、休假、实物等灵活多样的形式支付，福利主要包括员工保险（医疗保险、人寿保险、养老金、失业保险等）、休假（带薪节假日等）、服务（员工个人及家庭享受的餐饮、托儿、培训、咨询等服务）等。近 20 年中，福利的成本一直增长很快，在员工薪酬中的比重和地位日益重要。福利一方面为员工提供了"以后的钱"，对其未来生活和可能发生的不测事件提供了保障，另一方面又可减少企业的现金支出，享受一定的税收优惠，还可以使员工享受到较低价格的服务或产品。

（四）薪酬的功能与作用

薪酬的目的或总体作用是吸引、保留和激励组织所需的人力资源，满足员工和组织的双重需要。薪酬的总功能与人力资源管理的总功能是一致的，它的具体功能为：补偿和保险功能、激励功能、稳定功能和成本控制功能。

1. 补偿—保险功能

薪酬实际上是劳动力这种生产要素的价格，是一种在劳动市场上劳动力提供者与使用者达成的一种供求契约，用以补偿员工（雇员）的劳动付出。薪酬可以使员工获得生活必需品、社会关系和尊重，对员工生存、生活、抚育后代、维持体力、智力、知识技能等提供资金。保障功能更多体现在基本工资和福利部分。

2. 激励功能

薪酬具有满足员工的多种需要，激发工作热情，影响其态度和行为，鼓励其创造优良绩效，发挥个人潜力和能动性，努力为企业效力的激励作用。激励功能更多地体现在激励工资、成就之中。

3. 稳定功能

稳定功能是指薪酬对吸引和留住人才为企业效力的功用。当员工与企业能够就薪酬达到一致时，就愿意加入或留在组织内认真工作；当薪酬不能使员工满意或者劳资双方难以达成一致时，就会影响人员的稳定性和企业生产经营活动的秩序与效率。

薪酬的功能还可以按短期与长期、直接与间接、浅层与深层等角度进行划分。上述功能说明，合理的薪酬制度具有吸引人才、激励员工、稳定人才、满足员工和组织双重需要，支持企业变革和文化建设，改善工作和组织绩效等作用。然而，不合理、不公平的薪酬制度也会给个人、群体和组织带来负面作用。

二、薪酬管理的意义

作为人力资源管理的一项主要职能活动，薪酬管理具有非常重要的意义，这主要表现在以下几个方面。

（一）有效的薪酬管理有助于吸引和留住优秀的员工

这是薪酬管理最基本的作用，企业支付的薪酬，是员工最主要的经济来源，是他们生存的重要保证。一项调查的结果显示，在企业各类人员所关注的问题中，薪酬问题排在了最重要或次重要的位置（见表7-1）。薪酬管理的有效实施，能够给员工提供可靠的经济保障，从而有助于吸引和留住优秀的员工。

表7-1　企业各类人员关注的问题

排序	管理者	专业人员	事务人员	钟点工
1	薪酬	晋升	薪酬	薪酬
2	晋升	薪酬	晋升	稳定
3	权威	挑战性	管理	尊重
4	成就	新技能	尊重	管理
5	挑战性	管理	稳定	晋升

资料来源：[美]迈克尔·比尔等：《管理人力资本》，143页，北京：华夏出版社，1999。

（二）有效的薪酬管理有助于实现对员工的激励

按照心理学的解释，人们的行为都是在需要的基础上产生的，对员工进行激励的支点就是满足他们没有实现的需要。马斯洛的需求理论指出，人们存在着五个层次的需求，有效的薪酬管理能够不同程度地满足这些需要，从而可以实现对员工的激励。员工获得的薪酬，是他们满足生存需要的直接来源；没有一定的经济收入，员工就不可能有安全感，也不可能有与他人交往的物质基础。此外，薪酬水平的高低也是员工绩效水平的一个反映，较高的薪酬表明员工具有较好的绩效，这可以在一定程度上满足他们尊重和自我实现的需要。

（三）有效的薪酬管理有助于改善企业的绩效

薪酬管理的有效实施，能够对员工产生较强的激励作用，提高他们的工作绩效，而每个员工个人绩效的改善将使企业整体的绩效得到提升。此外，薪酬管理对企业绩效的影响还表现在成本方面，对于任何企业来说，薪酬都是一项非常重要的成本开支，在通常情况下，薪酬总额在企业总成本中要占到 40%～90% 的比重，通过有效的薪酬管理，企业能够将自己的总成本降低 4%～6%，这就可以扩大产品和服务的利润空间，从而提升企业的经营绩效。

（四）有效的薪酬管理有助于塑造良好的企业文化

良好的企业文化对于企业的正常运转具有重要的作用，而有效的薪酬管理则有助于企业文化的塑造。首先，薪酬是进行企业文化建设的物质基础，员工的生活如果不能得到保障，企业文化的建设就是一纸空谈。其次，企业的薪酬政策本身就是企业文化的一部分，如奖励的导向、公平的观念等。最后，企业的薪酬政策能够对员工的行为和态度产生引导作用，从而有助于企业文化的建设。例如，企业推行以个人为基础的计件工资制，就会强化个人主义的企业文化；相反，如果企业的激励薪酬以团队为基础来计发，就有助于建立集体主义的企业文化。

当然值得注意的是，薪酬管理并不是万能的，企业中存在的很多问题是薪酬管理所不能解决的，而必须依靠人力资源管理的其他职能来解决。薪酬管理的意义很大部分体现在对员工的吸引、维持和激励作用，但如果把握得不好，薪酬可能并不会产生激励作用，甚至出现负效应。

三、薪酬管理的原则

（一）公平性原则

分配必须公平，这是薪酬系统建立和运行的最主要原则。薪酬分配的公平性主要体现在外部公平、内部公平和个人公平上。外部公平是指组织之间同等职位薪酬水平比较的公平性问题；内部公平是指组织内部不同职位或技能之间的薪酬水平比较公平性问题；个人公平又叫员工公平，是指组织内同样工作岗位的员工，由于他们的工作绩效、技能、资历等贡献存在差异，所分配到的报酬也应当有所差异的公平性问题。

（二）竞争性原则

竞争性原则即本组织的薪酬水平或标准在社会上和人才市场中要有竞争力，能够吸引留住所需人才。这就要求，本组织在一些关键人才、稀缺人才或岗位的薪酬标准上应当等于或高于市场平均水平和竞争对手的水平。此外，薪酬在组织内部也要起到优升劣降、效率优先的促进作用。

（三）激励性原则

报酬系统应把短期和长期激励、外在激励和内在激励结合起来设计和实施，始终保持薪酬对员工的强劲激励作用，提高人们的工作积极性，充分发挥人力资源的效用。

（四）经济性原则

经济性原则即薪酬分配应当进行成本控制，必须在组织成本或组织财力许可的范围内设计和执行薪酬制度。高标准的薪酬分配虽然会提升组织薪酬的竞争性与激励性，但往往也会导致组织人力成本的上升和利润比重的下降。然而，在薪酬分配中贯彻经济性原则时，应当注意两点：（1）人力成本对组织总成本的影响与行业性质和成本构成有关；（2）考察人力成本，不仅要看薪酬水平的高低，而且要看员工因此产出的绩效水平的高低。

（五）合法性原则

薪酬制度和分配必须符合所在国、所在地的法律法规，尤其要遵守有关的劳动工资立法和调控企业薪酬实践方面法规，做到依法行事，以避免陷入有关的劳动纠纷，而支付昂贵的诉讼费用或政府罚款。

（六）平衡性原则

报酬体系的薪酬与非经济性报酬、直接货币报酬与非直接货币报酬、基本工资、激励工资和福利等各个方面各个组成部分应统筹兼顾，动态平衡，力争使有限的资源产出更大的合力，满足员工的多种需要，满足报酬的各项功能要求。

（七）有效性原则

薪酬体系和薪酬分配应当在满足员工需求的同时，有效帮助组织达到预期的目标，应当把员工利益和组织利益有效联结起来，在满足各利益相关主体需求的同时，有效提升员工队伍的战斗力。

四、薪酬管理的内容

企业薪酬管理的主要内容包括薪酬体系、薪酬水平、薪酬结构、薪酬形式、特殊群体薪酬，以及薪酬分配实施系统的构建与操作管理等方面的决策、建设、执行和控制活动。其中，前三项属于薪酬管理的核心决策内容，后三项属于薪酬管理的支持性决策。

薪酬体系管理的主要任务是决定本企业的基本工资或基本薪酬到底以什么为基础设立、选择何种薪酬体系，并加以建设和维护。目前，企业广泛使用的是职务薪酬体系、技能薪酬体系和能力薪酬体系，它们分别依据员工所从事工作的相对价值、员工所掌握的知识技能、员工所具备的能力（或任职资格）来确定不同员工的基本薪酬。

薪酬水平管理的主要任务是必须确定本企业整体、本企业各职位以及各部门的平均薪酬水平，建设和维护本企业薪酬的外部竞争力。企业的薪酬水平会对吸引和留住人才产生重大影响。由于现代企业基本是在全球一体化经济的动态环境中学存，市场竞争、产品竞争、资源竞争愈演愈烈，经营上的灵活性的要求越来越高。因此，企业薪酬水平的决策与管理中薪酬的外部竞争力地位日益重要，甚至超过了对企业薪酬内部一致性的关注。而且，人们更为重视的是具有较高灵活性的企业之间职位薪酬水平的比较和决策问题，昔日最为关心的企业整体薪酬水平的竞争性问题则降为次要地位。

薪酬结构管理的主要任务是必须确定企业内部不同系列、不同层次、不同岗位和职务薪酬之间的相互关系，确保内部薪酬结构比例的合理性与公平性。在企业总体薪酬水平一定时，薪酬结构就反映了企业对不同职务相对价值和重要性的实际评判，薪酬结构是否公平合理将极大地影响员工的公平感、积极性和流动率。

薪酬形式管理的主要任务是必须确定分配给每位员工总体薪酬的各个组成部分及其比例关系和发放方式。比如，我们确定某位职工在一定时期内应当享受的总体薪酬水平是 5000 元，接下来则要进行薪酬形式决策，也就是要具体确定这5000 元中以货币直接支付的基本工资占多少比例，与绩效挂钩激励工资占多少比例及是用现金还是股票等方式支付，以及福利和服务有哪些项目，各占多少比例，以什么形式支付等。

特殊群体的薪酬管理的主要任务是对于销售人员、专业技术人员、管理人员和企业高层管理人员等类在工作内容、目标、方式、考评等方面具有特殊性的员工群体，根据他们工作特点和职务要求而区别对待，有的放矢地进行相应的薪酬体系、薪酬水平、薪酬形式等内容的设计与实施管理。

薪酬分配的实施操作或行政事务管理工作的主要任务是必须对企业的薪酬分配进行系统性管理，具体的工作有：制定企业薪酬分配的规章制度和具体政策，组建相应职能机构、工作岗位并配置合适人员以满足工作职责的需要，制定薪酬工作计划，编制薪酬预算、控制劳动力成本，监督薪酬分配过程、收集和管理组织内外的薪酬信息、及时与员工进行沟通和交流、处理实际分配的纠纷和申诉，不断评估薪酬系统的有效性情况并加以改善，以及协助有关方面进行员工薪酬的集体谈判等。

第二节　薪酬管理的方法

一、影响薪酬管理的因素

薪酬的权变因素是指组织在制定薪酬制度、决定薪酬分配时必须考虑的基本因素，即影响薪酬系统和薪酬分配变动的组织内因素和组织外因素的总称。影响薪酬变动的因素纷繁复杂，这里主要介绍一些基本影响因素。

（一）影响薪酬分配的组织外因素

1. 劳动市场的供求状况与竞争状况

企业的薪酬标准和体系与劳动力市场相关人才的供求与竞争状况关系密切。当市场上某类人员供大于求时，企业的薪酬会相应降低；当市场上某类人员供小于求时，企业的薪酬会相应提高。否则，就会因为招不到人才、留不住人才或劳动力成本太高而失去竞争优势。

2. 国家的有关法规、法令

企业活动必须在国家法律允许范围内进行，国家的最低工资制度，员工所得税比例，员工退休、养老、医疗保险等有关劳动的法规、法令会直接影响企业薪酬。

3. 政府的宏观调控

政府的财政税政策、产业政策、价格政策等调节经济行为和社会行为的宏观政策，虽不是专门用来调节企业薪酬的，但在客观上会影响企业经营，间接影响企业薪酬水平。

4. 地区与行业的薪酬水平

企业所在地区与行业的薪酬水平会对员工在薪酬上的"心理价位"和满意度产生重要影响，企业只有参考所在地区和行业的"薪酬行情"来确定自身的薪酬水平，才不至于引起员工的过度不满和外流。

5. 当地物价变动和生活指数

薪酬收入与员工的生活密切相关。员工的薪酬以货币形式为主，在物价变动，尤其是消费品价格变动时，员工的实际收入会反向变化。因此，员工的薪酬水平应当随着当地的生活指数的变动而相应调整。企业的薪酬制度应当与一定的宏观物价指数（或生活指数）相关联，以保证员工实际薪酬水平的基本稳定，维持薪酬全部功能。

6. 经济发展水平与劳动生产率

经济发展水平与劳动生产率的高低是企业薪酬水平的决定因素。国家和地区经济发展水平差异，不同行业和企业的劳动生产率差异，将决定企业薪酬水平之间的巨大差异。

（二）影响薪酬分配的组织内因素

1. 企业的业务性质

企业的业务性质不同，劳动成本在总成本中占据比重不同，则员工的薪酬水平不同。一般情况下，劳动密集型企业的总体薪酬水平往往高于资本密集型高技术企业，但员工的平均薪酬水平却往往低于后者。

2. 企业的经营状况和财力

企业的经营状况是不断变化的，企业经营状况会直接影响与企业界绩效挂钩的员工激励工资，间接和远期性影响员工的其他薪酬。企业的发展阶段和财力的丰富情况，影响着企业的薪酬水平、薪酬支付能力和支付结构。

3. 企业文化

企业文化的核心是企业管理哲学和价值观，它们往往对企业的薪酬制度的构建和分配决策起到非常重要的作用。比如，在崇尚个人主义的企业文化影响下，员工的薪酬差别很大；在崇尚集体主义的企业的文化影响下，员工薪酬差别较小；在崇尚安全性的企业文化影响下，员工的工资较低，但福利较好；在崇尚物质刺激企业文化的企业，则倾向以较高的货币薪酬来刺激员工的工作积极性。

4. 工会

企业的工会的主要工作之一是代表员工与管理方进行集体谈判，来协商和确定企业对员工的薪酬分配水平和支付方式。因此工会力量的强弱、薪酬谈判的策略和对薪酬计划的态度也会直接影响企业的薪酬分配。

5. 员工所处的岗位、等级

不同的工作岗位和技术、技能在企业中的相对价值、重要性和复杂性不同，因此员工在企业中所从事的岗位情况及所具备的技术技能等级，决定了其薪酬水平的差异。

6. 员工个体的差异

不同的员工在学历、年龄、工龄、能力、经验、健康和工作业绩上存在着各种各样的差异，对于组织绩效和劳动成果的价值和贡献各不相同，从而影响到他们薪酬水平的差距。一般来说，员工的学历高低、工龄长短、能力大小、绩效好坏都与其所得薪酬的高低成正比。

7. 企业劳动生产率与人力资源配置

企业劳动生产率的高低，一般会决定其经济效益的好坏，从而影响员工薪酬的高低。

在企业的总成本（或资本配置）中，薪酬成本与其他生产成本之间有一定的转换替代关系，应当权衡比较各种成本及其配置收益。在一定时期内，企业的人力资源数量配置与员工的平均薪酬水平之间是一种此消彼长的替代关系。

二、薪酬管理制度的选择

（一）基于工作（岗位）的薪酬制度

基于工作的薪酬制度，是以员工从事的工作（岗位）为根据，决定员工基本薪酬。这一制度是在工作分析基础上作出工作评价——根据工作分析系统比较及评价各类工作的内容和重要性，强调有系统的理性化的评价过程。下面以某饭店为例介绍四种常用的工作评价方法：

1. 排列法

排列法是一种最简单的职位评价方法，通常依据员工"工作复杂程度"等总体指标对企业内所有工作按其价值予以排列。将指标从最重要的到最不重要的进行排序。这一方法操作简单，花费时间少，但在实际运用中由于此法并没有给出测量每项职位相对其他职位价值的标准，有时会过分"主观估计"。此外评价人员也须熟知企业内所有工作。该方法包括以下几个步骤：

（1）获取职位信息。对职位进行分析（有时依据工作说明书），这是进行排序的基础。但该法根据的是"职位总体情况"，而非对一系列的报酬因素进行排序。

（2）选择排列的职系。在实际操作中，不可能对一个组织中的全部职位都按单一的标准排序。更多的是按部门或职系（服务人员系列、行政人员系列）对职位排序，避免将服务人员与行政人员直接比较。

（3）选择用于排序的报酬因素。在排序法中，通常仅使用一个因素（如工作复杂程度）在"职位总体情况"的基础上对职位排序，确保评价工作的一致性。

（4）对职位进行排序。按职位的价值从高到低进行排序。

（5）综合排序结果。对职位排序时，我们通常遇到这样的问题，就是同一职位如经理工作的复杂程度还有不同，那只需简单地取其平均值。最后将排序结果分为几个薪酬级，排序工作完成。表7-2所示为某饭店职位排序及薪酬水平。

表 7-2　某饭店职位序列及薪酬水平

序列等级	年薪酬水平（元）
总经理	60000
副总经理	40000
行政总厨	35000
部门经理	25000
部门助理	20000
部门主管	12000

2. 分类法

分类法即简单地把企业内所有工作按已定的类别分类。这一方法好比管理图书馆的书架，工作人员只需把各图书按已定的类别分类。每一类工作通常都有定义描述工作特性，为了区分同一类工作中其他方面的不同，又分为级（Grade）。工作分类必须清晰，既要概括地把工作分类，又要提供详细资料作为分类索引。分类法应用的程序是：首先选择报酬要素，然后制定与职位报酬要素有关的类或级说明书。旅游企业的行政部门可参考使用分类法，具体的报酬要素有：工作的复杂度、所需要的判断力、要求的创造性、责任、经验、要求的知识水平、直接监督程度等。

3. 因素比较法

因素比较法是一种量化职位评价方法，是使用最广而且较精确和复杂的职位评价方法之一。与排序法相比，此法要选择多个报酬指标，并根据不同的指标排序。

在使用此法时，人力资源部门要注意考察两个方面：

（1）值得报酬的因素。泛指一些与工作有关，并可作为工作价值比较的因素，如工作技能、责任、工作环境、智力要求、体力要求等都是常用的因素。

（2）在劳务市场上认可的标准职位的薪酬。饭店业的标准职位如客房清洁员，中、西餐服务员，打字员，人事部主管，工程部经理等。

因素比较法运用的步骤：

（1）选择一些值得报酬的因素作为评价标准，如智力因素、体力因素、经验/技术因素等。

（2）选择关键职位，这些职位是所要分析的职位等级中的典型职位，如服务员系列的客房清洁员、中餐服务员；文职系列的打字员；经理等级中的人事部经理、工程部经理等。

（3）在报酬因素下，以报酬因素在各职位中的重要程度，将各关键职位排序。如客房清洁员需要智力因素最少，所以排在最前；中餐服务员次之，列在第二；工程部经理需要智力因素最多，所以排在最后。

（4）将标准职位的薪酬（按市场调查和企业薪酬水平）分配在各个值得报酬因素中。如打字员每小时的薪酬为 4 元，那么这些薪酬是如何分配在各个值得报酬的因素中的呢？经过分析我们认为，0.8 元是付给智力因素，0.8 元给体力因素，2 元是给经验/技能因素，0.4 元给责任因素。

（5）建立一个薪酬结构表（如表 7-3），按值得报酬因素和薪酬资料，把标准职位填入表中。

（6）最后将非标准职位逐一填入表中，如饭店应付多少薪酬给客户经理？于是根据工作描述，将客户经理的工作，按照每一值得报酬的因素，逐一与其他标准职位比较。例如在客户经理的工作中，智力因素高于打字员、低于工程部经理且低于人事经理，应值 2.80 元。以此类推，逐一比较，我们可以看出客户经理的时薪酬为 11.40 元，工程部经理时薪酬是 13.60 元。表 7-3 给出了一个因素比较法的范例。

表 7-3　因素比较法的范例

值得报酬的因素 小时薪酬（元）	智力因素	体力因素	经验／技能	监督责任
0.40				打字员、客房清洁员、中餐服务员
0.80	客房清洁员、打字员	打字员		
1.00	中餐服务员	人事部经理	客房清洁员	
1.20		工程部经理、客户经理		
1.50		客房清洁员、中餐服务员		
2.00			打字员、中餐服务员	人事部经理
2.80	客户经理			客户经理、工程部经理
3.20	人事部经理			
4.00			人事部经理	
4.60	工程部经理		客户经理	
5.00			工程部经理	

运用因素比较法时要注意以下几点：

（1）为了使评价结果更精确时薪值间距可以适当减小。

（2）通常挑选出十个以上、二十五个以下关键职位进行比较。

因素法是一种使用广泛的职位评价法。它通过对职位相互比较以确定其相对价值，这种职位评价方法容易向员工解释，可使员工感到公平。

4. 点数法

点数法是一种更复杂的量化职位评价技术。它要求确定：

（1）多个报酬要素。

（2）按工作的现实情况，每个要素按重要程度分为几个等级。

（3）为每个要素分配点值，得出每个职位的总点值。

与因素比较法一样，点数法是按照一些客观标准评价企业的工作。不同的是，点数法不是将旅游企业的工作互相比较（前面人事经理与工程经理比较），而是独立计算每个工作（或称作职族，如行政工作、销售工作等）。

点数法应用步骤：

（1）确定要评价的职族。例如作业职族（一般基层员工等），事务职族（文员、秘书等），行政职族（主管、经理等），技术职族（工程部技师、桑拿按摩技师、厨师、司机等），特殊职族（企业中的特殊岗位）。

（2）列举值得报酬的因素。如教育、经验、工作知识、精力、体力、责任、技术等（通常不同的职族有不同的报酬要素）。

（3）确定要素比重。按照各因素对所评价的工作的重要性来确定各因素的权重。（如人事部主管的智力因素可定为占 35% 的权重，体力因素可定为占 10% 的权重等）。

（4）确定每一报酬因素等级的数量。等级数量取决于工作要求。如果一特定工作群（服务员）需要高中毕业文凭，那么它比起人事经理（大学文凭），则需要较少的等级数量。

（5）为工作因素的等级评分。见表 7-4 所示。

表 7-4　工作因素等级评分

工作因素	权重	因素的等级				
		1	2	3	4	5
1. 学历	50%	50	100	150	200	250
2. 责任	30%	30	70	110	150	
3. 体力	12%	12	24	36	48	60
4. 工作条件	8%	8	24	40		

因素 1（学历）有 5 个等级，因素 2（责任）有 4 个等级，因素 3（体力）有 5 个，因素 4（工作条件）有 3 个。每个因素的最高分可以很容易地通过系统中的总分（由人力资源部规定总分）乘以相应的权重计算出来。如工作所能接受的学历最高分是 250 分（500 分乘以 50% 的权重）。如果各因素间的间隔是一个固定的数值，最低等级的分值可能是分配给该因素的权重值。例如，学历的百分比权重是 50%，因此最小的分值亦为 50。等级间的间隔可以用最高分减去最低分，然后除以所采用的等级数量减 1 来计算。下面以因素 1 说明间隔的计算，见公式（7-1）。

$$S = \frac{Y - X}{N - 1} \tag{7-1}$$

当 Y=250，X=50，N=5 时，S=50。

式中：S—间隔，Y—因素的最高分，X—因素的最小分，N—等级。

从表 7-4 看出，学历的每一个等级间的间隔都是 50。

建立职位的点数体系是个耗时的过程，在美国的一些组织开发了一种标准点数方案。特别是美国海迪顾问公司（Hay Associates），已根据世界五千多家企业建立了一个相当健全的制度，称为海迪制度（Hay System），受到企业界欢迎并乐于采用之。点数法在私人机构中最为普遍。

（二）基于资历的薪酬制度

基于资历的薪酬是根据员工所具备的一些条件（如技术、知识、能力、经验和工龄）决定其薪酬水平。这一制度强调团队合作（家族式文化）和灵活的工作作风（发展式文化）的企业文化。

它的优点是增加了企业工作的灵活性，员工可以从事不同的工作而不影响其薪酬；它鼓励员工不断学习知识和技术（即使有时员工的新知识和技术不能立即应用），满足员工自我发展的需要。随着员工技术增加，企业可灵活调动员工，减少瓶颈的情况出现。以饭店为例，饭店工程部的大部分工作是设备的定期维护及低值易耗品的补充，设备的大修及重要的故障排除，一般请供应厂商专业技术人员参与。所以有人建议多在工程部等一些技术岗位实行基于经验、能力的薪酬政策，以减少不常用的工种，提高工程部的工作效率。同样在旅行社，有的旅行社鼓励不同岗位的员工都取得导游资格，这样在旺季时可以缓解人手的不足。

这一制度的缺点在于：为员工具有而企业不需要的技能付酬，有时会增加企业的费用。旅游企业较少采用基于资历制定薪酬的制度，但多半会借鉴资历薪酬的一些参数，如技术和经验等。

（三）不同竞争环境中的薪酬策略

同其他企业一样，旅游企业薪酬制度一旦制定，都具有相对的稳定性，这一稳定性是企业薪酬制度适应企业竞争策略的一个反映。企业在发展阶段的竞争策略是提高竞争力，所以薪酬制度采用吸引策略，即采用低薪酬、高奖金、低福利政策。在稳定期，由于竞争激烈，对手众多，如果企业有相当的优势，可以采用高薪酬、高福利以稳定员工队伍，低奖金减少人员成本。有一家五星级饭店的老总就曾说过："五星级饭店员工的餐厅也应该是五星级的，我们员工福利就应该是首屈一指的。"老总能如此说是因为这家饭店在当地很有实力。但如果企业竞争处于优势，但优势又不很明显，从保存实力角度看，采用有竞争力的薪酬政策还是明智的。表 7-5 中所列是一些饭店在不同的发展时期的薪酬策略。

表 7-5　企业不同的发展时期的薪酬策略

时期＼薪酬	开展期	增长期	成熟期	稳定期	衰退期	更新期
薪酬	低	具有竞争力	具有竞争力	高	高	具有竞争力
奖金	高	高	具有竞争力	低	—	高
福利	低	低	具有竞争力	高	高	低

（四）旅游企业薪酬未来发展趋势

由于现代企业越来越重视员工的灵活性和对他们的授权，所以薪酬有这样一种趋势——依据能力付酬。这种根据胜任工作的能力来付酬的方式能进一步满足员工的需求，由于它不是根据工作说明书规定的活动和责任为员工付酬，所以测评体系和报酬体系都倾向于引导员工绩效的提高，薪酬的秘密发放方式将有助于实现这一方式。

这种根据员工绩效的提高程度支付报酬的方式与传统的薪酬方案不同。传统的薪酬方案以工作说明书为基础，根据薪酬结构表制定薪酬等级，加强层级观念和指导员工行为。传统的薪酬流程如图 7-3 所示。

工作评价（建立秩序）→强化等级→工作付酬→个人努力→利润增加

图 7-3　传统的薪酬流程

薪酬制度的一种发展趋势是从根据职位付酬转向根据员工的综合状况付酬。企业的关注点从制定等级和指导员工行为转向了鼓励员工参与企业事务，提高忠诚度，以绩定酬。非传统的薪酬流程如图 7-4 所示。

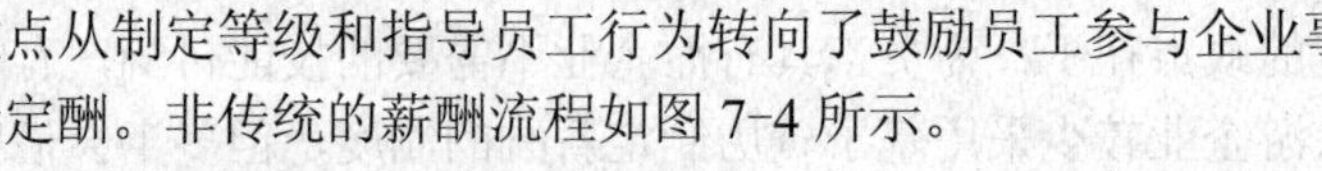

奖励付酬→激励（团队／群体激励）→评价→分享（收益分享）

图 7-4　非传统的薪酬流程

通过比较发现：传统的薪酬制度中员工是孤立和被动的，企业的管理强调"等级"和秩序，员工缺少参与，企业与员工的关系是，企业为员工的工作付酬，员工为企业增加利润，企业有可能发展而员工不一定有发展。非传统的薪酬提倡分享企业收益，重视通过奖励付酬发挥员工的参与性与能动性，使企业与员工共同发展。

三、薪酬水平与结构设计

薪酬制度包含了薪酬、支付方式及薪酬的升降政策。其中薪酬又可分为基本薪酬、加班薪酬、节假日薪酬等几种形式。这一节重点讨论基本薪酬的薪酬水平及其结构设计。

（一）薪酬水平

基本薪酬是旅游企业员工能定期拿到的固定数额的报酬。薪酬的水平是指企业员工的平均薪酬，企业在确定员工薪酬水平时，可以做出三个选择：（1）超出竞争对手的水平；（2）相当于竞争对手的水平；（3）低于竞争对手的水平。

1. 超出竞争对手水平

服务是旅游企业的重要产品，它十分重视和依赖员工的才能与热情。采取高于竞争对手的薪酬水平的目的是为了增加吸引和保留优秀员工的能力，并希望通过这个途径，提高员工对薪酬的满意程度，发挥员工的积极性。企业相信通过高于竞争对手的薪酬，能够选择到优秀的员工，通过员工更有效率的工作，企业又能创造更多的价值。

2. 相当于行业平均水平

企业采用行业平均水平的薪酬吸引称职的员工。有的企业还通过多种优惠的政策、福利及奖励吸引优秀员工。

3. 低于行业平均水平

企业采用低于行业平均水平的薪酬，虽然降低了劳动力成本，但同时也降低了企业在劳动力市场的竞争能力。有的企业凭借其他途径，如工作保障、升职机会、工作环境等因素抵消低薪酬水平的不利影响，同时努力利用特色产品、便利的地理位置与竞争对手竞争。

三个政策的选择都会影响到旅游企业招工能力、留住员工能力、劳动力成本、员工对薪酬的满意程度以及企业的服务质量等。

（二）薪酬结构设计

1. 薪酬结构的形式

根据现有旅游企业的发展状况，薪酬结构主要有三种形式，分别被称为：结构式薪酬、岗位等级薪酬和计件式薪酬。企业可根据部门的具体情况选择采用。

（1）结构式薪酬模式

结构式薪酬（又称结构式工资）主要由基础工资、职务工资、工龄工资、效益工资、补贴（津贴）等部分组成。其中基础工资又称固定工资，效益工资又称浮动工资，有时以奖金形式表现。

基础工资是结构式薪酬中相对固定不变的那部分，它具有维持和保障企业员工基本生活的职能。职务工资是旅游企业根据工作分析中有关职务（或岗位）的要求而确定的工资，如总经理的职务工资是 4500 元，副总经理的职务工资是 3000 元，部门经理的职务工资是 2000 元等。工龄工资是按企业员工的工龄或工作年限而确定的工资。根据员工的生理规律，一般在 40～55 岁的员工工龄工资系数（影响薪酬等级的一个数量级）比 20～40 岁的员工工龄工资系数高，工龄工资也就高。效益工资又称奖励工资，它以浮动形式根据企业的效益好坏和员工完成工作的产量基数而确定。

结构式薪酬模式操作简单，具有直观、简明的特点，适合中、小型人事管理简单的旅游公司、饭店等企业。

（2）岗位等级薪酬模式

岗位等级薪酬制（又称岗位等级工资制）是按照各个不同的岗位和每一个岗位中不同等级而确定薪酬标准的薪酬制度。企业确定岗位等级的指标至少包括所任岗位的规模、职责范围、工作复杂程度、人力资源市场价格四方面的内容。其中：岗位规模是指该岗位对企业的影响程度，管理监督人数及下属劳动复杂程度；职责范围指完成工作独立性难度，沟通频率和方式；工作复杂程度指任职资格，解决问题难度、工作环境；人力资源市场价格要考虑人才流向和获取所需人才的难度。这四个因素能描述出各个岗位和岗位内部各个等级之间的劳动差别和工资差别。由旅游企业的人力资源管理部门、业务部门经理、技术人员、基层员工组成专门班子，用点数分析法对整个企业的各个岗位统一测定岗位的点数，一经测定后的标准，基本保持相对稳定。以后任何一个人担任同一岗位工作都是适用的，而且岗位的点数也应相同。如果一个员工的岗位发生变动，其岗位的点数也要调整。图 7-5 是以某饭店为例说明薪酬等级的。该饭店共分为七级，除第七级外，一至六级分别与管理层的职位相对应。总经理为一级，副总经理、驻店经理、总工程师、总会计师为二级，A 级经理（工作量与责任较大、技术要求高的部门经理，如餐饮部、客房部、前厅部、康乐部等）、工程师、大堂副理、总经理办公室主任为三级，以下依次类推。这一分级方式适合小型的饭店。

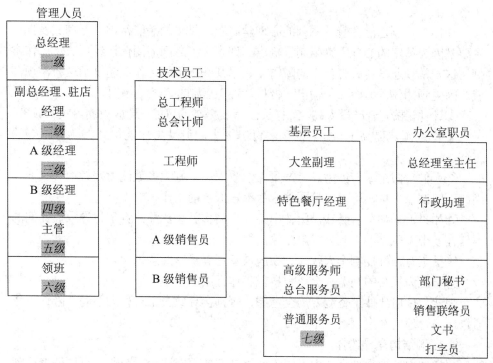

图 7-5　某饭店薪酬等级

如果饭店较大，岗位等级也可如下划分（同时对技术工人另分等级）：

- 高级行政级　　　　　一、二、三级
- 行政级　　　　　　　四、五、六级
- 管理级　　　　　　　七、八级
- 员工级　　　　　　　九、十、十一级
- 实习生级　　　　　　十二级
- 试用期　　　　　　　十三级

（3）计件式薪酬模式

计件薪酬（又称计件工资）是根据员工所完成的工作（如饭店可以按客房出租率、餐厅营业额、商品销售量等）数量、质量和所规定的计价单价核算（按每间客房、每桌宴会等），而支付劳动报酬的一种报酬形式，其数额由工作标准和工作时间决定，体现了按劳分配的原则。计件工资能反映出不同等级员工之间的劳动差异，又能反映出同一级员工之间的实际劳动差别。以饭店为例，由于客房清洁工作通常都要求服务员按照固定程序独立完成工作，所以客房清洁员多采用计件工资制，如果员工完成某一数量并且保证质量，就能按工作的房间数量提取工资。

计件工资制也潜在着一系列的心理学问题。员工的潜能常常不能彻底发挥，主要是因为员工的心理因素限制了输出。许多员工之间的团体已经形成了工作常规，这一常规通常会成为输出的障碍。如果某些员工的工作量超过了这一常规，就会因受到团体压力而减少输出。抵抗计件工资制的动机有五种：

①计件论酬，若产量太高，工作标准有被提高的可能，造成短期内收入较多，一旦工作定额被提高了，员工则必需付出更大的劳动力才能得到与从前相等的工资。

②人们常假定，若能力高者产量大，收入高，则大多数能力差者都会失业，因此而限制输出量，可以保障团体中效率较低者的工作。

③如果大家都争着赚钱，团体中的社会结构就会扰乱，竞争将导致彼此间的不信任及个人孤立，因此只好限制输出量。

④员工有一种控制个人行为、摆脱被管理者操纵的意识。

⑤员工为长久的利益，会尽力压低工作标准。

因此，使用计件工资制要周全考虑，否则会导致员工对薪酬不满，降低工作质量，与管理层产生争执。

2. 薪酬结构差异选择

薪酬结构差异是指企业内不同工作类型间的等级比较。企业从市场调查得到一些薪酬参考水平后，划分等级，确定等级差异和建立企业的薪酬体系。薪酬结构差异概括地分为两类：平坦形（Flat Structure）和高峭形（Steep Structure）。

平坦形的薪酬结构特点是薪酬层数少以及薪酬差异小。这一类的结构较为简单，高级员工与低级员工薪酬差距不大，较适用于一些以平等为主的企业文化，但这一结构对于员工晋升和接受培训的激励不大。假设图 7-5 所示企业的高级员工与低级员工的薪酬差距不大，那么其薪酬结构差异属平坦型。

高峭形的薪酬结构细微划分了员工的薪酬等级，如图 7-5 中的三级薪酬仍可继续细分。高层员工与低级员工的薪酬一般相差较大，而员工的薪酬调整次数也较频繁。这一结构的优点是提供员工在晋升和培训方面的动力，也减少员工因激励不足而外流。

四、奖励制度的设计

奖励包括物质奖励和精神奖励两种形式。物质奖励又称作奖金，需要公司支付一定数量的货币。表现形式有发放物品、支付货币、组织旅游等。精神奖励的表现形式可以是表扬、鼓励，还可能是更有利的成长机会（培训、升迁等）。奖励的根本目的是激励员工。

（一）奖励制度的类型

我国旅游企业员工奖励主要有综合奖与单项奖两种。

综合奖是以综合考虑多项指标为依据，确定奖金等级，这种办法多是预先制定考评指标，按员工完成考评指标的得分作为计奖的基础，指标完成得好，得分就高，奖金就多。奖金随企业实现经济效益的大小而上下浮动，如企业分红、员工持股计划等。

单项奖是以员工完成某一项主要指标的情况作为得奖条件，是对员工的劳动贡献和劳动态度方面进行专项考评、单项发奖的奖励形式。

单项奖设立与分配的主要特点是：主攻目标明确单一，考评项目简单，简便易行，机动灵活，有利于促进某一特定工作的开展和改进企业管理的薄弱环节。单项奖往往是一次性奖励，如节约奖、质量标兵奖，合理化建议奖、技术能手奖、绩效奖、满勤奖、特殊贡献奖、销售佣金，等等。单项奖的项目不宜过多，应集中力量解决重要项目，达到提高服务质量和提高经营效果的目的。同时，也要注意要信守诺言，应该奖的一定及时奖。

（二）奖励在旅游企业中的应用

1. 饭店销售奖

大多数饭店销售人员的报酬是直接薪酬，采取直接薪酬的优点是：销售人员预先知道他们的收入是多少，企业有固定的可预知的销售人员的开支计划。这一方式便于改变销售人员的工作范围或工作定额，或重新为他们分配工作，并可以培养销售人员高度的忠诚感，有利于鼓励销售人员培养饭店的长期顾客。这一制度的缺点是它与员工的个人业绩无关。薪酬与资历而不是与绩效相联系，某种程度上降低具有潜在高绩效的员工的进取精神。

销售竞赛奖励是改变了薪酬结构，将销售额的一部分作为奖金，最常见的比例是 80%的薪酬加 20%的奖金；其次是 70%和 30%的搭配比例；再次是 60%和40%的搭配比例。下面举例一家饭店销售部客房散客组的奖金规定。

第一级：月销售额 15000（含）元。奖金为总利润的 4%+销售总额的 0.5%。

第二级：月销售额 15000～25000（含）元。奖金为总利润的 6%+销售总额的0.5%。

第三级：月销售额 25000 元以上。奖金为总利润的 7%+销售总额的 0.5%。

由于这一奖励制度与绩效挂钩，所以员工的积极性很高，企业销售情况很好。但是，这一制度也有其不足之处，销售人员在旺季时收入很高，但在淡季会出现收入过低的情况，此外，这一制度的执行时，必须有必要的福利补充，如做销售的车费、手机的话费、饭店消费签单权，等等。此外，由于饭店的消费群体比较特殊，销售员都希望自己取得有潜力的区段，所以销售区域的划分也是一个敏感问题，如果处理不当，还可能引起员工不公平感，造成内部不合。所以这一方式在使用时，必须设计得尽可能周密才行。

有些饭店在采用直接薪酬制的同时，采用精神奖励及年终绩效奖励方式，配以高福利，有值得借鉴之处。做法是这样：每月市场部经理将销售员的销售业绩（客间数、利润总额及销售额）和销售成本（电话费、乘车费、招待费）统计，并在部门公布，形成透明公平的竞争气氛，这样业绩优异者每月都"榜上有名"。部门经理每周开会了解销售员的困难，分析并提供市场信息。年终时，部门根据一年业绩及成本支出情况评出最佳员工。

饭店给销售人员有足够的福利，如可以坐出租做销售，但有一套严格的财务控制手段，如必须说明乘车的时间、目的、区段并且有部门经理签字；此外每人有一部 IDD 电话、配一个店内（但可以在市内有效）的寻呼机，但不为手机支付费用；销售人员根据饭店的销售计划不同的时期有不同的签单额。除此之外，饭店的销售部门有着严格的管理制度，如每日填写书面报告，说明当天的销售情况，包括访问的单位、时间、会见人、结果，等等。

这一制度在一些外资饭店使用普遍，目前看来还是非常有效的，它的成功之处在于奖励制度与企业文化、竞争策略和员工的需求结合。员工在"透明"的竞争形势下不但与小组中其他人比，同时也与自己的过去比，以证明自己的价值和能力。此外，销售员签单也满足了员工交往和被认知的需求。

2. 旅行社员工持股计划

向员工派送股份也是旅游企业中一种比较受欢迎的奖励形式。"广之旅"是全国十大知名旅行社之一，以其良好的信誉赢得市场。其实"广之旅"在企业发展之初同其他的旅行社一样也面临激烈竞争、人才流失等问题，为此企业进行了一系列改革，薪酬采用员工持股计划。作法如下：企业将股份分为三类：1/3 强的国家股，1/3 法人股，1/3 员工股，其中 1/3 员工股中含有 30 名业务骨干所拥有的员工个人股，员工个人股由个人保管，其余员工的员工股由工会代为保管，实行员工持股计划后，企业的效益明显提高。

第三节　薪酬激励与福利

一、激励薪酬

激励薪酬是指以员工、团队或者企业的绩效为依据而支付给员工个人的薪酬。

与基本薪酬相比，激励薪酬具有一定的变动性，但是由于它与绩效联系在一起，因此对员工的激励性也更强。激励薪酬一般可以分为个人激励薪酬和群体激励薪酬两种类型。

（一）个人激励薪酬

个人激励薪酬是指主要以员工个人的绩效表现为基础而支付的薪酬，这种支付方式有助于员工不断地提高自己的绩效水平，但是由于它支付的基础是个人，因此不利于团队的相互合作。个人激励薪酬主要有以下几种形式：

1. 计件制

计件制是最常见的一种激励薪酬形式，它是根据员工的产出水平和工资率来支付相应的薪酬。例如，规定每生产 1 件产品可以得到 2 元的工资，那么当员工生产 20 件产品时，就可以得到 40 元的工资。

在实践中，计件制往往不采用这样直接计件的方法，更多地是使用差额计件制，就是说对于不同的产出水平分别规定不同的工资率，依此来计算报酬。差额计件制主要有泰勒计件制（Taylor's differential piece rate plan）和梅里克计件制（Meriek's multiple piece rate plan）两种形式。

泰勒计件制的计算公式为：

$$\begin{cases} E=N \times RL, & \text{完成的工作量在标准的 100\% 以下} \\ E=N \times RH, & \text{完成的工作量在标准的 100\% 以上} \end{cases}$$

式中，E 表示支付的薪酬；N 表示完成的产品数量；RL 表示低工资率；RH 表示高工资率，RH 通常为 RL 的 1.5 倍。

梅里克计件制的计算公式为：

$$\begin{cases} E=N \times RL, & \text{完成的工作量在标准的 83\% 以下} \\ E=N \times RM, & \text{完成的工作量在标准的 83\%\sim100\% 之间，RM}=1.1 \times RL \\ E=N \times RH, & \text{完成的工作量在标准的 100\% 以上，RH}=1.2 \times RL \end{cases}$$

式中，E 表示支付的薪酬；N 表示完成的产品数量；RL 表示低工资率；RM 表示居中的工资率；RH 表示高工资率。

2. 工时制

工时制是根据员工完成工作的时间来支付相应的薪酬。最基本的工时制是标准工时制，就是首先确定完成某项工作的标准时间，当员工在标准时间内完成工作任务时，依然按照标准工作时间来支付薪酬，由于员工的工作时间缩短了，这就相当于工资率提高了。在实践中，员工因节约工作时间而形成的收益是要在员工和企业之间进行分配的，不可能全部都给予员工，因此标准工时制也有两种变形，一是哈尔西 50—50 奖金制（Halsey bonus system），就是指通过节约工作时间而形成的收益在企业和员工之间平均分享；二是罗恩制（Rowan premium plan），就是指员工分享的收益根据其节约时间的比率来确定,例如,某项工作的标准工作时间为 5 小时,员工只用 4 个小时就完成了工作,那么因工作时间节约而形成的收益,员工就可以分享到 20%。

3. 绩效工资

绩效工资就是指根据员工的绩效考评结果来支付相应的薪酬,由于有些职位的工作结果很难用数量和时间进行量化,不太适用上述的两种方法,因此就要借助于绩效考评的结果来支付激励薪酬。绩效工资有四种主要的形式:一是绩效调薪;二是绩效奖金;三是月/季度浮动薪酬;四是特殊绩效认可计划。

(1)绩效调薪。绩效调薪是指根据员工的绩效考评结果对其基本薪酬进行调整,调薪的周期一般按年来进行,而且调薪的比例根据绩效考评结果的不同也应当有所区别,绩效考评成绩越好,调薪的比例相应地就要越高(如表 7-6 所示)。

表 7-6　绩效调薪举例

绩效考评等级	S	A	B	C	D
等级说明	非常优秀	优秀	合格	存在不足	有很大差距
绩效调薪幅度	6%	4%	0	-1%	-3%

进行绩效调薪时,有两个问题需要注意:一是调薪不仅包括加薪,而且还包括减薪,这样才会更具有激励性。例如,在上表中,当员工的绩效等级处于 D 等时,基本薪酬要下调 3%。二是调薪要在该职位或该员工所处的薪酬等级所对应的薪酬区间内进行,也就是说员工基本薪酬增长或减少不能超出该薪酬区间的最大值或最小值。

(2)绩效奖金。绩效奖金,也称为一次性奖金,是指根据员工的绩效考评结果给予的一次性奖励,奖励的方式与绩效调薪有些类似,只是对于绩效不良者不会进行罚款。

虽然绩效奖金支付的依据也是员工的绩效考评结果和基本薪酬,但它与绩效调薪还是存在着明显的不同。首先,绩效调薪是对基本薪酬的调整,而绩效奖金则不会影响到基本薪酬。例如,某员工的基本薪酬为 1000 元,第一年绩效调薪的比例为 6%,那么他第二年的基本薪酬就是 1060 元,如果下一年度绩效调薪的比例为 4%,那么基本薪酬就要在 1060 元的基础上再增加 4%,为 1102.4 元;如果是绩效奖金,那么他第一年绩效奖金的数额就是 60 元,第二年就是 40 元。其次,支付的周期不同。由于绩效调薪是对基本薪酬的调整,因此不可能过于频繁,否则会增加管理的成本和负担;而绩效奖金则不同,由于它不涉及基本薪酬的变化,因此周期可以相对较短,一般按月或按季来支付。最后,绩效调薪的幅度要受薪酬区间的限制，而绩效奖金则没有这一限制。

（3）月/季度浮动薪酬。在绩效调薪和绩效奖金之间还存在一种折中的奖励方式，即根据月或季度绩效评价结果，以月绩效奖金或季度绩效奖金的形式对员工的业绩加以认可。这种月绩效奖金或季度绩效奖金一般采用基本工资乘以一个系数或者百分比的形式来确定，然后用一次性奖金的形式来兑现。实际操作时，往往会综合考评部门的绩效与个人的绩效。

（4）特殊绩效认可计划。特殊绩效认可计划是指在个人或部门远远超出工作要求，表现出特别的努力而且实现了优秀的绩效或作出了重大贡献的情况下，组织额外给予的一种奖励与认可。其类型多种多样，既可以是在公司内部通讯上或者办公室布告栏上提及某个人，也可以是奖励一次度假的机会或者上万元的现金。

（二）群体激励薪酬

与个人激励薪酬相对应，群体激励薪酬指以团队或企业的绩效为依据来支付薪酬。群体激励薪酬的好处在于它可以使员工更加关注团队和企业的整体绩效，增进团队的合作，从而更有利于整体绩效的实现。在新的经济条件下，由于团队工作方式日益重要，因此群体激励薪酬也越来越受到重视。但是它也存在一个明显的缺点，那就是容易产生"搭便车"的行为，因此还要辅以对个人绩效的考评。群体激励薪酬绝不意味着进行平均分配。群体激励薪酬主要有以下几种形式。

1. 利润分享计划

利润分享计划指对代表企业绩效的某种指标（通常是利润指标）进行衡量，并以衡量的结果为依据来对员工支付薪酬。这是由美国俄亥俄州的林肯电器公司最早创立的一种激励薪酬形式，在该公司的分享计划中，每年都依据对员工绩效的评价来分配年度总利润（扣除税金、6%的股东收益和资本公积金）。

利润分享计划有两个潜在的优势：一是将员工的薪酬和企业的绩效联系在一起，因此可以促使员工从企业的角度去思考问题，增强了员工的责任感；二是利润分享计划所支付的报酬不计入基本薪酬，这样有助于灵活地调整薪酬水平，在经营良好时支付较高的薪酬，在经营困难时支付较低的薪酬。

利润分享计划一般有三种实现形式。一是现金现付制（Cash payment current payment plan），就是以现金的形式即时兑现员工应得到的分享利润。二是递延滚存制（Deferred plan），就是指利润中应发给员工的部分不立即发放，而是转入员工的账户，留待将来支付，这种形式通常是与企业的养老金计划结合在一起的；有些企业为了降低员工的流动率，还规定如果员工的服务期限没有达到规定的年限，将无权得到或全部得到这部分薪酬。三是混合制（Combined plan），就是前两种形式的结合。

2. 收益分享计划

收益分享计划是企业提供的一种与员工分享因生产率提高、成本节约和质量提高等带来的收益的绩效奖励模式。通常情况下，员工按照一个事先设计好的收益分享公式，根据本人所属部门的总体绩效改善状况获得奖金。常见的收益分享计划有斯坎伦计划（Scalon plan）与拉克计划（Rucker plan）。

（1）斯坎伦计划。斯坎伦计划最早是 20 世纪 20 年代中期由美国俄亥俄州一个钢铁工厂的工会领袖约瑟夫·斯坎伦提出的一个劳资合作计划，就是以成本节约的一定比例来给员工发放奖金。它的操作步骤是：第一步，确定收益增加的来源，通常用劳动成本的节约表示生产率的提高，用次品率的降低表示产品质量的提高和生产材料等成本的节约。将上述各种来源的收益增加额加总，得出收益增加总额。第二步，提留和弥补上期亏空。收益增加总额一般不全部进行分配，如果上期存在透支，要弥补亏空；此外还要提留出一定比例的储备，得出收益增加净值。第三步，确定员工分享收益增加净值的比重，并根据这一比重计算出员工可以分配的总额。第四步，用可以分配的总额除以工资总额，得出分配的单价。员工的工资乘以这一单价，就可以得出该员工分享的收益增加数额。

（2）拉克计划。拉克计划在原理上与斯坎伦计划类似，但是计算的方式要复杂许多，它的基本假设是员工的工资总额保持在一个固定的水平上，然后根据公司过去几年的记录，以其中工资总额占生产价值 （或净产值）的比例作为标准比例，确定奖金的数额。

具体的计算方法是，计算每单位工资占生产价值的比例，例如每生产 1 元的产品，消耗的物质成本是 0.6 元，价值增值为 0.4 元，其中劳动成本为 0.2 元，那么劳动成本在增值部分的比重就是 50%，这也表示员工对价值增值的贡献率。这里，还需要引入预期生产价值的概念，它等于经济生产力指数（EPI）与劳动成本的乘积，其中经济生产力指数是劳动成本在价值增值中所占比重的倒数，在上例中就等于 2 (1/0.5)。如果实际生产价值超过了预期生产价值，则说明出现了节约。例如，我们假设实际生产价值为 300 万元，预期生产价值为 280 万元，那么节约额就为 20 万元。由于员工对价值增值的贡献率为 50%，因此可以分享的增值总额为 10 万元。在实际分配时，同样要按一定的比例进行提留，扣除提留以后的才是实际可以分配的净值。如提留的比例为 20%，员工可以分配的净值就是 8 万元。

3. 股票所有权计划

在股份制繁荣发展的今天，对员工的激励又衍生出了新的形式，就是让员工部分地拥有公司的股票或者股权，虽然这种形式是针对员工个人来实行的，但是由于它和公司的整体绩效是紧密联系在一起的，因此我们还是将它归入群体激励薪酬中来。股票所有权计划是长期激励计划的一种主要形式。目前，常见的股票所有权计划主要有三类：现股计划、期股计划和期权计划。

现股计划就是指公司通过奖励的方式向员工直接赠与公司的股票或者参照股票当前的市场价格向员工出售公司的股票，使员工立即获得现实的股权，这种计划一般规定员工在一定时间内不能出售所持有的股票，这样股票价格的变化就会影响员工的收益。通过这种方式，可以促使员工更加关心企业的整体绩效和长远发展。

期股计划则是指公司和员工约定在未来某一时期员工要以一定的价格购买一定数量的公司股票，购买价格一般参照股票的当前价格确定，这样如果未来股票的价格上涨，员工按照约定的价格买入股票，就可以获得收益；如果未来股票的价格下跌，那么员工就会有损失。例如，员工获得了以每股 15 元的价格购买股票的权利，两年后公司股票每股上涨到 20 元，那么他以当初的价格买入股票，每股就可以获得 5 元的收益；相反，如果股票价格下跌到 10 元，那么他以当初的价格买入股票，每股就要损失 5 元。

期权计划与期股计划比较类似，不同之处在于公司给予员工在未来某一时期以一定价格购买一定数量公司股票的权利，但是员工到期可以行使这项权利，也可以放弃这项权利，购股价格一般也要参照股票当前的价格确定。

二、员工福利

员工福利计划是企业为员工提供的非工资收入福利的一揽子计划。发展员工福利计划具有非常重要的社会意义，是保险业服务全面建设小康社会的需要。这一计划有利于完善社会保障体系，有利于增强企业核心竞争力，激发员工的创造性，也有利于实现员工福利成本收益的最大化。

在人才竞争日趋激烈的今天，单纯依靠高薪已经无法确保吸引和留住优秀员工。如何为员工提供更具竞争力的福利计划，成为越来越多的公司人力资源战略中至为重要的一个环节。

企业员工福利是指员工工资、薪酬以外的收入、利益、服务和精神享受。企业提供员工福利保障的动机主要有三个：

一是为员工提供风险保障，以解除员工后顾之忧，提高员工的生产积极性；

二是建立企业激励机制，以奖励在关键岗位工作、贡献突出的员工和忠实于企业的老员工；

三是利用税收优惠政策和账户管理技术转移和减少当期用工成本。

福利作为总体报酬中非货币性质的报酬，相对于货币报酬可以从企业和雇员双方面分析它的优势。

（一）从企业的角度

员工福利计划可以：

1. 增加企业招聘的优势；

2. 适度地提升员工的士气，加强核心员工的留任意愿；

3. 避免年资负债，创造出远超过一般企业加薪的价值；

4. 享受国家系列税收优惠政策；

5. 福利可以传递企业的文化和价值观；

6. 通过商业保险控制企业员工医疗费用，降低企业经营成本，免除因企业自保而承担的管理成本。

（二）从雇员的角度

员工福利计划可以：

1. 在国家基本保障的基础上，获得意外、医疗、养老等更高、更全面的保障。

2. 通过团体保险的形式获得相对于个人保险而言，保费更便宜、核保更简便的保险服务。

3. 减轻税赋负担。购买某些险种时，保费以及保费的投资收益免个人所得税。

4. 企业通过这种所谓的薪资福利化，减轻员工的税赋，具有双重加薪的效果。

福利是企业人力资源管理中的一个非常有效的工具，用好福利能够帮助企业实现其人力资源战略目标，进而实现企业总体战略目标。

三、员工福利制度设计

员工福利泛指企业内所有间接报酬，多以实物或服务的形式支付。福利作为社会保障制度的重要组成部分是消费品再分配的一种形式。

（一）福利的内容

旅游企业员工的福利内容由两个方面确定。一方面是政府通过立法，要求企业必须提供的；另一方面是企业自身在没有政府立法要求的前提下主动提供的。我国的法定福利多集中在补助、休假及保险方面。现代旅游企业的福利分为四类：

1. 集体福利。包括员工餐厅、高级职员公寓、员工倒班宿舍、医务室、浴室、理发室、休息室、存车场、工作服、员工洗烫衣服、阅览室、员工刊物、员工培训等内容。

2. 福利费用和补助。包括工伤抚恤金、独生子女费、通勤补助、员工专车、度假旅游补贴、生日贺金等。

3. 休假。包括婚丧假、事假、年休假、产假、哺乳假等。

4. 保险。包括养老保险、待业保险、医疗保险等。

5. 员工福利的多少通常是由年资和职位决定，与员工绩效关系较小。

（二）制定福利制度的注意事项

1. 企业条件

一般来说各类旅游企业的福利项目相差不多，只是企业根据自己的实际情况有所侧重，如，有的饭店自己有旅行社，那么可以利用一些便利条件组织优秀员工的旅游；有的饭店由于经费有限不设班车，但认为自己有条件可以使员工餐厅更好，那么员工对福利的满意度可能不会受影响还会提高。

2. 沟通

福利在设计前、实施后要及时与员工沟通，沟通的目的是要了解员工的需求和福利的实施效果，否则企业花了大量的精力为员工作了很多事，而员工不知或不满意，就不能起到激励作用。沟通的方式有员工手册、张贴员工福利年表、告知员工累计养老保险金及医疗费等。

3. 选择性

由于员工的情况（如年龄、性别、婚姻状况、收入水平等）不同，所以如果增加员工根据自己的需求选择福利项目的权利，这样可以使员工更满意。这种做法被称作弹性福利制度（Flexible benefits），弹性福利制度目前在旅游企业中的应用较少，但值得借鉴。

以上讨论了旅游企业一般员工的薪酬水平结构、奖励和福利设计方法，但是，旅游行业竞争越来越激烈，饭店和旅行社都面临需求多样、市场多变的新问题，高级经理人员成为稀缺资源，所以付给高级管理人员的薪酬更强调根据个人工作对组织的价值和个人履行职责的表现来确定，而不像普通员工那样，仅通过工作分析和薪酬调查来确定，这样就造成管理人员薪酬水平与一般员工的薪酬水平相差较大。对于奖金，由于组织的成果更直接反映出高级主管人员的贡献，所以高级管理人员的奖金比其他员工薪酬方案更倾向于强调绩效奖金的作用。

四、员工福利的发展趋势

员工福利发展的趋势不是一成不变的。一方面，社会价值似乎认为使福利计划更全面的持续努力将导致福利水平的不断提高。另一方面，成本是一个主要的考虑因素。尽管存在这些问题，有三种福利选择仍在被越来越多地提供给员工，它们是：（1）灵活福利；（2）长期护理保险；（3）依赖者保健计划。

（一）灵活福利

灵活福利，有时也称自助餐厅计划。它不同于传统福利的重要一点在于它允许员工在雇主愿意提供的不同类型的福利中做出选择。有许多种方式属于灵活福利的范畴。所有的此类福利都包括一个强制性的核心福利，代表了雇主准许每一个员工接受的最低层次的保护。

（二）长期护理保险

长期护理保险已经成为员工不断增加的福利，它包括成人日托、辅助性的生活设施、监护、家庭护理、收容护理、非正式的护理、休息护理和疗养院服务。美国人几乎没有独立负担这类护理的财力，因而他们希望保险计划能分摊风险。

长期护理计划中的最常见的福利特征包括对日常和终生福利的最大限制、员工可以开始只支取之前必须等待的时间周期、保险费弃权条件、对所提供的服务价格暴涨而造成的风险的规避，以及多种免受罚款的特征。提供长期护理作为保险选择的雇主发现，仅有 5%～15%的员工选择了此项，主要的原因在于他们认为保险费太昂贵。即使他们有能力通过集体计划购买保险，每年的保险费用也高达1200 美元。目前，几乎没有什么人拥有长期护理保险。

（三）依赖者保健计划

20 世纪 90 年代早期，福利专家的调查表明，调查中超过 70%的员工赞成将儿童保育计划纳入他们的福利。此外，1000 家公司中有 43%允许员工休假以照顾生病的家人。近年来，公司已经意识到提供依赖者保健计划是件好事。美国公民及移民事务署的研究发现，每年由于照顾孩子相关的缺勤而导致的营业损失约为30 亿美元。雇主们以及家庭与工作署的研究清楚地表明依赖者保健计划很划算，例如，第一田纳西银行的员工认为是否关心生病的孩子是影响生产力最关键的问题。该银行联合其他当地公司为员工提供疾病护理，在此计划执行的头 9 个月内，恢复了 1000 天的生产力，这对于该银行并非是赔本的买卖。

许多依赖者保健计划融入了灵活的工作日程安排政策。例如，1999 年，IBM公司宣布它的灵活工作计划将包括 2500 万美元的依赖者护理启动资金，用来制定并扩展全国范围内的儿童教育和老人护理计划。IBM 公司的主席约翰·埃克斯（John Akers）说："对企业的挑战就是在提供给员工追求和发展自己的事业所需的灵活性的同时，将影响他们的个人生活的因素减至最少。"IBM 的资金将由 IBM的依赖者护理咨询公司管理。2200 万美元将用于设立 IBM 儿童护理资源和发展基金。为了接受基金，新的儿童保育中心必须满足全国儿童教育联合会的鉴定标准。300 万美元将纳入 IBM 老年人护理计划发展基金。老年人护理计划包括下列几点：延期互利发展，家庭护理和社会服务工作人员的招聘和培训，以及代际计划的支持和发展。

为了进一步推进依赖者护理计划的发展，21 家美国公司组成了美国优质依赖者护理协会商业联合体。除了儿童和老年人护理计划之外，其他依赖者保健计划正在被引入。一项新的"产前选择计划"在 1999 年被授予"最优的新人力资源产品"的称号，一家全国性的依赖者护理咨询和服务公司——Dependent Care Connection公司，因它的产前选择计划而得到了《人力资源执行杂志》（Human Resources

Executive Magazine）的赞扬。这一计划有助于使怀孕和生育更安全、经济上更可行。1955 年设立的产前选择计划提供教育资料、产前产品，以及受过专业训练的顾问给未来父母们的建议。顾问提供基本的信息并且推荐其他当地的专家以帮助员工们寻求各类产前问题的答案。

第四节　薪酬管理的评价

一、薪酬管理与公平原则

（一）公平理论

公平理论（Equity theory）由斯达西·亚当斯（J.Stacey Adams）提出，这一理论认为员工首先思考自己所得（投入）与付出（结果）的比率，然后将自己的所得与付出与他人的所得与付出进行比较，见表 7-7 所示。

表 7-7　公平理论

觉察到与实际比较	员工的评价
$I_a/O_a < I_b/O_b$	不公平（报酬过低）
$I_a/O_a = I_b/O_b$	公平
$I_a/O_a > I_b/O_b$	不公平（报酬过高）

表中 I 表示投入，O 表示结果，I_a 为对自己报酬的感觉，O_a 为对自己投入的感觉，I_b 为对他人报酬的感觉，O_b 为对他人投入的感觉。

　　如果员工感觉到自己的比率与他人相同，则为公平状态；如果感到二者的比率不相同，则产生不公平感，也就是说，他们会认为自己的所得过低或过高。这种不公平感受出现后，员工们就会试图去纠正它。

　　在公平理论中，员工所选择的与自己进行比较的参照对象是一个重要变量，我们可以划分为三种参照类型："他人"、"制度"和"自我"。

　　"他人"包括同一组织中从事相似工作的人，还包括朋友、邻居及同行。"制度"指组织中的薪酬政策以及制度的运作。对于组织的薪酬政策，不仅包括明文的规定，还包括一些隐含的不成文的规定。组织中有关薪酬分配的惯例是这一范畴中主要的决定因素。"自我"指的是员工自己在工作中付出与所得的比率。它反映了员工个人的过去经历及交往活动，受到员工过去的工作标准及家庭负担的影响。

当员工感到薪酬低于付出的努力，因此感到不公平时，他们会采取以下几种做法：

（1）通过减少努力或绩效来降低其 I；

（2）寻求增加薪酬来试图提高 O；

（3）采取某种行为使得他人 I 或 O 发生改变；（如，可能想办法说服参照人增加 I 投入，为自己的薪酬增加而更努力工作）；

（4）扭曲自己对 I/O 比率的知觉，说服自己相信他们的 I/O 比已经等于参照人的 I/O 的比率；

（5）选择另外一个参照对象进行比较；

（6）辞去工作。

上面列举了被给付超低薪酬的 6 种可能的反应，第 1 种和第 6 种反应比较常见。研究发现，支付超低薪酬与缺勤、人员流动及工作努力程度下降联系紧密。而支付超高薪酬一般则被认为公平，员工感到满意，或者虽有些不满意，但远不如被支付低薪酬那样感到不满意。原来，人们对不公平的反应依赖于比较的来源：当不公平的知觉是建立在外部比较的基础上时，人们更倾向于辞掉他们的工作。当不公平的感觉是建立在内部比较的基础上时，人们更倾向于继续留下来工作，但减少他们的投入，如，不愿意帮助他人处理问题，缺少主动，在工作时间内干私活等。

（二）公平原则

公平原则是薪酬制度设计的一个重要的原则，对内公平取得满意与激励，对外公平求得竞争优势。薪酬设计时还需要注意的是：不但在薪酬、福利、奖励中充分考虑了公平原则，同时组织的其他报酬中也要注意公平。不但注重分配公平（Distributive Justice），即注重个人可见的报酬的数量的公平。还要关注程序公平（Procedural Justice），即用来确定薪酬分配程序的公平。

过程公平性同以下三个部分密切相关：

1. 组织文化

组织文化是否是开放的，员工是否清楚薪酬组成及重要的薪酬政策，重要信息如何公布、执行，上下级的信任程度等都对薪酬的程序公平性起到重要作用。

2. 沟通

管理者与员工的地位不同，对制度的理解可能存在差异，尤其饭店的沟通多是自上而下，员工与企业对同一问题的理解有时难于一致，所以建立通畅的沟通系统，尤其是上诉系统，能及时处理员工的不满，有助于完善薪酬的公平系统。

3. 员工的地位

企业是否真的重视员工的感受，薪酬决策能否反映员工的意见，将影响员工对薪酬公平感的认可。

程序公平更容易影响员工的组织承诺、对上司的信任和流动。所以要考虑分配的决策过程公开化，遵循一致和无偏见的程序，这样即便员工对薪酬、晋升和其他个人产出有不满意时，也可能以积极的态度看待上司和组织。

二、薪酬管理与工作效率

工作效率即一定时期工作产出与投入的比率，与旅游企业的效益正相关。由于薪酬制度的目标之一是企业的效益目标，所以有利于提高工作效率的薪酬制度，将有利于提高企业效益。薪酬制度与工作效率的关系可从以下几方面探讨：

（一）满意的薪酬制度有可能提高生产率

早期关于满意和绩效的关系可以概括成一句话"快乐的工人是生产率高的工人"。在 20 世纪 30～50 年代西方管理者表现出家长式工作作风，尽量使工人有满意的工作，满意的薪酬，就是为了使工人有更高的工作效率。现在人们发现，有时满意的薪酬却不一定带来高生产率，如有的员工希望有更多的晋升机会、更好的工作条件，而对薪酬的敏感因人而异。在经济尚不发达、员工成长初期，金钱在生活中占有重要地位，尤其是金钱与员工工作量有直接联系时，满意的薪酬很大程度上是能提高生产率的。

（二）不公平的薪酬降低工作效率

根据公平理论，员工常常将自己的薪酬与其他员工所得相比，其积极性不但受其绝对收入的影响而且受其相对收入的影响。一旦员工感到不公平，他们会采取行动纠正这种情境，以时间计酬（办公室人员、计时工）的部门的员工，会通过降低效率或增加浪费求得平衡；以产量计酬（计件工资的客房部）的部门的员工，为追求高收入，可能会造成多数量低质量。结果是降低生产率，降低产出质量。不公平薪酬造成的严重后果是缺勤或自动离职，给业务部门生产造成麻烦。

（三）基于工作表现的薪酬增加有利于提高工作效率

员工一般都认为工作表现是决定薪酬增加的最主要因素。因此，从员工角度讲，工作表现是薪酬增加的决定因素。企业薪酬增加、福利发放以及奖金分配能及时反映出员工的工作表现，将大大有利于提高工作效率。一家饭店的调薪方案由于没有注意到这一点，结果另满心欢喜的员工大失所望。其调薪方案大致是：普通员工由 600 元增薪 10 元，部门经理由 1800 元增薪 200 元，总经理由 5000 元增薪 3000 元，方案一下来，立刻在员工中引起不满，因为其增薪的依据不是工作表现，而是"资历"或者说是职位的级别。可想而知，员工的工作效率最终没有增加，而且调薪还给企业带来了负作用。

（四）执行程序不当降低工作效率

一些研究显示，利益分享制度在 60% 的企业里起到促进生产力的作用，在有的企业不成功，原因有以下几点：

1. 奖金发放时间过疏。奖金是企业激励员工的重要手段之一，有的旅游企业的奖金只在年终发一次红利或双薪，尽管奖金的发放有时也是依据员工个人的平时表现，但是由于评定依据过于笼统，而且时间间隔过久，员工没有在有成绩时得到及时奖励，积极性受到伤害，反而影响了工作效率。

2. 缺少沟通。缺少沟通容易使得有些薪酬内容与员工需求关系不大、员工没有兴趣；执行中若绩效评估被认为不公平或有偏差，则薪酬就更不能起到提高产出的目的。

3. 采取方式没有得到员工的认可。有些企业尤其是饭店过多地运用消极强化，如多次频繁地采取扣工资方式对员工的不良行为或低效率处罚，容易使员工的感情受到伤害，从而降低员工的工作投入。

4. 奖励制度形同虚设。本来企业设立奖励制度是为了增进效益，但是有时企业为了节省开支，该奖的时候没有奖而罚款却很及时罚，造成员工对工作失去热情，效率低下。

三、薪酬管理与工作满足感

工作满意度指个人对其从事的工作的一般态度。一个人的工作满意度高，对工作就可能持积极的态度，对工作不满意的人就可能对工作持消极态度。

（一）公平的薪酬获得员工的满意

员工希望分配制度能让他们觉得公正、明确，并与他们的期望一致。当薪酬公正地建立在工作要求、个人技能水平、社会工资标准的基础之上时，员工就会对工作满意。需要注意的是：许多人宁愿接受较少的报酬，而在一个自己喜欢的地点工作或选择较少的工作，或选择有更多自主性和自由支配时间的工作。所以薪酬与满意之间的联系关键不是一个人的绝对所得，而是公平的感觉。

（二）有效地运用薪酬制度提高员工的满意度

公平的薪酬制度不见得就是一个有效的薪酬制度，很多企业的员工和管理人员对企业的薪酬制度不了解或不能适时运用，结果不能起到增进员工满意度的效果。

一个好的奖励制度可以带来高满意度。例如，部门对员工好的表现适时增加口头表扬的次数，让员工获得物质奖励或增加晋升的可能性，那么这种正强化就有可能提高员工对工作的满意度。

现在旅游企业中有一个问题：基层部门不能及时发现员工的闪光点有效运用

奖励制度使员工的激情得以保护，很多员工的热情往往就在一些部门经理的"少支出，节约成本"或者"麻木不仁"中渐渐失去了温度。企业由于没有有效运用薪酬制度，降低了员工的满意度。

（三）薪酬制度不是员工满意的唯一因素

不公平的薪酬多会引起员工的不满意，甚至辞职，但是公平的薪酬制度并不是使员工获得满意的唯一因素。之所以强调这一点是因为，现在很多的人事部门都把薪酬看得太重，认为留住人才的最好办法是加薪。其实其他企业也能想到加薪。但是员工也许在一段时间内会关注薪酬，而如果他对工作、对企业、对自己的前景失去了兴趣和信心，那他（她）迟早也会离开企业。一些留住关键人才、求得员工满意的计划主要包括增薪、奖金、股权和公司提供的特殊福利，但现在有些企业越来越意识到"职业生涯规划"对员工满意度的重要影响。

以下是几个影响工作满意度的因素：

1. 有挑战性的工作

员工更喜欢选择能为其提供机会使用自己的技术和能力的任务，有一定的自由度的工作。挑战性低的工作使人感到厌烦，但是挑战性太强的工作会使人产生挫折和失败感，在中度挑战的条件下，大多数员工将感到愉快和满意。

2. 公平的晋升政策

晋升为员工提供的是个人成长机会，更多的责任和社会地位的提高。因此如果员工觉得晋升决策是以公平和公正为基础的，他们更容易从工作中体验到满意感。

3. 支持性的工作环境

员工对工作环境的关心为了个人的舒适，也是为了更好地完成工作。研究证明，员工希望工作的物理环境是安全的、舒适的，湿度、噪音和其他环境因素不应太强或太弱，此外，大多数员工希望工作地离家比较近、干净，设备比较现代化，有充足的工具和机械装备。

4. 融洽的同事关系

对于大多数员工来说，工作还满足了他们社交的需要。所以，友好和支持性的同事关系会提高员工对工作的满意度。上司的行为也是一个决定满意度的主要因素。研究发现，当员工的直接主管是善解人意的、友好的，对好的绩效提供表扬，倾听员工的意见，对员工表现出个人兴趣时，员工的满意度会提高。

5. 人格与工作匹配

霍德曾得出过一个结论：员工的人格与职业的高度匹配将给个体带来更多的满意度。即当人们的人格特征与所选择的职业相一致时，人们会发现自己有合适的才能和能力来适应工作的要求，并且在这些工作中更有可能获得成功；同时，由于这些成功，他们更有可能从工作中获得较高的满意度。

【案例分析】

案例分析一：金星大饭店的销售奖励

金星大饭店在当地是一家成立较早、影响较大的国营大饭店。几年前皇帝女儿不愁嫁的时候，饭店就成立了公关销售部，销售人员不坐班，有打折权，与各式各样的客户交往，是饭店最让人羡慕的部门。

现在饭店经过几年的改造，其规模在当地具有相当的影响。但是销售部的销售额不见上升，反而有所下降，有人说，销售部的人不销售，营业额才没有上来。但是，销售部的人却认为，市场今非昔比，2 年时间里，2 家五星级饭店相继开业，饭店引以自豪的康乐中心，现在又面临即将开业的有 40 条球道的日月保龄球中心以及附近一家五星级饭店的水上乐园的威胁。销售人员还认为自己薪酬低，在饭店不被重视，各部门也不给予支持，工作起来很难。

饭店总经理王力想让公关销售部充分发挥作用，但是有些品质能力都不适应这一部门工作的人让他很头疼，为了调动销售人员的工作积极性，他打算建立一套优胜劣汰的奖励制度，不但调动优秀员工的积极性，同时使一些不合格的人员从此不再认为公关销售部是个好地方，彻底离开。

金星大饭店原来公关销售部实行的是固定薪酬制，由于销售人员被认为是"用处不大"，所以薪酬与文员薪酬相同，这比同星级饭店销售人员薪酬要低 200～400 元。

王总薪酬改革目标非常明确：

建立公平分配机制，形成竞争压力调动销售员的工作积极性；

以薪酬改革代替裁员，避免下面冲突，实现优胜劣汰；

以薪酬相对优势形成地位相对优势，赋予销售部更多实际权力，使其工作有更大的自主权。

根据王总的指示，财物部和人事部对 5 年来的金星饭店的销售收入进行了统计，确定薪酬改革方案如下：

根据销售部的工作分工及淡旺季不同，薪酬分为三类：

旅行社组：旺季（1、2、6、7、8月）

完成定额 25（含）万，得基本薪酬 600 元。

完成定额 25 万～30 万，得基本薪酬+岗位津贴合计 1000 元。

完成定额 30（含）万元以上，每超额 2 万元，获得销售奖 200 元。

以此类推，如表 7-8 所示：

表 7-8　金星大饭店薪酬体系

薪　酬		基本薪酬 600 元	基本薪酬+岗位津贴 1000 元	销售奖获 200 元
旅行社组定额	1、2、6、7、8 月	25（含）万以内	25～30（含）万	30 万元以上，每超额 2 万
	3、4、5、9、10、11、12 月	10（含）万以内	10～15（含）万	15 万元以上，每超额 1 万
散客组定额	全年	7（含）万以内	7～10（含）万	10 万元以上，每超额 1 万

此外，薪酬方案中还规定，连续三个月不能完成定额的人员将自动辞职；销售人员在特别情况下享有与总经理一样的打折权。

方案一出台，立刻在部门形成强烈反对，理由有四条：

（1）定额太高，根据现在变化的市场形式无法实现。

（2）星级饭店中实行效益薪酬的几乎没有，饭店要求太苛刻。

（3）如何分工分区，在一些非商业区，根本没有充足的客源，而有充足客源的区域，由于饭店地理位置的限制也极少来到消费。

（4）饭店产品不具有吸引力，销售部好不容易请来的客人，或因为服务不佳离去，或因为产品单一而不愿再次光顾，因此饭店应该首先提高产品质量。

尽管很多人不满这一薪酬方案，但是在饭店的坚持下，薪酬按此方案进行。半年后有人提出辞职，据说还带走了一些客户，他负责的区域在他还没有正式辞职时就被其他的销售员分了。

案例回顾与讨论

1. 王总的薪酬改革是否成功，他的薪酬目标实现了吗？

2. 企业在制定薪酬方案时应该考虑哪些因素？哪些人应该参与薪酬的制定？

3. 王总的薪酬方案公平吗？部门在运用这一方案时，应注意哪些方面？为什么？

4. 王总的奖励制度有两个目的：一是调动积极性，实现企业效益的优化；二是裁减不合格人员。如果王总实现了第二个目标，奖励制度是否还需改进？请指出王总薪酬方案的不足之处。

5. 根据您的经验，请您为王总设计一个更加合理的薪酬方案。

案例分析二：A 酒店薪酬优化设计方案

　　A 酒店成立于 2009 年 7 月，位于西安市经济繁华地段，注册资金 1000 万。A 酒店主要以餐饮、住宿为经营业务，年经营利润每年以 13.5% 的比例增长。随着 A 酒店经营业绩的提升，酒店也向娱乐项目拓展，力图打造"吃、住、娱"一体的综合性酒店，也希望借新业务的展开向四星级酒店水平发展。

　　图 7-6 为 A 酒店原组织结构图，为了新业务发展和酒店战略需要，酒店做了相应的组织结构重新设计和调整：（1）新成立公关销售部，承担对外的、主动的、有计划的公关销售，成为新酒店营销的主要力量。（2）将前厅部从客房部分离出来，一方面，赋予新酒店前厅部堂内销售、被动销售的职责；另一方面，将新酒店客房部定位为服务性部门，提供更专业的客房服务。（3）新成立康乐部，扩展新酒店的服务项目，提升新酒店的服务质量。（4）成立独立的人力资源部，强调人事职能对酒店战略发展和整体经营的重要影响，建立专业化的招聘、培训、薪酬、社保管理体系。（5）将采购职能并入财务部，运用财务手段监管采购活动，使新酒店的采购活动更加规范。（6）将安全工程部拆分为工程技术部和安全部，一方面，加强新酒店的工程技术力量，特别是酒店信息管理系统方面的职能；另一方面，将新酒店的安全职能独立出来，强化酒店安全消防管理。

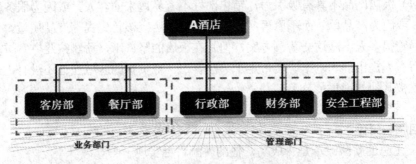

图 7-6　A 酒店原组织结构

　　A 酒店现有的薪酬不但制约了酒店的战略发展，同时加大了人力资源管理的难度。通过对 A 酒店的所有岗位进行工作分析，进行岗位评价，考虑薪酬影响因素，对 A 酒店的薪酬设计如表 7-9 所示。

表 7-9　A 酒店薪酬设计汇总表

部门	岗位	薪酬结构
公关销售部	部门经理	月工资=岗位工资+提成奖金+津补贴、保险、福利 岗位工资=岗位薪点×薪点值×50%； 提成奖金=部门销售额×经理销售提成比例。
公关销售部	销售岗位	月工资=岗位工资+提成奖金+津补贴、保险、福利 岗位工资=岗位薪点×薪点值×60%； 提成奖金=个人销售额×员工销售提成比例。
公关销售部	非销售岗位	月工资=岗位工资+绩效工资+津补贴、保险、福利 岗位工资=岗位薪点×薪点值×60%； 绩效工资=岗位薪点×薪点值×40%×部门销售任务完成比。
前厅部、客房部、餐饮部、康乐部	部门经理	月工资=岗位工资+绩效工资+津补贴、保险、福利 岗位工资=岗位薪点×薪点值×50%； 绩效工资=岗位薪点×薪点值×50%×部门月度考评系数。
前厅部、客房部、餐饮部、康乐部	一般岗位	月工资=岗位工资+绩效工资+提成奖金+津补贴、保险、福利 岗位工资=岗位薪点×薪点值×60%； 绩效工资=岗位薪点×薪点值×20%×部门月度考评系数； 提成奖金约占 20%
总经办、人力资源部、财务采购部、工程技术部、安全部	部门经理	月工资=岗位工资+绩效工资+津补贴、保险、福利 岗位工资=岗位薪点×薪点值×50%； 绩效工资=岗位薪点×薪点值×50%×部门月度考评系数。
总经办、人力资源部、财务采购部、工程技术部、安全部	一般岗位	月工资=岗位工资+绩效工资+津补贴、保险、福利 岗位工资=岗位薪点×薪点值×60%； 绩效工资=岗位薪点×薪点值×40%×部门月度考评系数。

　　新的薪酬方案使 A 酒店的薪酬在同行业中更具有竞争力；便于薪酬管理；薪酬设计方案也更加公平、透明。

【本章小结】

　　旅游企业薪酬泛指员工因工作关系而从企业获得的各种财务报酬，包括薪酬、福利及各种奖励。薪酬制度的目标是：激励员工，提高效益，提高企业竞争优势，维护企业与员工的合法权益。薪酬管理是指组织分配给员工的直接和间接的货币激励以及非货币激励的过程。薪酬制度的战略性选择包括：基于工作的薪酬制度，基于资历的薪酬制度，不同竞争环境中的薪酬策略。其中基于工作的薪酬制度包括排列法、分类法、因素比较法、点数法。影响薪酬制度的因素有法律、法规因素，社会因素、组织因素、员工因素。

　　企业在确定员工薪酬水平时，可以做出三个选择：（1）超出竞争对手的水平；（2）相当于竞争对手的水平；（3）低于竞争对手的水平。奖励包括物质奖励和精神奖励两种形式。物质奖励又称作奖金，需要公司支付一定数量的货币。奖励的根本目的是激励员工。员工福利泛指旅游企业内所有间接报酬，多以实物或服务的形式支付。福利作为社会保障制度的重要组成部分是消费品再分配的一种形式。员工福利发展的趋势不是一成不变的。一方面，社会价值似乎认为使福利计划更全面地持续努力将导致福利水平的不断提高。另一方面，成本是一个主要的考虑因素。尽管存在这些问题，有三种福利选择仍在被越来越多地提供给员工。它们是：（1）灵活福利；（2）长期护理保险；（3）依赖者保健计划。福利管理的发展趋势是：将福利服务外包。本文从薪酬制度与公平原则，薪酬制度与工作效率，薪酬制度与工作满足感三个方面对薪酬制度进行评价。

【关键术语】

　　薪酬（Compensation）

　　薪酬管理（Compensation management）

　　薪酬模型（Compensation model）

　　薪酬水平（Compensation level）

　　薪酬制度（Compensation system）

　　奖励制度（Reward system）

　　员工福利（Staff welfare）

　　公平理论（Equity theory）

　　工作效率（Work efficiency）

【复习与思考】

　　1. 薪酬的含义是什么？

　　2. 薪酬模型是什么？

　　3. 薪酬制定的目标是什么？影响薪酬制度的因素有哪些？

　　4. 影响企业福利的因素有哪些？制定福利制度时应注意哪些事项？

　　5. 公平理论的基本内容是什么？公平性如何影响企业薪酬？

　　6. 薪酬制度与工作效率有哪些关系？

【实践题】

　　1. 由于饭店餐饮竞争激烈，使饭店人力资源部为厨师技术创新少、流动大而苦恼，请为饭店厨师设计一种薪酬方案。

　　2. 请选择一家旅游企业，分析该旅游企业的薪酬制度的优缺点，并按照本章所讲的有关薪酬设计的内容给该旅游企业重新设计一套薪酬方案。

【网站链接】

　　1. www.chinahrm.net 中国人力资源管理网

　　2. www.hr.com.cn 中国人力资源网

　　3. www.chinahrd.net 中国人力资源开发网

第八章　旅游企业劳动关系

【学习目的】
1. 了解旅游企业劳动关系概念、特征及发展变化。
2. 了解劳动管理的相关内容（劳动合同以及劳动保险）。
3. 了解劳动争议的类型、原因和处理方法。

第一节　旅游企业劳动关系概述

一、劳动关系概述

（一）劳动关系概念

劳动关系是劳动者和用人单位之间基于劳动者提供劳动，在企业的生产经营活动中形成的各种责、权、利关系。劳动关系基于《劳动合同法》产生，是人力资源管理的重要内容之一，它所涉及的主要内容包括：劳动者同用人单位在劳动用工、工作时间、休息休假、劳动报酬、劳保福利、劳动培训以及裁员下岗等方面所形成的关系。同时，劳动关系还涉及代表单个劳动者利益的工会同用人单位在就业、报酬、奖金、考评、社会保险、裁员等方面的参与决策所形成的关系。

劳动关系是依据劳动合同而产生、存在的。《劳动合同法》第 2 条规定：中华人民共和国境内的企业、个体经济组织、民办非企业单位等组织（以下称用人单位）与劳动者建立劳动关系，订立、履行、变更、解除或者终止劳动合同，适用本法。

（二）劳动关系的主要特征

第一，劳动关系具有范围上的特定性。劳动关系是在特定的两个主体之间订立的，一方是劳动力的所有者，另一方是劳动力的使用者、雇佣者。我国劳动立法中一般称之为劳动者和用人单位，国外一般称为雇员和雇主。

第二，劳动关系具有主体上的从属性。劳动者一经招聘录用而提供实际劳动，成为用人单位的劳动者后，双方即已经形成劳动关系。劳动者和用人单位之间也形成了一种隶属关系，即劳动者要在用人单位的管理下从事劳动生产，并对外代表用人单位接洽事务，用人单位在现行劳动法律框架下依据规章制度对劳动者享有管理权。

第三，劳动关系具有对价上的有偿性。劳动者提供劳动力给用人单位，相应的，用人单位支付劳动报酬给劳动者，这是一种有偿的权利义务关系，依据我国工资相关立法，这种有偿对价的主要支付形式是货币。劳动者如果义务提供劳动，则其与相对方并不形成事实劳动关系。

（三）劳动关系的主体

根据劳动关系中的地位和作用的不同，可以将劳动关系的主体划分为劳动者、用人单位、政府机关。

1. 劳动者

劳动者是指在企业中以工资收入为主要生活来源的员工，劳动者是劳动关系中最主要的群体，对于用人单位来说，劳动者处于弱势，故劳动者也是2008年新颁布的《劳动合同法》的倾斜保护对象。

工会是劳动者组成的特殊的社会组织，是劳动者的代表。现代西方国家的劳动关系研究，更多地涉及作为劳动者代表的工会与企业管理层为消除两者之间矛盾与分歧、由两大利益集团进行议价的过程，这种过程是一种典型的决策方式，对于解决分歧、达成共识，起着重要作用。因而西方企业劳动关系的管理中更多地涉及议价过程以及同工会的关系。我国的《劳动合同法》也从法律法规角度提高了工会在企业中的地位，让工会在保障员工利益的过程中发挥更大的作用。

2. 用人单位

根据《劳动合同法》规定，用人单位包括中华人民共和国境内的企业、个体经济组织、民办非企业单位等组织。用人单位在劳动关系中居于主导地位，是单位的法人或者经营者，用人单位既是劳动力的支配者又是劳动力的管理者。用人单位占有生产资料，提供劳动条件，组织整个生产过程并监督劳动者的劳动。

3. 政府机关

政府机关参与劳动关系有两种情况。第一种，政府机关也属于用人单位范畴，在这种情况下，政府机关与一般用人单位一致，与劳动者处于法律上的平等地位。在本书中我们主要介绍的是第二种，政府机关通过对劳动市场上工会组织和集体交涉制度的保护和鼓励；通过法律、行政、经济等强制性手段以及调解手段，在劳动力市场力量的纠纷中行使仲裁者和调解人的职责，政府机关与一般用人单位和劳动者处于不平等地位。

二、旅游企业劳动关系的发展变化

随着我国社会主义市场经济的快速发展和我国法律法规的逐步完善，我国旅游企业劳动关系已经发生了巨大的变化。

1. 劳动关系的法制化

《中华人民共和国工会法》、《中华人民共和国妇女权益保障法》、《中华人民共和国劳动法》相继颁布施行，特别是 2008 年 1 月 1 日施行的《劳动合同法》及 2008 年 5 月 1 日施行的《劳动争议仲裁法》，促使我国劳动关系立法更趋完善。现在，旅游企业不论是在劳动用工中的招聘、录用，劳动合同的建立、变更、解除，还是劳动保护的落实以及劳动争议的仲裁均有法可依，有法必依。旅游企业的劳动人事管理工作，有关人力资源开发与管理的措施，都要注重法制观念的建设，强化法律意识，用法律手段来规定劳动关系双方的权利和义务，调节劳动关系。

2. 劳动关系的契约化

随着我国法制化的进程，《劳动合同法》推动着劳动合同制在我国企事业单位的确立，旅游企业劳动关系呈现契约化的特征。劳动关系双方不仅通过协商订立合同，规定彼此的权、责、利，而且在今后的工作过程中，都应当依据合同调整，实现彼此的利益。

劳动者与旅游企业之间已形成合同关系。根据已经颁布施行的《劳动合同法》第 3 条规定，订立劳动合同，应当遵循合法、公平、平等自愿、协商一致、诚实信用的原则。依法订立的劳动合同具有约束力，用人单位与劳动者应当履行劳动合同约定的义务。旅游企业与个人之间的劳动关系是建立在平等、自愿基础上，是建立在劳动合同基础上的，任何非自愿签订的劳动合同一律是无效的。旅游企业的实际工作当中存在多种合同关系，而其中旅游企业与员工之间的劳动合同是重要的合约形式，它使得旅游企业与劳动者之间形成了雇佣与被雇佣关系。一旦合同变更或解除，劳动者与旅游企业之间则不再存在合同关系。劳动合同成为调节劳动关系的主要依据。在我国，调节劳动关系的依据是劳动合同，尤其是双方共同协商签订的具有法律意义的合同文本。劳动合同已成为处理双方冲突、仲裁争议的主要依据。

3. 劳动关系主体的多样化

劳动关系主体性质的多样化，使得现阶段旅游企业劳动关系呈现多样化。劳动关系有国有企业的劳动关系、股份制企业的劳动关系，合资、独资企业的劳资关系，私营企业和个体企业的劳资关系。

旅游企业因为季节性的原因，通常人员流动过快，人员流失过大，以旅行社行业为例，全国 1.6 万家旅行社平均人员流动率在 20%，有的地区流失率高达 40%，外联、导游成为人才流动、流失最快的岗位。由于旅游业具有明显的淡旺季之分，因此长期以来，导游从业人员大多是兼职的"游击队"，劳动者可以在多个旅游企业工作，不需要签订劳动合同。而劳动合同法颁布以后，旅游企业必须与劳动者签订合同，支付工资且缴纳五险（员工养老保险、员工医疗保险、员工生育保险、员工失业保险、员工工伤保险），这增加了旅游企业的用工成本，但也更好地保护劳动者的利益。

4. 劳动关系的运作机制市场化

市场调控是我国当前旅游企业劳动关系运作机制的基本特征。随着国有单位的改革和适应市场经济的建设，以企业为本位的劳动关系运作机制得到确立。企业管理者出于自身利益的考虑，运用市场手段调控劳动关系的运作。当然，由于我国目前的劳动力市场还不健全，劳动关系的内部协调机制还不完善，各种劳动立法还有待于进一步规范，因此，政府还要在一定程度和范围内参与旅游企业劳动关系的调控。

三、劳动者的权利与义务

1. 劳动者的权利

劳动者就业主体地位可以在《劳动法》中找到法律保障。我国的《劳动法》明确规定了劳动者在劳动关系中的各种权利：

（1）平等就业和选择职业的权利；

（2）取得劳动报酬的权利；

（3）休息休假的权利；

（4）获得劳动安全卫生保护的权利；

（5）接受职业技能培训的权利；

（6）享受社会保险和福利的权利；

（7）提请劳动争议的权利；

（8）法律规定的其他权利。

2. 劳动者的义务

（1）完成劳动任务的义务；

（2）提高职业技能的义务；

（3）执行劳动安全卫生规程的义务；

（4）遵守劳动纪律和职业道德的义务。

四、用人单位的权利与义务

1. 用人单位的主要权利

（1）依法录用、调动和辞退职工；

（2）决定企业的机构设置；

（3）任免企业的行政干部；

（4）制订工资、报酬和福利方案；

（5）依法奖惩职工。

2. 用人单位的主要义务

（1）依法录用、分配、安排职工的工作；

（2）保障工会和职代会行使其职权；

（3）按职工的劳动质量、数量支付劳动报酬；

（4）加强对职工思想、文化和业务的教育、培训；

（5）改善劳动条件、搞好劳动保护和环境保护。

第二节　劳动管理的方法

　　劳动管理是指企业根据国家相关法律法规对人力资源的开发和使用上的管理工作，主要包括职工的聘用与辞退、劳动合同的签订与履行、职业培训、工作时间与劳动保护、劳动纪律与奖惩、劳动报酬与福利等。劳动管理包括劳动合同的管理、劳动安全的管理以及劳动保险的管理、工会和职工代表大会的管理。

　　劳动合同是劳动者与企业确定劳动关系的协议。2008 年《劳动合同法》的颁布实施对于完善劳动合同制度，明确劳动合同双方当事人的权利和义务，保护劳动者的合法权益，构建和发展和谐稳定的劳动关系起到了非常重要的作用。

　　旅游企业应当根据本行业的特点，根据《劳动合同法》制定劳动合同，协调企业与员工的关系，构建和发展和谐稳定的劳动关系。

一、劳动合同及其管理

（一）劳动合同的含义

　　《劳动法》规定，劳动合同是劳动者与企业确定劳动关系、明确双方权利和义务的协议。《劳动合同法》规定，依法订立的劳动合同具有约束力，用人单位与劳动者应当履行劳动合同约定的义务。此规定对于维持一个相对稳定的劳动关系，形成有序、公正的就业市场具有重要意义。

　　劳动者与用人单位之间的劳动关系确立的标志是劳动合同的签订。只要劳动者同企业签订了劳动合同，就已经确立了劳动关系，明确了双方的权利和义务。我国自 1986 年开始对用人单位新招员工推行劳动合同，从那时起，开始了我国全员劳动合同的逐步发展。1995年实施的《劳动法》推动了劳动合同制度的完善。2008年我国《劳动合同法》的施行，详细明确了劳动合同的法律效力。

（二）劳动合同的管理

1. 劳动合同的内容

为了保障劳动者的合法权益，依据《劳动合同法》第十七条规定，劳动合同应当具备以下条款：（1）用人单位的名称、住所和法定代表人或者主要负责人；（2）劳动者的姓名、住址和居民身份证或者其他有效身份证件号码；（3）劳动合同期限；（4）工作内容和工作地点；（5）工作时间和休息休假；（6）劳动报酬；（7）社会保险；（8）劳动保护、劳动条件和职业危害防护；（9）法律、法规规定应当纳入劳动合同的其他事项。

劳动合同除前款规定的必备条款外，用人单位与劳动者可以约定试用期、培训、保守秘密、补充保险和福利待遇等其他事项。

2. 劳动合同的期限

《劳动合同法》规定，劳动合同分为固定期限劳动合同、无固定期限劳动合同和以完成一定工作任务为期限的劳动合同。

（1）固定期限劳动合同是指用人单位与劳动者约定合同终止时间的劳动合同。用人单位与劳动者协商一致，可以订立固定期限劳动合同。

（2）无固定期限劳动合同是指用人单位与劳动者约定无确定终止时间的劳动合同。用人单位与劳动者协商一致，可以订立无固定期限劳动合同。有下列情形之一，劳动者提出或者同意续订、订立劳动合同的，除劳动者提出订立固定期限劳动合同外，应当订立无固定期限劳动合同：①劳动者在该用人单位连续工作满十年的；②用人单位初次实行劳动合同制度或者国有企业改制重新订立劳动合同时，劳动者在该用人单位连续工作满十年且距法定退休年龄不足十年的；③连续订立二次固定期限劳动合同，且劳动者没有本法第三十九条和第四十条第一项、第二项规定的情形，续订劳动合同的。用人单位自用工之日起满一年不与劳动者订立书面劳动合同的，视为用人单位与劳动者已订立无固定期限劳动合同。

（3）以完成一定工作任务为期限的劳动合同是指用人单位与劳动者约定以某项工作的完成为合同期限的劳动合同。用人单位与劳动者协商一致，可以订立以完成一定工作任务为期限的劳动合同。

另外，《劳动合同法》还详细规定了试用期制度：

（1）劳动合同期限三个月以上不满一年的，试用期不得超过一个月；劳动合同期限一年以上不满三年的，试用期不得超过二个月；三年以上固定期限和无固定期限的劳动合同，试用期不得超过六个月。

（2）同一用人单位与同一劳动者只能约定一次试用期。

（3）以完成一定工作任务为期限的劳动合同或者劳动合同期限不满三个月的，不得约定试用期。试用期包含在劳动合同期限内。劳动合同仅约定试用期的，试用期不成立，该期限为劳动合同期限。

3. 劳动合同的订立与变更

《劳动合同法》第三条规定，订立劳动合同，应当遵循合法、公平、平等自愿、协商一致、诚实信用的原则。明确了劳动者和企业签订和变更劳动合同必须遵循的五项根本原则：（1）合法原则，指合同的内容必须遵守现行法律、法规，不得有与之相违的条款。（2）公平原则，双方的权利义务具有对等性。（3）平等自愿原则，指签订和变更劳动合同的双方在法律地位上是平等的，并能自由表达各自在主张自己权益方面的意愿。（4）协商一致的原则，指双方就合同的所有条款进行充分协商，达成双方意思一致。（5）诚实信用原则，指双方在缔约过程中应该守诺践信，按照合同履行自己的义务。

用人单位与劳动者协商一致，可以变更劳动合同约定的内容。变更劳动合同，应当采用书面形式。变更后的劳动合同文本由用人单位和劳动者各执一份。

4. 无效或部分无效的劳动合同

《劳动合同法》第二十六条规定，下列劳动合同无效或者部分无效：（1）以欺诈、胁迫的手段或者乘人之危，使对方在违背真实意思的情况下订立或者变更劳动合同的；（2）用人单位免除自己的法定责任、排除劳动者权利的；（3）违反法律、行政法规强制性规定的。对劳动合同的无效或者部分无效有争议的，由劳动争议仲裁机构或者人民法院确认。

采取欺诈、威胁等手段订立的劳动合同主要指：（1）合同当事人一方故意捏造、歪曲或隐瞒事实，使对方在误解或没有完全了解事实的情况下违背自己的真实意志而签订的劳动合同，如应聘人员出示伪造的学历证书，或用工单位将私营企业的性质说成是全民所有制企业等；（2）合同当事人一方以给对方造成人身伤害或财产损失进行逼迫，致使对方屈服其压力，签订违背自己真实意志的合同，如不续签合同就不归还保证金或要求赔偿损失等。（3）乘人之危，指一方当事人乘对方处于危难之机，为牟取不正当利益，迫使对方做出不真实的意思表示，严重损害对方利益的。

用人单位免除自己的法定责任的、排除劳动者权利的。用人单位在劳动合同中规定了免除自己的法定责任的，同时也就是排除了劳动者权利的条款。例如，导游和旅行社签订劳动合同时，在双方协议解除劳动关系的时候，旅行社无须支付劳动者经济补偿金，这样的规定是无效的。

违反法律、法规的劳动合同主要指：（1）合同主体不合法，例如签订合同一方为未满十六周岁的未成年人，或用人单位为外国企业；（2）合同内容不合法，如有要求员工交纳保证金、风险金、抵押金的条款，或扣押员工身份证，或要求员工每周工作六天，每天工作十小时或要求员工从事国家不允许的活动。

劳动合同部分无效，不影响其他部分效力的，其他部分仍然有效。

以欺诈、胁迫的手段或者乘人之危，使对方在违背真实意思的情况下订立或者变更劳动合同的，导致合同整体无效。用人单位免除自己的法定责任的、排除劳动者权利的，导致合同部分无效。违反法律、行政法规强制性规定的，可能整体无效也有可能部分无效。

劳动合同被确认无效，劳动者已付出劳动的，用人单位应当向劳动者支付劳动报酬。劳动报酬的数额，参照本单位相同或者相近岗位劳动者的劳动报酬确定。

对劳动合同的无效或者部分无效有争议的，由劳动争议仲裁机构或者人民法院确认。

5. 劳动合同的终止和解除

（1）企业合法立即辞退员工、终止合同的情形：①在试用期间被证明不符合录用条件的；②严重违反用人单位的规章制度的；③严重失职，营私舞弊，给用人单位造成重大损害的；④劳动者同时与其他用人单位建立劳动关系，对完成本单位的工作任务造成严重影响，或者经用人单位提出，拒不改正的；⑤因以欺诈、胁迫的手段或者乘人之危，使对方在违背真实意思的情况下订立或者变更劳动合同；⑥被依法追究刑事责任的。

（2）用人单位提前三十日以书面形式通知劳动者本人或者额外支付劳动者一个月工资后，可以解除劳动合同：①劳动者患病或者非因工负伤，在规定的医疗期满后不能从事原工作，也不能从事由用人单位另行安排的工作的。②劳动者不能胜任工作，经过培训或者调整工作岗位，仍不能胜任工作的。③劳动合同订立时所依据的客观情况发生重大变化，致使劳动合同无法履行，经用人单位与劳动者协商，未能就变更劳动合同内容达成协议的。④有下列情形之一，需要裁减人员二十人以上或者裁减不足二十人但占企业职工总数百分之十以上的，用人单位提前三十日向工会或者全体职工说明情况，听取工会或者职工的意见后，裁减人员方案经向劳动行政部门报告，可以裁减人员：a. 依照《企业破产法》规定进行重整的；b. 生产经营发生严重困难的；c. 企业转产、重大技术革新或者经营方式调整，经变更劳动合同后，仍需裁减人员的；d. 其他因劳动合同订立时所依据的客观经济情况发生重大变化，致使劳动合同无法履行的。

（3）不得辞退员工的情形：①从事接触职业病危害作业的劳动者未进行离岗前职业健康检查，或者疑似职业病病人在诊断或者医学观察期间的；②在本单位患职业病或者因工负伤并被确认丧失或者部分丧失劳动能力的；③患病或者非因工负伤，在规定的医疗期内的；④女职工在孕期、产期、哺乳期的；⑤在本单位连续工作满十五年，且距法定退休年龄不足五年的；⑥法律、行政法规规定的其他情形。

（4）员工可自行辞职的情形：①用人单位与劳动者协商一致，可以解除劳动合同。②劳动者提前三十日以书面形式通知用人单位，可以解除劳动合同。劳动者在试用期内提前三日通知用人单位，可以解除劳动合同。③用人单位有下列情形之一的，劳动者可以解除劳动合同：a. 未按照劳动合同约定提供劳动保护或者劳动条件的；b. 未及时足额支付劳动报酬的；c. 未依法为劳动者缴纳社会保险费的；d. 用人单位的规章制度违反法律、法规的规定，损害劳动者权益的；e. 因本法第二十六条第一款规定的情形致使劳动合同无效的；f. 法律、行政法规规定劳动者可以解除劳动合同的其他情形。④用人单位以暴力、威胁或者非法限制人身自由的手段强迫劳动者劳动的，或者用人单位违章指挥、强令冒险作业危及劳动者人身安全的，劳动者可以立即解除劳动合同，不需事先告知用人单位。

6. 违反劳动合同的责任

违反劳动合同的责任是指企业或劳动者本身的过错造成不履行或不适当履行合同的责任，根据《劳动合同法》的规定：

（1）企业侵害劳动者的情形及相应的责任

用人单位有下列情形之一的，由劳动行政部门责令限期支付劳动报酬、加班费或者经济补偿；劳动报酬低于当地最低工资标准的，应当支付其差额部分；逾期不支付的，责令用人单位按应付金额百分之五十以上百分之一百以下的标准向劳动者加付赔偿金：①未按照劳动合同的约定或者国家规定及时足额支付劳动者劳动报酬的；②低于当地最低工资标准支付劳动者工资的；③安排加班不支付加班费的；④解除或者终止劳动合同，未依照本法规定向劳动者支付经济补偿的。

（2）由于企业的原因订立的无效劳动合同应承担赔偿责任

劳动合同依照本法第二十六条规定被确认无效，给对方造成损害的，有过错的一方应当承担赔偿责任。第九十一条，用人单位招用与其他用人单位尚未解除或者终止劳动合同的劳动者，给其他用人单位造成损失的，应当承担连带赔偿责任。

（3）企业违法解除合同或故意拖延不订立合同应当承担经济责任

用人单位提供的劳动合同文本未载明本法规定的劳动合同必备条款或者用人单位未将劳动合同文本交付劳动者的，由劳动行政部门责令改正；给劳动者造成损害的，应当承担赔偿责任。用人单位自用工之日起超过一个月不满一年未与劳动者订立书面劳动合同的，应当向劳动者每月支付二倍的工资。用人单位违反本法规定不与劳动者订立无固定期限劳动合同的，自应当订立无固定期限劳动合同之日起向劳动者每月支付二倍的工资。第八十七条，用人单位违反本法规定解除或者终止劳动合同的，应当依照本法第四十七条规定的经济补偿标准的二倍向劳动者支付赔偿金。

（4）企业由于客观原因解除劳动合同的补偿责任

①劳动者不能胜任工作，经过培训或者调整工作岗位，仍不能胜任工作的。用人单位提前三十日以书面形式通知劳动者本人或者额外支付劳动者一个月工资后，可以解除劳动合同并给予经济补偿。

②劳动合同订立时所依据的客观情况发生重大变化，致使劳动合同无法履行，经用人单位与劳动者协商，未能就变更劳动合同内容达成协议的。用人单位提前三十日以书面形式通知劳动者本人或者额外支付劳动者一个月工资后，可以解除劳动合同并给予经济补偿。

③依照《企业破产法》规定进行重整的；生产经营发生严重困难的；企业转产、重大技术革新或者经营方式调整，经变更劳动合同后，仍需裁减人员的；其他因劳动合同订立时所依据的客观经济情况发生重大变化，致使劳动合同无法履行的。必须裁减人员的，需要裁减人员二十人以上或者裁减不足二十人但占企业职工总数百分之十以上的，用人单位提前三十日向工会或者全体职工说明情况，听取工会或者职工的意见后，裁减人员方案经向劳动行政部门报告，可以裁减人员并给予经济补偿。

（5）经当事人协商由企业解除合同的经济补偿责任

用人单位与劳动者协商一致，可以解除劳动合同，用人单位应当向劳动者支付经济补偿。

（6）劳动者患病或者非因工负伤不能从事原工作也不能由企业另行安排工作而解除劳动合同的经济补偿责任

《劳动合同法》第四十条第一款规定，劳动者患病或者非因工负伤，在规定的医疗期满后不能从事原工作，也不能从事由用人单位另行安排的工作的；用人单位提前三十日以书面形式通知劳动者本人或者额外支付劳动者一个月工资后，可以解除劳动合同，用人单位应当向劳动者支付经济补偿。

（7）劳动者违反劳动合同的赔偿责任

劳动者违反本法规定解除劳动合同，或者违反劳动合同中约定的保密义务或者竞业限制，给用人单位造成损失的，应当承担赔偿责任。

经济补偿按劳动者在本单位工作的年限，每满一年支付一个月工资的标准向劳动者支付。六个月以上不满一年的，按一年计算；不满六个月的，向劳动者支付半个月工资的经济补偿。

劳动者月工资高于用人单位所在直辖市、设区的市级人民政府公布的本地区上年度职工月平均工资三倍的，向其支付经济补偿的标准按职工月平均工资三倍的数额支付，向其支付经济补偿的年限最高不超过十二年。

本条所称月工资是指劳动者在劳动合同解除或者终止前十二个月的平均工资。

二、新《劳动合同法》对旅游企业人力资源管理的影响

（一）管理意识转变

从经济财力的角度出发，用人单位旅游企业为强势方。但是从法律出发，劳动者是强势。《劳动合同法》的实施，明确了保护劳动者的利益，从法律的角度对于劳动者的权利倾斜。例如单位的解约权在减小，而劳动者的解约权在增大。补偿和赔偿方面也是如此。企业原有的居高临下的管理方式应当有所改变，应注意与员工的平等、协商、沟通和尊重的交流。

（二）人工成本增高

这个是最直接最明显的影响。根据《劳动合同法》的规定，劳动者的入职成本、开发成本、使用成本和离职成本都提高了不少。因为有了严格的试用期、服务期以及劳动者的辞职权，经济补偿的增加，所以用人单位应该严把入门关。旅游企业的员工培训是十分重要的，而现在的法律规定劳动者如果违反服务期的规定，则违约金不能超过用人单位支付的培训费用，这样违约金失去了惩罚功能，只具有补偿功能，这样一来，增大了开发成本。而当员工固定期限合同到期后，除非用人单位维持或提高劳动合同条件，劳动者不同意续签以外，用人单位终止合同时都需要支付补偿金。这也增加了企业的员工离职成本。

（三）违法成本增加

针对很多企业有法不依的状况，《劳动合同法》增加了新的规定，针对用人单位的制度违法侵害劳动者权益和用人单位不依法缴纳社会保险费，为劳动者增加了"随时解约权"和"求偿权"两项权利。由于旅游企业的行业特点，单位不为员工缴纳社会保险费的现象非常普遍，这将迫使单位缴纳费用完善规章制度，增加了单位的成本。另外，旅游企业不与员工签订劳动合同的现象也很普遍，《劳动合同法》规定劳动合同必须书面化，用人单位应当自用工之日起一个月内与劳动者签订书面的劳动合同，超过一个月仍未签订书面合同的，应当支付劳动者每月两倍的工资，满一年后仍未签订书面劳动合同的，视为用人单位已经和劳动者签订了无固定期限的劳动合同。最后，在旅游企业也存在违法解雇的现象，《劳动合同法》中有关违约赔偿金的制度按经济补偿金的两倍支付。

（四）用工风险增长

旅游企业的用工方式本来是灵活多变的，但是《劳动合同法》的颁布要求必须要签订劳动合同，且要为员工缴纳社保费用。劳动者的离职风险增加，劳动者

享有无因离职权，只要提前三十天提出离职，不经单位同意就可以离职。还有前面讲到的劳动者的有因离职权也可增加用人单位的员工离职风险。劳动者在签订连续两次固定期限的劳动合同后，单位应当与其签订无固定期限劳动合同，在企业解雇员工以及经济补偿方面，都增加了旅游企业的用工风险。特别是商业秘密保护方面，如果一个导游，她掌握着导游公司许多客户资源，她一旦辞职到与原单位竞争的公司去，那么原单位将会损失巨大。《劳动合同法》取消了"脱密期"，原《劳动法》规定，知晓单位商业秘密的员工提前解除合同的提前通知期，且竞业禁止只适用于高级管理人员、高级技术人员和其他知悉本单位商业秘密的劳动者，这大大增加了旅游企业的用工风险。用人单位与知悉本单位商业秘密或者其他对本单位经营有重大影响的劳动者，可以在劳动合同中约定竞业限制条款或单独订立竞业限制协议，约定在劳动合同终止或者解除后的一定期限内，劳动者不得到生产与本单位同类产品且有竞争关系的其他用人单位任职，也不得自己生产与原单位有竞争关系的同类产品或经营同类业务。

（五）管理难度增大

《劳动合同法》的颁布实施后，单位人力资源管理的难度增加，必须完善规章制度，依法管理，控制用工成本，另外要重视工会的作用。原来旅游企业的管理上经常存在的违法问题现在都必须要改进完善，旅游企业工会的权利也在增加。

（六）用工规范加强

《劳动合同法》要求旅游企业的规章制度的完备，不但要符合国家的法律法规，且制定程序要合法，内容要完备。

（七）用工方式调整

劳务派遣制度原来对于旅游企业的作用是重要的。但《劳动合同法》要求劳动派遣人员与企业员工同工同酬，这降低了劳务派遣制度的优势。而旅游企业现在应该特别注意非全日制工的协议口头化，终止无因化、随时化，无须补偿化，这可以便于企业人力资源管理。另外，旅游企业可以考虑专业外包来降低用工的成本。

（八）人才竞争加剧

旅游企业的竞争一定程度上就是人才的竞争。因为员工的辞职权的扩大、竞业限制的收紧、培训服务期的限制，人才竞争会越来越激烈。

（九）劳动争议增多

在新旧法律的交叉转型期，在企业的规章制度完善期，员工权利的增加，劳动者的维权意识的大大增加，这都会导致劳动争议的增加。

（十）异地管理统一

很多大型的旅游企业都涉及异地管理的问题，但是由于各地对于《劳动合同法》的具体适用办法还不尽相同，很多省市都还没有出台，所以旅游企业的异地人力资源管理的问题十分突出。只能期待各地市的地方法规尽快完善。

三、劳动安全与劳动保险

对于任何企业来说，劳动安全都是十分重要的。旅游业的生产与其他行业生产比较最明显的特点就是产品生产和消费的同时性，游客既是消费者又是生产者，旅游生产存在于整个的旅行游览过程中。旅游业最大的质量问题是旅游者的人身和财产安全问题，旅游安全管理涉及旅游生产的全过程、全体人员以及相关的自然环境和社会环境。

旅游安全性是旅游质量最重要的因素，没有安全就没有旅游，就没有旅游业，保证旅游者的人身、财物安全，保障旅游企业的生产安全，是旅游服务质量的最基本的功能。就客人的安全而言，主要表现为人身、财物的安全和心理的安全感两个方面。做好旅游服务质量的安全性工作要注意三个方面：一是确保客人使用的设施、设备、用品的安全，以及安全设施的配备齐全、完好有效；二是服务过程中要在住宿、交通、餐饮、娱乐、游览参观等各个方面确保客人行李、财产和人身的安全；三是做好预前遇后准备，防范未然，同时，做好安全氛围的营造，使客人有安全感。旅游业因其行业的特点，使得旅游安全问题的严重性和安全管理的难度比其他行业要大得多。旅游事故发生带来的多是游客人身的伤亡及财产的损失，时常造成群死群伤的严重后果。旅游行业广泛涉及社会生产的各个行业和社会生活的各个方面，旅游安全管理幅度大、层次多，约束机制弱且难以协调。旅游安全事故除了直接冲击旅游企业和脆弱的地区旅游业外，还可能损害国家形象和影响国际关系。

因此，劳动安全管理是旅游企业管理的重要组成部分，它关系着旅游企业经营的成败。

（一）安全管理的意义

1. 保障旅游者及员工人身、财物安全。生命的价值是无法衡量的。安全管理的首要意义在于保障顾客和员工的生命安全。其次要保障旅游者的财物安全。

2. 保障旅游企业的企业形象。旅游企业的竞争是十分激烈的，企业的外部形象也是很重要的。如果有事故发生，特别如火灾和各种工伤事故，使得企业的公众形象受到严重损害，企业的信誉大大降低，直接威胁到旅游企业的经营。

3. 保障旅游企业的财物安全。在美国，据有关资料统计，旅游服务行业有记录的工伤事故平均每年大约有 59 万例，其中包括平均 550 例死亡事故，其直接损失为 22 万个工作日。尽管赔偿金、医药费等直接成本可以用货币计算出来，但员工受伤所造成的工时损失，与之有关的员工停工造成的损失，管理人员处理工伤事故造成的时间和精力上的损失，以及文书工作费用、设备损害和原料浪费等损失远比直接损失多得多。事故所带来的成本损失，其结果会对经营利润产生严重的影响。企业事故的发生不仅给当事人带来痛苦与灾难，而且会导致员工士气低落。

（二）旅游企业中不安全因素分析

旅游企业发生事故的原因常常表现为：

1. 违反操作规程。旅游企业中 60%的事故起因于员工的不安全操作。

2. 注意力不集中。心不在焉、责任感差、对本职工作不感兴趣、情绪波动以及接受能力差的人，都容易出事故。

3. 疲劳过度。大约 14%的事故是由疲劳过度造成的。最常见的事故是摔跤，尤其是提举物品造成的摔伤。从高处摔下也很常见。

4. 工作环境差。30%的事故归咎于不安全的工作环境，如潮湿、油腻、不平的地板、凹陷的路面、照明不足以及缺乏安全装置的设备等。

5. 10%的事故可以归因于操作范围以外的难以预料的危险因素。

6. 在饭店业中，厨房是最易发生事故的场所。油和煤是高度易燃物品，容易引起火灾酿成爆炸。表 8-1 列出厨房事故类型所占比例。

表 8-1　厨房事故类型及其所占比例

厨房事故	所占比例（%）
割破和擦伤	31
滑倒或跌倒	26
烫伤	10
扭伤	14
钩伤、夹伤	13
其他	6

为了防止事故的发生，旅游企业应当采取相应的安全措施。

（三）加强劳动安全的方法与措施

安全问题涉及多种工程技术和社会科学的知识领域。认识和解决生产服务过程中的安全问题，要依靠技术进步和科学管理，才能实现系统安全管理。为此，旅游企业的管理者要提高思想认识，更新观念，树立系统安全思想，学习和掌握现代化安全管理的理论和方法，并在实践中不断丰富和发展，找出适合自身特点的管理模式和预防事故的方法与措施，以便更好地为生产建设服务。

1. 制定严格的安全操作规程。每一个工作和每一个工作场所都应当有自己的安全操作标准。每一个员工都应该知道这些规程，并签名表明他已掌握。对员工进行岗位训练时，不仅局限于服务技能，同时要注意安全的操作规程，以减少事故的发生。定期对员工进行操作规程的考评，并且与绩效相结合。

2. 反复不断地进行安全态度教育。要不断应用现代化手段进行针对性的、生动灵活的、形式多样的安全态度教育。尤其是要以事故伤害案例进行态度教育，晓之以理，明之以害，以增强安全意识。这是重要预防措施之一。

3. 实施详细的安全责任认定，落实"谁主管，谁负责"的原则。安全责任的认定即以一定形式、一定手续促使各级领导认清自己在安全上的责任，制定自己履行责任的具体措施。安全责任的认定使认定者有一定的压力，促使其提高安全意识，对安全工作的合理定位有积极作用。

4. 研究制定事故责任者的处罚办法。为了提高事故的调查处理效果，切实把"三不放过"原则（即原因不查清不放过、广大员工不受教育不放过、责任人不受处理不放过）落到实处，建议制定行业事故责任者处罚办法，作为事故肇事者处分的依据，以避免和减少重复性事故发生概率。

5. 根据《劳动合同法》制定合理的劳动时间，保障员工工作精力集中充沛。

6. 注重危害设备的更新与隐患的及时整改。要从思想上重视对新建、改建项目的审查工作，对于重大危害部位的改进和重大隐患的整改所需费用应有特殊政策。

7. 适时动态地明确防止重大伤害的安全管理重点。注意收集、交流重点设备状态的资料与情况，根据季节变化、生产密度变化、员工思想活跃程度变化，不断提醒企业员工防止事故，动态地明确防止重大伤害的管理重点是必要的工作手段。

8. 制定应付紧急情况的措施。饭店应在员工入店时的培训中专门制订安全培训计划，教会员工如何处理如火灾等紧急情况。

没有安全就没有旅游。旅游企业是以服务性为主的行业，各种行业的综合存在，要更加重视劳动安全管理的重要性，要做到人人都有安全意识，防患于未然。

（四）劳动保险

劳动保险制度，是指在职工中断或丧失劳动能力，以及遇到年老、患病、生育、死亡等情况时，由国家和企业给予物质帮助的制度。我国现阶段的社会主义劳动保险制度具有以下特点：（1）劳动保险的对象目前仅限于全民所有制单位和部分城镇集体所有制单位的职工；（2）劳动保险所需经费，完全由国家或企业负担，职工个人不交纳保险金；（3）确定劳动保险待遇一般是以职工本人在职时的标准工资为基础，并考虑到工龄长短的因素；（4）保险的项目比较齐全，包括职工的生、老、病、伤、残、亡等方面。

我国现行的劳动保险的范围有：（1）员工养老保险；（2）员工医疗保险；（3）

员工生育保险；（4）员工失业保险；（5）员工工伤保险。用人单位应依照《劳动法》与《劳动合同法》的有关规定，按时足额缴纳各项保险费用。除此之外，用人单位还应为导游人员办理从事导游活动时的旅游意外保险。

劳动保险待遇，指职工根据劳动保险条例和有关单行法规定所享受的各种待遇。目前我国的劳动保险待遇可分为两大类，一类是企业职工根据劳动保险条例享受的劳动保险待遇，另一类是国家机关、事业单位的职工根据劳动保险单行办法享受的劳动保险待遇。企业职工的劳动保险待遇主要有：职工在一定条件下，按一定的标准享受补助工资、生活费、医药费、退休金、丧葬费、抚恤金以及疗养、休养等；由职工供养的直系亲属也可以享受部分劳动保险待遇，例如，职工所供养的直系亲属患病时，可在本单位或指定的医疗单位就医，并由企业负担二分之一的医疗费。国家机关、事业单位职工的劳动保险待遇同企业职工相比，有些完全相同，有些基本相同，有的还存在相当大的差别。

我国现有劳动保险内容的界限划分依据如下：

1. 工龄

工龄是指工人、职中以工资收入为其生活资料的全部或主要来源的工作年限。我国对工龄有两种计算方法：一般工龄和连续工龄。工龄是确定职工劳动保险待遇的基本因素，有时也作为分配住房、调整工资的重要参考条件。

2. 退休

职工达到规定的年龄和工龄，或因工致残被确认为完全丧失劳动能力而退出工作岗位休养。目前我国一般职工的退休条件是：工人，男性年满60周岁，女性年满50周岁，连续工龄满十年者；从事井下、高温、特别繁重的体力劳动或其他有害于身体健康的工作，男性年满55周岁，女性45周岁，连续工龄满十年者；男性年满50周岁，女性年满45周岁，连续工龄满十年，由医院证明、劳动鉴定委员会确认，完全丧失劳动能力者；因工致残，由医院证明，经劳动鉴定委员会确认，完全丧失劳动能力者；干部，男性年满60周岁，女年满55周岁，参加革命工作年限满10年者。

3. 医疗待遇

《劳动保险条例》规定，职工因工伤、病和非因工伤、病的医疗待遇是有差别的。因工伤、病，所开支的医疗费、住院费和就医路费等全部由企业行政负担，住院膳食费由行政负担三分之二，在医疗期间工资照发。非因工伤、病，所开支的诊疗费、手术费、住院费、药费由企业行政负担，挂号费、出诊费、营养滋补药费（卫生部规定的自费药费）、住院膳食费及就医路费则由本人负担。

旅游企业在以往的发展中往往因为行业特点忽略了给员工缴纳各种保险，在《劳动合同法》实施后，旅游企业应该注意转变观念，依法缴纳，劳动保险制度关系到员工的生老病死，对于满足劳动者的生存、安全需要和消除后顾之忧意义重大。

（五）社会保险与劳动保险

社会保险是指劳动者在年老、疾病、工伤、失业、生育等情况下，本人及其家庭从国家或社会上获得一定物质帮助的制度。劳动保险是指劳动者在失去劳动能力或由于其他原因不能劳动或暂时中断劳动时，从国家、社会和所在单位获得物质帮助的一种保障制度。社会保险与劳动保险有以下区别：（1）两者产生的历史背景不同。社会保险是社会主义市场经济体制建立与完善的重要组成部分。社会保险的实施就是要打破所有制、地区和行业的限制。该项保险制度的建立旨在全社会范围内实施，具有强制性、普遍性、互济性、福利性、社会性的特征。劳动保险是在计划体制下形成的一种制度，前提是该项保险是以企业（用人单位）的公有制为基础，企业不倒闭不破产，劳动者的劳动保险永远有保障。（2）两者实施的范围不同。社会保险从主体上不仅有职工参加，也包括其家庭成员在内，而劳动保险仅限于职工本人。从实施的地域上讲，要求全社会实施的社会保险制度不再像过去劳动保险那样固定在一个企业，而是在全社会范围实施的保险制度，而且社会保险的内容也比劳动保险的内容丰富得多。（3）保险基金的征收、管理，保险待遇享受的方式不同。社会保险制度采取社会化方式，从总体上讲属动态循环，而劳动保险是由各用人单位组织分散办理。

四、工会与职工代表大会

在我国国有的旅游企业劳动关系中，工会和职代会在实施民主管理、确保实现劳动者的权益方面发挥着重要作用。

（一）工会

通过代表劳动者利益组织的力量来平衡劳资关系，这种组织便是工会。工会是以协调雇主与员工之间的关系为宗旨而组成的团体，包括员工工会、雇主商会以及可能是由员工与雇主组成的组织。由于有关工会的讨论，多以员工工会为对象，故"工会"常与"员工工会"通用。关于工会产生的原因，美国学者加里·德斯勒作了论述："组织工会的冲动通常可以浓缩为这样一种情念：工人只有联合起来，才能从一块饼中获得自己的公平合理的一份，才能免遭管理方面的专断念头的伤害。"

在社会主义制度下，工会是在中国共产党领导下的工人阶级的群众组织，在我国的政治体制中居于重要地位。它在维护全国人民总体利益的同时，表达和维护工人群众的具体利益，是中国共产党联系工人阶级的桥梁和纽带。在实践中，工会切实代表职工和组织职工参加国家和社会事务的管理，并且在具体的企事业单位中组织和代表职工参与决策和管理。目前我国由于经济成分的多元化以及劳动力市场的发展和运行，工会工作增添了许多新的内容。在"三资企业"和私有企业中，工会已成为代表和维护劳动者权益的主要组织，成为维护《劳动法》、《劳动合同法》以及其他法律法规的一支主要力量。

依据《工会法》的规定，工会的主要任务是：代表和组织职工参与国家社会事务管理和参加企事业的民主管理；维护职工的合法权益；代表和组织职工实施民主监督；协助政府开展工作，巩固人民民主专政的政权与支持企业行政的经营管理；动员和组织职工参加经济建设；教育职工不断提高思想政治觉悟和文化技术素质。

工会的职权主要包括：通过职工大会、职工代表大会等形式参与民主管理或与用人单位平等协调；代表职工与企业谈判和签订集体合同；对劳动合同的签订和履行进行监督；参与劳动争议的调解和仲裁；对用人单位是否遵守劳动纪律、法规的情况进行监督。

特别是《劳动合同法》颁布实施以来，工会在企业中有了更多的权利，可以更好地维护员工的利益。

由于《劳动合同法》明确了工会在劳动者与用人单位之间形成和实现劳动合同关系中的权利，也就为工会在劳动合同法中的作用提供了依据。工会的这些作用表现在劳动合同关系中的五个方面。

一是对于劳动者在劳动合同关系中的权益认定，工会发挥的是指导作用。劳动合同关系的产生，以劳动者进入用人单位为前提。劳动者在进入用人单位之时最迫切的需要，就是对自身权益的明确认定。为此，《劳动合同法》要求"工会应当帮助、指导劳动者与用人单位依法订立和履行劳动合同"（第一章总则第六条）。通过工会组织的帮助指导，避免劳动者个人在无法明确认定自身合法权益的情况下签订劳动合同。

二是对于劳动者在劳动合同关系中的利益诉求，工会发挥的是表达作用。工会组织就是将劳动者个人的利益诉求集中概括起来，通过合法的组织渠道沟通协商，充分地表达出来，反映劳动者的意愿和呼声，尤其是在用人单位采取某些方式处理劳动关系，可能危害到劳动者利益之时。如"用人单位单方面解除劳动合同，应当事先将理由通知工会。用人单位违反法律、行政法规规定或者劳动合同约定的，工会有权要求用人单位纠正。用人单位应当研究工会的意见，并将处理结果书面通知工会。"（第三章第四十三条）

三是对于劳动者在劳动合同关系中的利益实现，工会发挥的是维护作用。工会依法维护劳动者的合法权益，是工会的基本职责。在《劳动合同法》的工会条款中，处处体现了这一点。"工会依法维护劳动者的合法权益"，"用人单位违反劳动法律、法规和劳动合同、集体合同的，工会有权提出意见或者要求纠正；劳动者申请仲裁、提起诉讼的，工会依法给予支持和帮助。"（第六章第七十八条）

四是对于用人单位在劳动合同关系中的强势地位，工会发挥的是制约作用。劳动力市场上的劳动力供大于求，以及改革开放以来强化管理权力以最大限度地提高效益的改革思路确立了用人单位在劳动关系中的强势地位，如果不能发挥工会的制约作用，劳动关系的失衡就会更加严重。劳动者在劳动合同关系中的权益，仅凭劳动者个人的力量无法得到保障。《劳动合同法》据此强化了工会通过集体合同制度发挥的制约作用。

五是对于政府部门在劳动合同关系中的执法监督，工会发挥的是协助作用。劳动合同制度实施的监督管理工作，属于劳动行政部门的执法权。但是，单靠劳动行政部门监督管理执法，显然无法有效制止用人单位的违法侵权行为。因此，充分发挥工会组织覆盖面广，直接接触劳动者多的优势，加强工会的群众性执法监督，是《劳动合同法》的明确要求。

工会在集体合同中的主导作用，《劳动合同法》以特别规定的方式，对工会发挥主导作用的集体合同制度作了专门的法律规定。工会在集体合同中的主导作用表现在要约、协商、签订、履行、检查监督、纠纷处理等各个方面。

集体合同有以下特征：第一，集体合同的签约人是受委托的代表人。第二，集体合同是最低劳动标准的合同。第三，集体合同规定企业承担的义务都具有法律性质，企业不履行义务，就要承担相应的法律责任。第四，集体合同是要式合同。集体合同要以书面形式签订，并经主管机关登记备案，才具有法律效力。

劳动合同是建立劳动关系的，集体合同是调整劳动关系的。集体合同与劳动合同有着明显的区别，主要表现在：合同的主体不同；合同的内容不同；使用范围不同；法律效力不同。

集体合同需要实现的劳动者权利的内容往往是具体的，因此，《劳动合同法》作出了有关专项集体合同的规定。

（二）职工代表大会

实行职工代表大会制度是我国企业的一大特点。在我国，职工代表大会是企业实行民主管理的基本形式，也是职工行使民主管理权利的机构。《企业法》规定，企业职工代表大会的工作机构是企业工会委员会，它具体负责职工代表大会的日常工作。

依据《劳动法》、《企业法》、《职工代表大会条例》等的规定，职代会的基本任务主要是：贯彻执行党和国家的方针政策，正确处理国家、企业和职工三者间的关系，促进劳动关系的协调发展；积极贯彻实施《劳动法》及有关法律、法规，加强基层的民主和法制建设。

职工代表大会主要行使下列职权：

1. 对企业的经营方针、长远规划、年度计划、基本建设方案、重大技术改造方案、职工培训计划、留用资金分配和使用方案、承包和租赁经营责任制方案等重大生产经营决策，有权听取报告并提出意见和建议。

2. 审查同意或否决企业的工资调整方案、奖金分配方案、劳动保护措施、奖惩办法以及其他重要的规章制度。

3. 审议决定职工福利基金使用方案和其他有关职工生活福利的重大事项。

4. 有权对企业各级领导依法进行评议监督，根据法定的评议监督事项的内容，提出奖惩和任免的建议。

5. 有权根据行政主管部门的决定选举厂长经理，报政府主管部门批准。政府主管部门委任或招聘的厂长经理，由政府主管部门免职或解聘必须征求职代会的意见。职代会选举的厂长经理，由职代会罢免并报政府主管部门批准。

职代会一般两年为一届，每年至少要开两次会，每次须有 2/3 以上的职工代表参加；有重大事项需要决策时，经厂长经理、企业工会或 1/3 以上的职工代表提议可召开临时职代会；职代会的决议和选举必须经全体职工代表过半数通过。

第三节　旅游企业劳动争议的处理方法

劳动者与用人单位在合同内容上、利益分配上总会出现各种争议和纠纷，于 1995 年《劳动法》的颁布对于劳动争议的解决提供了法律上的保障，而 2008 年 5 月 1 日施行的《劳动争议仲裁法》则更加细致完善了对于劳动争议的处理，特别是为调解和仲裁提供了法律依据。

一、劳动争议

（一）劳动争议的含义

劳动争议，又称劳动纠纷，或称劳资争议和劳资纠纷，是指劳动关系双方主体及其代表之间在实现劳动权利和履行劳动义务等方面产生的争议或纠纷。劳动争议就其本质上来说主要是双方主体围绕经济利益产生的权利和义务上的矛盾和争议。

（二）劳动争议的特点

从《劳动合同法》施行以来，我国的劳动争议数量增长迅速。劳动争议是发生在单位内部的劳动者和管理者之间的利益矛盾、利益争端或纠纷。具有以下几方面的特点：

1. 有特定的争议当事人

争议的当事人只能是劳动关系双方主体，即一方是单位管理者及其代表，另一方是单位劳动者及其代表。即只有劳动者及其代表与单位管理者及其代表之间通过集体合同或劳动合同建立了劳动关系，他们才可能成为劳动争议的双方当事人。只有发生在劳动关系双方主体之间的争议，才是企业劳动争议。若争议不是发生在劳动关系双方主体之间，即使争议是围绕单位劳动问题展开的，也不属于劳动争议。

2. 有特定的争议内容

劳动争议的内容是劳动关系双方当事人围绕经济利益而发生的劳动权利和劳动义务的矛盾和争议。显然，只有围绕经济利益而发生的劳动权利和劳动义务的争议才是劳动争议。

二、劳动争议产生的原因

1. 劳动合同方面

劳动争议是用人单位同劳动者之间不同的利益矛盾所产生的。经营者为了获得利润最大化，主观上是希望降低一切成本，包括员工的工资待遇以及对劳动安全、劳动保护的投资，而经济利益是劳动者所必须争取的。两者的矛盾冲突是必然存在的。旅游企业中的劳动关系一般是以劳动合同的形式订立的，因而旅游企业中的许多劳动争议问题都起源于对劳动合同相关问题的争议。劳动关系双方没有订立合同，遇到问题时各自从自己的利益出发，引起纠纷；有的虽有合同，但合同订立得过于笼统，不能具体界定双方的责、权、利；有的则是契约、法规不合理或已不适应新形势，使一方甚至双方不能接受；还有的是对契约的理解有差异，引起争执。

2. 企业制度方面

主要表现为员工对企业制度运行产生不满，如劳动者对工作条件、对工作待遇相互比较产生的不公平感等而引发的争议。劳动争议也同企业的组织文化密切相关，如果企业文化中注重的是一些局部利益、短期利益，强调个人甚于团体，可以预见，这样的企业中，劳资之间将充满不信任感，猜疑的空气弥漫于整个组织，在这种隋况下，更容易产生一些利益要求的矛盾。

3. 管理人员方面

管理人员对于员工的管理不合理，管理人员素质差，工作方法简单粗暴，缺乏法律意识，官僚主义、以权谋私的色彩浓厚，同上级个人之间关系的不和谐等都会引起劳动争议。

4. 员工方面

主要是员工不了解、不理解、不承认劳动法规和劳动契约，从而引起争议。

5. 政府管理部门方面

主要体现在制定的相关法规相互矛盾，多头管理带来的不同部门的权限矛盾，以及有关部门执行政策有偏差。

三、旅游企业常见的劳动争议

（一）录用争议

这类争议数量大，但内容单一。多数就业者认为旅游企业的行政管理人员在招工中营私舞弊，使自己受到不公正待遇，招收了一些不符合条件的人，这些人大多认为自己符合条件而未被录用。在市场经济条件下，用人单位和劳动者有了互择权，那些工作条件好、报酬水平高的旅游企业单位招工时竞争激烈，容易发生这些争执。

（二）劳动合同争议

随着《劳动合同法》的施行，这类争议有数量增加的趋势，在已有争议中，又以解除劳动合同的争议占较大比重。按照法律规定，劳动合同一方当事人解除劳动合同必须符合法定条件并且事先通知对方。解除劳动合同争议的内容主要是涉及解除劳动合同的条件是否合法且是否提前通知的问题。争议的当事人往往认为对方解除合同不符合法定条件或未能提前通知对方而提出上诉、要求赔偿所造成的损失。

（三）调离争议

这是发生在劳动者调离工作单位时的争议。争议主要有三种类别：

1. 招聘条件不兑现引起的争议

在旅游企业急需有关方面人才时，有的企业许诺各种优惠条件招揽人才，如果条件不兑现，则容易引发因招聘条件不落实而引起的争议。

2. 强留人员引起的争议

多发生在旅游企业与技术骨干之间，企业因其是业务骨干，掌握着企业经营中的一些关键技术或经营秘密，他们的调离对旅游企业是一种损失，因而不准许其调离，并提出退房、赔偿培训费等要求，或扣压档案等办法"强留"。一方要求调走，一方强留不放，当然会引发争议。

3. 不辞而别引起的争议

有的员工或在本单位工作不顺心，或因找到更好的工作后而不辞而别，甚至带走了商业机密，也会引起争议。

（四）劳动报酬争议

劳动报酬主要有工资、奖金、津贴三种形式，其中以工资所占比重最大，因而相对其他两种形式，工资争议的数量也较多，工资争议又有三种：

1. 工资偏低争议

部分劳动者认为自己所得工资与从事同种工作、年龄相仿、业务水平相当的人之间存在工资差距而产生争议。

2. 工资升级争议

一些员工没有与其他人一样提薪，认为受到不公平待遇从而引发的争议。

3. 工资拖欠争议

有的旅游企业拖欠、克扣员工的工资，引发员工的不满，这类争议在小型的旅游企业中比较常见。

（五）劳动保护争议

该类劳动争议近年数量逐渐增加，主要内容包括：

1. 工作条例的争议

多发生在生产条件差的岗位，员工往往在改善工作条件、发放劳保用品及有害作业津贴等方面与管理人员有不同意见。这类争议常附带有改善生产条件的建议并常导致怠工。

2. 女工保护争议

如要求在月经期间、怀孕期、生育期、哺乳期、更年期获得特殊照顾，提供必要的卫生设备等。

3. 职业病认定争议

表现在员工将自己所患疾病与职业病联系起来，要求企业按法律规定给予照顾，而旅游企业认为不符合有关规定而引起争议。劳动保护争议因涉及一部分劳动者的共同利益，所以极易以集体劳动争议的形式出现。由于旅游企业的经营特性，这方面的争议还不多见。

（六）劳动保险争议

劳动保险争议在我国劳动争议中占最大的比重，具有数量多、内容复杂的特点。旅游企业劳动保险争议主要内容有：

1. 工龄争议

工龄不但是许多旅游企业员工工资升级、享受休假等待遇的评定依据，而且也是员工享受何种劳动保险待遇的依据。工龄争议主要集中在不同企业之间的工龄如何连续计算上。

2. 退休、离休争议

多发生于年老体弱的员工与国有旅游企业之间，内容多为退职要求改办退休、离休，提高退休、离休待遇等。

3. 因工与非因工认定争议

多发生于患病、负伤、致残的员工和死亡者家属与旅游企业之间。根据国家有关规定，在因工和非因工患病、负伤、致残、死亡之间的待遇上存在较大的差别。由于存在这些待遇上的差别，员工与其家属在病、伤、残、死时总是希望能够按因工认定处理。但因工认定常会使旅游企业负担过重或导致其他问题，企业有时拒绝劳动者或其家属的要求，以致造成争议。这种争议矛盾激烈，持续时间长，处理难度大。

（七）处罚争议

处罚争议常发生在旅游企业采用惩罚手段整顿劳动纪律的时候。近年来这类争议数量有增无减。其内容包括：

1. 处罚过重争议

劳动者认为自己所受处罚过重，要求减轻。

2. 不应处罚争议

劳动者根本不承认自己犯有错误，认为给予的处罚没有道理，应该马上撤销。

3. 处理不公争议

多发生在数名员工与同一错误事实有关，但受到不同处理时。

4. 打击报复争议

劳动者认为企业对自己的处罚是出于某些领导人的打击报复的目的，要求撤销处罚，恢复名誉。

（八）绩效考评争议

员工认为考评的方法、程序不当，认为对自己的绩效评估结果不公平，而引起争议。

（九）辞退争议

该类争议发生在旅游企业辞退员工之时，劳动者认为自己没有过错以致遭到企业辞退引起争议,或劳动者认为企业辞退自己是违反了劳动法规而引起争议等。这类争议近年在小型旅游企业中增加较快。

2008 年 5 月 1 日施行的《劳动争议仲裁法》规定：

中华人民共和国境内的用人单位与劳动者发生的下列劳动争议，适用本法：

1. 因确认劳动关系发生的争议；

2. 因订立、履行、变更、解除和终止劳动合同发生的争议；

3. 因除名、辞退和辞职、离职发生的争议；

4. 因工作时间、休息休假、社会保险、福利、培训以及劳动保护发生的争议；

5. 因劳动报酬、工伤医疗费、经济补偿或者赔偿金等发生的争议；

6. 法律、法规规定的其他劳动争议。

四、劳动争议的解决

（一）减少劳动争议的措施

1. 劳动关系的法制化

劳动关系的法制化，也就是劳动关系的准则及其运行以法制为基础，劳动关系当事人的责、权、利受到法律的保障和约束。劳动争议的产生，一个很重要的原因是企业各方面往往过于强调自身利益而相互对立。《劳动合同法》、《劳动争议仲裁法》的施行，在很大程度上完善了相关制度，界定各方的利益，避免许多完全凭单方面意志而引起的矛盾。出现劳动争议时，也应在法律的基础上进行调整。

2. 实现劳动关系的契约化

劳动关系实质上是一种契约关系，但这种观念长期被人们所忽视，使劳动关系演变成为一种僵死的行政关系。完善劳动关系的契约化重点是在个人劳动合同的基础上，提倡和推广集体协议制度。

3. 发挥工会和企业党组织的作用

有的旅游企业不欢迎工会，认为工会只能给企业添麻烦、增负担，他们只看到工会对管理人员制约的一面，没有看到工会对管理工作支持的一面。美国学者苏勒认为"成立工会对雇主、员工都很重要。对雇主来说，工会对雇主管理人力资源的能力有很大影响；对员工来说，工会能帮助他们从雇主那里获得必要的东西"。工会组织可以代表员工与旅游企业协调劳动关系，兼顾员工与企业的利益，避免矛盾激化。而且工会的职能现在也能通过《工会法》、《劳动合同法》来保障。

4. 培训主管人员

劳动关系紧张或劳动争议，很多情况下是由于不合理的报酬、不正当的处罚和解职、侵犯隐私或自尊、不公正的评价和提升、不安全的工作环境等造成的。旅游企业应加强对管理人员的培训，使其掌握处理劳动争议的技巧，加强其处理劳动争议的能力。

5. 提高员工工作及生活质量

不断努力提高员工工作及生活质量，是从根本上改善劳动关系的途径。霍尔把提高工作及生活质量的主要内容归纳为：（1）吸收员工参与管理；（2）搞好职务设计，使员工从事更有意义的工作；（3）安排员工周期性的培训—工作—休息；（4）帮助员工满足个人的一些特殊要求等。

6. 鼓励员工参与民主管理

员工参与民主管理可以使员工参与旅游企业的重大决策，尤其是涉及广大员工切身利益的决定，这样可以更好地使旅游企业经营管理者在做出重大决策时充分考虑员工的利益。

（二）劳动争议处理的原则

我国《劳动法》第七十八条规定，解决劳动争议应贯彻合法、公正、及时处理的原则。

1. 合法原则

合法原则就是在处理劳动争议过程中，处理机构必须坚持以事实为依据、以法律为准绳，在查清事实、明辨是非的基础上，依据劳动法律、法规和政策做出处理。处理的结果不得违反国家现行法律、法规和政策规定，不得损害国家利益、社会公共利益或他人的合法权益。

2. 公正原则

公正原则是指劳动争议处理机构在处理劳动争议时，要秉公执法，不能偏袒任何一方，要依据客观实际和相关的法律、法规做出判断和裁决。劳动争议双方当事人的法律地位是平等的，平等地享有权利和履行义务。任何一方都不能把自己的意志强加于另一方。

3. 及时处理原则

处理劳动争议还应遵循及时处理原则，不能久拖不决。劳动争议发生后，往往直接影响一方当事人的合法权益，如不及时迅速地予以处理，将会影响职工的生活，影响生产劳动的正常进行，甚至影响社会安定。因此，一旦发生劳动争议，当事人应及时进行协商，协商不成的应及时向劳动争议处理机构申请处理。劳动争议处理机构也应抓紧审查和做出处理决定，保证按时结案另外还应及时落实处理结果。

（三）劳动争议的处理途径

在我国，劳动争议的解决方式有三种：调解、仲裁、诉讼。根据《劳动争议仲裁法》的相关规定，劳动争议发生后，当事人可以向：（1）企业劳动争议调解委员会；（2）依法设立的基层人民调解组织；（3）在乡镇、街道设立的具有劳动争议调解职能的组织，申请调解。调解不成，当事人一方要求仲裁的，可以向劳动争议仲裁委员会申请仲裁，也可以直接向劳动争议仲裁委员会申请仲裁。对仲裁裁决不服的，可以向人民法院提起诉讼。

1. 劳动争议的调解

调解是指在查明事实、分清是非、明确责任的基础上，依照国家《劳动法》的规定以及劳动合同约定的权利和义务，推动用人单位和劳动者之间相互谅解，解决争议的方式。企业调解委员会是解决劳动争议的第一道防线。2008 年 5 月 1 日颁布的《劳动争议仲裁法》，对劳动争议的调解组织、调解原则、调解程序做出了具体的规定。

　　企业劳动争议调解委员会由职工代表和企业代表组成。职工代表由工会成员担任或者由全体职工推举产生，企业代表由企业负责人指定。企业劳动争议调解委员会主任由工会成员或者双方推举的人员担任。劳动争议调解组织的调解员应当由公道正派、联系群众、热心调解工作，并具有一定法律知识、政策水平和文化水平的成年公民担任。当事人申请劳动争议调解可以书面申请，也可以口头申请。口头申请的，调解组织应当当场记录申请人基本情况、申请调解的争议事项、理由和时间。调解劳动争议，应当充分听取双方当事人对事实和理由的陈述，耐心疏导，帮助其达成协议。

　　经调解达成协议的，应当制作调解协议书。调解协议书由双方当事人签名或者盖章，经调解员签名并加盖调解组织印章后生效，对双方当事人具有约束力，当事人应当履行。

　　自劳动争议调解组织收到调解申请之日起十五日内未达成调解协议的，当事人可以依法申请仲裁。达成调解协议后，一方当事人在协议约定期限内不履行调解协议的，另一方当事人可以依法申请仲裁。因拖欠支付劳动报酬、工伤医疗费、经济补偿或者赔偿金事项达成调解协议，用人单位在协议约定期限内不履行的，劳动者可以持调解协议书依法向人民法院申请支付令。人民法院应当依法发出支付令。

　　2. 劳动争议的仲裁

　　仲裁是根据法律规定或者当事人之间的协议，由一定的机构以第三者身份，对双方发生的争议在事实上做出判断，在权利义务上做出裁决。

　　劳动争议仲裁委员会负责管辖本区域内发生的劳动争议。劳动争议由劳动合同履行地或者用人单位所在地的劳动争议仲裁委员会管辖。双方当事人分别向劳动合同履行地和用人单位所在地的劳动争议仲裁委员会申请仲裁的，由劳动合同履行地的劳动争议仲裁委员会管辖。发生劳动争议的劳动者和用人单位为劳动争议仲裁案件的双方当事人。劳务派遣单位或者用工单位与劳动者发生劳动争议的，劳务派遣单位和用工单位为共同当事人。与劳动争议案件的处理结果有利害关系的第三人，可以申请参加仲裁活动或者由劳动争议仲裁委员会通知其参加仲裁活动。

　　当事人可以委托代理人参加仲裁活动。委托他人参加仲裁活动，应当向劳动争议仲裁委员会提交有委托人签名或者盖章的委托书，委托书应当载明委托事项和权限。丧失或者部分丧失民事行为能力的劳动者，由其法定代理人代为参加仲裁活动；无法定代理人的，由劳动争议仲裁委员会为其指定代理人。劳动者死亡的，由其近亲属或者代理人参加仲裁活动。劳动争议仲裁公开进行，但当事人协议不公开进行或者涉及国家秘密、商业秘密和个人隐私的除外。

3. 劳动争议司法

虽然仲裁委员会可以对劳动争议做出有法律效力的裁决，但是依照我国的法律，只有法院才享有对劳动争议的最后决定权。仲裁委员会依法裁决后，如果当事人一方或双方不服，在法定期限内有权向法院起诉。当事人起诉后，原裁决即无约束力，人民法院有权对该劳动争议独立审判，并做出判决。在诉讼阶段，如当事人不服一审法院的判决，还可以提出上诉，由二审法院做出最终裁决。

【案例分析】

案例分析一

2007 年 12 月 4 日，某旅行社劳动合同终止前人事部经理王力找到方芯，正式向其提出终止劳动合同的意向，同时，将一份《终止劳动合同意向通知书》交给了方芯，方芯当场收到通知书后未表示任何反对意见。12 月 10 日，方芯在通知书的回执上签了字，并去财务部结算了 2007 年 12 月 31 日以前的工资。正当方芯同公司办理终止劳动关系手续的同时，方芯因神经疼、支气管哮喘等病卧床不起，12 月 23 日上午，方芯将病假条送至公司人事部申请病假，人事部经理看了方芯送交的病假条后，当即表示"方芯已在《终止劳动合同意向通知书》上签字，此时送交请假条，并且没有任何三级甲等医院证明（公司规章制度中要求），所以申请病假已无意义"。

对于公司的上述作法，方芯感到非常不解，2007 年 12 月 28 日愤然向大连市市劳动争议仲裁委员会提出申诉，要求公司将双方的劳动合同延续至医疗期满。

方芯认为：自己与公司签订的合同到 12 月 31 日方才到期，职工在合同有效期间患病应当享受医疗期，而在医疗期期间，企业是不能与职工终止劳动合同的。于是，方芯请求公司将合同延续至医疗期满。而公司认为：劳动合同期内直至办理终止劳动合同手续时，申诉人从未请过病假，也没向被诉人交过任何诊断证明，公司与其终止劳动合同根本不涉及医疗期的问题。因此，对方芯的请求，公司将未予理睬。

方芯的劳动合同期限是否能够顺延至医疗期满，理由是什么？

分析：

本案涉及的主要问题是关于职工社会保险方面的法律、法规规定。关键性问题是：劳动者处在医疗期内，用人单位是否可以依据以前签订的劳动合同的规定，终止双方的劳动合同关系。

《中华人民共和国劳动法》第二十六条规定："有下列情形之一的，用人单位可以解除劳动合同，但是应当提前三十日以书面形式通知劳动者本人：（一）劳动者患病或者非因工负伤，医疗期满后，不能从事原工作也不能从事由用人单位另行安排的工作的……"该法第二十九条规定："劳动者有下列情形之一的，用人单位不得依据本法第二十六条、第二十七条的规定解除劳动合同：……（二）患病或者负伤，在规定的医疗期内的。"从上述两条法律规定的内容中可以清楚看出：在医疗期内，用人单位不得解除与其聘用职工的劳动合同，只有医疗期满以后，用人单位才可以解除劳动合同，并且必须提前三十日以书面形式通知劳动者。为了进一步明确医疗期的概念及医疗期的期限等问题，1994 年 12 月 1 日，原劳动部颁布了《企业职工患病或非因工负伤医疗期规定》。该规定第二条规定："医疗期是指企业职工因患病或非因工负伤停止工作治病休息不得解除劳动合同的时限。"该规定第三条规定："企业职工因患病或非因工负伤，需要停止工作医疗时，根据本人实际参加工作年限和在本单位工作年限，给予三个月到二十四个月的医疗费：……（二）实际工作年限十年以上的，在本单位工作年限五年以下的为六个月。"劳动法律、法规之所以对医疗期作出规定，究其原因，主要是为劳动者在患病时提供物质保障，解决劳动者的后顾之忧，消除社会不安定因素，提高劳动生产率。

　　本案中，公司于 2007 年 12 月 7 日通过其人事部经理向方芯送达《终止劳动合同意向通知书》，随后，方芯在该通知书回执上签字，此签字是否可以认作双方协商解除劳动合同的行为呢？当然回答是否定。申诉人在"意向通知书"回执上的签字只表示收到了用人单位的书面通知，并且签字中也没明确表示提前终止劳动合同的内容。此外，用人单位单方面解除劳动合同的，必须提前三十日通知劳动者，如果把方芯在回执上的签字的行为视作解除合同的行为，不仅与事实不符，同时也与法律规定相悖。

　　因此，公司与方芯的劳动合同在医疗期满后才能终止。

案例分析二

　　37 岁的周女士于 2006 年 2 月 24 日就任该旅游公司总经理一职，月薪为 12500元人民币。在做了仅仅几个月，为了一件小事，周女士一赌气决定放弃这份收入不菲的工作，于同年 6 月 5 日向公司发送了一份辞职的电子邮件。在这封电子邮件中，她明确表示："我已经决定今天辞职，并希望在 6 月 15 日以前将手头的工作移交。"

　　这家公司起先对她的辞职请求未作答复。可在当年 7 月 10 日，公司却向周女士发送了一份接受辞职的电子邮件，内容为："关于您 6 月 5 日的辞职函，经管理部门认真研究，我们遗憾地接受您辞去本公司总经理的职务，您在本公司的最后一天将为 2006 年 7 月 12 日，您的薪酬支付到 2006 年 7 月 15 日为止。"

此后，周女士反悔了，并向劳动仲裁机构提出仲裁申请，要求上述那家外资公司恢复她的职务，继续履行原劳动合同，但没得到仲裁机构的支持。继而，周女士打起了劳动官司，她认为："在向公司发送辞职的电子邮件后，鉴于公司一再口头挽留，自己被公司的诚意所感动，决定继续留在公司工作，并拒绝了其他公司的邀请。岂料公司方突然后发制人，单方面终止了与自己的劳动关系。因此请求法院撤销公司的决定，使自己能继续履行劳动合同"。

法院对电子邮件进行认证后认为：原告周女士在邮件中明确表达了辞职的意思，其后她并未以电子邮件或其他明确的方式撤回辞职申请。同时，原告在接到公司方同意辞职的电子邮件后，即未再上班。鉴于上述事实，法院认为周女士的理由不能成立，判决被告公司终止劳动关系合法有效。

一般来说法律诉讼的证据，应该具备三个最基本的特征：客观性、关联性、合法性。而真实有效的电子计算机储存的信息是完全可以具备以上特征的，可以成为一种诉讼证据。

我国的《民事诉讼法》和《行政诉讼法》就规定了视听资料可以作为证据，在理论界的解释是，视听资料就包括录音、录像和电子计算机储存的信息。由于电子证据有其特殊的高科技性、易破坏性、技术含量高、易被伪造和篡改，所以，在实际操作中，要使之能顺利地作为证明案件事实的证据还会遇到一定的困难。有时，把这种证据作为间接证据来使用，即还需要其他证据来佐证。

这个案例，除了本人的电子辞职信外，另外的关键是周女士在接到公司方同意辞职的电子邮件后，即未再上班。这个行为与电子辞职信组成了相互印证的证据链，可以证明周女士确实发出过辞职的信件，也承认了公司同意辞职的通知。在这以后，如果她要对自己的辞职行为更改，必须得到公司的同意。

这个案件同时告诉我们：对员工以电子邮件发出的辞职书应早作出回应；如果不作出回应，应劝员工写出纸介质有个人签名的辞职信。

【本章小结】

劳动关系是劳动者和用人单位之间基于劳动者提供劳动，在企业的生产经营活动中形成的各种责、权、利关系。劳动关系基于《劳动合同法》产生，是人力资源管理的重要内容之一，它所涉及的主要内容包括：劳动者同用人单位在劳动用工、工作时间、休息休假、劳动报酬、劳保福利、劳动培训以及裁员下岗等方面所形成的关系。同时，劳动关系还涉及到代表单个劳动者利益的工会同用人单位在就业、报酬、奖金、考评、社会保险、裁员等方面的参与决策所形成的关系。

随着我国社会主义市场经济的快速发展和我国法律法规的逐步完善，我国旅游企业劳动关系已经发生了巨大的变化。这些变化有劳动关系的法制化、劳动关系的契约化、劳动关系主体的多样化，以及劳动关系的运作机制市场化。劳动管理是指企业根据国家相关法律法规对人力资源的开发和使用上的管理工作，主要包括职工的聘用与辞退、劳动合同的签订与履行、职业培训、工作时间与劳动保护、劳动纪律与奖惩、劳动报酬与福利等。劳动管理主要是旅游企业的人力资源部门依据《劳动合同法》对于员工的劳动合同进行的管理活动。劳动管理现在包括劳动合同的管理、劳动安全的管理以及劳动保险的管理、工会和职工代表大会的管理。

【关键术语】

    劳动关系（Labor relations）

    劳动管理（Labor management）

    劳动合同（Labor contract）

    试用期（Probation period）

    工会（Trade union）

    职工代表大会（Workers congress）

    劳动安全（Labor safety）

    劳动保险（Labor insurance）

    调解（Mediation）

    仲裁（Arbitration）

【复习思考题】

    1. 劳动关系的概念和特征是什么？

    2. 劳动合同中必须有的条款有哪些？

    3. 在什么情况下，签订的合同无效或者部分无效？

    4. 企业不得辞退员工的情形都有哪些？

    5. 《劳动合同法》对旅游企业人力资源管理的影响？

    6. 如何理解没有安全就没有旅游？

    7. 安全管理的意义是什么？

    8. 加强劳动安全的方法与措施有哪些？

    9. 我国现行的劳动保险的范围是什么？

    10. 劳动争议概念及特征是什么？

    11. 旅游企业常见的劳动争议有哪些？

12. 劳动争议的处理途径有哪些?

【实践题】

寻找一份员工与酒店之间的劳动合同,找出劳动合同存在的潜在问题,给出自己的见解和看法,并提出解决方案。针对这个问题,讨论旅游企业与员工双方应该怎样做才能避免此类问题的发生。

【网站链接】

1. http://www.ldht.org 劳动合同法网
2. http://www.btophr.com 中国劳动争议网
3. http://www.cn-labor.com 中国劳动关系在线

第九章　旅游企业人力资源管理的发展趋势

【学习目的】

1. 了解旅游企业人力资源管理的发展现状。
2. 熟悉旅游企业人力资源管理信息化的特点与方法。
3. 了解旅游企业人力资源战略的一些制定办法。

第一节　旅游企业人力资源管理的国际化

一、旅游企业国际化的背景

经济的全球化和一体化已经成为世界经济发展的主流，旅游业也不例外。旅游业天生是开放的、外向型的、国际化的产业，具有服务贸易的典型特征。旅游企业国际化具有其特定的背景。

1. 旅游产品的自身特点决定了旅游国际化经营的必然走向。与一般制造业的产品从生产者趋向消费者这一流通过程相比，在旅游业中，旅游产品的空间流通的特点是消费者旅游者趋向于生产者目的地，而且具有生产与消费的同时性。这一特点暗示了国际旅游收益最主要是在目的地实现的。这样，旅游企业要想从日渐扩大的国际旅游市场上占有更多的份额，这一特点就内在地决定了旅游企业只能适应旅游业国际化的要求，在国界以外的目的地国家建设分支机构，以便就近向消费者提供相关的旅游产品——也即旅游企业的国际化发展。

2. 旅游事业的国际化为旅游企业的国际化提供了市场。从旅游发达国家的观点来看，国际旅游自20世纪80年代开始，一个支配性的趋势就是到一些充满异国情调的地区旅游的人数在不断增长。这些目的地通常包括东南亚和非洲的一些国家和地区，如马来西亚、冈比亚、泰国的曼谷、印度尼西亚的巴厘岛和新加坡等。这一背景的另一表现形式是与国际资本流动相伴随的国际商务旅行人员的增加。十大新兴的资本市场——中国、印度、东盟等均远离原有的以美欧日为代表的资本流出地区，这将不可避免地带来国际商务人员的大规模的旅行。从而在一定程度上从深度和广度两个方面加快了旅游企业国际化的进程。

3. 跨国公司投资自由化为旅游企业国际化提供了货币资本。进入 21 世纪后，世界各国经济发展战略越来越倾向于开放模式，贸易和投资政策日趋自由化，区域经济一体化促进了大量区内与区间的投资；跨国公司和国际生产一体化网络的形成对跨国投资更产生了强烈的刺激作用。全球跨国公司直接投资存量每年已增长到万亿美元。这些巨额新增投资中有大部分是由各跨国公司总部做出决策的。在此过程中，不同国家、地区间资本增值条件的差别促使跨国公司的资本总是向资源要素能发挥最大的效益的方向流动。可以说，跨国公司总部已经成了国际资金的集约投资极和资源要素的集约配置极。在这一背景下，旅游发达国家内部竞争激烈，出境旅游不断增长的市场结构和存量不断增加、回报率的增长速度日趋下降的资本结构，从内部加快了旅游企业国际化进程，以回应由上述背景而带来的市场获利机会。

4. 国际服务贸易自由化是旅游企业国际化的宏观经济维度。由于经济、政治、社会和文化等方面的原因，非关税壁垒一直是制约旅游企业国际化发展的最主要障碍。但是国际社会，特别是旅游发达国家一天也没有停止消除这些障碍、最终走向自由贸易的努力。历经近 20 年的谈判，最终于 1994 年 4 月 15 日签订了《服务贸易总协定》。尽管若干例外条款为发展中国家的旅游市场保护提供了回旋余地，但是由包括中国在内的各起草国与创始方明确规定的"MFN"、"透明度"、"市场准入"、"国民待遇"以及"承认"等原则还是会使包括旅游在内的国际服务贸易自由化的进程趋于加速发展。

二、中国旅游企业国际化的现状

目前，旅游发达国家都有一批营销网络遍及全世界的大型国际旅游集团。加入 WTO 后，我国旅游业也将在更大程度上融入世界旅游业的大潮之中，更多的外国旅游企业以各种不同的方式进入我国旅游市场，我国旅游企业也纷纷走出国门，开展国际化经营。只有积极参与激烈的国际竞争，进行跨国经营，我国旅游企业才能在全球化的世界旅游市场中生存和发展。

早在 20 世纪 80 年代，北京、上海等地的旅游企业就开始尝试跨国经营，比如，当时的上海锦江集团、新亚集团、海鸥饭店等就分别在欧美和日本、韩国等地合资开办了近 10 家餐饮企业。目前，我国已经实施跨国经营的旅游企业主要集中于北京、上海、广州、深圳、香港等经济发达城市和沿海城市，以国有大型旅游企业（集团）或旅游相关企业为主，主要有国旅集团、首旅集团、中旅总社、港中旅、春秋国旅、锦江集团、招商国旅、南航公司、国航公司、东航公司、广东粤海等，经营领域主要集中于旅行社、饭店、餐饮和主题公园等，经营对象国主要有美国、日本、新加坡、马来西亚、韩国、泰国、加拿大、德国、法国、英国、瑞典、丹麦和澳大利亚等，其中，国旅集团与全球 1400 多家旅行商建立了长期稳定的合作关系，在欧、美、日、澳等国家和地区拥有海外公司 14 家，55 年来，国旅总社招徕、接待海外来华旅游者达到 1000 多万人次，创汇 30 多亿美元。

总体来说，我国旅游企业跨国经营的数量仍很少，规模也较小，投资总额一般在 100 万美元左右；业务范围较窄，主要集中于旅行社和餐饮，近年来才有少数企业开始在我国出境旅游者比较集中的国家和地区经营酒店业务。

在进入战略方面，这些旅游企业（集团）在进行跨国经营时所选取的进入战略主要有直接投资、资产置换、特许经营、战略联盟和兼并收购等（见表 9-1），其中，直接投资是它们首要的进入战略选择，这其中包括直接投资兴建，还包括投资参股、投资收购等具体形式（鉴于企业信息披露不够具体，在表 9-1 中我们只能笼统地以直接投资代替）；另外就是资产置换，首旅集团就曾经事先直接投资收购两家美国酒店的产权，然后通过与法国巴黎两家酒店置换 25% 的经营权的方式来实现自己进入法国酒店市场的目标。对于特许经营、战略联盟和管理合同等进入战略则很少采用。

表 9-1　我国部分旅游企业跨国经营概况

企业（集团）名称	经营对象国	进入战略	经营领域	备注
香港中旅	美国	直接投资（独资）	主题公园	1991 年斥资 1 亿美元在奥兰多建造了"锦绣中华"主题乐园。1993 年 12 月 18 日开业，2004 年元旦后歇业。
国旅集团	日本	直接投资（独资）	旅行社	1989 年，国旅日本东京公司成立，目前，国旅集团在日本东京、大阪、福冈、名古屋分别设立有全资子公司或控股子公司，经营良好。
国旅集团	美国	直接投资（独资）	旅行社	1991 年，国旅美国公司成立。1997 年，国旅纽约公司成立，经营良好。
国旅集团	德国	直接投资（独资）	旅行社	1992 年，国旅德国金龙公司成立，规模较小，经营尚可。
首旅集团	法国	直接投资（合资）特许经营	旅游饭店	2001 年，首旅集团于法国雅高各出资 50% 成立首旅雅高酒店管理公司，雅高授予首旅集团"美居"品牌使用权，首旅集团投资雅高位于巴黎埃菲尔铁塔旁的美居酒店。

续表

企业（集团）名称	经营对象国	进入战略	经营领域	备注
首旅集团	德国	直接投资战略联盟	餐饮	全聚德在德国建立了自己的分店，又与德国碧洛德酒业公司实行品牌合作，采用"全聚德——碧洛德"双商标生产纯正的德国白葡萄酒和法国红葡萄酒，在全聚德各分店销售。
首旅集团	法国	特许经营	旅行社	1998 年，康辉法国旅行社成立，旅行社由当地持有绿卡的华人开办。
锦江集团	欧洲	资产置换	旅游酒店	2006 年上半年，锦江国际派出的代表团赴巴黎与另一家国际酒店集团洽谈酒店资产置换事宜，寻求合作，年内第一家海外酒店开张。
首旅集团	美国	兼并收购	旅游酒店	首旅集团旗下的北京建国饭店在美国旧金山花费1400 万美元收购了当地的"假日饭店"。
广东粤海	法国	直接投资	酒店、餐饮	广东粤海在法国巴黎东郊投资兴建了"中国城"，经营良好。

资料来源：贺小荣.我国旅游企业的国际化战略探讨. 社会科学家[J]，2007，123（1）

在竞争战略方面，我国旅游企业主要是采取通用的差异化战略。这些已经在海外进行旅游经营的企业，它们当初之所以有勇气走出国门，其中一个主要因素就是看到了我国的旅游产品与他国旅游产品之间的差异。比如，首旅集团旗下的两家"老字号"——"东来顺"和"全聚德"，已经在美国、德国、阿联酋等地建立了多家分店，就是因为它们在饮食文化上独树一帜；香港中旅远赴美国奥兰多独资兴建"锦绣中华"主题乐园，也正是看中了中国五千年文化的独特魅力。

三、跨文化的人力资源管理方式及职能

国际企业中包含了来自不同国家或地区、具有不同文化背景的员工，因此，国际企业需面对一个问题——如何在跨文化背景下进行有效的人力资源管理。下面首先介绍目前国际企业中四种人力资源管理方式，接下来对国际企业中员工的招聘、培训、绩效考评、补偿等人力资源管理职能进行详细介绍。

（一）国际企业中四种人力资源管理方式

国际企业人力资源管理有四种方式，如表 9-2 所示。

1. 在本国中心主义方式下，国际企业简单地将母国使用的人力资源管理方法和政策移植到外国的子公司，从母国来的驻外员工管理着子公司，总部对子公司的政策保持紧密的控制；

表 9-2　　国际企业中人力资源管理的四种方式

人力资源管理的各方面	倾向性			
	本国中心主义	多中心主义	地区中心主义	全球中心主义
标准的设立、评价和控制	由母国完成	由当地子公司的管理层完成	由区域内不同国家协商完成	当地和全球共同完成
交流与协商	由总部发给当地子公司	部分在子公司内部、部分在子公司和总部之间	少量在子公司与总部之间、主要在同一区域的子公司间	由总部织就的在子公司之间的全球网络体系
管理人员	母国人员	东道国人员	人选来自本区域内某国家	将最佳人选放置在最能发挥才干的地方

2. 在多中心主义方式下，子公司基本上与总部独立，人力资源管理政策是根据当地的环境而制定的，由当地人员应聘进行人力资源管理；

3. 在区域中心主义方式下，企业将全球的下属企业划为几个区域，人力资源管理政策在某个区域内最大程度地得以协调，子公司可能采用该区域任何国家的管理人员，区域内的协调和交流程度很高，但在地区与总部间的交流与协调相当有限；

4. 在全球中心主义方式下，人力资源管理政策是为达到由母国和子公司组成的全球网络的共同目标而建立起来的，该政策是使全球利益最大化的最佳政策，企业中的人力资源管理和其他活动被那些最合适的人选管理着，而不去考虑国籍问题。

（二）国际企业中人力资源管理职能

1. 招聘

国际企业的员工来源有三个渠道：（1）经过本国母公司教育培训，具有管理经验的本国公民；（2）经过东道国的分、子公司教育和培训，并取得管理经验的东道国人才；（3）从第三国选拔管理人才。一般国际企业的上层主管是由母公司派出，中下管理者则是从东道国或第三国中选拔，其他所有人员，主要是一般员工，则从东道国招收聘用。当然，没有哪一国或哪一家企业有关于人员配备的具体标准比例，一般都由具体情况来决定。

在东道国选拔员工时，应考虑当地的具体情况。例如：在一些发展中国家，由于有技能的劳动力比较少，所以往往需要一家当地的人事甄选机构指出当地有技能的员工的来源。另外，子公司招聘工作必须符合当地的雇佣法律。在某些国家中，可能必须由一个政府控制的劳动部门来指导招聘工作的展开，例如，在越南，当地劳动部门介入到招聘程序中，有时当地部门可能会在一个外国子公司中安插一些并没有足够的工作能力的员工，子公司很难拒绝接受，甚至企业有些重要的招聘方案还必须经过高层政府官员的批准。

为提高子公司招聘工作的有效性，可以采取以下方法：（1）企业应学习在东道国经营的其他公司招聘工作的成功经验，采用适合东道国国情的招聘方法；（2）企业可以聘请一个经验丰富的当地人，协助解决招聘工作中的细节问题；（3）招聘广告应以与当地风俗和土语一致的方式来书写，以免导致误解；（4）在会谈中应允许当地人使用其母语，使他能够展示出自己的最佳丰采。

总部所面临的是驻外员工的选拔问题，一个合适的驻外人选必须符合6项标准：（1）必须愿意并有去海外的动机；（2）必须有从事该工作的技能；（3）必须可适应；（4）有好的人际能力和建立关系的能力；（5）有好的交流沟通的能力；（6）有家庭支持。文化落差越大则这些因素越重要，如表9-3所示。

表9-3　驻外员工选拔因素表

驻外动机	工作能力	适应能力	积极的家庭状态	交流能力	建立关系的能力
对使命的信仰	技术能力和自信	对分歧的容忍力	配偶及家庭对移居海外的兴趣/意愿	理解的技巧/灵活性	人际交往技巧
				语言能力	关系的培养建立
职业道路的和谐	管理经营能力	行为灵活性	配偶/家庭的适应能力	使用语言的意愿	
对海外经历的兴趣	对总部和子公司的了解	接受新文化的能力	婚姻稳定性	非语言交流能力	
对东道国的兴趣	增援替代				
接受行为态度的意愿	减少压力的能力				

2. 培训

国际旅游企业的员工培训涉及两个方面：对东道国当地员工的培训和对母公司驻外员工的培训。

由于培训可以减少或消除许多使用东道国当地人带来的潜在问题，许多国际企业正在对东道国当地员工的培训上大下功夫。这种培训往往有两个层次：（1）提供完成工作所需的必要的技能和纪律培训，在较不发达国家中人的技能水平往往低于要求，在这种情况下，为当地员工提供培训是非常重要的。然而，在母国设计的培训体系可能并不能在别种文化中得以适当的应用。首先，在翻译培训教材时可能会有困难，另外，人们学习的方式和适合他们的培训方法随文化不同而不同，所以，一个人力资源经理必须开发适于子公司的方法。（2）培养一批既熟悉企业产品和业务、又了解国际企业的文化和战略的本地专业人才。同时，还可将很有潜力的当地员工培养成为中、高级管理人才，为国际企业的全球人才库补充新鲜血液。培养管理人才的一个有效方法是建立系统的导师方案，即：让一名有经验的驻外员工与受训者共事，以帮助其学习适应于总部要求的管理方法。

对于驻外员工而言，跨文化培训是至关重要的。在很大程度上，驻外员工的工作失败是由"文化惊谔"造成的。一般来说，驻外员工在抵达客国的4~6个月内，就有可能产生"文化惊谔"现象。其"症状"是：思念家乡、感到无聊、退缩、过度睡眠、烦躁、家庭关系紧张等。驻外员工不能适应不同的自然环境和文化习俗是造成此现象的主要原因。因此对驻外员工进行跨文化培训是必不可少的一个环节。培训能提高跨文化技能、对新职位的适应能力及工作表现。研究者对国际企业的跨文化培训效果进行过调查，发现它的确能提高驻外员工面对新文化时的能力，例如接受过跨文化培训的上司会在与外国子公司接触时使用更有文化适当性的领导方式，而当一个人被要求解释一个外国人的行为时，曾接受过跨文化培训的人更容易做出正确解释。驻外员工跨文化培训包括以下几个方面：

（1）介绍情况或适应实际的培训，即向受训者提供一个国家的概况，通过阅读材料、讲座、调整适应以及观看录像进行。

（2）在所在国环境中的培训，即用当地的观点来解释异国他乡风土人情的行为。这有助于受训者理解当地人的行为动机。此外，受训者还要相应地使他们的行为适应当地人的行为。

（3）文化意识培训，即让受训者了解所在国文化中的价值观、行为、态度以证实文化对行为的影响。

（4）认识观念转变的培训，即帮助受训者了解所在国当地家庭、工作群体和宗教团体中的奖惩制度，然后让受训者领会当地文化中的奖惩结构。

（5）经验的学习，使受训者通过文化模仿，模仿角色和实地考察而相互交流的练习；角色扮演是指对一个问题或一种情景进行即兴的编剧、模仿现实生活的行为，接着与表演者讨论，然后与观察者讨论的一种培训形式，这种方式使得受训者在了解自己文化作用的同时，了解所对比的文化，获得跨文化交流的基本技巧。

（6）相互交流的培训，即给受训者机会与当地人和回国的经理交流，以增强他们对自己所学知识的信心。此外，他们还能吸收回国经理们的经验。

3. 绩效考评

对子公司的人力资源经理而言，研究东道国的文化有助于确定哪方面的绩效将被鉴定以及如何进行鉴定，从而对母公司的绩效考评体系和评价指标加以变通。

东道国的文化可能影响到某种类型的绩效考评方法是否被接受。例如，一个注重个人绩效考评的考评体系，在美国可能会成功使用，但在日本和中国，过分强调个人功绩的考评体系将不太适宜。

东道国文化也影响着子公司绩效标准。在日本，为保持团队和谐与凝聚力的行为（如：帮助解决团队成员间冲突）与那些关注于目标的行为（如增加销售额）相比，前者的重要性不亚于后者，不利于团队和谐的工作绩效肯定会被视为不正确。

在评价驻外员工绩效时要考虑许多因素。首先，环境会影响到绩效的评价。环境条件随国家不同而有差异，某些国家动荡的政治环境将直接影响驻外员工和第三国人员的工作绩效；再者，一个驻外员工工作的本质特点也影响到绩效的评价。例如：一般驻外员工适于评价其短期绩效，而作为高层管理者的驻外人员应评价其长期绩效。因此，对驻外员工的绩效考评体系的建立要求特别谨慎。除了选用的指标需谨慎考虑外，由谁来评价也是很复杂的问题。通常一个驻外员工的顶头上司是行使这一职责的主要人选，但是，在驻外员工是经理的情况下，他的顶头上司通常是远在千里之外的公司总部的某个人，因为顶头上司几乎没有机会考评驻外员工的绩效，有关该员工的信息必须由在子公司和总部内能评价他行为的某些相关人员提供。

4. 补偿

东道国当地员工的补偿体系必须与当地工资法律规定（如法定最少工资额）、工会影响力、其他法律限制（如：反对性别工资歧视的禁令）以及文化偏好相适应。各个国家中有关养老金、社会保险、医疗保险、及其他福利的规定差异很大，在某些国家里像住房、交通、年终红包之类的福利是法定的，而在有些国家则没有。

除了为东道国员工设立一个补偿体系外，子公司人力资源经理还必须为母国驻外员工和第三国人员设立一个适当的补偿体系。一个有效的驻外员工补偿体系应该具有以下特点：（1）能吸引在国际任职上有资历和兴趣的员工；（2）为驻外员工在各子公司之间和在母公司与子公司之间的调动提供开支；（3）在总部员工、各子公司员工的报酬水平之间建立协调一致、合理的关系；（4）使公司的工资制度与主要竞争者的工资制度旗鼓相当。

在各国际企业间对驻外员工的补偿政策是存在差异的，但大多数企业的补偿体系都包括工资、税收、福利、津贴几项内容，如表9-4所示。

在建立驻外员工补偿体系时会面临一些特殊问题。目前在驻外员工补偿体系中存在着四个最普遍的问题：（1）在母国、东道国、第三国员工间的报酬差异问题；（2）如何根据驻外员工家庭的寿命周期，改变驻外员工补偿内容（如子女很小、子女上大学等）；（3）与驻外员工重回母国企业相关的补偿问题；（4）若现有补偿体系没有在新的国际商业环境做出足够改变，继续应用该体系会带来的问题。

表 9-4　一个典型的驻外员工补偿体系

工资	1. 工资与母国或典型的东道国工资（二者中稍高的）相等，既可用母国货币也可用东道国货币支付。 2. 工资中应包括与移居海外有关的成本。 3. 包括对接受海外任职的奖励。 4. 为抵消汇率变动损失而采取货币保护措施。
税收	1. 使驻外员工向东道国纳税极小化的税收保护（将报酬的结构做巧妙调整）。 2. 平等的税收政策，使驻外员工不会交纳比国内员工更多的税收。
福利	1. 从母国移植来的福利（如医疗保障、养老金）。 2. 在东道国有而在母国没有的额外的福利（如假期）。
津贴	1. 为在生活费用更高的东道国工作的员工补贴生活费用。 2. 使员工可以在住房开销更大的东道国享受同等住房待遇的住房津贴。 3. 为孩子提供的教育津贴。 4. 安置新家的津贴。 5. 将国内商品搬往国外的购物费和贮存费。 6. 每年有一次回国探亲的机会。

很显然，建立和监控一个驻外员工报酬体系是一项复杂的任务，驻外员工在有差异的国家中工作，而且每个人的偏好和需求不同，驻外员工的补偿体系必须有足够的灵活性以适应这种多变性，努力使驻外员工在相互比较其收入水平时不会有所不满。

四、旅游企业跨文化冲突管理方法

（一）解决跨文化误解

当工作场所出现跨文化误解时，工作环境发展到所有雇员都感觉紧张和不适，而不仅是涉及的团体，这并不寻常。因此，企业必须致力于改善跨文化沟通来避免这样的情况。

想要将跨文化误解最小化并不简单。很大程度上这依靠于工作场所中雇佣的不同国籍的人以及现在或将来可能出现的问题。

很多情况下，单独一种方法不会完全发挥作用，公司可能不得不同时考虑同时采用多种方法。

1. 建立容忍和接受的氛围

要在工作场所中预防产生的所有误解和人际问题是不可能的。现在的世界、人、文化、理念和观点等是如此广泛，出现冲突和误解是在所难免的。然而，在员工中创造一种容忍和接受的氛围是一种方式，使跨文化沟通能够在工作场所中得到改善。为了创造积极的工作环境，组织必须保证：

（1）员工理解他们的同事并接受和同事之间的差异；

（2）快速处理问题，预防冲突恶化；

（3）经理为其他雇员树立榜样。

2. 提供更多信息

经理和员工之间、员工和顾客之间或是同事之间出现问题，可能是因为缺乏信息的结果，随之而来的就是误解。如果所有员工没有清晰的理解，如下领域可能需要额外的书面信息：

（1）公司目标；

（2）雇主预期；

（3）员工责任；

（4）员工预期；

（5）不同部门和分支机构之间的关系；

（6）清晰定义的权力级别。

3. 积极聆听

雇主、部门经理和所有员工必须自愿努力去理解同事与他进行沟通的内容。这在多文化的工作场所中尤其重要，其中语言障碍经常妨碍沟通。如果要避免误解，所有员工必须能够表现出相互理解。

4. 调解和协商

对那些在职业生涯中面临跨文化或类似沟通问题的员工来说，很重要的一点就是意识到公司已经了解可能出现这种问题，愿意协助他们克服这些问题，并得出友好的结论。

当牵涉双方不能达成双边谅解时，公司应该考虑设立调节人的岗位。调解人仔细聆听双方的分歧和误解，达成双方满意的决定，这尤其重要。如果没有出现这种情况，而一方认为受到另一方、调解人和公司的联合欺骗，就可能出现更多问题。

工作场所发生严重问题或事故的情况下，可能需要协商。有一种观点容易让人疑惑，即一个公司，无论规模多大，都将需要咨询顾问的全职服务。其实，如果这方面的需求增加，本书的建议是与合适的人选保持联络。

5. 团队建设

许多组织中，团队出现的困难在于：

（1）个人标榜自我价值并且一定要让整个团队认可；

（2）某些文化涉及团队工作的经验有限；

（3）两个或几个员工竞争一个岗位，例如领导者、激励者或支持者；

（4）其他跨文化冲突。

　　团队并非是被"凑"在一起就能良好运行的对象。建设有效和成功的团队需要大量时间和精力，尤其在团队成员来自不同文化背景的时候。因此，为了向员工提供支持以改善跨文化沟通和团队成就，经理应该在团队建设活动中遵从设定的指导方针。

　　确保员工经历了广泛的个性测试后，经理必须决定员工在团队中扮演的角色类型。通过判断一个人能否在假设状态下完成领导者、激励者、思想者和支持者等角色，团队就能够更加有效地组织起来，出现分歧和误解的机会也将显著降低。

　　一旦建立起团队，经理应该保证所有雇员能够作为一个团队来开展工作，同时不出现明显的个性抵触。

　　6. 提问

　　当面对跨文化问题时，不要简单假设一个人由于其文化背景而产生奇异的行为方式，这很重要。假设或按照陈规陋矩思考，而非研究行动背后的真正原因，经常可能导致未来出现更大的问题和困难。很多情况下，冲突可能是由于个性差异而产生，但是却把冲突归因于文化差异，于是一直得不到检验，在其他情形下，人们可能难以忍受冲突。这种事件可能在工作场所的员工中导致嫉妒和紧张感。因此，对行动提出问题并更好地理解而非做出不公正的假设，这很重要。

　　7. 观察肢体语言

　　许多文化中，肢体语言和非语言行为在表达人的感觉和观点时，比语言沟通发挥了更大作用。另外，用语言沟通的内容可能很容易被误解。例如，有些国家的文化有许多表达异议的方式，不必确切说出"不"。在这种情况下，密切关注此人这种肢体语言和其他非语言行为通常很有用，因为这样做能够对他们的真实感觉做出更为精确的评价。

　　8. 提供培训和教育

　　对跨文化管理的研究仅在近期有所发展。因此，许多经理和员工并不了解会导致误解的跨文化差异以及可以用于解决这些误解的战略。通常在出现跨文化误解，由于经理和督导没有充分了解文化而不能带来满意和公正的解决方案时，向专业人员寻求建议和协助可能是排除障碍最有效和有力的途径。如果冲突可能损害组织效率，这种情况可能就尤其紧急。由专业人士指导跨文化误解、问题和管理的组织正在形成规模，他们的服务越来越受到欢迎。除了提供建议和协助外，许多企业还向经理、多文化工作场所所雇用的员工提供跨文化沟通方面的培训和教育课程。

　　一些企业可能有一个在该领域非常有经验的人，能够主持工作室，为所有公司员工进行培训。然而，对那些没有这类人的组织来说，国际人力资源管理组织或许多私人的跨文化管理公司提供的培训就非常重要。

关于工作场所避免歧视的立法非常清晰明确，所有经理都需要让自己熟悉相关法律，并以公正无偏的方式管理多文化场所。

（二）创造多文化组织

一个跨文化组织吸取组织体系中文化多元性带来的优势比单纯地宣布承认文化多元性更有意义，它要求管理者在一个跨文化组织中创造一个真正的多文化组织。

多文化组织是一个能够培养和利用有益的文化多元性的跨文化组织，在这种组织内，有不同文化背景的员工可以为追求个人与组织的利益而发挥他们更大的潜力。多文化组织比跨文化组织更进一步，管理者必须将创造和管理组织中的文化多元性纳入组织规划，并努力实施该规划。

建立多文化企业要求各高层管理者对多文化组织的特征和实现这些特征的途径有清楚的了解。表9-5列举了多文化组织的六个特征和实现手段，一个多文化组织内成员是异质的，组织为了创造该类组织，必须通过培训来提高文化差异性意识和合作技巧，对新员工和现有员工描述来自不同国家员工的异同之处，文化和语言培训能帮助主导性群体的员工更好地理解来自不同文化的人。

表9-5　多文化组织的特征

特征	达到该特征的方法
多文化	·培训 ·确保少数性群体的新鲜血液输入 ·将文化多元性列入企业使命的陈述中
完全的结构融合	·教育、培训、特别的活动 ·绩效考评和报酬体系 ·福利 ·灵活的工作时刻表
与正式团体的融合 偏见的消除	·导师、特别的活动、支持性群体 ·平等机会研讨会 ·焦点小组 ·消除歧视的培训计划 ·任务特权小组
对目标的公平识别 最小的团队间冲突	·将少数派也放到使命、目标和战略中 ·冲突减少培训 ·调查反馈

中国是旅游大国，国外众多的旅游企业都会瞄准中国这一巨大市场，中国的

旅游企业也同样要走出国门，参与到国际竞争的行列中去。因此，从现在起就更应重视组织的多文化特征，吸收各国相关行业的管理经验，因地、因时制宜，为有效地创建旅游多文化组织打下基础。

第二节　旅游企业人力资源管理的信息化

一、信息化是旅游企业人力资源管理的发展趋势

人力资源管理信息化是旅游企业管理信息化中的一项重要内容。企业信息化及时挖掘先进的管理理念，应用先进的计算机网络技术去整合企业现有的生产、经营、设计、制造、管理，及时地为企业的"三层决策"系统（战术层、战略层、决策层）提供准确而有效的数据和信息，以便对外部和内部需求做出快速反应，其本质是加强企业的核心竞争力，最终架构企业间的动态联盟，为适应网络经济做相应的铺垫。对于人力资源管理而言，其信息化主要是指将先进的人力资源管理理念和先进的信息技术相结合，促进人力资源管理的现代化，利用人力资源管理企业内外部信息资源的优化配置，以提高企业竞争力的过程。

人力资源管理作为一种管理过程，主要包括以下几个环节：人才获取、人才整合、人才保持与激励、人才控制与调整、人才开发等，我国大多数企业人力资源管理者的工作都是围绕这一系列环节展开的。以某旅行社为例，人力资源管理者通过猎头公司、媒体广告、联系院校毕业生等方式物色员工，并对应聘者进行面试、复试，最终聘用为正式员工。员工进入企业以后，随之而来的是对员工的一系列培训、考评、评估、升迁调用等，在这一系列过程中，人力资源管理者要负责对员工在本企业的行为活动进行相应的人事记录，直到员工离职，又开始寻求以及获得另一个就业机会。如此往复。

由此我们不难发现传统的人力资源管理中存在的种种缺点：

（一）例行性工作与战略性工作轻重难分

企业人力资源管理可分为四个大的层次，即规章制度与业务流程（基础性工作）、基于标准化业务流程的操作（例行性工作）、人力资源战略（战略性工作）和战略人力资源管理（开拓性工作）。其中例行性工作主要是指人力资源规划、员工招聘、档案、合同、考勤、考评、培训、薪酬、福利、离职等管理内容，应该说，例行性工作的一个特点，就是其中的大部分工作都是基于经验的重复劳动，琐碎繁杂，缺乏创造性，占用了 HR 管理人员的大量时间，但又是人力资源管理

中不可回避的基本事务。这使得人力资源管理者忙碌于例行性工作，因而很少能站在企业发展的高度去审视人力资源管理过程中的问题，没有能够很好地关心人力资源的培养与调配是否与企业的战略相一致，人力资源管理是否能够适应企业未来的发展，如何成为未来竞争中的"核心优势"。

（二）流程运作缓慢，信息传递不及时

传统人力资源管理中信息的记录大多采用介质，或是以 Office 文档的形式存储在各个部门的计算机内，在需要的时候由各个部门报送人力资源管理部门，再由人力资源管理部门进行统一的整理、存储、统计与分析。整个工作流程运作缓慢，信息流通量小，信息传递不及时。

（三）员工培训形式单一，缺乏量化管理

在传统的人力资源管理中，员工培训多是接到统一的培训通知后，在安排好的时间、地点与其他同事一起集中受训，员工在时间上和培训内容的选择性上的自由度非常小，培训的形式也比较单一。而且企业对员工的培训通常由于缺乏技术支持而很少对培训的效果进行量化预测和控制，很难对员工培训工作进行真正科学系统的管理。这样做的最终结果是企业员工培训效果不明显，企业浪费大量人力、财力和物力。

（四）员工考评中人情化现象严重

在员工考评方面，通常由人力资源管理者或员工的上级直接对员工进行考评和评价，他们所依据的主要是对员工的个人印象，而不是完整的文字性记录，员工的晋升通常也取决于他在上级面前的表现，对员工的考评及绩效评价中存在着大量的人情化管理，使得人治大于法制，长期下去，会严重挫伤员工的工作积极性，从而使整个企业人力资源管理不正之风泛滥。

以上种种缺陷，常常给企业高层管理者带来困惑和迷惘，虽然耗费了大量时间和精力对其进行改善，却很少能收到令人满意的效果，人力资源管理的绩效体现缓慢而艰难。而信息化社会的到来给企业人力资源管理带来了新的契机，以新的理念为指导，以信息技术为支持，对企业人力资源管理进行变革已势在必行。

二、信息化环境中人力资源管理的特点

（一）强调协作和团队精神

科学技术的不断发展和企业经营方式的逐渐信息化，以及企业所面临的外部市场环境的日益复杂化，使企业和员工在服从企业统一目标的过程中形成一个有机整体，即双方利益最大化。因此，传统的依靠一个人或几个人来维持企业运营的管理手段已经落伍，企业管理目标的实现也不再主要依靠"上传下达"的命令方式完成，而更多地依赖于企业员工之间和部门之间的配合和协作。由于信息化

环境下的企业运作更多地依靠网络技术和现代化通信手段和设备，因此许多企业认为实施信息化的企业中员工之间和部门之间的分工更加明确，而且许多业务是通过网络或先进的通信手段完成的，从而使人员之间和部门之间的联系相对减少，其实企业由于实施了信息化从而使企业与最终用户之间的供应链相对缩短，这必然使供应链中的人员要了解整个供应链的动态变化情况，无形中要求企业员工间和部门间要通过信息沟通来完成资源的共享，要求企业员工具备协作和团队精神。另一方面，人力资源作为企业中惟一存在管理者和被管理者可以互动的资源，员工的协作和团队精神是充分发挥个人和组织的潜在能力，提高劳动生产率和企业利润增长点的有效途径。因此企业必须致力于培养员工的协作和团队精神，同时必须充分尊重员工的个人价值，给他们创造一个相对宽松的工作环境，使每位员工都有归属感、使命感，使员工能在相互理解、相互协作的环境下努力工作，从而增加企业的凝聚力和向心力。

　　（二）强调个人能力的提高和个人价值的实现

　　在信息化的企业环境下，企业内外部的经营和管理方式发生了显著的变化。由于因特网的应用大大缩小了企业管理中时间和空间的距离，使知识的更新速度也大大加快。因此企业员工之间的交流方式和学习手段也相应发生了很大变化，员工主动学习先进知识的能力大大加强，同时员工对企业的贡献大小、贡献方式等价值实现方式也发生了变化。面临这种挑战，企业必须为他们提供在信息化环境下高效工作、交流、学习所需要的工具和信息，使员工能够利用先进的技术和手段发掘前所未有的知识，这些知识不仅会影响企业运营的方式，而且能够改善员工和企业之间的关系，从而使企业和员工达到双方利益的共赢。另一方面，随着生产要素参加分配的逐步深化，传统企业的产权及收益权仅由企业成立时法定货币资产的出资方独享的局面已被打破，在这种产权结构不断改革和深化的同时，智力资源的概念出现并且日益被人们所接受，从而使人力资本可以通过技术入股等手段拥有了企业部分产权，这在不同程度上强调了个人价值的实现，同时有利于企业和整个社会尊重知识和尊重人才。信息化后的企业大多是建立在因特网技术等高新技术基础之上的，因此企业的运营应该充分考虑员工的智力资本等因素。

　　需要说明的是，上述两点并不矛盾，工作方式、组织结构以及更为紧密的外界联系要求员工必须加强协作，另外跨越多个学科的复杂性任务使得任何一个人也不可能单独完成全部的工作，但是，人力资源管理强调通过事前激励使个人在其工作责任范围内最大限度地发挥创造性和主观能动性。

　　（三）人力资源管理工作更为专业化、技能化

　　企业信息化对人力资源管理提出了更高的要求，人力资源管理工作无论从深度还是广度上，都与以前有了质的不同。其中的每一点，都需要专业的人员针对

企业的情况精心设计。比如，职务分析（Job analysis），它定义了组织中的职务以及履行职务所需的行为。以博伊斯凯斯凯德公司（Boise cascade）为例，在公司中工作的第三级的采购专业人员，其职责是什么？其工作取得合乎要求的绩效，最少具备什么样的知识、技术与能力？对第三级采购专业人员与第二级采购专业人员或者采购分析员的要求，都有哪些异同之处？这些是职务分析能给予回答的问题。职务分析将决定各项职务合适的人选，并最终形成职务说明书与职务规范。这仅仅是人力资源管理中的一个具体工作，但是，如果要做好这项工作，除了有专业的人力资源管理方面的知识技能外，还需要对所分析的工作有全面和深入的了解，这对从事人力资源管理工作的员工提出了更高的要求。

（四）人力资源管理的强化和人力资源管理外包

管理学大师彼得·杜拉克认为"员工是资源，而非成本"。随着科技的进步和知识经济的发展，企业的成长不再简单地靠资金的投入或厂房设备的增加，而越来越多地依靠企业内部资源的潜力挖掘和整合，人力资源管理正是促进企业"人"的资源整合的过程，因此越来越引起企业经营者的重视。信息化下的企业的竞争是人才资源的竞争，在此环境下谁拥有高精尖人才谁就拥有了先进的技术和高品质的产品，也就拥有了市场和利润，因此企业更注重人力资源的管理和开发，并且人力资源管理已与公司的战略目标紧密配合，如何吸引优秀人才、合理安排人力资源、降低人员成本、提高企业竞争力，已经是企业管理者考虑的首要问题。同时作为对信息时代快速反应的回应，企业的组织形式和管理方式也发生了巨大的变化，业务流程规划使得企业对现有的业务流程进行根本的再思考和彻底的再设计，以定位企业的核心竞争力和关键业务流程。以此为原则，为了降低成本，许多企业把物流、财务等业务外包给了专业性公司，只保留核心业务。近年来，人力资源管理也出现了外包的方式，由专业的人力资源服务公司对企业的人力资源进行规划设计与培训，对于一些生产性企业而言，这种做法有利于扬长避短，是一种不错的选择。

三、建立人力资源信息系统的办法

建立人力资源信息系统，事先要进行周密地筹划，包括清楚地阐明目标，充分地分析系统的要求，并认真研究细节。特别应该强调的是，要帮助管理者和全体员工了解什么是人力资源信息系统，其用途是什么，它将怎样有助于企业等等。

（一）系统的规划

这其中包括：使全体员工充分理解人力资源信息系统的概念；考虑人事信息设计和处理方案，做好系统发展的时间进度安排；建立起各种责任制和规章制度等等。

（二）系统的设计与发展

这方面包括：分析现有记录、报告和表格，以确定对人力资源信息系统中数据的要求；确定最终的数据库内容和编码结构；说明用于产生和更新数据的文件保存和计算过程；规定人事报告的要求和格式；决定人力资源信息系统技术档案的结构、形式和内容；确定计算机制作的员工工资福利表的格式及内容等要求；确定工资和其他系统与人力资源信息系统的接口要求。

（三）系统的实施

这方面包括：考虑目前及以后系统的使用环境以找出潜在问题；检查计算机硬件结构、所用语言和影响系统设计的软件约束条件；确定输入－输出条件要求、运行次数和处理量；提供有关实际处理量、对操作过程的要求、使用者的教育情况及所需设施的信息；设计数据输入文件、事务处理程序和对人力资源信息系统的输入控制。

（四）系统的评价

这方面包括：估计改进人事管理的成本；确定关键管理部门人员对信息有何特殊要求；确定人们对补充特殊信息的要求；对与人力资源信息系统有关的组织问题提出建议；提出保证机密信息安全的建议。

四、人力资源管理信息系统的主要功能

（一）数据输入

将原始数据输入到计算机的存储设备上，在录入的过程中可进行正确性、有效性检查。

（二）数据传送

将录入的数据输入到主机或服务器中，经转换、分类、存储到数据库中，并统计输入的个体信息，输出清单。

（三）数据校对编辑

对数据库中的数据进行净化处理后，输出可能出错的提示信息，并在人工查对后，对错误数据进行修改。

（四）数据维护

主要是对因硬件、软件或误操作引起的数据丢失的恢复。主要措施有：定期建立数据文件的拷贝保存、设立操作口令和使用权限等。

（五）数据统计

对各种数据按规定的核算统计要求进行计算、分类、统计、合并、汇总等处理。

（六）数据查询

提供能满足各种要求的统计信息和个体信息的查询手段，可以进行单项查询、组合查询、模糊查询和随机查询等。

（七）报表输出

能根据不同需求，以打印机或软盘、U 盘等形式输出各种报表，并能编制输出有特殊要求的报表。

（八）数据分析

可以对不同部门在同一时间内同一考评指标进行横向对比分析；对同一部门的考评指标在不同时间内的数据进行纵向对比分析。

系统的开发成功，不但提高了工作效率，而且使旅游企业的考勤管理和工资管理纳入了科学化和现代化管理，从而使企业的现代化管理水平迈上了一个新台阶，具有一定的推广价值。

旅游企业人力资源管理信息系统的基本功能设置如图 9-1 所示。

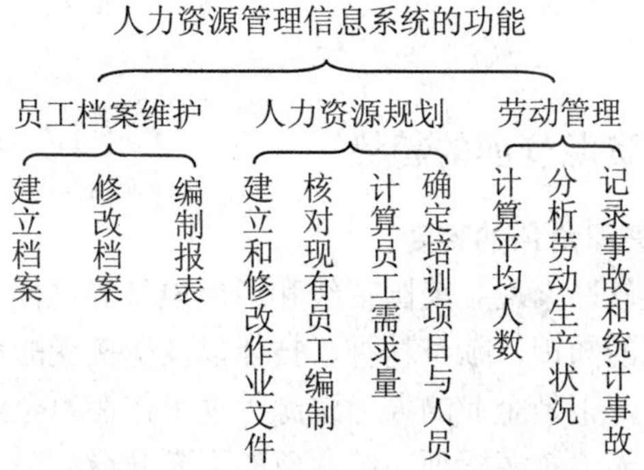

图 9-1　人力资源信息系统结构

1. 员工档案维护

（1）新员工档案的建立；

（2）员工变动的记录。员工档案要便于主管人员随时检索，以便获得必要的人事资料。员工档案维护模块的输入数据是新员工填写的登记表，以及有关部门输入的员工变动记录，这包括旅游企业内部的工作调动、职务变迁、工资及变动、奖励和处分等。员工档案维护模块的输出是员工历史报表，如工资状况、福利待遇、职务等。

2. 人力资源规划

（1）旅游企业的各种作业分析；

（2）根据旅游企业的总体经营计划，预测旅游企业对各种人才的需要；

（3）制定培训计划。人力资源规划首先要建立有关旅游企业内所有作业的数据文件，即员工档案文件。有了作业数据文件，就可以根据企业的总体经营计划，预测未来对各种专业人才的需要，可以估计出企业内每个基层单位的各类人员的编制，以及制定相应的培训计划，包括培训课程的安排、参加人数、培训地点、培训水平、培训考评、培训记录、工作资格要求、培训时间和培训费用等。

3. 劳动管理

（1）定期分析旅游企业的劳动生产状况；

（2）定期统计发生的劳动生产安全事故。每当期末（如月底、季度末、年底），要统计员工出勤率、迟到状况，进而分析劳动生产率。还要统计在这一时间内发生的各种劳动生产事故，并按事故的严重程度分类。

第三节　旅游企业人力资源管理的战略化

一、战略人力资源管理的趋势

（一）人力资源管理角色的转变

今天，对于像微软、索尼、美国在线和通用电气等这样一些世界级的大公司来说，正是他们员工的知识、献身精神、技能以及所接受的培训，在为他们提供竞争优势。也可以说，正是企业的人力资源管理工作在为企业培养竞争优势。

这同时也意味着人力资源管理系统角色的不断升级。20世纪早期，人事管理工作者第一次从基层管理人员那里接过了员工的雇用和解雇工作，掌管工资发放部门以及管理福利计划。当时人事工作的作用在很大程度上是保证企业遵守日常的管理程序。后来，随着在甄选、面试等一些领域中的新技术开始出现，人事部门的角色开始扩展到了员工甄选、培训和晋升等方面。

20世纪30年代工会立法的出现，导致人力资源管理工作出现了新的重点，那就是在与工会打交道的过程中，如何保护企业的利益。20世纪60年代和70年代开始颁布的反歧视立法意味着公司有可能面临更多的诉讼。这样，有效的人事工作就显得更加重要了。然而，人事工作的重心仍然是如何更好地保护企业，而不是它对于企业的有效性如何做出积极的贡献。

今天，人力资源管理的角色正在从保护者和甄选者转变为战略伙伴和变革的催化剂。这种角色的变化也反映在原来的"人事"概念正在向"人力资源管理"这样一个新概念转变。今天的这种扁平化、精简化和高绩效的企业以及那些经过培训的、具有献身精神的员工（而不是机器）已经成为公司竞争的关键。

如今，旅游企业也不仅仅是通过简单雇佣人员来维持企业的发展，只有经过精简的、高效的组织结构，和经过训练的具有献身精神的员工才能成为企业独一无二的竞争优势，使企业在激烈的市场竞争中处于不败之地。

在动态战略管理的组织中，人力资源管理的角色已经从传统的行政和操作角色扩展到了战略角色。旅游企业人力资源部的工作范围不再局限于招聘、培训等工作内容，而是被整合到企业的战略、运营等流程中去，并承担起新的职责。这种新的角色定位使人力资源部能够为组织的战略和运营配备合适的人员，使整个组织的战略管理能力获得提升。那么，旅游企业人力资源部门应承担以下四个方面的新职能：

1. 参与战略规划

人力资源部门在参与制定战略规划的过程中应了解整个公司的发展情况，公司下一阶段的战略计划和预定目标；实现这些战略和目标的具体计划；公司在下一阶段需要什么样的人员及这些人员应该掌握什么样的技能，具备什么样的素质等。充分掌握战略信息后，人力资源部门必须紧紧围绕战略和目标展开工作，同时围绕战略目标应对现有的员工重新评估，并根据情况聘请新的专业人才，或者对现有的员工进行培训，使其适应新的战略规划。

2. 参与组织再造

在制定战略规划的过程中，应该根据战略规划和战略目标设计组织结构。人力资源部的工作就是对组织内部人力资源的优势和劣势等方面现状进行分析，并与经理以及其他管理人员一起，重新规划组织构成；重新在岗位之间分配任务；找到对组织发展起关键作用的岗位，并配置合适的人才，这样才能构建起与战略相匹配的组织结构。

3. 参与运营计划

人力资源部在有动态战略管理能力的组织中不仅要求为战略和运营配备人员，还要参与运营计划，对员工的工作情况进行跟踪与评估，并对其绩效做出评判，还要对人员的去留以及是否调换工作岗位，或者要在哪些方面加强培养和锻炼提出意见和建议。

参与制定战略与战略规划、组织再造、运营计划是人力资源管理发展的新阶段，同时，这种新的职能也为提升组织的动态战略管理能力提供了有力保障。

4. 实施战略性人才储备

（1）战略性人才储备

所谓战略性人才储备是指根据公司发展战略，通过有预见性的人才招聘、培训和岗位培养锻炼，使得人才数量和结构能够满足组织扩张的要求。由此可见，战略性人才储备是为公司的长远发展战略服务的，它服从和服务于公司的长远发展，包括前瞻性的人才招聘和内部培养两个方面。

一是战略性人才储备以企业战略为指导，并构成企业战略的重要组成部分。

战略性人才储备应建立在公司发展战略的基础上。战略主要涉及组织的远期发展方向和范围。理想情况下，它应使资源与变化的环境，尤其是它的市场、消费者或者客户相匹配，以达到所有的预期效果。在对未来发展预期的基础上，就可以确定与这一特定战略相对应的人力资源需求，包括人员数量、结构，人员所拥有的知识、能力和水平等。同时战略性人才储备也构成了公司发展战略的重要组成部分。以 A 公司为例，其决策层认为，由于公司产品具有良好的市场前景和竞争力，计划 5 年内营业额由 1 亿元增加到 3 亿元，年均增长 25%。为了实现这一目标，需要投资新建两条生产线，并且由于公司的主要竞争对手在营销网络上具有一定优势，公司需要重点完善销售网络。因此，A 公司应增加技术人员、生产管理人员、市场营销人员和生产工人以满足生产扩大的需要。

二是战略性人才储备的核心是骨干人才的储备。

人才储备是有成本的，包括：人员工资支出的增加；冗员造成人浮于事，工作效率下降；因人员缺乏发展机会造成的人才流失。对快速发展的企业来说，过量的人员储备会使前两项成本大幅度增加，而第三项成本会因为企业发展产生的机会而抵消。人才储备不足同样会产生额外的成本，应付人员短缺的招聘、培训活动需要花费较长时间，新员工学习曲线的降低需要较长过程，因此胜任人才的获得在时间上的滞后性会造成很大的机会成本。企业要在两种成本之间进行权衡。

一般而言，人才储备的成本往往小于人才储备不足造成的机会成本，特别是当企业把人才储备的重点放在骨干人才的储备上时，人才储备成本可以降到最低。因此战略性人才储备主要是指骨干人才的储备，包括高级技术人员、中高层管理人员、需要熟练技能的工人等。如果骨干人才储备适度超前于企业发展阶段并与企业发展战略相适应，当企业因业务发展出现职位空缺时，骨干人才便可以顶上去，从而保证企业发展的连续性。

（2）战略性人才储备的途径

①内部培养

鉴于人才培养具有一定周期性，或者说，许多关键人才很可能需要较长时间的培养和锻炼才能适应工作要求，因此企业更倾向于通过内部培养满足公司发展对人才的战略性需求。把组织发展形成的岗位空缺留给内部职工，可以使员工与企业共同获得发展，增加员工尤其是优秀员工对企业的忠诚度。并且由于整个企业的人员结构呈金字塔型，当组织规模扩大时，每一层次中的优秀人员（即骨干人才）都可以顶上上一层次的空缺职位，而比较低级的不需要特殊技能的岗位人才需求则可以通过临时的招聘工作来满足。譬如 A 公司的营销组织体系包括营销副总、区域经理、办事处主任、业务代表等几个层次，随着华南市场的开发列入公司计划，公司总部可以调任某些业绩较好的区域经理或副经理甚至某些优秀的办事处主任负责华南地区的市场开发，同时，一些表现优异的业务代表可以被提升到办事处主任的岗位上来。

②招聘

当前公司拥有的人员数量或结构不能满足业务的快速发展时，就需要增加新鲜血液，从外部招聘新员工。招聘应该是有一定预见性的，而不是出现人员短缺时才进行的应急行为。比如 A 公司计划开拓华南市场，而当前公司的营销人员已经处于满负荷状态，因此公司可以根据华南市场的发展计划或预期，提前半年甚至更长时间招聘一定数量的营销人员，并对他们进行公司介绍、业务培训以及岗位实践，以便他们在开拓华南市场时能够迅速进入角色。

③培训

人力资源部门应从职位分析开始，根据各岗位的不同要求和员工的差距进行业务和技能的培训，同时针对市场竞争情况和知识发展，采取多种培训方式对员工进行知识的完善和更新。公司也应该采取措施，鼓励员工主动地进行学习，保持企业具有一支高素质的队伍，满足未来企业发展对人才的需要。

企业在审视自己发展历史的基础上，做好人力资源规划，适度储备人才特别是核心骨干人才，这样才能适应组织的膨胀，提供发展后劲，做到持续、健康发展。

（二）战略人力资源管理的必然性

企业战略是以未来为基点，为了赢得持久的竞争优势而作出的事关全局的重大筹划和谋略。创造某种竞争优势是一回事，长时间地保持住它则是另一回事。用来获取某种竞争优势的许多战略都难以保持，因为它们易于被人模仿。例如，超市 A 可以通过提供特别销售创造一种竞争优势，但是，如果这项方针获得成功，那么竞争者就有可能模仿它，原来的优势因素很快就会失去。然而，人力资源的管理较少可能被人模仿。因此，通过人力资源管理实践所获得的竞争优势就有可能比通过其他手段所获得的竞争优势更为持久。这是因为竞争者们很少接触一个企业内部的人力资源管理实践，就是说，这些实践结果外人不是非常清楚可见，因此不可能轻易被模仿；与此同时，即使在这些实践清楚可见时，如果竞争者们使用它，其效果也未必相同。人力资源管理实践是一个相互关联的系统，一种特殊的人力资源管理实践在配合其企业经营战略和企业文化使用时才可以成功。因此，成功的企业都将本企业的战略作为获得竞争优势的核心。同时，将企业战略和企业的职能部门紧密结合起来是获得竞争优势的根本途径。人力资源是企业的关键要素，就更要从企业战略的角度来进行管理。

　　旅游企业作为人员流动率较大的企业类型，其发展壮大离不开优秀员工的参与。它不仅需要留住人才，而且更应当以人才做为自己的竞争优势。通过战略性人力资源管理，围绕企业的战略目标，旅游企业可以更好地提高企业绩效水平，培育富有创新性和灵活性的组织文化，以培养自己的竞争优势。未来的人力资源管理是一种战略性人力资源管理，即围绕企业战略目标而进行的人力资源管理。

二、战略人力资源管理的目标

　　战略性人力资源管理的目标就是为众多的利益相关者服务。主要有五大类：本企业、投资者（股东）、客户、员工和战略伙伴。

（一）为本企业服务

　　人力资源管理为本企业服务是理所当然的事情。但要抓住一些重点：一是要提高生产率。提高生产率是企业发展的主要途径。同时，提高生产率也是每个职能部门的任务。二是要提高利润。人力资源管理可以通过许多方法来做好人的工作，比如对研发人员重点激励提高其创新能力；协调组织内部的关系来减少无序竞争增强员工的危机感来降低内部交易费用。三是要确保企业的长期发展。由于外部环境和内部环境都在不断变化，竞争十分激烈，人力资源管理也要为企业在各种条件下生存和发展发挥应有的作用。四是要提高适应能力。适应能力的高低是未来企业成功与否的标志。而企业的适应能力取决于企业内人力资源的适应能力。因此，卓越的人力资源管理应着眼于提高企业适应能力，使企业立于不败之地。

（二）为投资者（股东）服务

　　投资者在企业中的地位不容置疑。人力资源管理为投资者服务是理所当然的。衡量服务效果主要有三个方面：一是要提高资金的回报率。如果是上市公司，一个企业运作的好坏，重要一点看股价，而股价又是由该公司的赢利能力，尤其是长远的赢利能力来决定的。而其他公司，红利的多少是相当重要的。因此，未来的人力资源管理必须要时时注意：提高资金的回报率。二是提高市场占有率。资金的回报率不会凭空产生。其中，提高市场占有率起到了十分重要的作用，人力资源管理一定要为增加市场占有率做出贡献。三是要提高资金的周转率。

（三）为客户服务

　　懂得营销并且真正考虑顾客需求的经理都知道"顾客的满意是企业生存的基础"。人力资源管理要为客户服务，主要应做好以下几点：为客户提供高质量的产品；为客户提供高质量的服务；对客户的投诉或问题要迅速反应；尽量为客户降低购买费用；不断创新以满足客户的不同需要。

（四）为员工服务

人力资源管理一定要做好为员工服务的工作。如果一个企业的员工对所在的企业有不满，那么员工就很难为顾客提供优质的产品和服务。所以人力资源部应协助企业做好以下几方面的工作：一是要公平地对待员工；二是提高员工士气；三是适当授权；四是保障员工的安全和健康；五是提高员工的适应能力；六是推动员工发展。

（五）为战略伙伴服务

与战略伙伴长期友好的合作有利于企业的稳定发展，因此，为战略伙伴服务在未来成了人力资源管理责无旁贷的工作。企业的战略伙伴有许多，主要有以下四种：政府部门、供应商、工会、合资企业中的合作伙伴。

在战略性人力资源管理目标下，旅游企业不再是简单的利润生产机器，其必须为众多的利益相关者服务。只有使本企业、投资者（股东）、客户、员工和战略伙伴的目标均得到满足，才能达成其总的战略性目标，才能具有竞争优势。

三、人力资源管理战略的制定办法

狭义的人力资源战略管理是根据企业战略的需要进行人才的吸引、维系、开发、激励等。而广义的人力资源战略管理不仅仅包括对人才的吸引、维系、开发、激励等，还包括对企业文化的调整变革和对组织结构的再造，以更好的管理和使用人力资源支持企业战略的实施。

因此，对于旅游企业而言，狭义的人力资源战略管理就是根据企业战略的需要对旅游人才进行招聘、保持、培训、激励等，而广义的人力资源战略管理不仅包括这些，还包括根据战略需要调整变革旅游企业文化和再造旅游企业的结构，以更好地支撑旅游企业的发展战略，为旅游企业获得持久的竞争优势服务。

企业的人力资源战略是对企业战略的实施起支持作用的，因此，企业的人力资源战略就必须和企业战略保持一致，根据企业的人力资源现状，确定如何对企业战略进行有效的支持。根据人力资源战略实施的人力资源战略管理主要包括企业文化的支持、组织结构的支持、人力的支持，以更好的管理和利用人力资源实现企业的战略目标。表9-6为波特的企业战略及其相应的人力资源战略。

人力资源战略研究从人力资源战略内容和人力资源战略管理过程着手。人力资源战略内容研究一般从人员选拔与配备、人员培训、工作绩效考评、职业发展与晋升、报酬与奖金制度、员工参与管理、工作质量管理等方面入手，而人力资源战略管理则包含计划、实施和控制（包括评价）三个方面。人力资源战略计划因素指在战略管理中突出计划性或制度性，认为企业能够把握内外环境并能作出导致成功的决策。人力资源战略实施因素在战略管理中突出人力资源战略的直接产出（如工作绩效），而较少关注其他产出（如参与、培训、职业发展以及文化建设），同时认为企业无法为长期生存作出计划，管理者对战略（紧急的战略）尽可能多地从实用的妥协的角度考虑而不是去寻找最优的战略。人力资源战略控制因素指在人力资源战略过程中考虑系统包括社会环境、参与者的作用，它所指向的是多目标或复合的功能，并注重用科学的方法实施战略。企业通过操纵环境因素并实现为组织目标服务。

表 9-6　　波特的企业战略及其相应的人力资源战略

企业战略	企业特征	人力资源战略
低成本战略	持续的资本投资 严密监督员工 经常、详细的成本控制 低成本的配置系统 结构化的组织和责任 方便制造的产品设计	有效率的生产 明确的工作说明书 详尽的工作规则 强调具有技术上的资格证明和技能 强调与工作有关的培训 强调以工作为基础的薪资 用绩效评估作为控制机制
差异化战略	营销能力强 重视产品的开发与设计 基本研究能力强 公司以品质或科技的领导著称 公司的环境可吸引高科技的员工、科学家或具有创造力的人	强调创新和弹性 工作类别广 松散的工作规划 外部招聘 团队为基础的训练 强调以个人为基础的薪资 用绩效评估作为员工发展的工具
专一化战略	结合了成本领先战略和差异化战略、具有一特定的战略目标	结合了上述两种人力资源战略

四、人力资源管理战略的实践

在企业决定采取某竞争战略后，人力资源管理应如何配合使成为重要的课题。由于每项竞争战略对员工的工作信念和行为有不同要求，每个竞争战略的成功与否，完全有赖于员工的信念与行为的配合与否。例如价廉竞争策略是以大规模和稳定的生产技术制造低价产品，因此员工的行为必须稳定而可靠，必须能重复地又有效率地工作。产品独特性战略所要求员工的行为和信念则不同。例如创新性产品的推行，有赖于员工的创造性，员工的独特意见和看法都应加以培养，员工的行为经常是非重复性、非效率性，富有冒险性的。企业最重要的任务是创造一个有利的环境，鼓励员工发挥其独特创见。而高品质产品的生产，所要求的员工行为又不同。高品质产品通常需要员工间紧密合作，互通消息，以致能及早发现问题，在现有的生产技术和基础上，不断改进产品质量。

由此可见，竞争战略有赖于人力资源策略和作业的搭配，借助各作业间的配合，如招聘、甄选、培训、评估、奖励等，以塑造和影响员工的思想和行为，而这方面的工作正是企业文化的范畴。

（一）人力资源管理战略

企业必须基于其竞争战略、企业文化、生产技术和财务实力，制定出一些适合本企业的人力资源管理战略。美国康奈尔大学的研究显示，人力资源管理战略可分为三大类：

1. 吸引战略（Inducement strategy）

使用吸引战略的企业，其竞争战略常以价廉取胜。企业组织结构多为中央集权，而生产技术一般较为稳定。因此，企业为创造和培养员工的可靠性和稳定性，工作通常是高度分工和严格控制。企业所要求员工的乃是在指定工作范围内有稳定和一致的表现，而不在乎创新或谋求指定工作范围以外的突破。

为了培养这些工作行为和信念，这些企业主要依靠薪酬制度的运用，其中包括奖励计划、企业利润分享、员工绩效奖金及其他绩效薪酬制度。由于多项薪酬政策的推行，员工薪酬收入都不低。可是从企业的角度来看，人工成本是受严格控制的，一切与企业业务无关的成本和开支应尽量减少，员工人数亦以最低数目为目标。由于工作的高度分化，员工招聘和甄选都较为简单，培训费用亦很低，企业与员工的关系纯粹是直接和简单的利益交换关系。此战略的理论依据是科学管理理论（Scientific management）。

2. 投资战略（Investment strategy）

采用投资战略的企业，其企业内在环境与以吸引战略为主的企业大不相同。此类企业的生产技术一般较为复杂，因此，为了适应市场的变化和生产技术的演变，这些企业经常处于一个不断成长和创新的环境中。

为了配合及创造这个企业环境，采用投资战略的企业通常都聘用较多的员工，以提高企业弹性和储备多样专业技能。此外，员工的训练、开发和关系尤其重要。管理人员在这些方面担任重要角色，以确保员工得到所需的资源、训练和支援。企业与员工旨在建立长期工作关系，员工工作保障高。故此员工关系变得十分重要，企业通常十分重视员工，将员工视为主要投资对象。美国 IBM 乃典型的投资策略企业。

3. 参与战略（Involvement strategy）

采用参与战略的企业，其特点在于将很多企业决策权力下放至最低层，使大多数员工能参与决策，使他们有归属感，从而提高员工的参与性、主动性和创新性。这些员工的行为和信念，皆有助于企业的高品质竞争战略（High quality competition strategy）。

　　参与战略的重点在于工作设计，以求员工有更多参与决策的机会。例如，自管工作小组（Self-manage work team）的成立，使小组成员享有极大自主权，企业的训练内容重视员工间的沟通技巧、解决问题的方法和群体作用等。薪酬制度多以小组为单位。

　　总括来说，人力资源管理战略，旨在有效地、有系统地协调各人力资源管理作业，以使人力资源管理作业一方而能适合企业内在环境，一方面能协助企业竞争战略的完成。人力资源管理若能有效地设计和推行，将直接影响员工的信念和行为，而员工的信念和行为，又是决定竞争战略成败的关键。

　　（二）人力资源管理作业

　　当企业根据外部和内部环境在相应的文化下，制订了企业竞争战略和人力资源管理战略后，人力资源管理作业便能有系统地设计和施行。

　　表 9-7 列举了人力资源管理作业如何有效地配合企业人力资源战略。由于企业竞争战略和企业文化不同，人力资源管理作业亦应有所不同。

　　表 9-7 显示出，企业的人力资源管理作业应随人力资源战略不同而变化。例如，以吸引战略为主的企业，其招聘方法以外在劳动力市场为主，员工晋升梯队狭窄而不能转换（如生产部门员工很难升做销售部门主管），工作描述明确、严谨。在这些企业中，绩效评估内容有以下特点：注重短线目标，以成果为评估标准，以个人为评核单位。培训方面，训练内容以应用的技巧为主。薪酬以对外公平为原则，基本薪酬低，归属感低，员工雇用保障亦很低。相比之下，以投资战略或参与战略为主的企业，其人力资源管理作业则大不相同。

表 9-7　人力资源管理战略和作业的关系

人力资源战略	吸引战略	投资战略	参与战略
企业竞争战略	廉价竞争	创新型产品	高品质产品
企业文化	官僚式文化	发展式文化	家庭式文化
人力资源管理作业 招聘： ·员工来源 ·晋升梯队 ·工作描述	 外在劳动力市场 狭窄、不易转换 详尽、明确	 内在劳动力市场 广泛、灵活 广泛	 两者兼用 狭窄、不易转换 详尽、明确

续表

续效评估：	短	长	短
· 时间性观念	结果导向	行为导向	结果导向
· 行为/结果导向	个人导向	小组导向	两者
· 个人/小组导向			
培训：	应用范围局限的	应用范围广泛的知	应用范围适中的
· 内容	知识和技巧	识和技巧	知识和技巧
薪酬：	对外公平	对内公平	对内公平
· 公平原则	低	高	中
· 基本薪酬	低	高	高
· 归属感	低	高	高
· 雇用保障			

【案例分析】

案例一：新亚汤臣大酒店人力资源管理系统案例分析

一、酒店背景

每年有超过一亿五千万人下榻在由洲际酒店管理的知名品牌中的一家酒店或度假胜地。从全球范围来说，有超过四千两百家酒店属于 Holiday Inn、Holiday Inn Express、Crowne Plaza Metropolitan、Stay Bridge Suites by Holiday Inn 和洲际大酒店。这些酒店能够提供多样性的服务，娱乐设施和住宿经验来满足不同的旅游场合和客户的需求。作为全球最大的酒店管理集团——洲际集团在中国的旗舰酒店，上海新亚汤臣洲际大酒店也是浦东第一家正式被授予的顶级五星级酒店。

二、新亚汤臣洲际大酒店人力资源管理状况

新亚汤臣成立之初，人力资源部是用手工加 Excel 来进行酒店员工的人事管理。像这样一个有 600 多名员工的五星级大酒店，用手工进行 HR 管理显然会非常地吃力，重复性的人事信息录入和统计就需要花费 HR 部门大量的时间，人事报表的制作更是既繁琐又不规范，致使工作效率很低，而且还经常出现资料找不到、班次安排混乱、薪资计算出错等问题，大大影响了整个酒店的管理效率及员工的工作情绪。

随着竞争的激烈，管理模式的发展，日趋复杂和繁琐的人事信息管理和追踪，使人力资源管理成为了恶梦。有效的发展和保留人力资源需要 HR 部门能了解员工的所有信息，包括工作积极性、事业规划、继任者、业绩评估和培训等。传统

的人事管理流程使新亚汤臣的人力资源部需花费大量的时间处理人事信息数据，而仅剩少量的时间可专注于人力资源的发展和规划。人力资源部感受到越来越大的压力，尽快提升工作效率和水平就成为 HR 管理最迫切的要求，因此新亚汤臣决定选择一套最适合的 HR 管理系统来全面提高酒店的人事管理水平。

使用 RBS 人力资源管理系统前，新亚汤臣酒店的人力资源部使用过一家境内知名的 HR 管理软件。该 HR 管理软件的操作界面看上去很丰富，模块非常多，然而使用之后，新亚汤臣人力资源部才发现，这个软件功能虽多，却大多数都不实用，实用的几个功能又做得很不完善，信息查找不方便，考勤管理也不灵活，无法达到他们需要的效果。最重要的是该软件设计起点较低，不具备国际化的管理理念，不能适应新亚汤臣这样的国际化酒店。此外酒店的管理层对人事薪资管理的报表要求较高，不时会对人力资源部提出各种各样的报表要求，但由于该系统并不能提供一个强大的报表设计工具，因此使得人力资源部非常被动，即使在 IT 部门的帮助下，也往往不能及时地拿出令管理层满意的报表。另外人事部门往往会花费很多时间来回答员工各种各样的问题，如薪资假期等与员工密切相关的问题，每次接到这样的电话，人力资源部的相关人员不得不放下手中的工作，进入到系统中为员工查询相关信息。该系统并不能提供给员工一个所谓的自助服务功能，即能够提供一个友好的操作界面，让员工能自己查询甚至修改某些相关信息。

三、新亚汤臣对系统选择的要求

作为在上海浦东第一家正式被授予的顶级五星级酒店，相对于其他一些酒店而言，他们有一套比较系统的人力资源管理理念，并建立了一整套比较规范的人力资源管理方法。在当今人力资源管理迅速发展的年代，新亚汤臣意识到，没有一个强大的人力资源管理系统，人力资源部门面对大量的信息，无法有效率地将其中的重要部分提取出来，并做出相应的判断和处理。酒店管理层的决策只能依据简单的一些报表，在浪费大量人力、物力的同时无法做到实时监控，难以保证数据的准确性和及时性，更加无法满足酒店管理层对人力资源部提出的更高的要求。因此，选用一套既有国际化管理理念，又能够满足中国特殊的人力资源管理环境的人力资源软件系统就被提上了议事日程，作为实现新亚汤臣高效的人力资源管理的一种重要手段。

新亚汤臣在人力资源系统选型时提出了以下要求：

1. 具有国际化管理理念，如整个的人力资源管理流程符合 ISO9002 标准和支持中英文两个版本；

2. 符合中国特殊的人力资源管理环境，如薪资及所得税政策等，鉴于中国人事制度在未来几年内改革步伐的加快，新亚汤臣希望该系统面对此种状况能够很好地体现该系统的灵活性，并能方便地进行维护；

3. 该系统能提供一个强大和方便的报表设计工具，使人力资源部能快速和准确地向管理层提交他们所需要的报表；

4. 支持 Internet，如提供基于互联网的招聘功能；

5. 具有完整的系统接口，满足灵活的数据导入与导出。

四、选择过程

近来国内外人力资源管理系统软件的厂商数量众多、良莠不齐，而且市场上对此类系统软件还没有一个统一的评价标准，因此如何选择一家最适合酒店的 HR 管理系统对新亚汤臣来说是一个既关键又艰巨的任务。境外的人力资源管理软件虽然理念国际化、功能也比较全面，但很多具体模块不能适应中国当地的政策及国情，且价钱过于昂贵，服务灵活性差。而许多知名的国内人力资源管理软件虽然本土化解决方案做得不错，能够适应中国的政策及国情，却由于其软件本身的设计起点不高，无法适应国际化的管理理念，与国际接轨存在着很大的问题。在试用软件的不成功后，新亚汤臣更加明确了他们的选择要求，即要选择一家适合酒店业的既具有国际化管理理念又具有本土化解决方案的人力资源管理系统。

在一个个选择方案被否决后，许多国内知名的软件厂商都因为其设计理念的低起点及功能的不实用而被排除在外，这时，在 RBS 互联网软件有限公司的研讨会上，新亚汤臣欣喜地发现他们终于找到了一个比较适合的 HR 系统，那就是 RBS 人力资源管理系统。

五、具体的解决方案

RBS 人力资源管理系统所有的核心模块，包括招聘管理、人事管理、考勤管理、薪资管理以及员工自我服务模块。该系统基于 MS SQL 数据库、采用客户机/服务器（Client/Server）和浏览器/服务器（Web/Server）的混合模式。

RBS 公司为新亚汤臣实施的人力资源管理系统流程在具体的功能模块上充分体现了 RBS 人力资源管理系统的卖点，这些也是新亚汤臣最终选择 RBS 人力资源管理系统的主要原因。

（一）招聘管理

作为一个顶级的五星级大酒店，新亚汤臣每年都会通过各种方式网罗各种优秀人才，其中通过互联网的招聘是新亚汤臣一个重要的招聘手段，RBS 人力资源管理系统提供了基于互联网的招聘功能。这意味着新亚汤臣人力资源部门能够将招聘信息上传到工作栏或在线招聘网站后可直接接收电子应聘资料，并自动进入到简历处理流程。结果是通过 RBS 人力资源管理系统帮助人力资源部门节省大量处理简历的时间，帮助酒店来提高工作效率。

（二）人事管理

人力资源系统管理的中心之一便是员工信息管理，这也是新亚汤臣关心的重点之一。RBS 人力资源管理系统中除已经提供的针对员工的详细信息外，系统也提供无限制自定义字段来跟踪独特的信息，因此即使员工情况如何复杂，各种分类统计仍能得以实现。RBS 的资深顾问来自于世界顶尖的大酒店，积累了若干年的酒店业宝贵经验，因此在系统的整体设计和实施方面都充分考虑到了酒店业的具体特点，能完全适应酒店人事管理的各种需求。

（三）考勤管理

酒店业的重要特点就是员工班次特别复杂，新亚汤臣的情况也正是如此。一般的企业最多有十个班次，而酒店业由于二十四小时不间歇服务，班次就尤为复杂，新亚汤臣的员工工作班次就有一百多个，而且还有两头班、三头班、跨夜班等特殊班次。RBS 人力资源管理系统的考勤管理模块有特别的酒店版本，可以定义无限数量的班次、加班类型和假期类型，还可灵活定义工作日、工作时、午餐时间、节假日等，特别适合酒店业的全方位人事管理。

（四）薪资管理

为了管理新亚汤臣复杂的薪资项目，RBS 人力资源管理系统在薪资管理模块中提供了薪资编程语言（PPL），该语言使新亚汤臣能够在有条件逻辑的基础上，迅速地逐个定义薪资项目的计算方法。即无论今后中国薪资政策如何改变，该系统都能方便地通过 PPL 修改薪资项目公式来满足动态的薪资政策。

（五）管理报表

虽然在 RBS 人力资源管理系统中已经内置了近百种标准报表，但仍旧无法满足新亚汤臣对报表方面个性化的要求，幸好在 RBS 人力资源管理系统中有了全球最强大的报表设计工具——水晶报表作为内置的报表设计工具。新亚汤臣人力资源部的人员只要告诉 RBS 人力资源管理系统你的报表是针对哪一群员工和针对哪一段时间就可以了，剩下的就让水晶报表来完成。水晶报表不仅仅是一个信息的管理者或流程的处理者，更重要的是它能够使决策变得更加容易。这一点也正好符合新亚汤臣管理层对人事部门提出的要求。

（六）实施结果

新亚汤臣大酒店全面导入了 RBS 人力资源管理系统后，在经过了几天的需求了解后，RBS 公司的专业技术人员仅用了两周时间就完成了整个人力资源管理系统模块的实施过程。实施后的效果也非常好，HBS HRM 强大的报表功能、无限班次的考勤管理、B/S 构架的查询方式及全面的薪资计算让新亚汤臣的人力资源部大大减轻了工作负担，并显著地提高了工作质量，HR 人员可以把工作重心放在人力资源的发展和规划上，从而大大提高了整个大酒店的综合竞争实力。

"RBS 新颖的人力资源国际化管理理念，改变了我们传统的人事资源管理模式。"新亚汤臣的 IT 经理 Bryan 如是说，"而且该系统的完整性、易用性及灵活性等优越的性能，使我们的人力资源部工作更轻松，更高效，我们的员工与 HR 部门的沟通也大大改善，从而为我们酒店的人力资源管理提供了坚实的技术保障。"

案例二：锦江国际集团国际化战略中的人力资源管理战略

锦江国际集团是中国规模最大的综合性旅游企业之一，以酒店、餐饮服务、旅游客运业为核心产业，并设有酒店、旅游、客运、地产、商贸、金融、食品、教育等 8 个事业部。注册资本 20 亿元，总资产 168 亿元。"锦江"品牌为中国驰名商标，列"中国 500 最具价值品牌排行榜"第 40 位，上海地区第 4 位。另据世界酒店杂志《HOTELS》2004 年 7 月刊对全球酒店集团 300 强的最新统计排名，锦江国际已从重组时的第 47 位上升至第 35 位，列亚洲第一位。

国内最为著名的企业集团之一——锦江国际集团拥有锦江饭店、锦江投资、锦江旅游、锦江地产、锦江食品、锦江商贸、锦江金融、锦江教育等核心资产和基础产业。拥有"上海国旅"、"锦江旅游"、"华亭海外"等 5 家国际旅行社；合资经营"麦德龙"、"肯德基"、"新亚大家乐"、"吉野家"等著名品牌；控股"锦江饭店"、"锦江旅游"、"锦江投资"3 家上市公司；合资组建锦江国际 BTI 商务旅行有限公司、锦江国际理诺士酒店管理学院。

锦江国际集团的战略发展目标是："扬帆远航，走向世界"。通过 3～5 年的努力，成为全国"酒店业第一、餐饮服务业第一、旅游客运业第一"，跻身世界酒店业 30 强，建成世界著名国际酒店管理集团和亚太地区著名的酒店管理学院。

集团公司董事会是集团最高决策机构，下设：投资决策委员会、预算管理委员会、薪酬与考评委员会、审计与监察委员会。作为集团业务运营中心——集团公司总部下设办公室、投资发展部、计划财务部、人力资源部等。

集团在人力资源管理和开发上，坚持整体的人才开发和培养观念，集团领导人清楚地意识到人才是企业兴衰的根本，因而大力发掘人才、培养人才，积极培养集团工作的中坚力量成了锦江国际集团的首要任务。集团大胆选拔了一批中青年骨干担任各饭店总经理。这些员工年轻、文化素质高，而且有一定的基层工作经验，并善于吸收和应用国外的先进经验。在老员工的大力支持和帮助下，他们给企业注入了极大的活力。此外，采用请进来、派出去的方式培养基层各级骨干力量，也收到很好的效果。同时还注重了在实践中培养人、锻炼人，使人才不断涌现，管理人才济济。

集团下属企业上海锦江饭店的 JJSS（锦江服务体系）中也充分体现出现代人

力资源管理的精髓：饭店注重保持员工的高素质，强化培训和考评；建立了自检、互检、考检、抽检和暗检五级检查制度；推行"一卡三表"，即考勤卡、岗位服务表、服务日程表和月中服务报告表，定量反映工作质量和数量。

昆仑饭店是个中外合资建造的五星级宾馆，规模、设备均属国内一流，建成运营之初，由于缺乏管理经验，曾聘请外国人治理，历经 8 个月未见成效。锦江集团负责昆仑饭店的管理工作后，首先贯彻执行总经理责任制，合理调整组织结构，明确各部门的职责范围，理顺业务关系，建立行之有效的工作制度，强化指挥系统，使各部门加强协作，提高了工作效率，使昆仑的管理工作向着规范化、系统化、标准化迈进了可喜的一步，饭店服务质量不断提高。

经过几年来锦江集团成功的资本运作和集团内部优化整合，集团的整体实力不断壮大，其核心业务旅游和酒店业正在向一个真正国际化的旅游企业集团发展。在国际化的道路上，积极引进国际上优秀的管理人才已经成为集团战略经营和人力资源管理战略的重要选择。

案例回顾与讨论

案例一

1. 你认为人力资源管理信息化是大势所趋吗？其实质何在？为什么？

2. 人力资源管理信息化过程中应该注意哪些问题？应该如何选择适应于自己企业的人力资源管理信息系统？

3. 你觉得我国旅游企业目前实施信息化人力资源管理的时机、条件怎样？如果你是企业人力资源总监，你将会如何面对信息化的挑战？

4. 旅游企业与一般企业人力资源管理信息化过程中会有什么不同和需要我们思考的地方？

案例二

1. 请在锦江集团实现集团化、国际化战略过程中的人力资源管理进行分析和评价。

2. 你认为锦江国际集团是否建立了完善的战略性人力资源管理体系？请你为其提供改进建议。

【本章小结】

本章主要介绍了旅游企业人力资源管理的新发展，旨在让读者与时俱进地了解这一领域的最新研究成果。经济的发展，对旅游企业的人力资源管理也提出了新的挑战。旅游企业的人力资源管理主要包括旅游企业人力资源管理的国际化、旅游企业人力资源管理的信息化以及旅游企业人力资源管理的战略化。

当今世界，经济的全球化和一体化已经成为世界经济发展的主流，旅游业也不例外。对多元文化和文化差异的认识和理解，有效地实行跨文化人力资源管理是旅游企业国际化取得成功的基本条件，对其全球战略的实施具有十分重要的意义。

人力资源管理信息系统具有管理信息系统的全部特征。它们使用同一类型的资源，并有一个同样的数据处理循环，以提供管理计划和控制所需的信息。其主要不同点是范围不同。其管理的信息包括进入一个组织的全部数据和全部经济活动，并提供企业所使用的全部信息。人力资源管理信息系统则仅是与某一类型的数据和信息有关，是一个企业组织内管理信息系统的一个子系统。

人力资源管理的角色正在从保护者和甄选者转变为战略伙伴和变革的催化剂。如果说一家企业的竞争力取决于它的员工，那么负责获取、培训、评价以及报酬这些员工工作的职能就应当在企业取得成功的过程中发挥更大的作用。将员工作为一种竞争优势的观点导致了一个新的研究领域的出现，这就是战略性人力资源管理。所谓战略性人力资源管理，就是指"为了提高企业绩效水平，培育富有创新性和灵活性的组织文化，而将企业的人力资源管理活动同战略目标和目的联系在一起的做法"。随着企业的不断发展，在企业内部建立战略性人力资源管理体系是必要的，人力资源管理的职责也应该进行相应的调整。

【关键术语】

本国中心主义（Ethnocentrism）

多中心主义（Polycentrism）

全球中心主义（Global centrism）

多文化组织（Multi-cultural organizations）

人力资源管理信息系统（Human Resource Management Information System，HRMIS）

战略性人力资源管理（Strategic human resources management）

【复习与思考】

1. 解释"跨文化组织"和"多文化组织"的概念，并比较两者区别。

2. 人力资源管理信息系统主要功能是什么？

3. 什么是战略性人力资源管理？战略性人力资源管理的目标有哪些？

4. 简述中国人力资源管理的特点及其新趋势。

5. 旅游企业建立人力资源管理信息系统主要完成的任务和实现的功能有哪些？

6. 国际企业中人力资源管理有哪几种方式？每种方式都有哪些特点？

7. 多文化组织有哪些特征？

【实践题】

1. 找到一家合资企业，了解其企业内部有哪些跨文化冲突，以及公司是如何解决的。

2. 就近选择一家当地旅游企业，对其人力资源管理信息化方面的现状进行调研和总结，并对其人力资源管理信息系统提出一定的设计建议。

3. 以个人或小组为单位，与当地一家酒店的人力资源经理取得联系，向他们了解他所在的酒店的战略性人力资源管理的实施情况。然后回到课堂上来，大家一起来讨论不同酒店的人力资源管理者对这一问题的回答。

【网络链接】

1. http://www.cnctravel.com/中国文化旅游网

2. http://www.sjlywh.com/世界旅游文化网

3. http://www.ceconline.com/世界经理人网

4. http://www.chinahrd.net/中国人力资源开发网

5. http://www.zgjdy.org.cn/中国酒店管理协会

主要参考文献

[1] 国家旅游局人事劳动教育司. 中国旅游行业岗位规范. 北京：中国旅游出版社，1996

[2] （美）KATHLEEN M. IVERSON 著，张文等译. 饭店业人力资源管理. 北京：旅游教育出版社，2002

[3] （美）查尔斯 R. 格里尔著，孙非等译. 战略性人力资源管理. 北京：机械工业出版社，2004

[4] （美）雷蒙德·A. 诺伊等著，刘昕译. 人力资源管理：赢得竞争优势（第3版）. 北京：中国人民大学出版社，2004

[5] 加里·德斯勒. 人力资源管理. 北京：中国人民大学出版社，2008

[6] （澳）约翰逊著，朱虹译. 旅游业人力资源管理. 北京：电子工业出版社，2004

[7] 赵曙明. 人力资源战略与规划. 北京：中国人民大学出版社，2002

[8] 赵曙明. 人力资源管理理论研究现状分析. 北京：中国人事出版社，2005

[9] 徐虹. 饭店企业核心竞争力研究. 北京：旅游教育出版社，2004

[10] 赵西萍. 旅游企业人力资源管理. 天津：南开大学出版社，2001

[11] 魏为，袁继荣. 旅游人力资源开发与管理. 北京：高等教育出版社，2004

[12] 赵西萍. 旅游市场营销学. 北京：高等教育出版社，2010

[13] 斯蒂芬·罗宾斯著，贾毓玲等译. 今日管理学. 北京：中国人民大学出版社，2008

[14] 赵西萍. 旅游市场营销（第二版）. 天津：南开大学出版社，2005

[15] 黎洁，赵文红著. 旅游企业经营战略管理. 北京：中国旅游出版社，2000

[16] 郝树人，朱艳. 旅游企业人力资源管理. 大连：东北财经大学出版社，2004

[17] 李岫，田克勤. 旅游企业人力资源管理. 北京：经济科学出版社，2004

[18] 严伟，戴欣佚. 旅游企业人力资源管理. 上海：上海交通大学出版社，2009

[19] 姚裕群. 招聘与配置. 大连：东北财经大学出版社，2010

[20] 赵耀. 组织中的招聘管理. 北京：中国劳动社会保障出版社，2005

[21] 吴文艳. 组织招聘管理. 大连：东北财经大学出版社，2008

[22] 谌新民. 员工招聘成本收益分析. 广州：广东经济出版社，2005

[23] 魏卫. 旅游企业管理. 北京：清华大学出版社，2006

[24] 刘泽双. 人力资源管理. 大连：东北财经大学出版社，2009

[25] 雷蒙德·A. 诺伊著，徐芳译. 雇员培训与开发. 北京：中国人民大学出版社，2007

[26] 许丽娟. 员工培训与发展. 上海：华东理工大学出版社，2008

[27] 宋耘，傅慧，李美云. 旅行社人力资源管理. 广州：广东旅游出版社，2000

[28] 戴斌，杜江. 旅行社管理. 北京：高等教育出版社，2002

[29] 彭剑锋，饶征. 基于能力的人力资源管理. 北京：中国人民大学出版社，2002

[30] 武欣. 绩效管理实务手册. 北京：石油工业出版社，2001 年

[31] 方振邦. 战略性绩效管理（第二版）. 北京：中国人民大学出版社，2007

[32] 付亚和，许玉林. 绩效考评与绩效管理. 北京：电子工业出版社，2005

[33] 乔治·T. 米尔科维奇，董克用译. 薪酬管理（第六版）. 北京：中国人民大学出版社，2001

[34] 托马斯·J. 伯格斯. 薪酬决策. 北京：中信出版社，2004

[35] 林嘉. 劳动合同法条文评注与适用. 北京：中国人民大学出版社，2007

[36] 黎建飞. 劳动与社会保障法教程. 北京：中国人民大学出版社，2007

[37] 余凯成等. 人力资源管理. 大连：大连理工大学出版社，2001

[38] 宋耘，傅慧，李美云. 旅行社人力资源管理. 广州：广东旅游出版社，2000

[39] 文伟. 企业人力资源招聘误区及其对策. 长沙大学学报，2009，23（1）

[40] 钟华. 旅游企业员工忠诚管理. 商场现代化，2006（2）

[41] 于立新. 我国旅游企业非薪酬激励的模式. 统计与决策，2006（19）

[42] 臧秀清，冀莎莎. 旅游企业的人力资本及其所有者激励机制. 郑州航空工业管理学院学报，2009（4）

[43] 王斌. 员工职业生涯规划与管理对策浅析. 中国经贸，2009（10）

[44] 黄培伦，马丹. 组织职业生涯管理研究概述. 商场现代化，2006（6）

[45] 张青. 中国旅游职业经理人现状分析及发展对策. 中国石油大学学报，2008，22（3）

[46] 沈博. 我国旅游职业经理人成长机制研究. 商场现代化，2008（34）

[47] 刘冰、张静、陈晓洁. 企业绩效管理综合模型的构建. 商业研究, 2006 (11)

[48] 张洪. 基于顾客维度的旅游企业绩效管理维度构建. 商业时代, 2007 (10)

[49] 张正堂, 刘宁. 战略性人力资源管理及其理论基础. 财经问题研究, 2005

[50] 徐瑞前. 竞争优势与战略性人力资源管理的内在机理探究. 现代管理科学, 2005 (7)

[51] 谭晓灿. 战略性人力资源管理中策略组合的多特征效用分析. 技术经济与管理研究, 2004 (5)

[52] 李会欣, 邱阳东. 论战略性人力资源管理的实施. 石家庄经济学院学报, 2005 (1)

[53] 石磊, 张寒莉. 战略性人力资源管理的特征、内容及实践. 四川大学学报 (哲学社会科学版), 2006 (1)

[54] 林雅恒. 人力资源管理外包的职能和模式选择. 中国市场, 2006 (6)

[55] 李铁峰. 饭店人力资源管理中的忠诚问题研究. 江西农业大学学报 (社会科学版), 2006 (3)

[56] 刘惕之. 旅游饭店人力资源管理中存在的问题及对策. 衡阳师范学院学报 (社会科学版), 2008 (6)

[57] 林巧, 戴维奇. 基于心理契约的饭店员工流失控制策略, 2006 (3)

[58] 张燕. 如何将"员工第一"的理念贯彻到饭店的人力资源管理. 北京第二外国语学院学报, 2001 (3)

[59] 杨云. 国外接待业人力资源管理研究评述. 旅游学刊, 2006 (2)

[60] 包毓敏. 柔性化: 现代旅行社人力资源管理的趋势. 湖南财经高等专科学校学报, 2005 (1)

[61] 张春瀛. 从刚性管理到柔性管理发展人力资源管理的新途径. 技术经济与管理, 2004 (2)

[62] 许丽君. 导游薪酬构成指标体系研究. 旅游科学, 2006 (6)

[63] 李佳. 饭店人力资源知识供应链构建研究. 重庆: 西南师范大学, 2005 (5)

[64] 赵永理. 饭店人力资源管理探析. 郑州: 郑州大学, 2004 (8)

[65]《中华人民共和国劳动合同法》

[66]《劳动法》http://www.cau.edu.cn/xgh/FAGUI/guojia/ldf.html

[67]《劳动争议仲裁法》http://www.laodongzhe.org/2w9.html

[68] 中国劳动网 http://www.labournet.com.cn/guanxi/

[69] 劳动合同法网 http://www.ldht.org/

[70] 国家旅游局人事劳动教育司. 国家旅游行业资格考试及导游人员、旅行社经理人力资源状况的调查报告. 中国考试，2003（12）

[71] 国家旅游局. 中国旅游业"十二五"人才规划纲要. 国家旅游局网站